U0928241

十二五高等院校应用型特色规划教材

GUOJI JIESUAN YUANLI

国际结算原理

赵明霄　主编

清华大学出版社
北　京

内容简介

本书以国内外有关国际结算的立法和最新惯例为基础，借鉴国内外最新科研成果，用科学的观点与方法分别阐述了国际结算中的票据和单据、国际结算的基本方式(汇款、托收、信用证)与新型方式(国际保理、包买票据)、国际结算中的贸易融资和国际非贸易结算等内容，全面、系统地介绍了国际结算的基本理论和操作程序与规则，在理论阐释上侧重知识性与系统性，注意吸收国际结算领域研究的最新成果；在实务方面突出实用性与操作性，并注重与我国国际结算实践相结合。

本书既可作为高等院校金融学、国际贸易、财务管理、会计、商务英语等专业的教学用书，又可作为银行、海关、进出口企业相关人员的业务参考用书和培训教材。

本书封面贴有清华大学出版社防伪标签，无标签者不得销售。
版权所有，侵权必究。侵权举报电话：010-62782989 13701121933

图书在版编目(CIP)数据

国际结算原理/赵明霄主编. --北京：清华大学出版社，2014
(十二五高等院校应用型特色规划教材)
ISBN 978-7-302-35236-5

Ⅰ. ①国… Ⅱ. ①赵… Ⅲ. ①国际结算－高等学校－教材 Ⅳ. ①F830.73

中国版本图书馆 CIP 数据核字(2014)第 014282 号

责任编辑：彭 欣
封面设计：汉风唐韵
责任校对：宋玉莲
责任印制：沈 露

出版发行：清华大学出版社
网 址：http://www.tup.com.cn，http://www.wqbook.com
地 址：北京清华大学学研大厦 A 座 邮 编：100084
社 总 机：010-62770175 邮 购：010-62786544
投稿与读者服务：010-62776969，c-service@tup.tsinghua.edu.cn
质 量 反 馈：010-62772015，zhiliang@tup.tsinghua.edu.cn
印 装 者：北京鑫海金澳胶印有限公司
经 销：全国新华书店
开 本：185mm×260mm **印 张**：21.5 **字 数**：491 千字
版 次：2014 年 4 月第 1 版 **印 次**：2014 年 4 月第 1 次印刷
印 数：1～4000
定 价：39.50 元

产品编号：054428-01

前言

教材是教学活动的载体和学生学习的重要依据。近年来，国内出版的国际结算教材众多且各具特色，但每逢春秋季节选订教材时我们仍然犯难：找到一本既适合教师教学，又适合学生学习的国际结算教材比较困难。有的虽然很详细，但又过于琐碎，有的对国际结算的基本问题阐释不清，有的章节编排不符合学习的先后次序等。譬如，不少教材在说明国际结算的产生和发展时，都认为国际结算的产生是随着国际贸易的产生而产生，并随国际贸易的发展而发展。而在国际结算的概念上又采用一般认可的定义，即国际结算(International Settlement)是在国际间办理货币的收付以清偿位于不同国家的两个当事人之间由于政治、经济、文化交流等引起的债权债务关系的行为。

众所周知，国际贸易经历了直接的物物交换和以货币为媒介的间接交换。物物交换是国际贸易的初级形态，由于是以物易物，没有货币作为交易媒介，也不存在债权债务关系，因而不存在国际结算。国际贸易是国际结算的基础，但国际结算却是在货币诞生后发挥延期支付手段时才产生的。因此，对国际结算的产生问题上述说法既不合逻辑，也容易导致误解。

再如，我们所能见到的教材在编排顺序上，大多将国际结算的单据置于国际结算方式之后，而跟单托收、跟单信用证等国际结算方式则要涉及相关单据，如海运提单、商业发票等，这显然不符合读者学习的先后次序。事实上，国际结算中的单据属于传统的广义票据。因而，在国际结算的狭义票据——国际结算工具之后进行讲解并无什么不妥，况且国际结算中的单据这一部分内容又相对独立，所以，有的教材将此安排在国际结算方式之后似乎也没有多大的支持理由。

另外，近几年来，国际结算的经济、技术、法律环境已发生了较大变化。随着全球贸易自由化程度的加深，参与国际经济交易的供应商、中介商和客户增多，竞争也更趋激烈。由此要求当事人对作为主要贸易条件的结算方式采取更灵活的态度，更好地把握结算成本和风险，以促进交易的顺利进行。同样重要的是，信息技术的进步和普及为信用交易和融资扩张提供了更大的空间，为国际结算业务提供了更有效的工具和选择。目前，国际结算已成为我国商业银行的主要业务之一而受到各大商业银行的重视，特别是在我国金融业已全面对外开放的条件下，外资金融机构的介入使此项业务的竞争日趋激烈；各种新型的结算方式在不断创新并被引入我国，如国际保理、包买票据等业务；作为国际结算业务中最重要的国际惯例、已沿用了十多年之久的UCP 500(跟单信用证统一规则)被UCP 600所取代等，这些现实的变化，客观上需要一本能充分体现和反映国际结算领域的最新发展的教材，以便使读者能站在此领域的最前沿，以适应教学和实践的需要。

正是基于上述考虑，经过多年的酝酿，在总结长期教学实践活动经验的基础之上，我们组织了具有该门课程丰富教学经验的教学和科研骨干教师，经过半年多的辛苦劳作，遂成此书。

我们本着为教师服务、为读者着想的理念和宗旨，无论是在内容还是在形式上都做了一些有益的尝试和创新。本书以国内外有关国际结算的立法和最新惯例为基础，借鉴国内外最新科研成果，用科学的观点与方法分别阐述了国际结算中的票据和单据、国际结算的基本方式(汇款、托收、信用证)与新型方式(国际保理、包买票据)、国际结算中的贸易融资和国际非贸易结算等内容，全面、系统地介绍了国际结算的基本理论和操作程序与规则，在理论阐释上侧重知识性与系统性，注意吸收国际结算领域研究的最新成果；在实务方面突出实用性与操作性，并注重与我国国际结算实践相结合。具体而言，本书有如下几点特色：

(1) 易教好学。在编写过程中，我们力求从实践出发，诠释关于国际结算的现行法律和国际惯例的内涵，在保证理论的完整性和系统性的前提下，深入浅出，化繁为简，在强调实务可操作性的同时，避免琐碎的文牍章程，突出具有规律性的游戏规则，特别重视作为一本教材的内容结构编排，尽量做到条分缕析，易教好学。

(2) 内容丰富。此书在编写过程中，依据国际结算的基本理论及规律，参阅了大量的材料。根据近年来国际经贸与结算活动中的变化，增加了一些新业务，并对传统业务的内容做了补充，从而全方位地反映了国际结算业务运作的原理、惯例、条件、方式和手段。

(3) 实务性强。作为一门以应用为主的学科，编写时，我们坚持在理论上以必需、够用为度的指导思想，强调理论联系实际。本书紧密结合国际结算业务运作的实际，在阐述国际银行业务时，提供了各种实例和业务单据的式样；为使每项业务具有直观性和可操作性，书中附有较多业务程序图解。

(4) 编排合理。与目前大多数教材不同的是，本书增加了国际结算的法律环境、国际支付体系等内容，以使该门课程的体系更趋完整、系统；遵循人们的阅读习惯和学习的先后次序，合理处置有关章节的编排顺序。另外，考虑到该门课程的教学时数以及不同专业的不同要求，对有关章节以"* "符号标示，供教师按专业需要选择少学或不学。

本书由赵明霄任主编，马润平、黄萍、史安玲任副主编。全书共四篇十三章，具体分工如下：赵明霄编写第一章、第二章、第三章第一节、第九章、第十章；黄萍编写第十一至第十三章；史安玲编写第六章、第七章；兰水清编写第三章第二节至第五节、第四章、第五章；潘秀编写第八章。

在本书的编写过程中，我们参阅了大量的同类教材和有关论著，在此对参考资料的作者表示真诚的感谢。

由于编者水平所限，书中难免存在不足之处，敬请广大读者批评指正。

编　者

目录

第一篇 导 论

第二篇 国际结算工具与单据

第三篇 国际贸易结算方式

第四篇 国际结算中的风险及其防范

第一篇

导　论

第一章

国际结算概述

【本章导读】 本章是对国际结算基本情况的概述，旨在使读者对该门课程的内容和体系有一个宏观的把握，并为今后各章的学习打下基础。通过本章的学习，可以了解国际结算的概念和特征、国际结算的研究对象、国际结算的产生和发展、国际结算的分类等内容。

第一节 国际结算的基本问题

一、国际结算的基本概念

国际结算(International Settlement)是在国际间办理货币的收付以清偿位于不同国家的两个当事人之间由于政治、经济、文化交流等引起的债权债务关系的行为。其实质是货币的跨国收付活动，是保障与促进国际间各项活动与交往正常进行的必要手段。它是一项国际间的综合经济活动，主要包括：支付工具及结算方式的选择与运用；各种商业单据的处理与交接；商品货款及劳务价款的索取与偿付；国际间资金单方面的转移与调拨；短期或中长期贸易的融资与运营；信用担保的提供与应用；国际清算系统及支付体系的建设与运行；国际银行间资金的转账与划拨等。

凡是由于商品交换而产生的债权债务关系的结算称为国际贸易结算；凡是由于国际间的其他经济活动和政治、文化交流活动所引起的债权债务关系的结算称为非国际贸易结算。国际结算包括：①国际间的资本流动；②技术转让；③劳务输出或输入；④利润的汇回；⑤国际旅游活动；⑥侨民汇款；⑦国际间的文体交流等。贸易结算和非贸易结算构成了国际结算的全部内容。但贸易结算是国际结算的主要内容。

二、国际结算的分类

引起货币跨国收付的原因很多，所以国际结算的范围很广，为了便于业务操作，在实务中通常把国际结算分为国际贸易结算和国际非贸易结算两大类，如图 1-1 所示。

(一) 国际贸易结算

国际贸易结算是国际结算的基础，它在国际结算中具有主导地位，其结算范围有以下几方面。

1. 有形贸易结算

有形贸易结算是指有形贸易引起的货币收付活动。有形贸易即商品的进出口贸易，

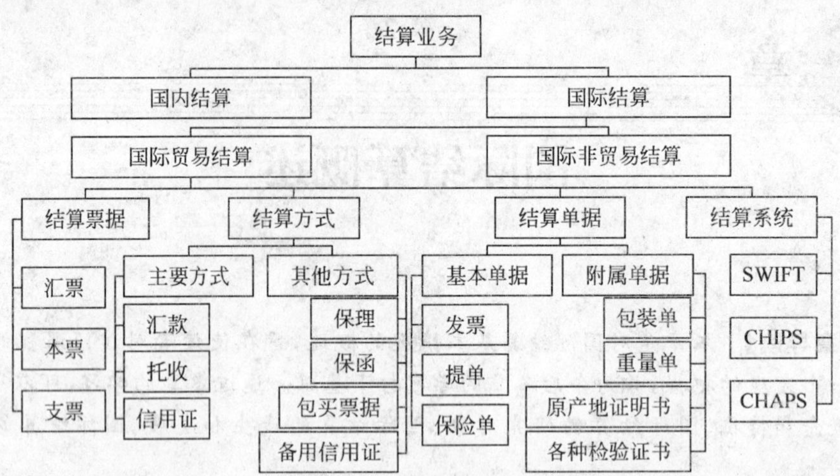

图 1-1 国际结算的种类

它是全球经济活动中最为重要的组成部分，也是引发国际债权债务关系与资金流动的主要经济行为。随着国际贸易的发展，国际间商品交易的数量、品种、金额迅速扩大，传统的买卖双方一手交钱一手交货、银货当面两讫的结算方式已无法适应现代国际结算的需求。目前，绝大多数进出口交易都是由经办国际结算业务的银行通过票据、单据等结算工具的转移与传递并借助某种结算方式结清该项国际债权债务，从而实现贸易的最终完结。

2. 记账贸易结算

记账贸易结算也称为协定贸易结算，它是在两国政府所签订的贸易协定项下的商品进出口贸易结算，虽不涉及现汇的收付，但要通过银行办理记账结算。

3. 因国际资本流动所引起的商品贸易或资本性货物贸易的结算

例如，国际直接投资与企业跨国经营都属于长期资本流动的范畴，伴随资金的投入，也会发生商品的进出口交易。买方信贷就是一种广泛用于国际资本货物交易的中长期资本借贷行为，进口商往往需要通过信用证方式最终实现对买方信贷款项的使用。

4. 综合类经济交易中的商品贸易结算

在国际经济交易中，一些经济交易既包含了商品贸易，又包含了非商品贸易。如国际工程承包、“三来一补”贸易、技术贸易等。它们既有无形资产的进出口，也伴随着有形资产的进出口。如我国承包的叙利亚纺织厂项目，被称为“交钥匙工程”，从设计、施工到设备出口、技术转让再到试车成功，一条龙服务。这种综合类经济交易除了可以用货币清偿债权债务外，还可以用融资款项以及采用抵补、反销、互购、回购产品等方式结算。

(二) 国际非贸易结算

国际非贸易结算的主体是服务贸易，它是一国外汇收入的重要来源之一。近几年，它在各国国际收支中的比重有上升的趋势，有些国家的非贸易收支数额甚至超过了贸易收支数额。它的结算范围有以下几方面。

1. 无形贸易结算

无形贸易结算是指由无形贸易(Invisible Trade)引起的货币收付活动。包括：①保险、运输、通信、港口、旅游等劳务活动的收入与支出；②资本借贷或国际直接投资与间接投资产生的利息、股息、利润等的收入与支出；③广告费、专利费、银行手续费等其他劳务收支。

2. 金融交易类结算

金融交易类结算主要是指国际间各金融资产买卖的结算，纯粹是金钱与金钱的交易，如外汇买卖、证券、股票等金融工具的买卖，期权、期货等衍生金融工具的买卖等。它们需要更安全、更迅速地进行结算。

3. 国际间资金单方面转移结算

国际间资金单方面转移结算是指发生在政府及民间的各种援助、捐助、赠款以及各种资金调拨行为。

4. 银行提供的以信用担保为代表的一系列服务与结算

在国际商务活动中，风险保障是确保交易安全与债权人权益的重要手段。交易双方除了受到履行合同义务的约束外，还需要第三方为交易提供信用担保服务、资信调查服务、处理应收账款、催收追账服务、融资服务、信息咨询、规避各种金融风险服务等。银行除了为当事人办理资金结算外，还应当事人的要求，开展了以信用担保为代表的一系列表外业务的服务与结算。

5. 其他非贸易结算业务

国际间非商品经济活动引起的资金跨国流动，产生了各类非贸易结算业务，例如，外币兑换业务、侨汇业务、信用卡及旅行支票业务、买入或托收外币票据业务、托收境外财产业务等。银行开办以上业务的结算服务，为国际间政治、外交与事务性的联系，以及文化、艺术、体育交流及民间往来提供了诸多便利。

三、国际结算的性质

(一) 从金融学科的角度看

国际结算属于国际金融实务的一个分支，是一门科学性强、知识丰富、国际惯例众多、发展较快的学科。其所涉及的知识领域极为广泛，例如，它涉及国际金融中的货币与汇率问题、国际收支与国际资本流动问题、国际金融市场与外汇风险防范问题等；还涉及国际保险、国际运输、电信传递、进出口贸易、会计、海关、商检、票据、法律等诸多相关知识。因此，国际结算是以金融、贸易为基础的多边交叉学科，并且具有很强的实用性和可操作性。

(二) 从商业银行的角度看

国际结算业务是各家商业银行的一项国际性的中间业务。商业银行在为顾客进行“收汇”和“付汇”服务的过程中，处于“居间”地位，这使商业银行承担了较少的风险并获得了丰厚的利润，同时还带动银行资产、负债及表外业务的开展，因此，国际结算业务成为商业银行竞争的焦点。国际结算业务开展得好与坏常常成为衡量一家商业银行科技含量的多与少、人才素质的强与弱、服务水平的高与低的标准。随着国际贸易、国际金融业务环境的变化，开展国际结算业务也面临着一定的风险，但银行有权选择是否接受客户的委托和申请，有权采用某些保障措施以降低所承担的风险并有权依风险程度的高低收取不同的费用。

四、国际结算的研究对象

（一）国际结算工具

现代国际结算主要是银行的非现金结算，而非现金结算的主要工具是狭义的资金票据。资金票据在结算中起着流通手段和支付手段的作用，远期票据还能发挥信用工具的作用。这种结算工具主要包括汇票、本票和支票，它们被称为国际结算的基石，正是依赖这些票据的使用和传递，资金才会在全球范围内最大限度地完成转账结算。票据的使用极大地提高了国际结算的效率和安全程度，因此，票据的运动规律、行为、法规、要式及种类等是国际结算研究的第一个对象。

（二）国际结算的单据

单据（即广义票据）的传递和使用是实现国际结算的必备条件之一，在国际贸易结算中，单据具有举足轻重的作用。

在国际贸易及结算过程中，既有货物的转移，也有单据的传递。但除了出口商以外，其他当事人在进口商最后见到货物之前，一般只能从各类单据上了解客户的情况。例如，发票反映了货物的基本状况，保险单据反映了货物的保障程度，运输单据反映了货物所有权的转移等。因此，为了使交易得以实现，各当事人之间必然要发生单据的交付转让，从而体现了当代国际贸易交易中的货物单据化和凭单而非凭货付款的基本特征。

货物单据化是银行作为国际贸易结算中介的前提，否则，银行势必要耗费相当的人力、物力及财力参与监管交易的各个环节。只有在凭单付款的条件下，银行才有可能通过控制单据，进而控制货物，在结算货款、贸易融资、咨询服务等方面发挥巨大作用。

单据对于国际贸易债务的清偿具有至关重要的作用，特别是以跟单信用证结算货款时，出口商提交的单据合格与否，成为其能否收回销售货款的决定性因素。因此，出口商应严格按照信用证的规定，提交正确的单据。

进口国有关当局出于管制进口、征收关税、抵制商品倾销、保障公共环境与卫生等需要，要求进口商提交各种证明文件。为满足进口国当局的要求以使货物顺利入关，进口商通常要求出口商提供有关证明，并列入合同条件及信用证条款。

由此可见，对单据的处理是国际贸易结算的重要内容之一。随着现代化通信技术的发展，货物单据化的事实将有所改变，一些国家已经简化了单据的使用程序。特别是电子数据交换系统（Electronic Data Interchange，EDI）的问世与推广应用，将引发国际贸易及其结算的传统单据运作体系的重大变革。

（三）国际结算方式

以一定的条件实现国际货币收付的方式称为国际结算方式。在国际贸易中，进出口商要将商定采用的结算方式列入合同的支付条款中并予以执行。经办银行应客户的要求，在某种结算方式下，以票据和各种单据作为结算的重要凭证，最终实现客户委办的国际债权债务的清偿。

国际结算方式主要包括汇款、托收、信用证、银行保函、国际保理、包买票据等类型。国际结算方式的发展与创新，主要取决于国际经贸活动的内容、融资需求、风险保障程度及银行的服务范围等因素。例如，汇款业务简单便捷，可用于寄售、售定、贸易从属费用及非贸易项目结算。跟单托收则主要用于国际贸易结算，由于其程序简单，费用较低，受到贸易商尤其是进口商的青睐。但由于银行在跟单托收运作中未承担任何付款责任，托收效果主要取决于商业信用，因此，出口商承担了进口商拒付托收货款的风险。为了有效地保障出口商的权益，由银行担负第一性付款责任的信用证结算方式于 20 世纪初问世，并受到国际贸易交易者的普遍欢迎，现在已成为影响最大、应用最为广泛的国际结算方式。此外，为了满足客户除结算货款以外的诸如融资、风险保障、账务管理、信息咨询等需要，又相继出现了银行保函、国际保理、包买票据等综合性业务。

在国际商务、贸易活动中，为实现最终交易目的，当事人可采用单一结算方式，如以信用证结算货款；也可多种结算方式并用，如以跟单托收结算货款时，出口商为规避风险，可同时通过备用信用证而获得开证银行的信用担保；也可以部分款项用托收方式结算，部分款项以信用证方式结算。

总之，在国际贸易实践中，产生了各具特色、适用于不同交易需要的国际结算方式，研究国际结算方式的产生、演变、应用、发展趋势以及创新是这一学科的第三个研究对象。

（四）以银行为中心的支付体系

以银行为中心的现代电子转账划拨支付体系是国际间资金得以安全有效结算的基础设施。只有通过各国货币清算中心支付体系的良好运行，才能保证国际结算的及时与可靠。此外，跨国支付系统的作用也越来越突出，比如 1973 年开通的全球银行间金融电讯协会通信（SWIFT）、欧洲的跨国零售支付系统、英国的银行间净额轧差及结算系统（CHAPS）、美国的 CHIPS 系统等，都为全球间资金结算的准确、快捷与可靠作出了贡献。进入 20 世纪 90 年代后，各国清算系统的主动脉向大额实时支付结算方向发展，而小额支付系统仍采用差额结算。这一改革的主要目的是减少资金在调拨转移中的结算风险和时间风险。因为一个运行良好的支付系统，是完成国际结算的重要条件。

五、国际结算和国内结算的异同

结算是一种货币收付行为，分为现金结算和转账结算两种。直接以现金支付的称为现金结算；通过银行账户进行款项划拨的称转账结算。前者是由货币发挥流通手段职能产生的；后者是建立在货币发挥支付手段职能的基础之上。按区域又可将结算划分为同城结算、异地结算和国际结算。因此，国际结算和国内结算从本质上看是相同的，都是通过一定的方式为买卖双方进行债权债务的结算以及其他的款项收受，只是在空间上有差别，而正是这种地理位置上的差别，使国际结算比国内结算在内容、方式、方法等方面更为复杂，明显的区别有以下几点。

(一) 使用的货币不同,存在汇率方面的风险

在进行国内结算时,买卖双方只使用一种货币,即本国货币,因此没有汇率风险,即使调整利率,对买卖双方的作用也是一样的。但在国际结算中,由于各个国家使用的是不同的货币,需进行货币的兑换,在国际金融市场变化多端的情况下,汇率也在变动,这样便产生了风险。在签订合同时价格也许是适宜的,但若汇率发生了变动,则全部盈利立刻就可能转为亏本或相反从亏本转为盈利。例如,2005 年 7 月 21 日,我国实施汇制改革,人民币升值 2%,一夜之间,某出口公司 100 万美元的货款立即减少了 2%的人民币收入。同样,如果是进口付 100 万美元,就可少付 2%的人民币。不仅人民币与外币之间是这样,外币之间也存在这样的汇率风险,因此,在国际结算中使用什么货币便成为买卖双方争论最激烈的问题,在汇率动荡的情况下尤其如此。

(二) 产生国际结算风险的原因复杂

不论是国内结算还是国际结算,都存在风险,如信用风险,即由一方当事人的信用出现问题而给另一方造成损害的可能性。对卖方来说,是指买方单方面撤销订单以及无力或不愿意支付货款;对买方来说,是卖方不交货或交货不合格等。但在从事国际结算时,除了面临信用风险外,还有政治风险及前面提到的汇率风险。政治风险是一方当事人所在国的政策、法律发生变化而给另一方造成损害的可能性,如政府禁止某些商品的进口或出口,从而使已签订的合同无法履行等。而产生这些风险的原因又是极其复杂的,不仅包括政治、经济情况的变动,还有投机等因素,因此风险种类多、背景复杂。

(三) 法律和习惯不同

一笔国际结算业务至少要涉及两个国家的不同当事人,因此,要面临两种法律体系的冲突。仅以票据法来说,各国都制定了相应的票据法,法中的各种要求差别很大,如对票据金额的大小写,发现不一致时,意大利、瑞士等国以小写为准,而德、英、美等国则以大写为准。至于票据的签名与盖章哪种做法为有效,迄今各国仍争论不休,英国认为要手签才生效,而其他国家无明文规定,联合国制定的《国际流通票据草案》规定,签字包括盖章、标记、复制、针孔、制字或其他机械方法等。国际结算中涉及许多国际惯例,这些惯例的约束力虽然有赖于当事人的自主选择,但基本上已被各国普遍遵守,所以国际结算与国内结算不同的是,必须了解和熟悉这些惯例并加以运用,否则将产生不必要的麻烦和纠纷。

(四) 国际结算的环节多、难度大

一笔国际结算业务不仅涉及两个国家的当事人,而且要通过两个国家或两个以上国家的银行来划拨转账,因此,当事人多,任何一个经手人的疏忽都可能影响及时安全收汇。若由银行控制单据,则要涉及对单据的审核、交接及融资等,尤其是各国的语言不同,对函电往来的文字、格式的要求各异。因此,国际结算的技术性更高,与国内结算相比,不仅结算方式复杂,而且操作的难度也大。

第二节 国际结算的产生和发展

国际结算产生的基础是国际贸易,并随着国际贸易的发展壮大而不断发展完善,不同时期的国际结算具有不同的特点。同时,国际结算的发展又反过来促进了国际贸易的进一步扩大。

一、传统国际结算

从总体上讲,传统国际结算是指19世纪以前的国际结算。

(一) 国际结算的产生

国际结算以国际贸易的产生和发展为前提,但它们并不是同时产生的。国际贸易的产生早于国际结算。

国际贸易产生和发展的基础是社会生产力的发展和社会分工的扩大。原始社会末期,随着生产力的不断发展,剩余产品的不断增加,产生了私有制、阶级和国家,商品流通超出国界便出现了国际贸易的萌芽。最初的国际贸易是以物物交换的形式进行的,随后又产生了充当一般等价物的实物货币。初期的实物货币种类较多,如布匹、贝壳等,后来主要是黄金、白银。但从严格意义上讲,在黄金、白银充当一般等价物之前,还不存在国际结算,只有到了封建社会,金、银成为货币,充当统一的一般等价物,行使价值尺度、流通、支付和储藏手段职能,并充当世界货币后,国际结算才得以产生。

(二) 传统国际结算的特点

在国际结算产生初期及此后相当长的时期里,国际结算都是以传统的方式在进行,即贸易商人之间直接以现金支付进行结算,买卖双方一手交钱、一手交货,银货当面两讫。现金结算、直接结算以及凭货付款是传统国际结算的三大特点。

二、国际结算的发展和完善

随着国际贸易的发展和现代商业银行的产生,传统的国际结算不断发生着变化,并逐步向现代国际结算转变。到19世纪末,现代国际结算基本形成。

(一) 从现金结算到非现金结算

早期的国际结算主要以金、银铸币作为结算手段。买方直接将金银货币交付卖方,以清偿债务。但是,远途运送金银不仅风险大、费用高,而且难以清点和辨别真伪,这些都给国际贸易商人带来很多不便。当交易量较大、交易活动频繁、交易距离遥远时,这种不便就更为突出。因此,现金结算也就不能适应国际贸易大规模发展的需要了。

逐步取代现金结算的是票据结算,即非现金结算、转账结算,在此阶段,票据逐步取代现金而成为最主要的结算工具。票据制度的发展和完善经过了数百年的历史,大体上经过了以下三个阶段。

1. 汇兑票据时期

票据产生于公元11—12世纪的欧洲国际贸易中心——地中海沿岸城市。由于各城市国家之间的贸易往来的发展，产生了大量的不同货币兑换的需要，并由此产生了专门从事货币兑换业务的兑换商。为避免直接运输现金可能发生的风险，减少运输费用，于是出现了为代替现金运送而由兑换商在本地收取现金，再向异地的兑换商发出书面证明，由异地的兑换商进行支付的办法。这种由兑换商签发的书面证明即是早期的票据。

2. 市场票据时期

到了公元13世纪前后，在欧洲的一些主要城市，定期的集市交易发达起来，票据开始了最初的交易。交易商可用由兑换商发出的、以市场交易日为到期日的票据代替现金进行支付。如交易商A欠交易商B 500元，A便可以用到期的票据向B进行支付。不过，A向B支付的票据必须是到期票据，并且票据到期日必须是市场交易日。余额部分则以现金支付。

3. 流通票据时期

公元16—17世纪，欧洲的票据使用已相当普遍，票据制度也渐趋完善，特别是最初背书制度的出现，使票据能够以简便的方式实现转让，票据便从先前的证据性证券演变成流动性证券。到了18世纪以后，票据就开始成为现代意义上的票据。

(二) 从“凭货”付款发展到“凭单”付款

随着国际贸易的迅速发展，国际贸易的分工开始出现。商人们已不再像以前亲自驾船出海，而是委托船公司(承运人)运送货物，船东们为了减少海运风险，又向保险商投保，这样，商业、航运业、保险业就分化成为三个独立的行业，并出现提单、保险单。这些单据既是收据，又是物权凭证，可以转让他人，于是单据成了买卖和抵押的对象。此后，单据的制作越来越规范和统一。

18世纪，单据证券化的概念被普遍接受。19世纪末20世纪初，凭单付款的结算方式已相当普遍。

(三) 从买卖双方的直接结算发展到通过银行进行结算

国际贸易发展初期，买卖双方采用直接结算的方式。当资本主义进入垄断阶段后，资本主义国家间的经济贸易关系进一步密切，国际贸易规模和资本移动的流量急剧扩大，金融业空前壮大，银行网点普遍设立，这就为通过银行进行国际贸易结算创造了条件。买主不仅可以委托银行代汇、代付货款，而且还可以要求银行为其开出银行保证付款的凭证，以促进交易的达成。卖方不仅可以委托银行代收货款，而且可以要求银行提供信用或为其进行融资，从而使原始的国际结算方式逐步过渡到现代的国际结算方式，即是以银行为中心的国际结算体系。

由银行办理结算的好处和优势就在于以下几点。

1. 银行拥有高效率的资金转移网络

为了在国际范围内寻找盈利机会，一些大型商业银行纷纷在海外设立为数众多的分支机构；同时，为了国际结算的方便，这些银行还在全球范围内建立了广泛的代理关系

(包括账户关系)，这样，货币的收付就变成银行内部或账户之间的资金划拨或账务转换，而一般不发生实际的货币运行活动。资金的转移效率得到了极大的提高，既降低了成本，又节省时间。

2. 银行有安全的保障系统

为保障货币的安全收付，银行之间形成一套完善的用以识别真伪的印鉴、密押系统。通过这套保障系统，很容易辨别银行间往来凭证、函件的真伪，银行和客户的利益都得到保障。

3. 银行资金雄厚、信用卓著

相对于工商企业而言，银行资金实力雄厚、信用等级较高，通常是比较稳定和安全的，是值得信任的。在贸易双方互不了解、互不信任的情况下，银行通过借出自己的信用而为双方或不被信任的一方担保，可以促进贸易活动的顺利进行。

三、国际结算的发展趋势

国际结算经历了由最初的易货结算、现金结算发展到通过各国商业银行的转账结算。可以说每个阶段都在一定程度上加快了国际间货币收付的时间，提高了结算的安全性。为了使银行能更有效地为国际贸易服务，目前的国际结算领域呈现出以下几个特点和趋势。

(一) 国际结算和贸易融资更加紧密地结合起来

贸易融资是指围绕国际贸易结算的各个环节发生的资金融通的经济活动。这项业务不仅可以使银行获得利息收益，而且可以改善银行的资产质量，所以现代国际结算越来越突出了和贸易融资紧密相结合的特点。不论是出口商还是进口商，只要符合规定的条件，即可从往来的结算银行处获得短期及长期的资金融通，这既可提高贸易的成交率，又能增加商品在市场上的竞争力，而银行亦会从中受益。在此，银行与客户的利益是一致的。为适应市场的快速变化，满足客户的要求，银行在开展融资业务时，不断推出方便、快捷的手段。例如，在传统的押汇、贴现等业务中，银行普遍使用授信额度的做法，围绕贸易结算环节提供多方面的融资。客户在与银行签订授信额度协议后，可以较灵活地使用各种资金便利，从而大大地方便了贸易，促进了贸易的发展，同时银行也拓展了业务、增加了收益。

(二) 国际结算的电子化程度加深

由于科学技术的发展，特别是高科技的电脑进入银行后，银行结算的过程发生了深刻的变化，其特点是工作效率加快、差错减少，而业务数量却大量增加。由于国际结算涉及国与国之间的往来，不但包括银行与国外分支行的往来，还涉及各国代理行的往来，单据的流转环节多，资金调拨复杂，用电脑来处理，可以加速资金与单证的流转过程，使结算中的在途时间最大限度地减少，从而节约了资金的占用，减少了利息支出。

1. 三大清算系统简介

目前，国际结算的资金调拨主要是通过世界各大金融市场的清算系统来完成的，其中比较著名的是以下三大系统。

(1) CHIPS。这是美国同业银行收付系统(Clearing House Interbank Payment System)的简称,成立于1970年夏季,是所有国际美元收付的电脑网络中心,由纽约的美国银行以及设在纽约的外国银行组成。每天,世界各地的美元清算最后都要直接或间接地在这一系统中处理,它承担着世界各国95%的美元结算,一天的处理金额高达14 000亿美元。

(2) CHAPS。这是英国伦敦同业银行自动收付系统(Clearing House Automated Payment System)的简称。它是世界所有英镑的清算中心,但一般的银行不能直接参加交换,需先通过少数的清算中心集中进行,包括外国银行在伦敦设立的分行都需在其往来的银行进行初级清算,然后才能通过CHAPS进行终极清算。所以,较CHIPS而言,CHAPS在清算的数量和通信设备上都逊色一些。

(3) SWIFT。该系统全称为全球银行金融电讯协会系统(Society for World-wide Interbank Financial Telecommunications),总部设在比利时首都布鲁塞尔,于1973年成立,1977年正式启用。该系统是目前世界上最大的金融清算与通信组织,可以与世界各地大银行的计算机主机取得联系,瞬息就能完成跨国的银行业务。

我国的中国银行于1983年加入SWIFT,是SWIFT组织的第1034家成员行,并于1985年5月正式开通使用。之后,各国有商业银行及上海和深圳的证券交易所也先后加入SWIFT。进入20世纪90年代后,中国所有可以办理国际银行业务的外资和侨资银行以及地方性银行纷纷加入SWIFT,SWIFT的使用也从总行逐步扩展到分行。1995年,SWIFT在北京电报大楼和上海长话大楼设立了SWIFT访问点SAP(SWIFT Access Point),它们分别与新加坡和中国香港的SWIFT区域处理中心主节点连接,使国内用户使用SWIFT更加安全可靠。

2. 电子信用证

目前应用很广泛的各种结算方式,特别是跟单信用证正面临着电脑的挑战,最引人注意的就是电子信用证(Electronic Credit)的出现。所谓电子信用证,就是从信用证的开立到传递、议付、索汇及审单等全都通过电脑来处理,使影响结算速度的单据最终消失。因为随着国际贸易发展的需要,传统的纸面文件正开始被EDI技术下的电子单据所取代,国际贸易开始向"无纸贸易"发展,这为信用证的电子化提供了充分的准备。

EDI(Electronic Data Interchange)即电子数据交换的缩写,是计算机和网络通信的高度结合,用以快速处理和传递经贸、商品等信息,其精确的定义为:通过电子方式,采用约定的报文标准,实现从一台计算机到另一台计算机结构化数据的传输。EDI起源于20世纪60年代末的西欧和美国,80年代美国和西欧发达国家开始采用EDI方式进行贸易;90年代初,EDI就以突飞猛进的势头迅速发展。许多国家认定,EDI将是未来国际贸易的唯一途径。

电子信用证的优势在于:①速度提高。使用EDI技术,开证、交单、传递单据及资金的转移都可在瞬间完成,大大提高了国际贸易和国际结算的效率。②费用降低。传统结算中的制单费用很高,20世纪80年代,美国制作一份单据的费用为55美分,而用电子方式来完成只需5美分。③安全性提高。这主要表现在资金的转移上,用EDI方式,货款直接由进口商的账户移至出口商的账户,可更有效地防范伪造签名、诈骗等。④银行工作效率提高。使用跟单信用证支付时，必须做到单单一致和单证一致，这是一项复杂烦琐的工作，长期以来一直是手工操作，所以单证不符的情况相当严重。例如，我国有一半的单据制作是有问题的；在英国，也有30%的单证被银行指出有不符点。若使用电子信用证，大量纸面单据的消失，将使银行从繁重的审单、转单工作中解放出来，有效地减少了文件处理中的错误，同时由于标准化单据的采用，也使审单工作更加方便。采用EDI方式操作信用证，还可以根据协定，减少提交单据的种类。

根据国际上有关方面的分析和测算，应用EDI技术可以获得的效益为：商业文件传递速度提高81%；文件成本降低40%；由于错漏造成的商业损失减少40%；竞争能力提高34%。尽管如此，电子信用证在具体使用中由于还存在一些诸如法律、技术等问题，目前它还不能最终取代传统的跟单信用证。

(三) 国际结算的规则日趋完善

在国际结算中，各国银行在办理结算业务时，由于各方当事人对权利、义务和责任有各种不同的解释，不同的银行也在具体的做法上有不同的习惯，因而常常导致误解，造成争议和纠纷。为了避免这些情况的发生，在长期的国际结算实践中，逐渐形成了一些习惯做法，用以调节当事人之间的关系，规范其权利和义务，解决其争议和纠纷。这些习惯做法最终由国际商会等加以归纳和整理，编撰制定出了被普遍接受和采用的国际惯例。随着经济与科技的发展，贸易及结算的规则日趋完善，更加现代化和科学化。进入20世纪90年代，各种新的规则纷纷出台，如：1992年的《见索即付保函统一规则》(*Uniform* Rules for Demand Guarantees，URDG)、2006年修订的《跟单信用证统一惯例》(*Uniform* Customs and Practice for Documentary Credit，UCP 600)、1995年修订的《托收统一规则》(Uniform Rules for Collections，URC)、1998年的《国际保理惯例规则》(*Code of Interactional Factoring Customs*)、1998年颁布的《国际备用信用证惯例》(*International* Standby Practices，ISP98)、2010年修订的《2010年国际贸易术语解释通则》(Incoterms 2010)等。这些规则不仅促进了贸易和结算向规范化和标准化方向迅速发展，而且也使各国的结算方式逐步趋向统一，各国商业银行的业务做法也趋于一致，为当代国际经贸及其他方面往来的发展奠定了基础。

(四) 国际结算的复杂化使结算的难度加大

国际结算的复杂化主要表现在结算工具的多样化、结算方式的多样化、结算内容的多样化和结算对象的多样化等方面，如结算时所需的单据包括了商业、保险、检验、多式运输等，以及双方国家管理机构所规定的各种单据。结算方式往往结合起来运用，如交易大型成套设备采用汇款中的预付(订金)和延期付款信用证；以投标方式采购大型成套设备时需开立投标、履约、退还预付金保函，有时还要开立信用证，或用备用信用证代替保函(属较为复杂的结算方式)。国际结算的复杂化要求结算经办人必须具有较高的技术水平和业务素质。

四、我国的国际结算业务

国际结算是我国各商业银行的一项重要业务，也是我国外汇收支的一个关键环节。新中国成立后我国国际结算工作的发展经历了曲折的历程，大致可分为以下两个阶段。

(一) 我国国际结算的发展历程

1. 1949—1978 年

这一阶段是我国国际结算的初级发展阶段，结算方式单一，结算内容简单。新中国成立后初期，我们为了恢复和发展国民经济，大力组织出口，发展对外贸易，争取侨汇收入。但由于当时国际环境的限制，我国的对外贸易主要是通过双边结算和易货贸易的方式与当时的苏联和东欧国家进行的，全部国际经济交易主要是双边贸易和侨汇收入。这样，我国的国际结算主要是记账结算和汇款，其他的结算方式很少使用。与当时的计划经济相适应，在“集中管理、统一经营”的方针指导下，由中国银行经营外汇业务，而中国银行也只是中国人民银行内部的一个机构。所以，这一时期的国际结算不仅方式简单，而且规模小，基本上都是手工操作，结算效率低，具有一定的垄断性。

2. 1979 年至今

党的十一届三中全会后，对内搞活、对外开放的政策，使我国的对外经济关系有了迅速发展，各种形式的国际交流和国际合作不断扩大，出口商品的结构开始发生变化，旅游、金融、保险、航运和对外承包等劳务收支也有大幅度增加，政府援助及各种形式的资本输入均不断增长，使结算内容不再单一简化；随着全方位开放政策的实施，记账结算日趋减少，现汇结算不断增加，对不同国家和地区的结算比重有了很大的改变，特别是贸易伙伴不再有所局限；结算方式越来越多，除传统的汇款、托收、信用证以外，保函、保理也开始使用，在具体操作上也逐步标准化，不断和国际接轨；随着国内金融体制改革的深入，各银行打破专业分工，均把国际结算业务作为主要品种之一。除了国内银行之外，外资银行对这部分业务也当仁不让，所以国际结算业务的竞争也越来越激烈。为了在市场上占有更多的份额，各家中外银行纷纷采取各种手段，把国际结算和贸易融资紧密结合起来，不断增加贸易融资品种，扩大业务范围。随着国际贸易流量和资本流量的迅速增长，国际结算的规模也随之扩大。

(二) 当前我国国际结算业务的特点和发展趋势

我国的国际结算业务是随着对外贸易的发展而不断发展的。从总体上说，我国的国际结算是与国际接轨的。当前我国国际结算呈现如下特点。

1. 国际结算业务量不断扩大

1950 年，我国的外贸出口仅 5 亿美元，直到改革开放之前，出口规模一直很小，银行的结算量也非常有限。改革开放以来，对外贸易得到了较快发展。贸易额的扩大直接推动了国际结算业务的发展。

2. 办理国际结算业务的银行机构增加

过去，中国银行作为我国的外汇专业银行，是我国办理国际结算业务的唯一机构和国际结算中心。现在除中国银行外，其他国有商业银行、股份制商业银行、地方商业银行以及外资银行等都先后开办了国际结算及外汇业务。外资银行已成为我国国际结算的一支重要力量，其市场份额已超过40%，其灵活性、快捷性的服务促进了我国国际结算水平的提高。

3. 结算货币多元化

1968年以前，我国对外贸易全部使用外币结算。1968年以后，开始部分采用“外汇人民币”计价结算。现在，我国对外贸易绝大部分使用美元、日元等可自由兑换外币结算，其中美元是最主要的结算货币；其次是欧元、日元、英镑和港币等。

4. 结算方式以信用证为主

我国先后与26个发展中国家签有支付协定，协定记账结算曾在我国的国际结算中占很大比重，在20世纪50年代末和60年代初曾高达70%。70年代以后协定记账结算方式比重下降。虽然现在仍与巴基斯坦、斯里兰卡、尼泊尔、孟加拉国、伊朗、埃及等国进行记账结算，但结算额占我国对外贸易总额的比例很小，不到5%。改革开放以来，随着对外贸易逐步与国际接轨，我国的国际结算也采取了世界通用的汇款、托收、信用证等方式，其中信用证是最主要的方式，其结算比例高达50%左右。

5. 国际结算涉及的地区广泛

目前，与我国开展贸易的国家和地区达220多个，贸易和结算涉及的国家和地区极为广泛，遍布全球各地，其中日本、美国、欧盟、中国香港、东南亚联盟、韩国等国家或地区是我国的重要贸易和结算伙伴。

6. 结算主体多样化

在传统的外贸体制下，经营外贸业务的主要是专业外贸公司，结算企业单一。随着外贸体制改革，特别是自20世纪90年代新的外贸体制实施以来，在专业外贸公司向实业化发展的同时，国家陆续赋予了许多其他生产企业和企业集团外贸独立、自主经营外贸的权利。“三资”企业、专业外贸公司和自营进出口企业就是银行的结算户。2004年新修订的《对外贸易法》取消了从事对外贸易的主体资格限制，只要达到规定标准，任何法人和自然人均可从事对外贸易。

总体来看，我国各家银行开展的国际结算业务与国际商业银行的做法还是存在一定的差距。这是由于国内各商业银行，特别是国有商业银行的内部运作机制是在长期的计划经济体制下形成的，因此，在经营方面，无论是在内部机制还是在业务做法上，尚无法完全适应目前快速发展的、随市场经济转变的外部环境。在国际结算业务的许多环上，其做法较为呆板，缺乏规范性和统一的模式。随着市场经济的进一步确立，我国银行经营的外部环境将发生变化，国际贸易和对外经济合作范围将进一步扩大，由此可加快向商业化过渡的进程，并使银行的内部机制和经营策略发生变化，从而使银行的国际结算业务出现新的生机，对国内银行，特别是国际性的商业银行来说，国际结算业务应作为支柱业务加以发展和开拓。

第三节　国际结算的银行网络

办理国际结算业务的银行必须在业务所涉及的范围内建立广泛的网络。因为国际结算是实现不同国家之间的资金转移,这种转移是通过银行之间的转账进行的,不可能由一家银行直接把款付给收款人,必须通过银行间的清算来完成。所以,在全球范围内,建立起资金划转畅通的账户网络是国际结算业务顺利进行的关键和前提条件。若海外没有业务网点,无论是国际贸易结算还是出口信贷、银团贷款等融资活动,都将难以开展。

一、国际结算银行网络的形成

在海外设立银行网络是一项综合性的战略,要根据各银行自身的具体情况和发展需要作出正确的选择。总的来看,银行网络可通过设立分行、建立代理行和附属银行及兼并当地银行等方式形成。

(一) 设立海外分行

海外分行(Branch Bank Abroad)是总行在国外开设的营业性的机构,或者说是总行在海外的派出机构,是总行的一个组成部分。它的全部资金来源都由总行提供,盈亏亦由总行承担。在各行总行的财务报表中,均包括了其海外分行的各类资产负债、全部收益、费用以及利润或亏损。

在海外开设分行的好处是:银行可以不失掉本国跨国企业的国内及海外业务,同时海外分行还可与当地企业开展业务往来,这样银行将取得分行提供的当地业务的直接收入,特别是与当地企业的业务往来能使分行增加盈利,海外分行还能提供接近海外资金市场的途径,这些国际资金市场经常能以比本国更具吸引力的利率提供投资或利用外资的机会。

根据国际惯例,一家银行在不同国家设立的分支机构虽属于同一个法人,在管理体制上隶属于它的总行,但在信用证业务处理中,在国外的分支行被视为相互独立的另一家银行。例如,中国银行在北京的总行和在纽约的分行,由于属于不同的地区,应视为两家不同的银行,在纽约分行议付的信用证,北京的总行作为开证行也可以因单证不符而拒付,并且在纽约分行发生的信用证纠纷也不应涉及国内的总行。但对于非信用证业务,总行和海外的分行则仍视为同一法人。

(二) 建立代理行

代理行(Correspondent Bank Abroad)是两家不同国籍的银行,互相委托,互为办理国际银行业务所发生的往来关系。一般由双方银行的总行之间建立。代理行是现今办理国际结算、进行资金收付和银行之间进行资金调拨清算的重要机构,在银行结算网络中居于十分重要的地位。代理行在资金及管理上与国内银行无任何隶属关系,它完全是一家独立的国外银行,只是根据双方的协议,在规定的业务范围内彼此提供结算、融资、咨询、培训等方面的服务。

建立代理行的好处是：市场进入的成本最少并能适应服务规模的需要；无须进行员工及设施投资；代理行当地的知识和经验都非常丰富，可更为方便地提供服务。代理行关系建立以后，由于种种原因也可中止，如该代理行倒闭或在经营上发生重大问题，政府在国别政策上突然改变，不准与代理行所在国继续往来等。

(三) 开设代表处

代表处(Representative Office)是总行在国外开设的代表该银行的办事机构，它不能吸收存款、发放贷款或进行其他的业务活动，而仅仅是在某一地理范围内接洽、联络其总行和该地或该国客户之间的业务，为总行提供当地的政治、经济、法律、银行业务等方面的信息。代表处的资金和一切开支均由总行提供。当预期的市场业务量太少，不值得投资建立分行或者是当地机会不确定的时候，或者是银行在决定是否进一步扩大之前想以最小的成本了解市场的时候，设立代表处是最合适的了。代表处往往是设立分行的前期准备，有时在几年后就可上升为分行，除非业务上不需要或东道国不允许。

(四) 附属银行

附属银行(Subsidiary Bank)又称"子银行"，是国内银行在国外按东道国法律注册的独立银行，是一个独立的法人机构。其资本全部或大部分由国内银行持有，其他资本可能为东道国或其他外国银行所有，由于国内银行占有全部或大部分的股权，因此国内银行拥有对附属银行的控制权，但其一切经营都得按当地的法律和规定办理，并受东道国金融监管当局的监管。和附属银行类似，也是按所在国法律注册的独立银行，但国内母银行仅占其部分股权，不能完全控制该银行，此银行称联营银行(Affiliated Bank)或母行的离枝银行。

(五) 兼并

开拓海外业务网点的另一方式是兼并，这种方式已为许多外国银行所采用。兼并当地银行最显著的好处在于：投入少量资金，便可以利用原有金融机构的经营框架、体系、制度，原有的符合当地法律与经营管理政策要求的经营方式，原有的一般职员和部分高级职员以及原有的计算机设施与经营管理软件体系；可以存续原来已经存在的客户，以及与各种政府机构、金融机构和企业集团等的关系。这些将使其在原有的基础上扩张经营，并易符合当地的法律对金融机构监管的要求。这些规模和网络的建立是需要一定时间的，并且有一定难度，因此兼并能使经营成本相对降低。例如，1998 年 11 月 30 日，德意志银行兼并了美国的信孚银行，成为横跨大西洋的金融界最大的一次兼并事件。通过这次兼并，德意志银行的资产额达到 8 200 亿美元，成为全球最大的银行。德意志银行一直在寻找投资美国银行业务的机会，而资产位居美国第八位的信孚银行擅长股票、债券和房地产业，二者的互补作用很大，兼并使它们拓展了各自在对方国家的业务，也使业务网络迅速增加。不仅兼并外国当地银行，兼并本国的银行也是扩张网络的渠道。例如，1996 年日本的东京银行和三菱银行进行了合并。东京银行是日本唯一的外汇专业银行，拥有 37 家国内分行和 366 家海外分支行，在 45 个国家开设了分行，拥有庞大的国际网络；而三菱银行擅长日本国内业务，拥有包括三菱工业集团在内的大批工业客户。在国际、国内市场分别占有优势的两家银行合并后，能同时应付内外两个方面的挑战，海外分支网络亦由此大增。

在我国的各银行和非银行金融机构中，以中国银行的跨国经营、设置海外网络的历史最长并较成体系。起初只是在个别国家的金融中心设立机构，经营一些品种单一的零售业务，后来逐步发展，目前已有549家海外机构，在20多个国家和地区有近6 000家代理行。其他如中国交通银行、中国工商银行及中国建设银行等在世界各主要城市也有分支机构，并且还在不断地开拓和发展。

二、建立代理行的重要意义

虽然形成海外网络的途径有许多，但代理行的建立是非常重要的，在数量上它要远远超过海外分行、附属银行及代表处。从业务控制、活动领域等角度看，应该说设立海外分行比其他几种形式带来的好处要大一些，但开设分行要受到一系列的限制。首先是资金方面的限制。在国外开设分行必须由总行拿出一笔可观的资本金，对资本金数目的规定，各国各不相同，但办公用品和设施，如电脑等肯定需要一笔不小的开支；而租赁场地等也意味着大笔资金的投入，这样就使得开设分行的愿望受到扼制。其次是外汇管制方面的限制。在对外汇实行严格管制的国家，对外国银行在本国开设分行有非常严格的规定，甚至根本不允许；即使外汇管制较宽松的国家，对外资银行总行的资本额、盈利情况和经营作风、业务及客户的范围等也都有具体要求，并且还要求开设代表处达到一定的年限后才能设分行。许多国家还对外资分行的业务范围加以限制，如不准兼并、购买东道国的非银行公司、企业，禁止持有当地公司、企业的股票，不得经营东道国的本币业务等。东道国当局只有在充分考虑外国分行对本国金融资源和经济、贸易发展的影响以及对本国国内银行业竞争的影响、当地公众对外国银行提供金融服务的需求程度、本国与申请设立分行的外国银行所属国家之间的贸易、金融合作关系等因素的基础上，才会批准外国银行在本国设立分行。最后是人员方面的限制。海外分行的主要管理人员是由总行派出的，东道国对其素质、管理方法等也有严格的要求，达不到标准者可能不被获准开设分行。如分行的负责人须熟悉外汇业务，精通国际结算，了解当地银行法和对外资银行的种种规定，懂得东道国的语言，有五年以上的银行工作经验等。由于上述种种限制，总的说来开设海外分行成本相对高一些。

而建立代理行则没有上述限制。在资金方面，几乎不需要任何投资，利用原行的设备、技术和场所就可提供许多服务；在外汇管制方面，代理行是当地的银行，对外资银行的种种规定或限制与它无关，且熟悉当地的法规及习俗；在人员方面，不仅无须配备任何管理人员，而且相反，国内可派遣人员接受代理行提供的培训。因此，建立海外代理行已成为海外银行网络最实用、最重要的一种方式，它成为一家银行开展各项国际业务的基础。目前代理行之间相互代埋的业务范围越来越大，已从单纯地办理国际贸易和非贸易结算发展到资金拆放、外汇买卖等货币市场业务和发行、投资各种证券等资本市场业务；相互参与银团贷款、签订有关互惠协议；彼此为对方设立分支机构提供协助；相互提供信息、咨询；共同举办业务研讨会、培训人员等。所以，建立海外代理行网络是非常重要的。

三、海外代理行的建立

(一) 建立海外代理行的原则

建立海外代理行的原则首先是平等互利，只有在这个基础上才能建立相互直接委托的业务关系。不论对任何国家和地区，所有涉及相互代理业务的一切权利、义务和责任以及技术性的规定都必须符合此原则。其次要符合国家的政策，同时又要区别对待。按国家的对外国别政策，凡属不准往来国家的银行或资产来自这些国家的银行就不能与之建立代理行关系；对已同我们建立代理行关系的外国银行，又要视其政治态度和业务表现而加以区别，政治态度不好或业务不熟练、服务质量不高者应及时报告总行以研究对策。

(二) 建立代理行的方式及步骤

我国各商业银行建立国外代理行，一般是由总行统一部署。总行根据对外经济和金融业务的发展需要，有选择地和国外银行进行联系、洽谈，签订协议或交换确认函，然后通知国内有关分行，相互交换控制文件后，代理行关系即宣告成立，以后两家银行指定的分支机构就可以直接进行外汇业务往来。有时，与某一地区或某国外银行建立代理行是由分行向总行提出建议，然后由总行出面与国外的银行具体协商、签订协议，再通知国内各分行。出现这种情况的原因是大量的国际结算业务是在各分行，特别是口岸分行进行的，当分行有建立新的代理行关系的需要时，即可向总行提出建议，分行是不能直接对外签订代理行协议的。也可有这样的情况，国外的银行主动向我分行或总行提出建立代理行的要求，总行在作必要的了解和考察后，按以上方式操作和处理。

代理关系即代理行关系，一般由双方银行的总行直接建立。分支行不能独立对外建立代理关系。代理行关系的建立一般要经过以下三个步骤.

(1) 考察了解对方银行的资信。代理行关系是建立在一定资信基础上的，因此，在建立代理关系前，应对对方银行的基本情况有所了解，以便决定是否同对方银行建立代理关系。

一般而言，银行只同那些资信良好、经营作风正派的海外银行建立代理关系。

(2) 签订代理协议并互换控制文件。如果双方银行同意相互建立代理关系，则应签订代理协议。

(3) 双方银行确认控制文件收到对方银行发来的控制文件后，如无异议，即可确认，此后便照此执行。

(三) 代理行协议的内容

代理行协议是双方确立代理行关系的契约性文件。此协议一般由一方起草，对方银行审核同意后，双方总行共同签署正式生效。代理行协议一般包括以下内容。

1. 指定可代理业务的分支行

由于代理行协议是由双方的总行签署的，而大量的业务分散于各自的分支机构，因此在协议中双方都要指定一定的分支机构，说明名称、地址。只有被指定的分支机构才能得到控制文件，才能相互代理有关的业务。

2. 规定相互代理业务的范围

相互代理的业务范围是从满足实际需要出发考虑的，大多包括汇款业务(解付电、信、票汇)、托收业务(跟单及光票的托收)、信用证业务(通知、保兑、议付及偿付等)、资信调查等。除这些基本业务之外，如我们前面提到过的，随着两国及两行关系的不断发展，代理业务的范围可扩大至货币、资本市场及信息交流、人员培训等方面。

3. 开立账户

代理行之间的收付清算都是通过往来账户的借和贷来进行的，所以要涉及在代理行开设账户的问题。要说明的是，并不是在所有的代理行都要开设账户，只在那些处于东道国的金融中心或货币清算中心的代理行才考虑设置账户。这是因为处于上述中心的代理行相对业务量较大，且大都是资金实力雄厚、信誉卓著、设备先进、服务效率高的知名银行，在这样的银行开设账户后，这家开有账户的代理行就叫账户代理行(Depository Correspondent)，而未开账户的称非账户代理行(Non-depository Correspondent)，若我方与后者有资金往来，就可通过账户代理行划转，这样，既可避免外汇资金的分散或闲置，又可充分发挥账户代理行的中心作用。

账户代理行又有往账代理行和来账代理行之分。往账是指我方在海外代理行开立账户，称为存放国外同业款项，属资产科目；来账是指海外代理行在我总行开设账户，称为国外同业存放款项，属负债科目。一方的往账就是对方的来账。若双方商定开立账户，可由一方在对方开立对方货币账户，或者双方相互在对方开立对方货币账户，同时在代理行协议中要说明设置账户的条件，如有无铺底资金，数额多少；有无存款利息，利率多少；是否允许透支，利率及额度多少；账户费用标准及收取方式；对账单如何交递及频次等。

4. 控制文件

控制文件(Control Documents)是代理行之间在业务往来中凭以核对和查验对方发来的电函和凭证等的真实性的文件，主要包括印鉴、密押和费率表。双方签订代理协议后，必须交换控制文件，这是保证业务安全顺利进行的重要条件。

(1) 印鉴(Specimen Signatures)，即授权签字样本，是列示各级有权代表银行签署文件的授权人员的签字式样的文件。代理行之间的书面文件，如信函、凭证、票据等均须签字后才能生效，收件行收到上述文件后，应将文件上的签字和印鉴册上的签字相核对，在完全相符的情况下，才能确认其真实性，并按照文件上载明的要求加以处理。若对国外发来的文件或凭证上的签字有怀疑，应立刻向对方查询以判定真伪。印鉴册上的被授权签字的人是有级别的，不同的级别其相应的签字额度、有权签字的范围是不同的，上至总经理下到一般的职员都能作为有权签字人。若有人事变动应及时更换签字并通知对方。签字大都是将自己的名字以不易模仿的方式进行书写，不能使用正楷或印刷体，以防假冒。

(2) 密押(Test Key)，即电报密押，是加在电文前面以证实电讯真实性的密电码。收电行接到电函时，首先要核验密押，相符后才能进一步处理。密押一般是由一系列数字组成的，每家银行都以自己的方法编押，所以不会发生相同的问题。但各个银行编押的原理基本是一样的，一般是将电函拍发的月份、日期、金额、货币、序号等按某种方式折算成一项数字而形成。密押可由代理行中的一方寄送给另一方，双方共同使用，也可各自使用自己的密押。密押属绝密性的文件，由可以信任的专人负责使用和保管。为确保安全，密押在使用一两年以后就要更换。

使用SWIFT时，要使用SWIFT密押，它是独立于电传密押之外供双方在收发SWIFT电讯时使用的。SWIFT密押是对全部电文包括所有的字母、数字和符号加押的，准确程度高，且由电脑自动加注和破译，极其可靠。按使用规则，代理行之间的SWIFT密押每半年须更换一次。

(3) 费率表(Terms and Conditions)，是代理行代办各项业务的收费标准。双方要相互交换费率表，使对方知道其收费标准。其适用范围主要是代理行协议中规定的各项代理业务，如通知信用证、保兑信用证或解付汇款等。我方若委托代理行办理某项业务，是按照对方即海外代理行的费率表收费的，一般先由我方垫付，然后再向客户收取。若代理行关系良好，彼此可约定优惠办法。

本章小结

(1) 国际结算是在国际间办理货币的收付以清偿位于不同国家的两个当事人之间由于政治、经济、文化交流等引起的债权债务关系的行为。在实务中通常把国际结算分为国际贸易结算和国际非贸易结算两大类。国际贸易结算是国际结算的基础，在国际结算中占据主导地位，主要包括有形贸易结算、记账贸易结算、商品贸易或资本性货物贸易的结算及商品贸易结算等种类。

(2) 国际结算的性质：从金融学科的角度看，它属于国际金融实务的一个分支，是以金融、贸易为基础的多边交叉学科，并且具有很强的实用性和可操作性；从商业银行的角度看，国际结算业务是各家商业银行的一项国际性的中间业务。

(3) 国际结算的研究对象包括国际结算工具、国际结算的单据、国际结算方式、以银行为中心的支付体系等。

(4) 国际结算以国际贸易的产生和发展为前提，但它们并不是同时产生的。国际贸易的产生早于国际结算。传统国际结算是指19世纪以前的国际结算，现金结算、直接结算以及凭货付款是其主要的特点。现代国际结算经历了从现金结算到非现金结算、从"凭货"付款发展到"凭单"付款、从买卖双方的直接结算发展到通过银行进行结算的发展阶段。目前，国际结算领域呈现出以下几个特点和趋势：国际结算和贸易融资更加紧密地结合起来、国际结算的电子化程度加深、国际结算的规则日趋完善、国际结算的复杂化使结算的难度加大。

(5) 办理国际结算业务的银行必须在业务所涉及的范围内建立广泛的网络。银行网络可通过设立分行、建立代理行和附属银行及兼并当地银行等方式形成。

建立代理行具有无可比拟的优势。建立海外代理行的原则首先是平等互利，其次要符合国家的政策，同时又要区别对待。代理关系一般由双方银行的总行直接建立。代理行关系的建立一般要经过三个步骤：考察了解对方银行的资信；签订代理协议并互换控制文件；双方银行确认控制文件收到对方银行发来的控制文件后，如无异议，即可确认，此后便照此执行。代理行协议一般包括指定可代理业务的分支行、规定相互代理业务的范围、开立账户、控制文件。

控制文件是代理行之间在业务往来中凭以核对和查验对方发来的电函和凭证等的真实性的文件，主要包括印鉴、密押和费率表。

复习思考题

一、名词解释

国际结算　国际贸易结算　国际非贸易结算　非现金结算　凭单付款　代理行　账户行　控制文件

二、简答题

1. 简述国际结算的含义与种类。
2. 试论国际结算的演变。
3. 国际结算与国内结算有何不同？
4. 当前的国际结算呈现出怎样的发展趋势？
5. 国际结算中的银行网络是怎样形成的？
6. 建立代理行的意义何在？如何建立代理行关系？

第二章

国际结算的法律环境

【本章导读】 国际结算由于是不同国家当事人之间的业务,因而,涉及众多的国际法和国际惯例。根据性质的不同,本章将国际结算的法律体系分为国际公约(国际法)、国内法、国际惯例三个层次。通过本章的学习,可以了解国际结算中的英美法系、大陆法系、《2010年国际贸易术语解释通则》、UCP 600等几个重要的国际结算惯例以及三种国际结算制度等内容。

第一节 国际结算法律环境概述

一、国际结算法律环境

在国际结算中,无论是贸易或非贸易款项的结清,都需经过国际银行支付和清算系统进行。然而由于债权、债务双方分处不同的国家和地区,涉及不同的业务做法、制度安排、商业习惯、法律环境,为了避免不必要的歧义甚至争议,有必要对涉及国际结算的工具、方式、体系作某种程度的安排、规范,以构成良好的国际结算氛围。所谓国际结算的法律环境,即指国际结算过程中的各种法律系统及法律、结算模式的安排。它由法律、惯例及国际结算制度构成,涉及贸易、金融、货运等各个领域或环节。

二、国际结算的法律系统

(一) 票据法的概念

票据法是指调整票据的签发、使用而产生的各种关系的法律规范的总称。票据法作为商法的一个重要组成部分,具有以下几个方面的特征。

1. 强制性

与民商法中多为任意性规定不同,票据法中的规定几乎都是强制性的。票据的种类由票据法明文规定,不得由当事人任意创设;票据是要式证券,票据行为是要式行为,除非法律另有规定,票据法不允许当事人依其意思自治另行约定。票据法之所以具有这样的强制性,主要是由票据的流通性决定的。为了保障交易的安全,维护社会经济秩序的稳定,各国票据法均对民法所强调的意思自治原则加以制约。

2. 技术性

由于票据业务专业性强,不易为一般人所了解。为了便于操作,让当事人明了其权利义务内容,票据法对票据的格式、各种票据行为都作了明确规定。这使票据法体现出较多的技术性,而不包含太多的伦理道德因素。

3. 统一性

由于票据是一种流通性较强的证券,而调整票据关系的票据法本身又具有很强的技术性,很少受地域因素和政策因素的影响,使票据法具有了较强的统一性。随着国际间经贸往来的日益频繁,票据法的内容也日趋统一。自19世纪后期开始,票据立法的国际统一化运动兴起并取得了相当大的成果。1930年的《日内瓦统一汇票本票法》和1931年的《日内瓦统一支票法》为绝大多数大陆法系国家所采纳或参考。现在票据法的国际统一化程度较高,为其他商法部门所不及。

各国票据法的编制大致有三种形式:一是制定票据单行法规,如英国、德国以及我国的台湾地区;二是把票据规定编入商法典,作为其组成部分,如法国、日本等;三是将票据规定编入民法典或债法中,如瑞士。

票据法的体例主要有两种:一是分离主义,即将汇票、本票规定在一部法律里,支票单独立法。大陆法系多采此体例。二是包括主义,即将汇票、本票、支票规定在一部法律中。英美法系国家多采此体例。我国目前采取包括主义,并将票据单独立法,于1995年通过了《中华人民共和国票据法》。

(二) 票据法系与票据法的国际统一化运动

1. 英美法系

英美法系又称普通法法系,是指以英国1882年颁布施行的《票据法》为代表的法律体系。它首先产生于英国,后扩大到曾经是英国殖民地、附属国的许多国家和地区,包括美国、加拿大、印度、巴基斯坦、孟加拉、马来西亚、新加坡、澳大利亚、新西兰以及非洲的个别国家和地区。到18世纪至19世纪时,随着英国殖民地的扩张,英国法被传入这些国家和地区,英美法系终于发展成为世界主要法系之一。英美法系的主要特点是注重法典的延续性,以判例法为主要形式。

英国于1882年颁布施行的《票据法》(*Bills of Exchange Act*)是起草人查尔姆总结历来的习惯法、特别法以及许多判例而编成的。该法共计97条,1～72条订立汇票全面法规,73～82条订立支票法规,83～89条订立本票法规;1957年另订立支票法8条,对于以前的支票法规做了修正和补充。

美国于1896年制定《统一流通票据法》,它是起草人克罗弗德在习惯法和判例的基础上编写而成的。1952年制定、1962年修订的《统一商法典》的第三章商业票据中,对汇票、本票、支票和存单做了详细的规定。美国的票据法律是在英国票据法的基础上发展而成的。英国、爱尔兰、美国及一些英联邦成员国如加拿大、澳大利亚、印度、巴基斯坦等国的票据法均属英美法系。

2. 大陆法系

大陆法系又称为民法法系,或法典法系、罗马法系、罗马-日耳曼法系,它是以罗马法为基础而发展起来的法律的总称。它首先产生在欧洲大陆,后扩大到拉丁族和日耳曼族各国。在1930年于日内瓦召开的国际票据法统一会议上,与会各国签订了《日内瓦统一汇票、本票公约》(*Uniform Law for Bills of Exchange and Promissory Notes*),1931年又签订了《日内瓦统一支票法公约》(*Uniform Law for Cheques*)(二者合称为《日内瓦统一法》)。这两项法律是比较完善的票据法规。由于英美未派代表参加签字,所以参加签字并遵守统一票据法的成员国家形成了大陆法系。

两大法系之间在汇票必要项目的各方面大体相同,但也有些差异,比较明显的差异如下:一是伪造背书以后的拥有汇票人,《日内瓦统一法》认为可以成为持票人,英国《票据法》认为不能成为持票人,没有持票人的权利;二是"保证"的票据行为,《日内瓦统一法》有着完整的规定,而英国《票据法》无此明确规定,仅有近似规定;三是票据的对价观点,《日内瓦统一法》没有规定,而英国《票据法》除有明确规定外,还进一步规定了付对价持票人和正当持票人,给予正当持票人优越的权利,支持票据流通转让,保护银行权益。

3. 票据法的国际统一化运动

为了进一步推动各国票据法的国际统一,扩大票据的国际流通,促进国际经济贸易的发展,联合国国际贸易法委员会(United Nations Commission on International Trade Law)想要清除两个法系的差异,于1971年成立国际流通票据工作组,1973年拟订了《国际汇票与国际本票公约(草案)》和《国际支票公约(草案)》,经过十余年的讨论修订,于1986年6月16日至7月11日交联合国国际贸易法委员会第19届会议审议,至1988年12月9日举行的联合国第43届全体大会一致通过,定名为《国际汇票和国际本票公约》、《国际支票公约》(以下简称《公约》)并于1990年6月30前开放各国签字。按《公约》的有关规定,该《公约》须经至少10个国家批准或加入后,方能生效。迄今为止,还未达到必要的法定数量,公约尚未生效。不过可以预见,随着世界经济全球化进程的进一步推进,各国票据法的国际统一将是大势所趋。

4. 我国的票据立法

我国的票据使用,最早可追溯到唐代宪宗时期,但正式的票据立法是在清朝末年。清王朝和北洋政府曾经起草过多部票据法草案,但都没有公布。我国历史上第一部正式颁布的票据法,是1929年10月国民党政府颁布实施的《票据法》。该《票据法》主要参照了日内瓦票据法系和德日票据法的规定,确定"汇票"、"本票"和"支票"三种名称,但在体例上采纳了英美票据法系的模式,将汇票、本票和支票规定在一起。该《票据法》后几经修订,至今仍在我国台湾地区适用。

新中国成立后,旧中国的票据法同其他旧法一起被废除。在此后的30多年里,由于我国实行高度集中的计划经济体制,除了支票作为银行的结算工具使用而保留外,汇票和本票的使用均被取消。因而,在当时的中国并不存在票据立法的必要性。中共十一届三中全会后,随着改革开放的深入和商品经济的发展,票据制度得以重新确立。1988年12月,中国人民银行颁发了《银行结算办法》,规定在全国推行银行汇票、商业汇票、银行本票和支票,并规定个人可以使用支票。1990年底,中国人民银行总行正式成立票据法起草小组,拟订了《中华人民共和国票据法(草案)》,1995年5月10日,八届全国人大常委会第十三次会议审议通过了《中华人民共和国票据法》,自1996年1月1日施行。1997年8月21日,中国人民银行发布了《票据管理实施办法》,自1997年10月1日起施行。2000年2月24日,最高人民法院通过了《关于审理票据纠纷案件若干问题的规定》,对票据纠纷案件的受理和管辖、票据保全、举证责任、票据权利及抗辩、失票救济、票据效力、票据背书、票据保证、法律适用、法律责任等问题作出了解释。

第二节　国际结算中的国际惯例

一、国际惯例概述

(一) 国际惯例的含义

“惯例”(Usage)与习惯(Custom)都是指一种重复性的行为，是人们经过长期反复实践，就某一行业在国际间形成的一些特定做法。国际惯例是在长期的国际交往实践中约定俗成的，为国际社会公认的国际交往行为的惯常模式、规则、原则等，对当事人之间的关系、权利和义务有明确的规范。它是国际外交惯例、国际经贸惯例、国际军事活动惯例、国际文化交流惯例等的总称。一般来说，惯例应具备这样几个特点或者是条件：

(1) 必须在一定范围内(如一个行业)被人们经常不断地、反复地采用；

(2) 必须具有明确的、易于被人们接受的内容；

(3) 必须在该范围内被人们公认并对当事人有约束力。

本章所论述的国际结算惯例属国际经贸惯例。所谓国际结算惯例，是指国际经济往来中逐渐形成的一些较为明确的、内容相对固定的结算习惯和做法，其中包括成文或不成文的原则、准则和规则。根据需要，我们只介绍和国际结算有关的几个重要的成文的国际惯例，包括《2000 年国际贸易术语解释通则》、UCP 600(《跟单信用证统一惯例》)等。

(二) 国际惯例的特点

1. 具有国际性

国际经贸活动是在世界范围内进行的，因此作为调整经贸关系的惯例也具有国际性，它被许多国家和地区认可，成为各国的共同行为准则。由于其国际民间性质，不涉及国家主权，各国为了避免相互之间涉外经济立法的冲突，避免按国际经贸法律协调时涉及国家主权问题，就都普遍愿意承认和采纳国际惯例。同时，国际惯例多是由国际性的商业组织或团体加以归纳整理而成文的，对各种术语、条款的定义及解释明确、规范，内容也较为稳定，具有一定的权威性，因此国际惯例具有世界通用性，如《国际贸易术语解释通则》、《跟单信用统一惯例》已被许多国家的贸易界和银行界所采用，尤其是《跟单信用证统一惯例》，采用的国家有 100 多个，几乎成了办理国际结算业务的真正的统一规则。

2. 一般不具强制性

国际惯例不同于国际公约、条约和协定，与各国国内立法也相区别，任何国家或组织都不可能也不需要对它拥有权利和义务，一般情况下它也不能直接约束有关国家或公民，一方当事者不能强制另一方适用。对国际惯例，当事者可自行决定是否采用，因此，国际惯例不具有法律上的强制性。但是，某项国际惯例一旦为各国承认并采用，或者当事者在公约、条约、协定或合同中引用或认定，该项国际惯例就具有法律约束力，当事者不得违反惯例中的规定，必须履行其中的义务。

3. 具有相对稳定性

国际惯例是在长期的经贸活动中，经过反复使用、约定俗成而历史地形成的，是经贸活动的历史产物，因此具有相对的稳定性。若经常变动，就不成其为规范，失去了权威性，也不可能在国际经贸活动中发挥规范和调整作用。可见，稳定性是国际惯例必备的本质特点。无论是成文的还是不成文的国际惯例，都具有一定的稳定性。但稳定又不等于一成不变，它也要随客观条件、环境的变化而适时地修改和完善。例如，《国际贸易术语解释通则》自 1936 年由国际商会制定出来，至今已进行了七次修订和补充。

(三) 国际惯例的作用

国际惯例存在的合理性在于，它能够避开不同国家和地区文化背景的不同，尤其是在政治制度、法律制度方面的差异，就人们在长期的商业实践中约定俗成的做法加以确认，为大多数人所自愿遵守，是一种非正式的制度安排，具有更强的生命力。

1. 推动和促进国际经贸活动的发展

国际惯例虽然不是法而只是一种行为规范，但当其被当事者采用后即具有法律约束力和强制力；另一方面，一些国家在国内立法中引用国际惯例，或规定法院有权按照有关国际惯例解释当事人的意愿。因此，国际惯例成为不是法的法，在世界经贸活动中具有特殊的地位和重要性。

国际惯例规定了特定国际经贸活动中的行为规范，明确了当事人应该做什么及如何做，享有什么权利和承担什么义务及当事人的权利和义务的关系。这些规范由于是在长期国际经贸实践中历史地形成的，是一种相对稳定和较为公平合理的国际经贸行为规范，因而对国际经济贸易的发展能起到推动和促进作用。只有按国际惯例办事，才能顺利开展国际经贸活动，保护当事人的正当权益，在这方面，国际惯例可以起到国际经贸法律无法替代的作用。

2. 可避免经贸活动中的法律冲突

各国都有经济方面的立法，但国内法律的制定均要维护本国的主权和政治、经济利益，因此相互之间存在一些矛盾，用某一个国家的经济法律来调整国际经贸关系，就涉及另一国家的主权和利益，而且各国的法律繁多，也很难搞得清楚，这客观上给国际经贸活动的开展带来了法律上的障碍。而国际惯例不涉及国家主权，用它来确定当事者之间的权利和义务，调整经济关系，解决经济纠纷，就可以避免法律方面的冲突。因而国际惯例越来越多地被各国国内经济立法采纳和援引。国际惯例可供法院或者是仲裁机构对纠纷进行调解、仲裁和判决。很多国家对于国际惯例明示承认，并运用于法律实践。

例如，我国在《中华人民共和国民法规则》(以下简称《民法规则》)第八章第一百四十二条中规定："中华人民共和国法律和中华人民共和国缔结或参加的国际条约没有规定的，可以适用国际惯例。"《中华人民共和国涉外经济合同法》中也规定，我国法律未作规定的，适用国际惯例。

3. 促进世界经济新秩序的建立

国际惯例倡导自由、平等、公正、合理、互惠互利的国际贸易、国际分工和最惠国待遇的原则，这个原则对当代世界经济新秩序的建立将发挥重要的指导和调整作用。历史上，国际惯例曾对两次世界大战后世界经济秩序的建立起了重大的推动作用，促进了当时国际贸易的发展。目前，发展中国家的经济正在崛起，经济国际化、一体化不断加强。在这种新形势下，建立新的世界经济秩序已成为国际社会面临的新问题，国际惯例也必将进一步发展和完善，更加科学化、系统化、合理化和公平化。

二、《2010 年国际贸易术语解释通则》

(一) 国际贸易术语的产生与作用

所谓贸易术语（又称贸易条件），是用一个简短的词组或几个略语的组合来说明买卖双方责任、费用和风险的划分。世界上各主要港口对涉及买卖双方责任的划分有传统的规定，不同行业又有不同的惯例，因此对贸易条件的解释也常有分歧。国际上某些有影响的学术团体和商会组织为了消除这些分歧、统一认识，试图对贸易条件作出比较一致的解释。其中比较有影响的文件有：《1932 年华沙-牛津规则》、《1941 年美国对外贸易定义修订本》和国际商会的《国际贸易术语解释通则》。在这三个文件中又以国际商会的《国际贸易术语解释通则》最有影响。

国际贸易术语的产生，在很大程度上是由国际贸易的特殊性决定的。国际贸易双方处在两个不同的国家，其贸易习惯不同，有关法律的规定也不一样。另外，货物要经过很多的运输环节，买卖双方要办理各种手续及支付相应的费用，还可能发生一些意外的风险，所以买卖双方在接货、交货过程中，要解决许多问题，主要有：有关的费用由谁支付；货物在运输途中可能发生的灭失和损失等风险由何方承担；申请进出口许可证、办理装卸货和运输保险等手续的责任；如何交接货物；货物所有权转移的界限等。对于这些问题，可通过谈判来解决，但是，如果每笔交易都要对上述问题进行逐一的商谈，必然使磋商过程耗时长，并有可能贻误时机，影响顺利签约。于是，在长期的实践中，逐渐形成了各种贸易术语。在交易谈判中，只要一方提出某个贸易术语，就包括了上述的全部内容，非常明确。

不同的贸易术语，表示买卖双方在责任、费用与风险的承担上有所区别，如果卖方承担的责任多、支付的费用多、风险大，则商品的售价高；反之，则售价低。所以，贸易术语直接影响到商品的价格及构成，人们常常将贸易术语称为价格术语的原因也在于此。由于贸易术语的引入，任何一个国际贸易价格都需要由四个要素来表示，即计价的货币名称、单价、计量单位和贸易术语。

归纳起来，贸易术语的作用可概括为以下几方面。

首先，贸易术语简化了买卖双方磋商的内容，节省了时间和费用，有利于国际贸易的成交。它用简短的术语规定了买卖双方在交易中所承担的义务、费用和风险，以及购销价格、佣金等其他费用。例如，合同中 FOB 三个字母的含义在国际商会的解释中竟有千字之多。若没有贸易术语，买卖合同的内容就会十分繁杂，一旦发生争议，要往返磋商，使交易的时间和费用大大增加，降低了效率。因此，贸易术语构成了合同的主干部分，它虽不能替代合同的全部，但却非常准确地表达了双方当事人之间权利、义务、责任等核心事项。

其次，贸易术语是其他各项交易条件的中心。贸易术语关联着合同中其他的贸易条件，其他交易条件都要以贸易术语作为衡量、计算的标准。比如，贸易术语就决定着出口部门在单证方面的义务和责任，以及保险费支付等特殊要求。因此，有关管理部门可从术语中查出对外贸易成交的价格构成、了解贸易合同的性质以及相应的权利和义务，也可以从术语的使用和选择上保护本国的航运业和保险业。

最后，贸易术语有利于国际贸易纠纷的解决。买卖双方一旦在合同中采用了某一贸易术语，则该术语的惯例对双方当事人就有法律约束力，因此贸易术语是解决各国法律、习惯分歧的一种补救方法。

(二) 贸易术语的演变

据记载，最早使用贸易术语是在1812年，当时一个外国商人到英国利物浦购买货物，要求英国供货人把货物交到停靠在利物浦的船上，合同使用了FREE ON BOARD的条件(即FOB)，有关FOB术语的判例在19世纪的英国法院已有所记载了。随着国际贸易和交通运输的发展，相继出现了一系列贸易术语，并得到了广泛使用。对这些术语，开始的时候，不同国家、地区，甚至不同的港口都有规定和解释。后来有关的国际组织对普遍使用的一些术语作出具有规则性的解释和规定，从而形成了国际惯例。

具有影响的关于贸易术语方面的惯例有三个：一是《1932年华沙-牛津规则》，这是国际法协会于1928年在波兰的华沙制定的，以后又于1932年在英国的牛津作了修订。它是以英国的贸易习惯和判例为基础，对CIF的性质、买卖双方所承担的费用、责任和风险作了说明和规定。二是《1941年美国对外贸易定义修正本》，这是美国九大商业团体在1919年制定的，原称《美国出口报价及其缩写条例》，1941年修订时改为现名，它对六种价格术语作了解释。三是《2000年国际贸易术语解释通则》(以下简称2000通则)。上述三个惯例目前虽并存，但以最后一个的影响最大、应用最广(在2000年1月1日生效)。

国际商会早在1936年即制定了《1936年贸易术语解释通则》，以后又于1953年、1967年、1976年、1980年、1990年和2010年作出补充和修订，现在使用的是2010年版本。

(三)《2010年国际贸易术语解释通则》(以下简称2010通则)

国际商会(ICC)重新编写的《2010年国际贸易术语解释通则》(INCOTERMS 2010)，是国际商会根据国际货物贸易的发展，对2000通则的修订，2010年9月27日公布，于2011年1月1日开始在全球实施，2010通则较2000通则更准确标明各方承担货物运输风险和费用的责任条款，令船舶管理公司更易理解货物买卖双方支付各种收费时的角色，有助于避免现时经常出现的码头处理费(THC)纠纷。此外，新通则亦增加大量指导性贸易解释和图示，以及电子交易程序的适用方式。

虽然2010通则于2011年1月1日正式生效，但并非2000通则就自动作废。因为国际贸易惯例本身不是法律，对国际贸易当事人不产生必然的强制性约束力。国际贸易惯例在适用的时间效力上并不存在"新法取代旧法"的说法，即2010通则实施之后并非2000通则就自动废止，当事人在订立贸易合同时仍然可以选择适用2000通则甚至1990通则。

相对2000通则，2010通则主要有以下变化。

(1) 13 种贸易术语变为 11 种。

(2) 贸易术语分类由四类变为两类。

(3) 使用范围扩大至国内贸易合同。

(4) 电子通信方式被 2010 通则赋予完全等同的功效。

以上内容整理自《国际贸易理论与实务》(朱金生主编,人民邮电出版社 2011 年 9 月出版)、《国际贸易实务》(张燕芳主编,人民邮电出版社 2011 年 3 月出版)。

2010 通则于 2011 年 1 月 1 日起正式实施,与 2000 通则相比主要变化有:

(1) 贸易术语的数量由原来的 13 种变为 11 种。

(2) 删除 2000 通则中四个 D 组贸易术语,即 DDU (Delivered Duty Unpaid)、DAF (Delivered At Frontier)、DES(Delivered Ex Ship)、DEQ(Delivered Ex Quay),只保留了 2000 通则 D 组中的 DDP(Delivered Duty Paid)。

(3) 新增加两种 D 组贸易术语,即 DAT(Delivered At Terminal)与 DAP(Delivered At Place)。

(4) E 组、F 组、C 组的贸易术语不变,如表 2-1 和表 2-2 所示。

表 2-1 《2010 年国际贸易术语解释通则》

E 组(发货)		
	EXW	工厂交货(……指定地点)
F 组(主要运费未付)		
	FCA	货交承运人(……指定地点)
	FAS	船边交货(……指定装运港)
	FOB	船上交货(……指定装运港)
C 组(主要运费已付)		
	CFR	成本加运费(……指定目的港)
	CIF	成本、保险费加运费付至(……指定目的港)
	CPT	运费付至(……指定目的港)
	CIP	运费、保险费付至(……指定目的地)
D 组(到达)		
	DAT	指定目的地交货
	DAP	目的地交货
	DDP	完税后交货(……指定目的地)

其主要变化及说明如下。

1. 两种新的术语——DAT 和 DAP

通则已经将 13 种不同的术语减为 11 种。DAT 和 DAP(指定目的地和指定地点交货),是取代了 DAF、DES、DEQ 和 DDU 而实现的。所谓 DAT 和 DAP 术语,是"实质性交货"术语,在将货物运至目的地过程中涉及的所有费用和风险由卖方承担。此术语适用于任何运输方式,因此也适用于各种 DAF、DES、DEQ 以及 DDU 以前被使用过的情形。

2. 11 种贸易术语的分类

2000 通则中的 13 种术语按术语缩写首字母分成四组，即，E 组(EXW)、F 组、C 组以及 D 组。这种分类反映了卖方对于买方的责任程度。FCA，或者适用国内贸易的 EXW，利用交货的完成以及在尽可能早的时间把风险转移给买方从而赋予卖方最少的责任。相反地，D 组术语，或者说“实质性交货”术语，利用交货的完成以及在尽可能晚的时间把风险转移给买方从而赋予卖方最多的责任。这种分类仍然很重要，尤其是在当事人对 2010 通则中的 11 种贸易术语作出选择时。

然而，2010 通则将这 11 种术语分成了截然不同的两类。

第一类包括那些适用于任何运输方式，包括多式运输的七种术语。EXW、FCA、CPT、CIP、DAT、DAP 和 DDP 术语这类。这些术语可以用于没有海上运输的情形。但要谨记，这些术语能够用于船只作为运输的一部分的情形，只要在卖方交货点，或者货物运至买方的地点，或者两者兼备，风险转移。

第二类，实际上包含了比较传统的只适用于海运或内河运输的 4 种术语。这类术语条件下，卖方交货点和货物运至买方的地点均是港口，所以“唯海运不可”就是这类术语标签。FAS、FOB、CFR、CIF 属于本类术语。

表 2-2 《2010 年国际贸易术语解释通则》分类比较

名称	交货地点	风险转移	运输	保险	出口手续	进口手续
EXW 工厂交货物	卖方工厂	交货时	买方	(买方)	买方	买方
FCA 货交承运人	交承运人	交货时				
FAS 船边交货	装运港船边	交货时	买方	(买方)	卖方	买方
FOB 船上交货	装运港船上	装运港船舷				
CFR 成本加运费	装运港船上	装运港船舷		(买方)		
CIF 成本保险费加运费	装运港船上	装运港船舷	卖方	卖方	卖方	买方
CPT 运费付至	交承运人	交货时		(买方)		
CIP 运费保险费付至	交承运人	交货时		卖方		
DDP 完税交货	指定目的地	交货时	卖方	(卖方)	卖方	卖方

《2000 年国际贸易术语解释通则》的主要变化如下。

与《1990 年通则》相同，在《2000 年通则》中，13 种术语项下买卖双方的义务均采用 10 个项目列出，但不采用原来买卖双方的义务分别列出的规定，而是采用买卖双方义务合在同一标题下，即在卖方义务的每一个项目中有对应的买方的义务，这种规定使术语查阅更加方便，一目了然。

《2000 年通则》在以下两个方面做了实质性的变更。

(1) 在 FAS 和 DEQ 术语下，办理清关手续和交纳关税的义务。《2000 年通则》指出，清关手续由所在国的一方或其他代表办理，通常是可取的。因此，出口商应办理出口清关手续，进口商应办理进口清关手续。而《1990 年通则》中的 FAS 术语要求买方办理货物的出口清关手续，DEQ 术语要求买方办理货物的进口清关手续，这种办理进出口清关手续的规定与上述原则不一致。因此，《2000 年通则》中的 FAS 和 DEQ 术语将办理出口和进口清关手续的义务分别改变为由卖方或买方办理。这种改变更为合理、办理更加方便。

而表示卖方承担最小和最大义务的EXW和DDP两种术语未做改动,EXW术语仍规定由买方办理出口清关手续的义务;DDP术语的字面含义为完税交货(Delivered Duty Paid),采用该术语即表示由卖方办理进口清关手续并交纳全部相关费用。

在《2000年通则》中明确了"清关"的概念。"清关"是指无论何时,当卖方或买方承担将货物通过出口国或进口国海关时,不仅包括交纳关税或其他费用,而且还包括履行一切与货物通过海关办理有关的行政事务的手续以及向当局提供必要的信息并交纳相关费用。该《通则》还指出,现在有些地区,如欧盟内部或其他自由贸易区规定,对进出口货物不必办理报关手续,并全部或部分免征关税。为此,《通则》在相关的A2和B2(许可证、其他许可和手续)以及A6和B6(费用划分)条款都加入"在需要办理海关手续时"(Where Applicable)的用语。据此,明确了对这些无关税区的进出口货物,在无须办理海关手续的情况下,即可免除买卖双方办理进、出口清关手续,交纳有关的关税、捐款和其他费用的义务。

(2) 在FCA术语下,装货与卸货的义务。《2000年通则》中的FCA用语删去了有关运输方式的区别以及集装箱和非集装箱的区别,规定FCA术语可适用于各种运输方式,包括多式联运。《通则》指出,FCA术语卖方对交货地点的选择,会影响在该地点装货和卸货的义务。如卖方在其货物所在地交货,卖方应负责装货;如卖方在任何其他地点交货,卖方不负责卸货,即当货物在卖方运输工具上,尚未卸货,而将货物交给买方指定或卖方选定的承运人或其他人支配,交货即算完成。

此外,《2000年通则》还对"承运人"的含义作了解释。"承运人"是指在运输合同中,通过铁路、公路、空运、海运、内河运输或上述运输的联合方式承担履行运输或办理运输业务的任何人。可见,FCA术语适用的范围很广,在国际贸易中将发挥越来越大的作用。

三、UCP 600(《跟单信用证统一惯例》)

(一)《跟单信用证统一惯例》概述

跟单信用证(Documentary Letter of Credit)结算方式,是目前国际贸易中最重要和使用最广泛的结算方式。20世纪初期,国际贸易就开始采用这种结算方式,由于世界各国法律体系不同及其银行、保险、运输等制度和习惯的不同,在实际业务运行中常常发生纠纷和争议。国际商会为了改变这种状况,使信用证成为国际贸易较好的结算工具,根据美国代表的提议,起草了跟单信用统一惯例(Uniform Customs and Practice for Documentary Credits,UCP),该惯例是国际银行界、律师界、学术界自觉遵守的"法律",是全世界公认的、到目前为止最为成功的一套非官方规定。70多年来,160多个国家和地区的ICC和不断扩充的ICC委员会持续为UCP的完善而努力工作着。最早的惯例是由法国代表执笔编写成的首版《商业跟单信用证统一惯例》(*Uniform Regulations for Commercial Documentary Credits*),由国际商会于1930年5月15日以第74号出版物公布实施。然而该首版惯例存在着某些观点的局限性,所以只有法国等少数国家的银行采用。国际商会于1930年对此进行了第一次修订,于1933年以第82号出版物公布了《商业跟单信用统一惯例》修订本。其后,随着国际贸易的发展,国际运输、保险等新技术的出现和推广应用,国际商会以此为基础,又对该《惯例》进行过多次修订,以不同编号的出版物公布实施。

根据各方面的反映和要求,于1993年4月经国际商会执行委员会通过,进行了第六次修订,同年5月国际商会以第500号出版物公布《跟单信用统一惯例》(以下简称UCP 500),自1994年1月1日起正式实施。

2003年5月,ICC银行技术与惯例委员会批准对UCP进行修改。目前,人们熟悉并使用了13年的UCP 500为《跟单信用证统一惯例(600)》(下简称UCP 600)取而代之。这是UCP自1933年问世后的第七次修订版。UCP 600于2007年7月1日正式实施。

(二) UCP 600综述

2003年5月,ICC银行技术与惯例委员会批准对UCP进行修改。修改稿经9人起草小组的15次会议初拟,并参考了来自26个国家的41位银行和运输业专家组成的资讯小组的意见。在复杂的磋商过程中,起草小组共收到来自各ICC国家委员会的5 000多份意见书。国际商会中国国家委员会(ICCCHINA)参与了修订的全过程,而且是最主要的几个参与国家之一。对于其每次修订稿,我国银行界在ICCCHINA的组织下,都进行了深入研究,并提出了详细的建设性意见,其中很多已经反映在目前的版本中。3年来,ICC银行技术与惯例委员会每年的春、秋例会上,UCP都是重要讨论的议题。许多争议较大的条款,都是在例会上由各国家委员会以投票的方式来决定的。有的条款更是以微弱优势确定的,足见话语权的力量。

2006年10月25日,在巴黎举行的ICC银行技术与惯例委员会2006年秋季例会上,以点名(Roll Call)形式,经71个国家和地区ICC委员会以105票赞成(其中,7个国家各有3票权重,20个国家和地区各有2票权重,44个国家各有1票。值得一提的是,中国大陆有3票、中国香港有2票、中国台北有2票),UCP 600最终得以通过。

由于UCP的重要和核心地位,它的修订还带动了eUCP、ISBP、SWIFT等的相应修订和升级。

UCP 600共分八个部分,由39个条款组成。第1～5条为总则部分,包括统一惯例的适用范围、定义条款、解释惯例、信用证的独立性等;第6～13条明确了有关信用证的开立、修改、各当事人的关系与责任等问题;第14～16条是关于单据的审核标准、单证相符或不符的处理的规定;第17～28条属单据条款,包括商业发票、运输单据、保险单据等;第29～32条规定了有关款项支取的问题;第33～37条属银行的免责条款;第38条是关于可转让信用证的规定;第39条是关于款项让渡的规定。

(三) UCP 600与UCP 500的区别

UCP 600同UCP 500相比,无论从形式上还是内容上都有了重要的发展。

1. 形式方面的改变

在形式上内容作了一些整合,吸纳国际商会出版的其他相关惯例,将UCP 500中的条款2、6、9、10、20、21、22、30、31、33、35、36、46和47合并或整合到UCP 600中,归纳、编排,结构更加严谨,措辞更为简洁明晰。同时形式方面的变化修订也参照了ISB98的格式,对UCP 500的49个条款进行了大幅度的调整及删减,变成了现在的39个条款。

(1) 增加的条款。增加的条款有第 2 条(定义条款)和第 15 条(相符交单条款)。

(2) 删减的条款。删除了原 UCP 500 中 7 个不必要或过时的条款,其中包括第 5 条(开立信用证的指示)、第 6 条(可撤销与不可撤销信用证)、第 8 条(信用证的撤销)、第 12 条(不完整与不清楚的指示)、第 23 条(运输单据之不得含有载运船只仅以风帆为动力的批注)、第 30 条(运输行出具的运输单据)、第 33 条(运费到付/预付运输单据)、38 条(其他单据)。

(3) 结构安排。第 1~5 条为总则部分,包括 UCP 500 的适用范围、定义条款、解释惯例、信用证的独立性等;第 6~13 条明确了有关信用证的开立、修改、各当事人的关系与责任等问题;第 14~16 条是关于单据的审核标准、单证相符或不符的处理的规定;第 17~28 条属单据条款,包括商业发票、运输单据、保险单据等;第 29~32 条规定了有关款项支取的问题;第 33~37 条属银行的免责条款;第 38 条是关于可转让信用证的规定;第 39 条是关于款项让渡的规定。

(4) 措辞风格。在 UCP 600 中很明显的一个特点是措词简洁,例如,UCP 500 中经常使用的"除非信用证中另有规定"一语,在 UCP 600 中除了第 1 条统一惯例适用范围里出现过,将不再出现在其余条款中。

2. 内容方面

内容方面的变化体现在:

(1) 增加了专门的定义条款,体现了 UCP 600 细化规定的精神,对一些术语作出定义不仅可以使概念明晰化,从而有利于条款的理解与适用,而且更可以解决一些地方法律适用的问题;引入了"Honour(兑付)"的概念,兑付定义了开证行、保兑行、指定行在信用证项下,除议付行以外的一切与支付相关的行为;改进了 Negotiation(议付),议付强调的是对单据(汇票)的买入行为,明确可以垫付或同意垫付给受益人,按照此定义,远期议付信用证就是合理的。

(2) 约定了解释惯例,摒弃了可撤销信用证。

(3) 开证行、保兑行及指定银行的责任更清晰、明确,规范了第二通知行的做法。

(4) 银行审单的标准更为明确。将审单时间从"不超过 7 个银行工作日"的合理时间改为"最多不超过 5 个银行工作日";明确了交单期限的适用范围;将单据与信用证相符的要求细化为"单内相符、单单相符、单证相符"。

(5) 将银行处理不符单据的选择增加到四种:①持单听候交单人的处理;②直到开证申请人接受不符单据;③径直退单;④依据事先得到交单人的指示行事。

总之,UCP 600 纠正了 UCP 500 造成的许多误解,比 UCP 500 更准确、更清晰、更易读、易掌握、易操作。

四、《托收统一规则》

(一)《托收统一规则》的产生

《托收统一规则》(Uniform Rules for Collection,URC)是国际商会编写并出版的众多小册子或出版物之一,是国际贸易和国际结算方面的重要国际惯例。

早在 1958 年，国际商会为调和托收业务中各当事人之间的矛盾，促进贸易和金融活动的开展，就草拟了《商业单据托收统一规则》(*Uniform Rules for Collection of Commercial Paper*)（即 192 小册子），建议各国采用。1967 年，国际商会重新订立和公布了这一规则（即 254 号出版物），使银行在进行托收业务时，有了一套统一的术语、定义、程序和原则，也为出口商提供了一套在委托代收货款时得以遵循的统一规则。1978 年，国际商会又根据托收实践的变化和发展，对该规则进行了修改和补充，并更名为《托收统一规则》(*Uniform Rules for Collection*, *Publication* No. 322)（即 322 号出版物）。1996 年 1 月 1 日新的 URC，即第 522 号出版物正式生效和实施。

(二)《托收统一规则》的主要内容

《托收统一规则》分“总则和定义”、“义务和责任”等七个部分，共 26 条。其主要内容如下。

1. 基本精神

银行承办托收业务时，应完全按照委托人的指示行事，银行对在托收过程中遇到的一切风险、开支费用、意外事故等均不负责，这些概由委托人承担。

2. 银行的义务与责任

银行的责任就是按照托收委托书的指示行事，如果无法照办，应立即通知发出委托书的一方。在接受委托时，银行必须核实所收到的单据与托收委托书所列单据是否表面一致，如有不符或者遗漏，应立即通知委托人。银行没有审单的义务。

对于下列情况，银行不承担义务和责任：

(1) 由于任何消息、信件或单据在寄送途中延误或失落。

(2) 由于电报、电传、电子传送系统在传送中延误、残缺或其他错误。

(3) 由于专门性术语在翻译上的错误及其所产生的一切后果。

(4) 由于天灾、暴动、骚乱、叛乱、战争或银行本身所无法控制的其他任何原因。

(5) 由于罢工或停工致使银行营业间断所造成的一切后果。

此外，还规定：除非事先征得银行同意，货物不应直接运交银行；如果货物直接运交银行或者以银行为收货人，银行无提货义务（此项货物仍由发货人承担风险与责任）。

3. 关于提示、付款、承兑等手续

(1) 银行应按交来的单据原样向付款人发出提示。

(2) 如果是即期付款的单据，银行必须毫不迟延地提示付款人付款。

(3) 如果是远期付款的单据，银行必须毫不延误地提示承兑，当要求付款时，必须不迟于到期日提示付款。

(4) 如果跟单托收中有远期付款的汇票，托收委托书中必须指明在承兑或付款后将单据交给付款人，如无此规定，单据在付款后交付。

4. 改变委托与拒付处理

(1) 委托人在委托银行办理托收之后，可以通知银行改变托收金额和托收条件。

(2) 如果托收遭拒付，代收行应立即通知托收行，后者接到拒付通知后，应及时给予进一步处理的指示。如代收行发出拒绝通知 60 天内未接到指示，可以将单据退回托收行。

(3) 对代收行遭拒付时是否需作拒绝证书一事，托收指示书中应有明确指示。如无此项指示，银行无义务作拒绝证书。

《托收统一规则》公布实施以来，对减少当事人之间在托收业务中的误解、争议和纠纷起了较大作用。我国银行在采用托收方式结算时，也参照这个规则的解释和原则办理。

第三节　国际结算制度

国际结算制度又称国际结算体系，它是指各国之间结算债权债务关系的基本方法和总的原则。实行何种国际结算制度，取决于世界各国经济发展水平及国际政治现状。从资本主义发展过程看，曾经经历了三种不同类型的国际结算制度。

一、自由的多边国际结算制度

19 世纪正处于资本主义自由贸易的鼎盛时期，国际贸易发展十分迅速，国际间的经济、贸易交往日益增强。许多国家确立了金本位的货币制度，国际收支基本平衡。黄金可以自由输出输入，国际间正常的支付与结算均以黄金作为结算的最后支付手段。由于各国货币之间的比价都是以各自的含金量为基础，且由黄金输送点自动调节，所以汇率能保持稳定。在这种条件下，推行自由的多边国际结算制度有利于国际贸易的发展。实行自由的多边国际结算制度必须以外汇自由买卖为前提，而外汇自由买卖又必须以货币稳定为条件。自由的多边的国际结算制度必须包括下列内容：①外汇自由买卖；②资本自由输出输入；③黄金自由输出输入；④黄金外汇自由买卖市场的存在；⑤多边的结算制度的存在。

但是，自由的多边国际结算制度遭到了第一次世界大战的冲击。在第一次世界大战爆发后，资本主义各国为了筹措战争所需的大量外汇，防止本国资本外逃，不得不对黄金、外汇支付采取限制性的措施。尽管在战争结束后，由于生产逐渐得到恢复，国际经济关系也归于正常，各国先后部分或全部恢复了金本位货币制度，但在此期间，各国仍然实行管制制度，大多数国家仍然采取某些措施来间接干预外汇交易以维持汇率的稳定。1929—1933 年资本主义世界爆发了空前严重的经济危机。各主要资本主义国家爆发的货币信用危机冲击着整个世界市场，使市场机制作用大为削弱，国际间经济关系陷于混乱。各国为了维护各自的经济利益，一方面竭力向外转嫁经济危机；另一方面阻止外国经济危机对本国经济的冲击，于是纷纷恢复了不同形式的外汇管制。第二次世界大战期间，除了远离战争而未受战争破坏的美国、瑞士之外，欧洲各国为了支付巨额的战争开支，都实行严格的外汇管制。整个西方的金融、外汇市场都陷于停滞状态，管制的双边国际结算制度于是应运而生。

二、管制的双边国际结算制度

管制的双边国际结算制度就是指两国政府签订支付协定，开立清算账户集中抵销和清算两国之间由于贸易和非贸易往来所发生的债权债务收支。在这种制度下，甲国对乙国的债权只能用来偿还甲国对乙国的债务，而不能用此债权来抵偿甲国对任何第三国的债务。双边清算则由两国的中央银行负责具体组织实施。具体的做法是：由两国的商业银行或外汇银行各自向本国的中央银行收付本国货币，再由本国的中央银行记入对方国家的结算账户。在记账方式上，一般采用"先借后贷法"，即出口方银行主动借记进口方银行开立在该行的账户，然后再由进口方银行贷记出口方银行开立在该行的账户。为此，各方再设维持账户以核对对方寄来的账单。

管制的、双边的国际结算制度是金本位制崩溃后，资本主义经济危机加深、国际市场缩小、贸易保护主义盛行以及实行外汇管制的产物。

在管制的、双边的结算制度下，由两国签订支付协定，建立清算账户，两国之间经济和其他往来形成的债权债务关系通过指定银行的结算账户集中抵销，而不必动用黄金或外汇逐笔进行支付。在这种结算制度下，一国对另一国的债权不能用来抵偿对第三国的债务，只能用来清偿对方国家的债务。管制的、双边的国际结算制度的内容如下：

(1) 指定清算机构。一般是由中央银行或由中央银行指定某一专业银行负责清算两国的债权债务。

(2) 建立清算机构。签订双边支付协定的两国在其银行各自为对方开立一清算账户。当完成一笔进出口业务后，两国银行根据协定分别记账，将一笔金额同时记入进口方的借方和出口方的贷方，在一定时期内集中抵销双方的债权债务。而进出口方各自办理结算的本国银行，按照本币与协定规定的清算货币的汇率收付本国货币。

(3) 规定清算范围。清算范围主要包括国际收支中的贸易收支项目，也可以扩展到国际收支中的其他项目。凡未列入清算范围的一切交易，均须用现汇支付。

(4) 确定结算货币。结算货币分为记账和支付货币。记账货币是结算账户记账时使用的货币，使用哪国货币由双方协定。支付货币是具体办理支付时使用的货币。在对进出口商具体收付时，一般是用本国货币收付。

(5) 商定清算差额波动幅度。双边结算，一是要规定结算期限；二是要尽可能保持收支平衡。但是，由于种种原因，清算账户总会出现差额。为了防止差额过大，一般要规定清算差额波动幅度，大约为其清算总额的5%～10%。

(6) 清算差额处理办法。对清算账户差额的处理，可以由债务国输出商品抵偿，也可以用黄金或外汇偿还，经过双方同意也可将差额转入下一个结算期限的清算账户内。

(7) 确定清算汇率。双边结算使用的汇率可以是官方汇率，也可以是市场汇率，双方也可以另外规定一种汇率。

管制的、双边的国际结算对发展中国家，特别是对外汇短缺的国家的外贸发展有一定的促进作用。因为这种结算使贸易双方不必逐笔支付外汇，可以节省大量外汇，从而避免因外汇不足影响对外贸易的顺利进行。但是，在这种结算制度下，其结算余额不能用于购买第三国的产品，一定程度上影响了对第三国的贸易，不利于全球范围内的贸易交流。同时，当两国贸易不能均衡进行时，实际上是债权国被迫向债务国提供信用。第二次世界大战后，从20世纪50年代末期开始，西方资本主义国家逐步放松外汇管制，一些区域性经济集团相继成立，自由的、多边的国际结算制度逐步恢复。但这种自由的、多边的国际结算制度和资本主义自由竞争时期的多边结算制度是有区别的：①主要发达资本主义国家一般实行多边结算；②不少发展中国家仍实行双边结算；③多边结算只限于国际收支平衡表中的经常项目；④多边结算的地区性趋势加强。

管制的双边结算制度的产生直接反映了西方世界经济危机和货币信用危机的加剧。然而，这种国际结算制度的实行具有正反两方面的作用。其积极作用表现在：①缓和了西方国家因黄金外汇短缺而无法进行正常贸易的矛盾，在一定程度上促进了国际贸易的发展；②防止了不利于国家的资本流出或流入，改善了各国的国际收支状况；③节约了外汇黄金的使用，加速了资金的周转；④节约了缔约国之间的外汇资金的支出，促进了缔约国之间的贸易发展。其消极作用表现为：①由于这种结算制度具有排他性，因此直接影响到与缔约国以外的第三国开展贸易，从而在一定程度上阻碍了国际贸易的发展；②造成资本主义发达国家向不发达国家倾销过剩产品。

三、多元化混合型的国际结算制度

第二次世界大战之后，世界政治经济格局发生了重大变化。战后初期，除美国外，西方各主要资本主义国家的国际储备普遍短缺，无力支付进口物资所需的外汇，同时也无法维持本国货币的稳定。到20世纪50年代后期，西方一些国家的经济实力已经增强，足以与美国抗衡，于是对外汇管制有放松的趋势。从1960年开始，联邦德国与日本率先宣布货币自由兑换，英国也在1979年撤销了残存的一些外汇管制条例。而许多发展中国家为了发展民族经济，减少黄金国际储备的流失，则一直实行比较严格的外汇管制。因此，单纯的管制的双边国际结算制度已经不能满足经济发展的需要，多元化混合型的国际结算制度取代了单一的国际结算制度。在多元化混合型的国际结算制度下，既有西方国家间全球性的多边结算，也有区域性的和集团性的多边结算，此外还存在着发展中国家之间的双边结算制度。由于管制的国际结算制度不利于全球性贸易的开展，因此当前推行的主要是全球性、区域性的多边结算制度。多元化混合型的国际结算的主要特点包括：

(1) 有限的外汇兑换与程度不同的外汇管制并存，而以外汇自由兑换为主。

(2) 全球的自由的多边结算制度、区域性的多边结算制度和管制的双边结算制度并存，而以全球的和区域性的多边结算为主。

随着生产和资本的国际化、市场的国际化的迅速发展，以及跨国公司的蓬勃兴起，国际贸易结算制度将进一步向着多元化和自由化的多边结算制度方向发展。

本章小结

(1) 国际结算的法律环境，即指国际结算过程中的各种法律系统及法律、结算模式的安排。它由法律、惯例及国际结算制度构成，涉及贸易、金融、货运等各个领域或环节。根据性质的不同，国际结算的法律体系主要包括国际法、国内法、国际惯例等三个层次。

(2) 票据法是指调整票据的签发、使用而产生的各种关系的法律规范的总称。目前主要存在以英国1882年颁布施行的《票据法》为代表的英美法系和以《日内瓦统一法》为代表的大陆法系。我国自1996年1月1日施行的《中华人民共和国票据法》是新中国的第一部票据大法。

(3) 国际结算惯例是指国际经济往来中逐渐形成的一些较为明确的、内容相对固定的结算习惯和做法，其中包括成文或不成文的原则、准则和规则。主要包括《2000 年国际贸易术语解释规则》、UCP 600（跟单信用证统一规则）。

(4) 国际结算制度又称国际结算体系，它是指各国之间结算债权债务关系的基本方法和总的原则。从资本主义发展过程看，曾经经历了三种不同类型的国际结算制度，即自由的多边国际结算制度、管制的双边国际结算制度、多元化混合型的国际结算制度。

复习思考题

一、名词解释

英美法系　大陆法系　《日内瓦统一法》　国际惯例　《2000 年国际贸易术语解释通则》　UCP 600　国际结算制度　管制的双边国际结算制度

二、简答题

1. 什么是国际结算的法律环境？国际结算的法律体系包括哪几个层次？
2. 英美法系与大陆法系有何区别？
3. 什么是国际惯例？其有何特点和作用？
4. 简述《2000 年国际贸易术语解释通则》的内容。
5. UCP 600 与 UCP 500 有哪些区别？

第二篇

国际结算工具与单据

第三章

国际结算工具——票据

【本章导读】 资金票据(现在人们通常简称为票据)即狭义票据是现代经济生活中使用最普遍的一种有价凭证,也是国际结算业务中必不可少的结算工具。通过本章的学习,可以了解和掌握票据的特性、票据行为、票据权利与义务;汇票的含义、要项、当事人、种类以及汇票、本票和支票三种结算工具的性质、作用与区别等。

第一节 票据概述

一、票据的含义、特性与作用

(一) 票据的含义及其产生

票据也称金融单据(Money Paper)、资金票据(Financing Documents)或流通票据(Negotiable Instrument),是指那些反映债权债务关系、以支付货币为目的、可以转让流通的有价证券。一般人们省去了“金融”或“资金”两字,就叫票据,也很少称“资金单据”。本来票据范围是很广的,商业上的凭证都叫票据,如发票、提单、保险单;但人们现在谈起票据已不再指这种广义上的票据,而只是指汇票、本票、支票这三种代表货币的支付凭证。

票据是国际结算的主要工具,它是在长期国际贸易的实践中逐步演变发展起来的。在开始出现贸易时,是采取物物交换的方式,即易货,这时,交易双方在商品种类、数量等方面的供求是很难达到一致的。随着货币的出现,特别是金属货币的广泛使用,商品交换开始以货币为媒介,采取现金结算的方式。现金结算显然便利了交易的进行,但漂洋过海运送黄金白银实极不方便,不但风险大、费用多、积压资金,而且各国货币的含金量和成色也不同。于是商人们开始用“字据”来代替黄金白银,即使用票据来结算,也称非现金结算。随着科学技术、通信设备的进一步发展,国际结算又开始电脑化,出现了国际性的清算系统。但目前,票据仍是国际结算的主要工具。

票据在我国很早就出现了,如唐朝的“飞钱”、宋代的“交子”,但这些票据仅在国内结算上起过一定的作用,未被用于对外结算。

从世界范围看,一般的说法是,票据是在中世纪的商业活动中产生的,到资本主义时代全面盛行,但其起源可追溯到古希腊和古罗马时代。当时有一种“自笔证书”被认为是票据的雏形,这种证书的持有人在请求债务人偿付债务时必须提示该证书,债务获得清偿后退还给债务人,这种制度同现代票据的设权性和返还性是一致的。12 世纪,意大利商人所使用的由货币兑换商签发的兑换证书与现代的本票和汇票十分接近。到了资本主义时期，票据的应用日益普遍和不可缺少，有关票据制度也在这个过程中不断完善，逐步有了背书、承兑等制度。随着银行业的发展，又出现了专门由银行付款的支票。

(二) 票据的特性

作为国际结算工具的票据，之所以能够代替货币(现金)用于结清债权债务，是由于其具有如下重要特性。

1. 设权性

所谓设权性，是指持票人的票据权利随票据的设立而产生，离开了票据，就不能证明其票据权利。而票据权利的产生必须做成票据，权利的转移要交付票据，权利的行使要提示票据。这里的票据权利是指付款请求权、追索权及转让票据权等。

票据开立的目的，主要不在于证明已经存在的权利与义务关系而是设定票据上的权利与义务关系，票据上的权利与义务关系在票据做成之前并不存在，它是在票据做成的同时产生的。作为一种金融、信用或结算工具，票据的开立目的是支付，或者说是代替现金充当支付手段。

例如，甲国 A 公司从乙国 B 公司进口了价值 10 万美元的机器设备，A 应向 B 支付货款 10 万美元。付款方式有两种：一是直接支付现金；二是通过签发票据付款。由于直接支付现金很不方便，A 和 B 商定以票据支付。于是 A 签发一张汇票命令 C 在见票时立即向 B 支付 10 万美元。本来 B 和 C 之间是没有任何债权债务关系的，这时，C 却成了票据债务的承担者(债务人)，虽然 B 和 A 之间因购货而存在债权债务关系，但票据的产生并非是为了证明这种关系，而是 A 使用票据这种工具向 B 付款，C 是因为与 A 存在某种特定关系(存款行或债务人等)而被 A 指定为票款的支付者。

2. 要式性

票据的要式性是指票据的形式必须符合法律规定，票据上的必要记载项目必须齐全且符合规定。即要式齐全方可使票据产生法律效力。

各国票据法对票据必须具备的形式和内容都作了详细的规定，各当事人必须严格遵守而不能随意更改。只有形式和内容都符合法律规定的票据，才是合格的票据，才会受到法律的保护，持票人的票据权利才会得到保障；否则，就是不合格的、无效的票据，也不会受到法律的保护。

此外，处理票据的票据行为也必须符合法律规定。如出票、背书、提示、追索等票据行为都必须合法，这样才能把票据纠纷减少到最低程度，从而保障票据的顺利流通。

3. 文义性

文义即票据上文字的含义。票据的文义性是指票据所创设的权利义务内容完全依据票据上所载文字的含义而定，债权人和债务人只受文义的约束，债权人不得以票据上未记载的事项向债务人有所主张，债务人也不能用票据上未记载的事项对债权人有所抗辩。即使票据上记载的文义与实际情况不同，也要以该文义为准。例如，票据上记载的出票日与实际出票日期不一致，也只能以票据上记载的日期为准。

4. 无因性

“因”是指产生票据权利义务关系的原因。无因性是指债权人持票行使票据权利时，可以不明示原因。

总的来看，这个原因包括两方面的内容：一是出票人与付款人之间的资金关系，如出票人在付款人处有存款或付款人愿意向出票人贷款；二是出票人与收款人、票据背书人与被背书人之间的对价关系，如A开出以B为收款人的票据，B又以背书的方式转让给了C，其原因可能是A买了B的货物，所以开立票据向B付款，而B之所以转让给了C，可能因为他欠了C的债等。这种资金关系和对价关系即为票据的基础原因。可见，任何一张票据都有基础原因。但票据是否成立，当事人的权利义务并不受票据原因的影响，对受让人来说，无须调查票据背后的原因，只要要式齐全，他就能取得票据文义上载明的权利。这种特性称票据的无因性。

5. 流通性

这是指即票据仅凭交付或经适当背书可以转让流通。可以流通转让是票据的基本共性。各国票据法都规定票据仅凭交付或经适当背书后交付给受让人即可合法完成转让手续，不须通知票据上的债务人。一张票据，尽管经过多次转让，几易其主，但最后的执票人仍有权要求票据上的债务人向其清偿，票据债务人不得以没有接到转让通知为理由拒绝清偿。

在英美法中，转让有三种类型：过户转让(Assignment)、交付转让(Transfer)与流通转让(Negotiation)，三个法律术语的含义是有区别的。

过户转让：它指的是一般债权的让与，如合同的转让。这种债权让与必须以通知原债务人为条件，受让人的权利要受到转让人权利缺陷的影响。例如A与B签订了一份贸易合同，A是卖方，他将合同的应收货款转让给了C。如果A的货物有问题或者根本没有交货，B可以对C拒付货款。

交付转让：是指物权凭证的转让。这种物权凭证如提单、保险单、仓单等，可以仅凭交付或加上适当背书而转让，无须通知债务人。但是，受让人的权利不能优于出让人。如果出让人的权利有缺陷，则受让人所取得的也只是一种有缺陷的权利。例如甲窃取了乙的一份提单，并把它转让给丙，即使丙是善意的、支付了对价的受让人，由于甲对该提单无合法的权利，丙也不能对该提单取得合法权利。一旦乙发现被窃，有权要求丙返还提单。

流通转让：这是票据的基本特性。许多国家在票据法中都规定，票据仅凭交付或适当背书即可转让，无须通知债务人。善意的、支付了对价的受让人可以取得优于其前手的权利，不受其前手的权利缺陷的影响。例如A将从B处偷来的票据转让给了C，C因不知情且对票据支付了对价，B就不能以A是以偷窃方式获得此票据为理由，要求C归还票据。这是票据的流通转让与民法上的债权让与(Assignment)的一个重大区别。

6. 提示性

提示性是指票据上的债权人请求债务人履行票据义务时，必须向付款人提示票据，始得请求付给票款。如果持票人不提示票据，付款人就没有履行付款的义务。因此，票据法规定了票据的提示期限，超过期限则丧失票据权利。

7. 返还性

返还性是指票据的持票人领到支付的票款时，应将签收的票据交还给付款人，从而结束票据的流通。当付款人是主债务人时，票据关系消灭；如是次债务人，付款后可向前手追索。如不交还,债务人可不付款。

8. **货币性**

货币性是指票据是以支付一定货币为目的的,不得以货币以外的给付如现货、股票等为标的。

9. **可追索性**

票据的可追索性是指票据的付款人或承兑人如果对合格票据拒绝承兑或拒绝付款,善意持票人有权通过法定程序向所有票据债务人追索,要求得到票据权利。

在上述的各种性质中,最重要的是流通性,它是票据的基本特性;其次是无因性和要式性,它们是为流通性服务的。受让人往往无从了解票据产生或转让的原因,但对票据是否符合法定要式却一目了然,因此要"式"不要"因"的目的,就在于能使票据的授受更加方便地进行,以保证票据流通的正常。

(三) 票据的功能

票据是商品经济的产物,票据的功能意指票据在商品经济中所起到的作用。票据之所以能成为商品经济活动中不可缺少的重要工具,原因就在于其在经济活动中发挥着多种作用。一般而言,票据在经济上具有以下五种功能。

1. **汇兑功能**

汇兑是票据最原始的功能,它克服了现金支付在空间上的障碍。在商业交易中,双方当事人往往分处不同的地方甚至不同的国家,这就涉及异地支付问题,如果使用现金支付,既不安全也不方便。而使用票据,以票据的转移代替实际现金的转移,则可以大大减少输送现金的麻烦和风险。于是票据因可以代替现金支付而具备了汇兑功能。

2. **支付功能**

支付是票据最简单、最基本的功能。票据的汇兑工具作用逐渐形成后,在交易中以支付票据代替现金支付的方式逐渐流行起来。使用票据支付安全放心,省时省力,因此,在现代经济活动中,票据越来越广泛地运用于商品交易结算、劳务给付等货币收支关系,成为现代商业交易中最重要的支付工具。

3. **流通功能**

如前所述,票据是一种金钱债权证券,代表了一定数量的货币;同时,票据又是一种流通证券,而且其流通方式比民法上的普通财产权利更为灵活方便,其本身就具有流通的属性。而票据转让的次数越多,其债权实现的可能性就越大,这又进一步提高了票据的流通性,使票据的流通日益频繁和广泛。

4. **信用功能**

信用功能是票据的核心功能,其信用作用主要体现在汇票和本票上。在现代商品交易活动中,票据作为信用工具的作用日益重要,它既可以作为商业信贷的手段,又可以用作延期付款的凭证,还可以作为债务的担保。同时票据的流通功能在客观上也增强了票据的信用功能。

5. **融资功能**

票据贴现业务的开展,使票据具备了融通资金的功能。汇票和本票都是在将来的一定日期付款，在未到期前，持票人为了筹集、调度资金，可以将其持有的未到期的票据以买卖的方式转让给他人而获得现金。这种未到期票据的买卖，就是票据贴现。各国商业银行一般都经营票据贴现业务，由中央银行经营票据的再贴现业务。商业银行经营贴现业务，实际上就是向持有未到期票据而又急需资金的人提供资金，从而实现票据的融资功能。

票据的以上基本功能，使票据制度成为现代市场经济的一项基本制度。商业信用、银行信用的票据化和结算手段的票据化，是市场经济高度发展的重要标志之一。

二、票据权利与票据义务

(一) 票据权利

票据权利是指依票据而行使的，以取得票据金额为直接目的的权利。票据权利依行使的顺序不同可分为以下三种类型。

1. 主票据权利

主票据权利是指持票人对主义务人或其委托人(付款人)所享有的，依票据而请求支付票据上所记载金额的权利。主票据权利一般包括对本票出票人、汇票付款人、支票付款行的请求权。虽然汇票的付款人在承兑之前，支票的付款行在保付之前并不构成主义务人，但持票人必须首先向汇票的付款人和支票的付款行行使请求权，票据付款人(包括付款行)是出票人委托的付款人，因此这一请求权可以被认为是要求主票据权利。

主票据权利是第一次请求权，持票人必须首先向主义务人行使第一次请求权，而不能越过它直接行使第二次请求权。

2. 副票据权利

副票据权利是指在主票据权利未能实现时，发生的由持票人对从债务人所享有的请求偿还票据金额及其他金额的权利。副票据权利是第二次请求权，它以持票人的第一次请求权未能实现为前提条件。副票据权利一般包括追索权与再追索权。

3. 辅助票据权利

辅助票据权利是指在主票据权利未能实现时，发生的由持票人对特定的从义务人所享有的请求支付票据金额及其他有关金额的权利。辅助票据权利一般包括持票人对参加承兑人和保证人的付款请求权。

(二) 票据义务

票据义务是指票据义务人依票据上所载文义支付票据金额及其他金额的义务。票据义务的性质是一种金钱付给的义务，因而票据义务不可称为票据债务。票据义务是票据权利的相对物。票据义务的种类与票据权利的种类是相对应的。

1. 主票据义务

主票据义务是指主义务人或其委托人(付款人)依票据记载所承担的付款义务。通常认为，本票出票人、汇票承兑人、支票保付行是主义务人，承担直接、绝对的付款责任；承兑之前的汇票付款人、未进行保付的支票付款行虽不是主义务人，但他们作为出票人的委托者应首先接受持票人提示，因此，也可认为他们所承担的是主票据义务，不过，他们所承担的并不是绝对的付款责任，也就是说他们可以拒付。

2. 副票据义务

副票据义务是指背书人作为被追索人所承担的付款义务。它具有担保责任的性质。在主票据义务未能履行时，副票据义务人应履行付款义务。

3. 辅助票据义务

辅助票据义务是指参加承兑人或保证人作为特定义务人所承担的付款义务。它具有代位责任的性质，即参加承兑人或保证人在特定情况下代替先前的被参加人或被保证人而履行相应的票据义务。

(三) 票据抗辩

票据抗辩是指票据义务人提出相应的事实或理由，拒绝履行票据义务的行为。票据抗辩是票据义务人的自我保护方式，是票据义务人所拥有的权利。

1. 对物抗辩

票据抗辩主要是对物抗辩，即因票据本身所存在的事由而发生的抗辩。对物抗辩是一种效力较强的抗辩。

对物抗辩又可分为三类：①有关票据记载的抗辩，指因票据上所存在的记载内容而发生的对物抗辩，包括票据要件记载欠缺抗辩、背书不连续抗辩、票据尚未到期抗辩、票据失效抗辩等；②有关票据效力的抗辩，指因票据义务所赖以成立的实质性要件无相应效力而发生的对物抗辩，包括票据伪造、变造的抗辩，无行为能力人的抗辩，无代理抗辩等；③有关票据义务的抗辩，指因票据义务虽曾存在，但基于某种情况已归于消灭而发生的对物抗辩，包括票据义务因时效而消灭的抗辩，票据义务因保全手续欠缺(如持票人在被拒付时未按规定做成拒绝证书)而消灭的抗辩。

2. 对人抗辩

对人抗辩是指因票据义务人与特定票据权利人之间的法律关系而发生的抗辩。如票据义务人可对无权利人(如票据窃取者)主张抗辩等。对物抗辩可以对所有的票据权利人主张，对人抗辩只能对相应的当事人主张。例如，对于窃取票据的善意持票人，票据义务人不能主张抗辩。

三、票据关系人

由于票据行为的多样性，票据关系的当事人呈现出不特定性。根据一般票据法原理，可将票据当事人作如下分类。

(一) 基本关系人

基本关系人即在票据签发时已经存在的当事人。基本当事人构成了票据法律关系的必要主体，如果这种主体缺失或不完全，将导致票据无效。汇票和支票的基本当事人有三个：出票人(Drawer)、付款人(Drawee)和收款人(Payee)；本票的基本当事人只有两个：出票人(Drawer)和收款人(Payee)，付款人与出票人为同一人。

出票人是指签发票据并将票据交付给收款人，从而创设票据权利的人。在汇票和支票关系中，出票人负有担保票据承兑和付款的责任；在本票关系中，出票人负有直接付款的义务，是票据关系中的义务主体。

收款人是指从出票人处接受票据，并据以向付款人请求付款的人，在记名票据中，收款人为票据上明确记载的权利人；在空白票据和不记名票据中，持票人即为收款人。收款人是票据关系中的权利主体。

付款人是指在票据上记载的，受出票人委托支付票据上的款项的人。在汇票和支票关系中，付款人只承担可能付款的责任；在本票关系中，付款人承担现实的付款责任。

(二) 非基本关系人

非基本关系人是指在票据签发时并不存在，在票据做成后通过各种票据行为而加入到票据关系中成为票据当事人的人。如背书关系中的背书人与被背书人，保证关系中的保证人与被保证人，承兑关系中的承兑申请人与承兑人，付款关系中的持票人与付款人，追索关系中的追索权人与被追索权人等。

四、票据行为

票据行为包括广义票据行为和狭义票据行为。广义的票据行为是指以发生、变更、消灭票据权利义务关系为目的的法律行为。除了狭义票据行为包括的内容(出票、背书、承兑、保证、参加承兑等行为)外，还有付款、参加付款、提示、退票等行为。

狭义的票据行为指发生票据上债权债务关系的法律行为，或者说以负担票据债务为目的而为的要式法律行为。包括出票、背书、承兑、保证、参加承兑等行为。

(一) 票据行为间的关系

票据行为有如下两种。

1. 主票据行为

主票据行为是使票据权利得以发生的最初始的行为，其行为只有一种，即出票行为。

2. 附属票据行为

附属票据行为是使票据权利得以转移或得到充分保障而发生的行为。附属票据行为有五种，即背书、承兑、保证、保付和参加承兑。

(二) 狭义票据行为的种类

1. 出票

1) 出票的含义和内容出票(Issue)是签发票据的行为，包括两个动作：一是开票(to Draw)或写成并签字；二是交付(Deliver)。交付是物权的自愿转移，是票据生效不可缺少的行为。在汇票、本票、支票的使用中，都存在出票行为。

2) 出票的影响

(1) 出票人成为主义务人。出票行为完成后，出票人便成了票据的主义务人，本票和支票的出票人对持票人要担保付款，汇票出票人除担保付款外，还要担保承兑。如果付款人到期不承兑或不付款，那么出票人就要自己清偿票据义务，即接受持票人追索。

(2) 收款人成为主债权人。收款人获得票据后即成为持票人，从而得到了“债权”，亦即票据权利，包括付款请求权和追索权。前者指向付款人提示票据要求付款的权利；后者指在付款人拒付时，收款人可向出票人要求清偿的权利。

(3) 付款人不是票据义务人。付款人是出票人指定的支付票据金额的人。但汇票和支票的付款人没有义务必须接受支付票款的指令或委托，即他可以接受付款指令或委托，也可以拒付。这主要取决于出票人的信用、收款人与出票人之间的协议以及票据提示时付款人与出票人的资金关系。

2. 背书

1) 背书的含义和内容

背书(Endorsement/Indorsement)是指持票人以转让票据为目的而于其上签字的行为。背书行为的完成包括两个动作：一是在票据背面(有时也在正面)或者粘单上记载有关事项并签名。二是交付。

2) 背书的影响

背书行为一经完成，对背书双方即产生不同影响。

(1) 对背书人(Endorser)的影响

① 失去票据及票据权利。票据权利转让给被背书人，背书人不再是持票人，失去了请求承兑和付款的权利。

② 向后手证明前手签名的真实性和票据的有效性。即使前手的签字是无效的，或者票据不具备实质性条件，背书人一旦签字，就必须对票据义务负责。

③ 担保承兑和付款。背书人必须保证被背书人能得到全部票据权利，如果被背书人持有的票据在向付款人提示时被拒付，那么背书人应当接受被背书人的追索。

(2) 对被背书人的影响

被背书人(Endorsee)接受票据后即成为持票人，享有票据上的全部权利，包括承兑和付款请求权、追索权。对被背书人而言，背书前手越多，表明其债权的担保人越多。但回头背书的被背书人对原来的后手无追索权，而只能向原来的前手追索。

(3) 对持票人的影响

背书人越多，持票人前手义务人就越多，持票人的票据权利就越有保障。

3) 背书的种类

(1) 记名背书

记名背书(Special Endorsement)又称为特别背书、正式背书或完全背书。记名背书的特点是背书内容完整、全面，包括背书人签名、被背书人或其指定人。背书日期可有可无，如果没有记载背书日期，则视为在票据到期日前背书。经过记名背书的票据，被背书人可以再作背书转让给他人，这种背书可以是记名的，也可以是无记名的。

(2) 无记名背书

无记名背书(Blank Endorsement)又称空白背书或略式背书。它是指仅在票据背面签名而不注明被背书人的背书。经过无记名背书的票据，受让人可以继续转让。其转让方式有以下几种。

① 继续作无记名背书转让，又可分为两种情况：

a. 不作背书，将受让票据直接交付他人。由于没有签名，也就没有被追索的可能；

b. 在无记名背书票据上加上自己的名字后，再作无记名背书转让。

② 转作记名背书转让。也有两种情况：

a. 在无记名背书票据上加上自己的名字后，作记名背书转让；

b. 直接在无记名背书票据上加上被背书人的名字后转让。这种转让也没有签名，从而可避免追索。

(3) 限制背书

限制背书(Restrictive Endorsement)是指背书人在票据背面签字、指定某人为被背书人或记载有“不得转让”字样的背书。

对于限制背书的受让人能否将票据转让，各国票据法有不同规定。

根据《英国票据法》，限制背书的被背书人无权再转让票据权利；

《日内瓦统一法》和我国《票据法》承认不得转让的背书，规定限制背书的票据仍可由被背书人进一步转让，但原背书人即作限制背书的背书人只对直接后手负责，对其他后手不承担保证责任。

(4) 有条件背书

有条件背书(Conditional Endorsement)是指对被背书人享受票据权利附加了前提条件的背书。包括我国在内的多数国家票据法规定，有条件背书的背书行为是有效的，但背书条件无效。

对有条件背书的受让人而言，在行使票据权利或再将票据背书转让时，可以不理会前手附加的条件，因为这些条件不具有法律效力。

(5) 委托收款背书

委托收款背书(Endorsement for Collection)是指记载有“委托收款”字样的背书。背书人的背书目的不是转让票据权利，而是委托被背书人代为行使票据权利，即代为收款。委托收款背书的被背书人不得再以背书转让票据权利，因为票据的所有权仍属于背书人而不是被背书人。

(6) 设定质押背书

设定质押背书是指记载有“质押”字样的背书，被背书人只有在依法实现其质押权时，才可行使汇票权利。在其他任何情况下，票据的所有权都属于背书人，被背书人不得侵犯背书人的票据权利。

(7) 部分背书及分割背书

部分背书是指只转让部分票据金额的背书。分割背书是指将票据金额分割给几个人的背书。

我国《票据法》规定，将票据金额的一部分转让的背书或将票据金额分别转让给两人以上的背书无效，不仅背书内容无效，而且背书行为本身也无效。

(8) 其他背书

其他背书包括加注“不得追索”(Without Recourse)字样的免责背书等。票据法一般都允许这种背书，但其效力只限于背书人与直接被背书人之间，被背书人的后手不受此类背书的影响。

3. 承兑

1）承兑的含义：承兑（Acceptance）是指远期汇票的付款人在汇票上签名，同意按出票人指示到期付款的行为。

承兑行为的完成包括两项内容：首先是完成记载及行为人签名。承兑时，可以写明已承兑（Accepted）并签名，也可仅签名。承兑日期视情况而定，见票后定期付款汇票必须记载承兑日期。其次是完成交付。承兑的交付有两种：一种是实际交付，即付款人在承兑后将汇票退还给持票人；另一种是推定交付，付款人在承兑后将所承兑的汇票留下，而以其他方式通知持票人汇票已承兑并告知承兑日期，通知一般以书面形式为主。

《我国票据法》对承兑日期作了如下规定：

(1) 定日付款或出票后定期付款的汇票，持票人应在汇票到期日前作承兑提示；

(2) 见票后定期付款的汇票，持票人应在出票后1个月内作承兑提示；

(3) 付款人应在收到提示承兑的汇票3日内承兑或者拒绝承兑。

2）承兑的影响

(1) 承兑人成为主义务人

付款人在作承兑后，便成为承兑人，要对票据的文义负责，到期履行付款责任，并且汇票承兑以后，付款人（承兑人）便处于汇票主义务人的地位。

(2) 出票人变为从义务人

出票人由承兑前的主义务人变为从义务人，假如到期日承兑人拒付，持票人可以直接对承兑人起诉。

(3) 持票人增强收款保障

对持票人而言，汇票承兑以后，其收款就有了保障，并且还有利于汇票的转让。因为，一般的受让人都不愿意接受未承兑的汇票。

3）承兑的种类

汇票的承兑有以下两种。

(1) 普通承兑。普通承兑（General Acceptance）即一般承兑，它是指付款人对出票人的指示不加保留地予以确认的承兑。

(2) 保留承兑。保留承兑（Qualified Acceptance）是指付款人在承兑时，对汇票的到期付款加上了某些保留条件或对票据文义的修改意见的承兑。

4. 参加承兑

参加的含义：参加是付款人以外的当事人在票据被拒付后，可能发生追索时，为防止特定的债务人受到追索而介入票据关系的行为。参加可分为参加承兑和参加付款。

作参加承兑时，参加承兑人应在汇票正面记载被参加承兑人名称、参加承兑日期及参加承兑人签名。如果没有记明被参加承兑人是谁，则以出票人为被参加承兑人。

5. 保证

保证（Guarantee）通常是指非票据义务人为票据义务承担保证的行为。其目的是为了增强票据的可接受性，使之便于流通和融资。在汇票、本票的使用中，都可以存在保证。作保证时，保证人应在票据上记载保证字样、保证人名称和住所、被保证人名称、保证日期并由保证人签名。如果未记载被保证人,对于已承兑的汇票,应以承兑人为被保证人;对于其他票据,则以出票人为保证人。如果未记载保证日期,出票日期即为保证日期。

保证不得附带条件。附有保证条件的,不影响对票据的保证责任,但保证条件无效。

6. 保付

保付的含义和内容:保付(Certified to Pay)是指作为支票付款人的付款银行表明保证支付票款的行为。

保付行为的完成包括两项内容:进行保付文句及保付日期的记载、完成签名;将支票交付持票人。

出票、背书是三种票据都一定或可能发生的行为,除此以外,汇票还可能发生承兑、参加承兑行为,支票还可能发生保付行为。或者说,支票不可能发生承兑、参加承兑行为,本票不可能发生承兑、参加承兑、保付行为,汇票不可能发生保付行为。

(三) 其他票据行为

其他票据行为指票据狭义行为以外的其他票据行为,主要包括提示、付款、拒付、追索、涂销等行为。

1. 提示

提示(Presentation)是指持票人向付款人出示票据,要求其履行票据义务的行为。提示是持票人要求票据权利的行为。提示分为承兑提示和付款提示。

承兑提示是持票人在票据到期前向付款人出示票据,要求其承兑或承诺到期付款的行为。承兑提示只是针对远期票据,主要是汇票而言的,即期汇票、本票、支票不必作承兑提示。

付款提示是指持票人在即期或远期票据到期日向付款人出示票据,要求其付款的行为。

2. 付款

付款(Payment)是指在即期票据或到期的远期票据的持票人向付款人出示票据时,付款人支付票款的行为。付款是票据流通过程的终结,是票据债权债务的最后清偿。汇票、本票、支票都存在付款行为。

3. 拒付

1) 拒付的含义

拒付(Dishonor)又称退票,是指付款人在持票人按票据法规定作提示时,拒绝承兑和拒绝付款的行为。汇票、本票和支票都有可能发生拒付。

2) 拒付的情形

(1) 持票人到期不获承兑或付款。

持票人到期不获承兑或付款包括下面几种情形:

① 付款人明确表示拒付;

② 虽未明确拒付,但在规定时效内未予承兑或付款;

③ 承兑人或付款人避而不见;

④ 作部分承兑或付款。

(2) 承兑人或付款人死亡、破产或因违法被责令终止业务活动。

(3) 在非承兑票据的出票人破产时,付款人大多会拒付。

4. 追索

追索(Recourse)是指持票人在票据被拒付时,对背书人、出票人及其他义务人行使请求偿还的行为。它是持票人在特殊情况下要求或主张票据权利的一种手段和方式。

5. 参加付款

参加付款(Payment for Honour)是指在票据不获付款,持票人尚未追索时,其他人要求付款的行为。参加付款与参加承兑的目的和作用相同。

6. 涂销

票据涂销是指行为人以一定的方法,将票据上的自我签名或者自己记载的其他事项予以消除的行为。票据涂销通常为有相应权限的人所为,它仅限于对票据上记载内容的去除,不包括对票据上记载内容的增添。

7. 更改

更改是指有权限人对票据记载内容进行变更、订正的行为。更改不但包括涂销原记载内容,而且包括增加新的内容。

8. 伪造

伪造是指假借他人名义而出票的行为。票据伪造的行为人称为伪造人,其票据伪造行为,可以采取模仿他人的手书签名、私刻他人印章、盗用他人印章等方法。

9. 变造

票据变造是指无票据记载事项变更权限的人对票据上记载事项加以变更的行为,如表 3-1 所示。

表 3-1 票据行为适用表

行为性质	行为名称	适用票据		
		汇票	支票	本票
基本票据行为	出票	√	√	√
附属票据行为	背书	√	√	√
	承兑	√		
	参加承兑	√		
	保证	√	√	√
	保付		√	
其他票据行为	提示	√	√	√
	付款	√	√	√
	拒付	√	√	√
	追索	√	√	√
	参加付款	√		√

第二节 汇　票

在各种类型的票据中,汇票最具典型意义。其所包含的内容最为全面,各国票据法对汇票的规定也最为详细、具体。支票和本票可以看作汇票的特例。在国际结算业务中,汇票的使用也最为广泛。

一、汇票的定义

《英国票据法》对汇票(Bill of Exchange)的定义是：

汇票是由出票人向另一人签发的要求即期、定期或在可以确定的将来时间向指定人或根据其指示向来人无条件地支付一定金额的书面命令。(原文：A bill of exchange is an unconditional order in writing, addressed by one person to another, signed by the person giving it, requiring the person to whom it is addressed to pay on demand or at a fixed or determinable future time a sum certain in money to or to the order of a specified person, or to bearer.)

《日内瓦统一法》对汇票的定义是：

汇票需包含：①"汇票"字样；②无条件支付一定金额的命令；③付款人；④付款期限；⑤付款地点；⑥收款人；⑦出票日期和地点；⑧出票人签字。

从两个定义看来，似乎《日内瓦统一法》更强调要式齐全，但实际上英国法同样严格要求要式齐全。如果将《日内瓦统一法》的第二项分为"无条件支付命令"和"一定的金额"；将第 7 项分为"出票日期"和"出票地点"，那么一张汇票应有 10 个必要项目。除签字以外的几项都称为"记载"。

按照我国《票据法》的解释："汇票是出票人签发的，委托付款人在见票时或者在指定日期无条件支付确定的金额给收款人或者持票人的票据。"

二、汇票的内容

国际结算中使用的汇票，属国外汇票，多用英文，其式样可参见图 3-1。

BILL OF EXCHANGE

No. ×××

Exchange for USD25 000 London, 20 Nov., 2009

At 60 days after sight of this First Exchange (Second of the same tenor and date unpaid) pay to the order of ABC Bank the sum of US DOLLARS TWENTY FIVE THOUSAND ONLY.

Drawn under collection

To: B Co.

New York For: A Co.

(signature)

图 3-1 汇票式样

汇票的内容是指汇票上记载的项目，根据其性质及重要性不同，这些项目可以分为必要项目和任意记载项目。

(一) 必要项目

汇票具有要式性的特点，指的是票据上面记载的必要项目必须齐全。以下谈及的各个项目之所以称为必要项目(Requirements),是因为汇票的成立是以这些项目的齐全和合格为前提的。

票据是流通证券,票据当事人的权利责任都以票据"文义"为准,因此票据的文义必须明了、确定,各国票据法都对票据的各个项目应如何记载有详细规定。

1. "汇票"字样

根据《日内瓦统一法》,只要文字中有字样出现就可以,"汇票"字样实务中不是非用"汇票"(Bill of Exchange)不可,同义词也可以(英语的 Exchange 或 Draft 均可),但必须用做成汇票的同种语言表示。我国也遵循此规定。《英国票据法》不要求必须注出字样,但从实务角度看,一种单据如果注出名称,一看就知道这种单据应该符合什么要求、各当事人有何责任,使经办人方便不少。

2. 无条件支付命令

(1) 命令。英语原文是 Order,所以必须用"祈使句"且以动词开头,例如: Pay to John Smith…。若出于礼貌,加上 Please 亦可,但绝对不能用"虚拟句",如 Would you please pay to John Smith…,这类句子已不是命令而只是请求。

(2) 无条件。支付这个命令不得以其他行为或事件为条件,如果有三张汇票,支付命令分别是:①如货与合同相符付 1 万英镑;②从叁号账户付 1 万美元;③付 1 万法郎再借记叁号账户。

汇票①的付款是以货物相符为条件,所以是无效票据。

汇票②是从叁号账户付,若叁号账户无款则不能付,所以也是一种条件,票据也无效。

汇票③是先付后借记,是两个分开的行为,借记叁号账不是付款的条件,所以票据有效。

(3) 书面的。《英国票据法》强调必须是书面的(in Writing)。其实票据是非书面不可,不然根本无法签字。《英国票据法》与《日内瓦统一法》对票据的大小、做成方式等都未作具体规定,但实务上都要求以适合于业务处理的尺寸和不易涂改的方法做成。为了使字迹容易辨认,一般除签字以外的一切内容都是打印的。

3. 一定的金额

(1) 以金钱表示。票据上的权利必须以金钱表示,不然票据无效。

(2) 确定的金额。金额必须确定。《英国票据法》是用 Certain 一词,《日内瓦统一法》是用 Determinable。"确定"的含义是不论是出票人、付款人还是持票人,任何人根据票据文义计算的结果都一样。

例: a. GBP100.00

b. GBP100.00 plus interest

c. GBP100.00 plus interest at 6% p. a.

d. USD equivalent for GBP100.00 at the prevailing rate in New York

e. USD equivalent for USD100.00

例 a 是合格的。多数票据的金额是以这种方式表示的。而例 b 则因为未注明利率,所以金额不确定。根据《英国票据法》,汇票不成立。但根据《日内瓦统一法》,这类利息的记载无效,汇票本身是成立的。c 是合格的。按理要确定利息金额,还需知道计息天数。

但根据商业惯例,若票据未说明,就从出票日开始计息,直到付款日。根据《日内瓦统一法》,只有即期和见票远期可计利息。d中的汇率确定,记载合格。e也是成立的。按业务常规,以付款地的通行汇率支付。

根据《英国票据法》,汇票可以分期付款,但《日内瓦统一法》却不允许分期付款。

(3) 大小写(Amount in Figures and in Words)。虽然一般的票据法都不强调,但习惯上为了防止涂改,票据的金额除小写之外还用大写表示。现在,许多银行汇票的金额都用防作弊机械记载,往往就只有小写(in Figures)了。

如果票据的大小写不一致,《英国票据法》和《日内瓦统一法》都以大写为准,我国《票据法》则认为无效。《日内瓦统一法》还规定,如果有两个大写相互不一,就以小的为准。

4. 付款期限

(1) 种类。《日内瓦统一法》有四种付款期限:

① 即期(at sight/on demand)。

如:at sight or on demand pay to the order of John Smith。

② 见票后定期(见票远期)(at a fixed period after sight)。

如汇票中记载:"at 60 days after sight, pay to the order of John Smith."此见票日是指付款人承兑汇票之日。

③ 出票后定期(出票远期)(at a fixed period after date)。

如汇票中记载:at 60 days after date, pay to the order of John Smith. 此出票日是指汇票上记载的汇票的出具日期。

④ 定日(at a fixed date)。

假定未来固定日为2010年5月1日,则汇票中记载:On 1st may, 2010 fixed, pay to the order of John Smith.

《英国票据法》无定日的期限,但允许实务中很少用的"某一将来必然发生事件后定期"的做法。如某人死后30日,人因为是必定会死的,但婚后30日却不成立,因为未必每人都会结婚。此外《英国票据法》和《日内瓦统一法》都规定,如票据上没注付款期限,一概作即期。

(2) 到期日算法。各票据法对到期日算法都有如下准则:

① 算尾不算头。是指计算远期汇票的付款时间时,汇票的出票日或者承兑日不包括在内,而将汇票的到期日包括在内。假定汇票付款时间规定为:出票日后30天付款,且汇票的出票日为2010年5月10日,则汇票的到期日为2010年6月9日。

② 月为日历月。如果汇票的付款时间为出票或者见票后××个月付款时,则以到期时对应月份的相同日期为到期日。如汇票规定出票日后两个月付款,且出票日为2010年6月8日,则汇票的到期日为2010年8月8日。

若到期月无相同日,则以该月最后一天为到期日。如出票日为2010年1月31日,付款期限为出票后一个月付款,则汇票的到期日为2010年2月28日(平年)。

③ 半月以15天计算。

④ 月初为1日,月中为15日,月末为该月最后一日。

⑤ 先算整月,再算半月。

⑥ 假日顺延。如果依上面的规则算出的到期日是假目,则到期日顺延至假日后的第一个营业日(First Following Business Day)。

算到期日的起点是哪一天。出票后定日远期当然从出票日起算。见票后定日远期,是从承兑日或拒绝证书做成日起算。

票据金额的确定,是以各方当事人都能得到相同的计算结果为准则。如果按上面的方法算日期,那么各当事人都能得到相同的结果。

5. 付款地点

付款地点(Place of Payment)是持票人提示票据请求付款的地点。付款地点有一个非常重要的作用,即根据国际私法的"行为地原则",在付款地发生的"承兑"、"付款"等行为,包括到期日算法都适用付款地法律。

付款地点虽然重要,然而不注付款地点的票据却仍然成立,但这时付款人后面的地址就作为付款地。我国《票据法》规定,汇票上未记载付款地的,付款人的营业场所、住所或者经营居住地为付款地。

6. 付款人

从英语字面翻译,应称为受票人,事实上他只是接受命令者,并不一定付款,他可以拒付,也可以指定担当付款人付款。根据我国习惯,本书还是称其为付款人(Drawee)。

汇票上记载的付款人应有一定的确定性(With Reasonable Certainty),以使持票人能找到并且不会弄错。实务上一般都注明详细地址,特别是以在同一城市有许多机构的银行为付款人时,一定要注明。

汇票付款人可以是出票人自己,称为对己汇票。根据英国票据法,若付款人是出票本人或是杜撰的,则持票人有权选择将该票据作汇票或作本票处理。

英国票据法还允许由两个或两个以上的人作为付款人,但是任何一个付款人都必须对全部债务负责,没有主次之分。

7. 收款人

汇票是债权凭证,而收款人(Payee)则是汇票上记明的债权人。汇票上"收款人"的记载通常称为"抬头"。它应像付款人一样有一定的确定性,但实务上往往不强求地址,而只写一个完整的名字。汇票上的"收款人"可以有许多种类,这些种类直接影响汇票是否可以转让,用什么方法转让。现将这些种类详细介绍如下:

(1) 限制性抬头(Restrictive Order)。

实务中有以下三种做法:

① Pay to Henry Brown only;

② Pay to Henry Brown not Transferable;

③ 抬头作 Pay to Henry Brown,但在票据其他地方有 not transferable 的字样。

限制性抬头票据不可流通转让。票据的债务人只对记明的收款人负责。

(2) 指示性抬头(Demonstrative Order)。

实务中有三种做法:

① Pay to the order of Henry Brown;

② Pay to Henry Brown or order;

③ Pay to Henry Brown。

英国人喜欢用②这种做法，因为结尾的"or order"有防作弊的作用。指示性抬头票据可由收款人背书后交付票据转让权利。③这种做法，习惯上称为记名抬头，虽然没有order字样，但收款人仍有权将票据作流通转让。由此可以看到，流通转让是票据的最基本性质。票据本质上都可转让，除非记明不得转让，如限制性抬头票据。指示性抬头票据并不是非转让不可的，抬头中的指定人也可以自己去行使票据权利。

(3) 来人抬头(Payable to Bearer)。《日内瓦统一法》不允许汇票做来人抬头，但《英国票据法》允许这样做。

来人抬头有两种做法：

① Pay Bearer;

② Pay Henry Brown or Beaer。

"来人抬头"票据的债务人对"来人"，即持有来人抬头票据的持票人负责。"来人抬头"的票据不需背书，只要交付就可转让票据权利。有些国家的票据法规定，票据未记载收款人视作来人抬头。但《英国票据法》和《日内瓦统一法》都认为"收款人"是票据的绝对必要项目，非注明不可。

票据上的收款人必须是人——自然人（如：Henry Brown）或法人（如：ABC Company）或某一机构的负责人（如：Treasurer of Mx Corporation）。但是《美国统一商法典》还接受非人格收款人（Impersonal payee），如 Pay Cash 等。票据的收款人可以是出票人本人，许多商业票据都是这样的；也可以是付款人，这在支票方面较常见。

8. 出票日期

出票日期(Date of Issue)有三个重要作用：

(1) 决定票据有效期。持票人如不在规定时间内要求票据权利，票据权利自动消失。《日内瓦统一法》规定，即期汇票的有效期是从出票日期起的一年时间，我国《票据法》规定见票即付的汇票有效期为两年。

(2) 决定到期日。计算出票远期汇票的到期日必须知道出票日期。

(3) 决定出票人的行为效力。若出票时法人已宣告破产或清理，已丧失行为力，则票据不成立。

《日内瓦统一法》将出票日期作为绝对必要项目。但《英国票据法》却认为，即使没有出票日期，票据仍然成立。如果出具的是远期的汇票，为计算到期日，善意持票人可以加上出票日期以确定到期日。

9. 出票地点

出票地点(Place of Issue)对国际汇票具有重要意义，因为票据是否成立是以出票地法律来衡量的。但是票据不注明出票地却也成立，此时就以出票人后的地址作为出票地点。我国《票据法》规定，汇票上未记载出票地的，出票人的营业场所、住所或者经营居住地为出票地。

10. 出票人签字

票据法是根据某人在票据上的签字来确定他的票据责任的，不签字就不负责。出票人签字(Signature of the Drawer)是承认自己的债务，收款人因此有了债权，从而票据成为债权凭证。因此若汇票上没有出票人签字,票据则不能成立。出票必须由出票人签字,若是伪造签字,票据就不能成立。

一张汇票有10个必要项目,但是其中有些是"非绝对必要项目"。根据《日内瓦统一法》,出票地点、付款地点和付款期限都是非绝对必要项目,我国《票据法》也是这样规定的;根据《英国票据法》,出票日期也属非绝对必要。加之英国法无须汇票字样,因此英国出票的汇票只要有5个绝对必要项目,票据就成立了。

绝对必要项目中最重要的是出票人签字。根据"缺项票据"的规定,只要出票人交付了一张签过字的纸就确认了债务,其他项目都可以由持票人根据授权来填写。

(二) 任意记载项目

除必要项目以外,汇票上还可以有票据法允许的"任意记载"。现将这些可以任意记载的项目介绍如下:

1. 担当付款人

出票人为了收付款方便,可以根据与付款人的约定,在汇票记明付款人之后再说明将由某第三者执行付款(Payable by a Third Party)。第三者就是担当付款人(Person Designated as Payer)。如果出票人未记载担当付款人,付款人在承兑时可以加上担当付款人。票据上记有担当付款人时,持票人就应向担当付款人作付款提示。由于担当付款人只是推定的付款人,并非票据债务人,因此持票人在请求承兑时,应向付款人提示票据。

2. 预备付款人

汇票上可记载一付款当地的第三人为预备付款人(Referee in Case of Need)。在付款人拒绝承兑或拒绝付款时,持票人就可以向该预备付款人请求参加承兑或参加付款。预备付款人作参加承兑后就成为票据债务人,要负责到期付款。

记载预备付款人的做法,增强了票据的信用,从而也保全了出票人的信用。

3. 付款处所

票据上除了付款人名称和地址外,还可以记载付款处所(Locality)的详细地址。如果票据上有这类付款处所的记载,则持票人必须在该处所提示票据,以取得票据权利。

4. 利息与利率

票据上可以记载收取利息的期限从某天到某天,还可以记载适用的利率。

5. 汇率

票据没有记明使用何种汇率时,付款人一般根据付款当地当天行市付款。

6. 付款货币

票据金额若是以外币表示,付款人可以支付本币,但是若票据明确记载应以何种外币支付,这种记载又不与当地法律抵触,就应以记明的货币付款。

7. 必须提示承兑及其限期

远期汇票,像出票远期和定日的汇票,不一定都要提示承兑,在有"必须提示承兑"(Presentment for Acceptance Required)记载时,持票人就一定要作承兑提示。如果票据上的记载是"必须在某日前提示承兑"或"必须在某日后提示承兑",则还有提示限期了。

8．不得提示承兑

汇票上有不得提示承兑(Acceptance Prohibited)的记载时，持票人不能作承兑提示。

9．免作拒绝证书

票据上记明 Retour sans frais(免除费用)也是一种免作拒绝证书(Protest Waived)的记载。载有此类文句票据的持票人，在拒付时无须作拒绝证书。追索时也不需出示拒绝证书。

10．免作拒付通知

根据《英国票据法》，汇票记载有免作拒付通知(Notice of Dishonor Excused)文句时，持票人在汇票被拒付时无须作拒付通知。

11．免于追索

根据《英国票据法》，出票人和背书人可用此文句来免除在票据被拒绝承兑或拒绝付款时受追索的责任。

根据《日内瓦统一法》，出票人只能免除担保承兑的责任而不能免除担保付款的责任，因此免除出票人担保付款责任的记载不生效力。

12．规定提示期限之记载

根据《日内瓦统一法》，这类记载可以是：

(1) 不能在某日前提示承兑。此时票据效期就从此规定日期起算。

(2) 缩短或延长票据法规定的一年的提示效期。

13．付一不付二

商业汇票经常是两张一套，但债务只有一笔，因此，第一张上说明“付一不付二”(Pay The First(Second Being Unpaid))，在第二张上则记明“付二不付一”(Pay The Second (First Being Unpaid))。

以上这些任意记载项目都有限定或免除责任的作用。此外汇票上还可记有“汇票编号”及“对价文句”，但这些记载对当事人责任无关。

票据上的记载必须符合票据法的规定，不然不是票据不成立(如：付款有条件)，就是记载不生效力(如：背书的条件)。

三、汇票的种类

(一) 按出票人不同划分

根据出票人不同，可以分为银行汇票和商业汇票。

1．银行汇票

银行汇票(Banker’s Draft)是一家银行向另一家银行签发的书面支付命令，其出票人和付款人都是银行。实务中是由银行签发后交汇款人，由汇款人带往或寄往收款人，收款人持汇票向付款行请求付款，付款行在审核无误后即予付款。银行汇票的信用基础是银行信用。国际结算中，票汇业务使用的就是银行汇票。

2．商业汇票

商业汇票(Trade Bill)是由公司、企业或个人签发的汇票，其付款人可以是公司、企业、个人，也可以是银行。商业汇票的信用基础是商业信用，其收款人或持票人承担的风险较大。不过，对商业汇票进行承兑，可在一定程度上降低收款人的风险。国际结算中，托收和信用证业务使用的就是商业汇票。

国际结算中，银行汇票与商业汇票在以下几点有所区别：

(1) 银行汇票的出票人是银行；而商业汇票的出票人则为出口商。

(2) 银行汇票多用于顺汇；商业汇票多用于逆汇。

(3) 银行汇票的付款人是出票银行的海外分行或联行；而商业汇票的付款人是国外的进口商或信用证的开证银行。

(4) 银行汇票多为光票，不附货运单据；而商业汇票多是附货运单据的跟单汇票。

(5) 银行汇票都是即期汇票；而商业汇票可以是即期的，也可以是远期的。

(6) 银行汇票只开立一张；而商业汇票多为一式两份。

(二) 按承兑人不同划分

根据承兑人不同，可以分为银行承兑汇票和商业承兑汇票。

承兑汇票(Acceptance Bill)主要是针对商业汇票而言的。

1. 银行承兑汇票

银行承兑汇票(Banker's Acceptance Bill)是指由公司、企业或个人开立的以银行为付款人并经付款银行承兑的远期汇票，如图 3-2 所示。银行对商业汇票加以承兑改变了汇票的信用基础，使商业信用转换为银行信用，增强了汇票的信用保证程度及可接受性。国际结算中，信用证业务有时会使用银行承兑汇票。

2. 商业承兑汇票

商业承兑汇票(Trader's Acceptance Bill)是以公司、企业或个人为付款人，并由公司、企业或个人进行承兑的远期汇票，如图 3-3 所示。商业承兑并不能改变汇票的信用基础，仍是以商业信用为基础。国际结算中，托收业务有时会使用商业承兑汇票。

BANK OF CHINA

No. ①

This draft is valid for one
year from the date of issue

AMOUNT ②

PAY TO ③ BEIJING ④

THE SUM OF ⑤

TO：⑥

BANK OF CHINA，HEAD OFFICE
BANKING DEPARTMENT

说明：① 银行汇票编号；② 汇票金额(小写)；③ 收款人名称；
④ 出票日期；⑤ 汇票金额(大写)；⑥ 付款人名称和地址。

图 3-2 银行汇票式样

BILL OF EXCHANGE		
No. ①		
Exchange for ② ③		
At ④ sight of this First of Exchange		
(Second of the same tenor and date unpaid), Pay to the order of		
⑤ the sum of		
⑥		
Drawn under ⑦		
To: ⑧		
⑨		
说明：① 商业汇票编号；	② 汇票金额(小写)；	③ 出票时间和地点；
④ 付款期限；	⑤ 收款人名称；	⑥ 汇票金额(大写)；
⑦ 取款依据；	⑧ 付款人名称、地址；	⑨ 出票人签名。

图 3-3　商业汇票式样

(三) 按付款时间不同划分

按付款时间不同，可分为即期汇票和远期汇票。

1. 即期汇票

即期汇票(Sight Draft, Demand Draft)是注明付款人在见票或持票人提示时立即付款的汇票。未载明具体付款日期的汇票一般视为即期汇票。

2. 远期汇票

远期汇票(Time Bill, Usance Bill)是载明一定期间或特定日期付款的汇票。根据付款期限的表示或确定方法不同，远期汇票有定日付款、出票后定期付款、见票后定期付款三种形式。

(四) 按有无附属单据划分

按有无附属单据，可分为光票和跟单汇票。

1. 光票

光票(Clean Bill)是指无须附带任何单据即可收付票款的汇票。这类汇票全凭票面信用在市面上流通而无物资(货权单据)作保证。国际结算中，票汇业务使用的银行汇票即为光票；光票托收及光票信用证业务也使用光票。

2. 跟单汇票

跟单汇票(Documentary Bill)是指附带有关单据的汇票。跟单汇票一般为商业汇票。它的信用除依靠当事人的信用外，还有单据代表的物资作为后盾。国际结算中，跟单托收和跟单信用证业务就使用跟单汇票作为结算工具。

(五) 按汇票的基本关系人不同划分

根据汇票的基本关系人不同，可以分为一般汇票和变式汇票。

1. 一般汇票

汇票上的三个基本当事人即出票人、付款人和收款人分别是三个不同的人，这种汇票称为一般汇票，也是汇票的典型形式。

2. 变式汇票

汇票上三个基本当事人中有两个是由一人充任的，这种汇票称为变式汇票。它分为三种：①指己汇票，又称己受汇票，是指出票人以自己为收款人的汇票；②对己汇票，又称为己付汇票，是指出票人以自己为付款人的汇票；③付受汇票，即以付款人为收款人的汇票，付款人和收款人实际上为一个人。

(六) 按其他标准分类

汇票还可以作以下分类：

(1) 根据票面货币种类，可分为本币汇票(Home Money Bill)和外币汇票(Foreign Money Bill)。

(2) 根据出票地和付款地，可分为国内汇票(Inland Bill)和国外汇票(Foreign Bill)。

四、汇票的贴现

商人以未到期票据向银行兑换现款，银行在付款时预先扣除利息，这种金融交易就称为贴现(Discount)。

对于银行来说，贴现实际上是作了一笔贷款，只是预先扣除了利息。由于一般商业票据有贸易背景，银行有货物作担保，比较安全。一般银行也就不再收其他抵押品。此外，贴入的票据，在资金较紧时可以容易地贴出，这使银行在资金运用上有较大的灵活性。

对于商人来说，有票据就可以贴现，相当方便。一般贴现不要抵押品，手续较简单，并且贴现所得不像有些贷款一部分要存入贷款银行作无息存款，因此成本较低，所以通常用汇票进行的商业票据贴现是一种相当不错的融资渠道。

但是并不是所有票据都能向银行进行贴现的，票据毕竟不是现金。票据只是由签字于其上的债务人担保的债权凭证，接受债务人信用很差的票据会有很大的风险。因此只有身价较高的汇票才能贴现。汇票身价的高低，取决于在汇票上签字的债务人的信用。一般来说，中小厂商的资本较少、知名度较低，因此仅有他们签字的汇票身价就较低，可接受性就差。如果汇票有银行签字，由银行作债务人，这样的票据身价就高，接受性好。

银行与贴现公司通常只愿意贴现大企业的汇票。而中小厂商签发的汇票一般能由银行承兑后贴现。这就是融通票据的原理。

由于将汇票贴现可得到融资，因此汇票也就成了一种很常用的信贷工具。

第三节 本 票

一、本票的定义

本票(Promissory Note)也称为期票。《英国票据法》的定义是：

本票是一人向另一人签发的，约定即期或定期或在可以确定的将来时间向指定人或根据其指示或向来人无条件支付一定金额的书面付款承诺。（原文：A promissory note is an unconditional promise in writing made by one person to another, signed by the maker, engaging to pay on demand or at a fixed or determinable future time, a sum certain in money to, or to the order of, a specified person or to bearer.）

《日内瓦统一法》的定义是：本票应包含：①本票字样；②无条件支付一定金额的承诺；③付款期限；④付款地点；⑤收款人；⑥出票地点与日期；⑦出票人签字。

从《日内瓦统一法》可以看出，本票比汇票少了一个重要项目——付款人。

我国《票据法》认为：本票是出票人签发的，承诺自己在见票时无条件支付确定金额给收款人或者持票人的票据。另外，该法所称本票，是指银行本票。因此，我国的《票据法》中实际只规定了即期银行本票。

二、本票的内容

国际结算中的本票多用英文来写，其基本式样如图 3-4 所示。

PROMISSORY NOTE

No. ×××

USD 20 000　　New York, March 15, 2010

On demand We promise to pay to the order of Henry Co. the sum of US DOLLARS TWENTY THOUSAND ONLY.

For S Company

(signature)

图 3-4　本票式样

本票应具备 9 个必要项目（比汇票少了一个重要项目——付款人）。

(1)“本票”字样。如式样中的 PROMISSORY NOTE。

(2) 无条件支付承诺。这里的支付也是不能附加条件的，但不是汇票的“命令”，而是承诺。在式样中 We promise to pay 表明了这一点。

(3) 一定金额。要求同于汇票。

(4) 出票日期。

(5) 出票地点。写在式样中的右上角。若未写明出票地点的，出票人所在地即为出票地。

(6) 付款期限。若是×× days after date，即出票后若干天里是到期日；有的直接指定了到期日，如 2010 年 6 月 3 日，则属固定日期的本票；若没有表明期限，视为即期本票；若是×× days after sight，即见票后若干天付款。

(7) 收款人或其指定人。

(8) 付款地点。未写明的则出票地为付款地。

(9) 出票人签字。

我国《票据法》第 76 条规定，上述 9 个项目中，除付款地点、付款期限、出票地点外，其余均为绝对必要项目。

三、本票的种类

本票通常可以在以下交易和经济活动中使用：远期付款的商品贸易，或是结合买方信贷的资本货物交易；金钱借贷的凭证；对外筹集资金；银行办理汇款业务，或向大额提款客户开出本票以代替现钞。

对本票而言，有下述几个分类，其中最常用也最重要的是商业本票和银行本票，但是我国没有商业本票，也就是说我国的企业不能签发本票。

1. **商业本票**

由工商企业或个人出具的本票是商业本票(Promissory Note)，其基础是商业信用。相对银行信用而言，商业信用较不可靠，因此商业本票的使用范围渐趋缩小。

2. **银行本票**

银行本票(Cashier's Order/Check)是指由银行签发的本票。银行多签发即期本票，在对公或对私的结算业务中有广泛应用。当银行开立即期的来人抬头式本票，就相当于我们天天经手的钞票。钞票的前身是可兑换黄金的银行券，现在是不可兑换黄金的纸币，说到底就是一国的中央银行发行的不记名的、给持票来人的、小额的定额银行本票；纸币往往表明，凭此票即付来人。

为了执行货币政策，加强金融监管，各国一般只允许中央银行发行定额即期来人式本票，即发行钞票。但是，有时为了业务的需要，商业银行偶尔也签发即期本票，其特点是：①必须是记名的；②必须是不定金额的。

银行本票常见的种类具有即期性质，即上柜即可取现。各国对远期银行本票严格限制其期限，如我国规定，本票自出票日起，付款期限最长不超过两个月。而融资性质的本票多为远期。

3. **国际汇票**

国际汇票(Overseas Money Order)其实也应归入本票之列，不妨称为国际小额本票(International Money Order)，更名副其实。

英国、美国、加拿大等国的大银行发行的国际汇票(MO)，是让持有者携带往海外或邮寄海外使用兑付，再回流到本国的货币中心。这种MO，银行发行后并不向外拨付头寸，而是等国外的金融机构来银行托收再由本行付款，是占用了购买MO人的资金。这是银行应用本票技术创立的对本行有利的支付手段，由本行出票，最终由本行付款。其作用相当于票汇或旅行支票。

4. **旅行支票**

旅行支票(Traveler's Check)虽被称为支票，其实也应归类为本票之列。虽然其名称叫做"支票"，但就其本质而言，归根到底是发行旅行支票的大银行、大旅行社自行付款，就此点而言，应属一种定额本票。

旅行支票是美国于1891年首创的，继而在全球推广，迄今已有百余年的历史，流通领域逐年扩大，经久不衰。其原因在于旅行支票对因公因私的出境人员具有方便、安全的好处，既可以用于在境外支付服务项目的开支和购物的花销，又可在一定范围内兑付现金，非常方便。另外，旅行支票即便丢失被窃，也会因上面没有持票人的复签，而避免被人冒领的危险。

四、本票与汇票的比较

本票和汇票都属票据，具有票据的共同特征，它们都是必须以货币表示的、金额一定、以无条件的书面形式做成；付款期限可以是即期的或远期的；收款人可以是记名的或不记名的。因此，西方票据法对汇票的各项规定除与承兑、参加承兑有关的各点外，基本上都适用于本票。尽管如此，本票与汇票仍是两种不同的凭证，在许多方面仍有很大的不同。

本票和汇票最主要的区别是：本票的出票人就是付款人。其他区别都是由此派生出来的。下面将其不同之处列入表 3-2。

表 3-2 汇票和本票的区别

汇 票	本 票
(1) 三个基本当事人	(1) 两个基本当事人
(2) 支付命令	(2) 支付承诺
(3) 承兑前出票人是主债务人，承兑后承兑人是主债务人	(3) 出票人始终是主债务人
(4) 需承兑	(4) 不需承兑
(5) 可以出票人为收款人	(5) 不可以出票人为收款人
(6) 一式多份	(6) 一式一份

此外还有一点必须说明，根据《英国票据法》，本票拒付时持票人不需作拒绝证书。但《日内瓦统一法》却仍规定，本票像汇票一样，要求持票人作拒绝证书。

第四节 支 票

一、支票的定义

《英国票据法》中支票(Cheque/Check)的定义很短：支票是以银行为付款人的即期汇票(A cheque is a bill of exchange drawn on a banker, payable on demand)。

《日内瓦统一法》的定义是：

支票需包含：①支票字样；②无条件支付一定金额的命令；③付款人；④付款地；⑤出票日期与地点；⑥出票人签名。

《日内瓦统一法》中还有一条款专门加以说明：支票的付款银行必须是持有出票人根据协议有权开立支票处理的存款的银行。

可见，支票是由银行的支票存款储户根据协议向银行开立的付款命令。出票人签发支票必须具备两个条件：①在银行有存款；②与银行之间有支票协议。必须同时满足这两个条件的支票才可得到付款。因此支票不像汇票和本票，通常由出票人自己设计格式，或者由出票人随手写成。支票总是在由开户银行设计印刷精良的格式上做成。这一方面可以说明银行与出票人之间的关系；另一方面也可防止假冒。

我国《票据法》的定义是："支票是出票人签发的，委托办理支票存款业务的银行或者其他金融机构在见票时无条件支付确定的金额给收款人或其持票人的票据。”

从以上定义可以看出,作为支票有两个最重要的特点:一是见票即付;二是银行作为付款人。

支票与汇票差别不大。在票据法中,除了汇票有关承兑、参加承兑、参加付款的内容对支票不适用外,其他的规定基本都适用。下面仅介绍支票的一些特殊内容。

二、支票的内容

支票的具体式样可参考图 3-5。

No. ×××

Check for USD25 000 New York, March 20, 2010

Pay to the order of A Co. the sum of US DOLLARS TWENTY FIVE THOUSAND ONLY.

To: Bank of ×××

New York

For AG Co., New York

Manager(Signature)

图 3-5 支票式样

支票应具备 8 个必要项目:(比汇票少两个必要项目——付款期限和收款人)

(1) 支票字样。

(2) 无条件支付命令。

(3) 一定金额。

(4) 付款银行名称。(一般支票上银行都印就了)

(5) 付款地点。(未写的付款银行所在地即是)

(6) 出票日期。

(7) 出票地点。(未写明的,出票人名称旁边的地点即是)

(8) 出票人签名。

在《英国票据法》中,支票收款人也是必要项目,必须写明。而在《日内瓦统一法》中规定,支票可以不写收款人,此时支票就作为来人抬头。

我国《票据法》第 85 条规定,支票绝对要记载的项目有 1、2、3、4、6、8,共六个项目。以上内容缺一不可,否则,支票无效。不过,支票上的金额可以由出票人授权补记(支票可以是空白支票)。除必要项目外,收款人、付款地、出票地都是支票的重要内容。支票上未记载收款人名称的,经出票人授权可以补记;未记载付款地的,付款人的营业场所为付款地;未记载出票地的,出票人的营业场所、住所或者经常居住地为出票地。

三、支票主要当事人的责任

(一) 出票人责任

支票的出票人与汇票出票人一样,必须担保付款。但他们担保的含义不同。支票出票人必须保证他在银行有足够的存款，或者银行会允许透支，支票提示时银行一定会付款。万一因存款不足等原因银行拒付，出票人的过失就不只是汇票出票人的“不履约”，而是严重得多的“欺骗”。一般国家的法律，对于开空头支票的出票人都要课以罚款，金额大的还要拘留甚至判刑。

（二）付款行责任

付款行对支票付款，当然要看支票是否合格。付款时付款行最重要的责任是核对出票人签字的真实性。因为根据支票账户协议，只有开户人有权指示付款。但是对于支票的背书，银行只管是否连续，不管真伪，只要出于善意，付款行的付款责任就解除了。如果支票是由持票人直接向银行提示取款，银行还必须要求持票人做收款背书。

但是根据付款行与出票人之间的协议，付款行必须严格按照支票的“指示”执行付款。因此在划线支票时，如果付款行疏忽没有照划线内容付款，譬如前来收账的银行不是特殊划线指定的银行，那么万一票据的真正所有人受到损失，付款行就必须赔偿。

（三）收款人责任

支票收款人必须在效期内提示支票，不然万一出票人受损失，收款人应予赔偿。譬如，因为提示过期，付款银行倒闭，导致出票人受损，这种损失将由收款人赔偿。

四、支票的种类

（一）记名支票与不记名支票

这里所谓记名不记名，是指支票上收款人这一栏内的行文。凡记名支票者，必须在这一栏写明某某人为收款人；凡不记名支票者，这一栏里就写成持票来人。

记名支票除非有限制转让的文字，否则即为指示性抬头的支票，可以背书转让。记名支票在取款时，必须由收款人签章并经付款行验明其真实性。

无记名支票又称空白支票或来人支票，即持票来人抬头。任何人只要持有这种支票，就可以向银行要求付款，且取款时不需要签章。银行对持票人获得支票是否合法不负责任。

（二）划线支票与不划线支票

1. 划线支票

所谓划线支票（Crossed Check）就是在支票的正面划上两条平行线，以此表明该支票不能在付款行的柜台提现，而只能付到收款人的账户入账。

只要提示的票据合格，支票的付款银行应立即付款。因此万一支票遗失，很容易被冒领，罪犯取了现款立即逃之夭夭，损失难以追回。为了有效地防止冒领，出票人或持票人可以在支票上划线来提高安全性，这样的支票就只能通过银行收款，不得由持票人直接提取现款。因为所划的两条线须平行，因此划线支票又称为平行线支票。根据 1957 年《英国支票法》，银行签发的即期汇票也可划线。划线支票就相当于我国的转账支票。

支票划线可以分为普通划线和特殊划线。

(1) 普通划线(General Crossing)。普通划线是指不注明收款银行的划线。收款人可以通过任何一家银行收款。其形式有以下四种：

①	②	③	④
	& Company	Not Negotiable	Account Payee

①是最普通的划线支票。②是在横线中加上"& Company"字样，这种做法现在几乎不用。③横线中加上"Not Negotiable"(不可议付)，有这种划线的支票的出票人只对收款人负责，收款人虽然仍可转让该支票，但受让人的权利不优于收款人。④横线中可以加"Account Payee"(或 A/C payee)(入收款人账)，此时，支票的收款银行只可将收到的票款记入收款人账户而不得直接付现，以便有案可查。

划线中间也可以同时写 Not Negotiable 和 A/C payee。根据《日内瓦统一法》，只要在支票上横向写上 Payable in Account，就只可通过银行收账。

(2) 特殊划线(Special Crossing)。横线中记有收款银行的划线就是特殊划线，有这种划线的支票只能通过该指定行向付款行作付款提示。《英国票据法》规定，划线中只可记一个银行，而这个银行可以在其中再加一个委托收款银行以方便交换，不然付款行可退票。《日内瓦统一法》则规定一个划线中只能有一个行名，一张支票中最多只能有两个特殊划线，其中的一个必须是由另一个中指定的银行所作的委托收款划线。根据《英国票据法》，支票正面横向写上的银行名就作为特殊划线，而不一定要有两条横线。任何一种普通划线都可以加上收款银行行名而转为特殊划线。但是特殊划线却不能涂销行名改为普通划线。支票上的划线是实质性内容(Material Part)，一旦写上任何内容，如 A/C Payee、银行名等，包括两条横线本身都不得涂销，即使涂销，记载仍旧有效。

2. **非划线支票**

非划线支票(Uncrossed Check)又称 Open Check，指支票正面未划有两条平行线。这种支票既可转账，又可提现，相当于我国的现金支票。

(三) 保付支票

支票是以银行为付款人的即期汇票，因为是即期，当然受票银行就无须承兑。支票可以由付款银行加"保付"(Certified to Pay)字样并签字，成为保付支票(Certified Check)。付款银行保付后就必须付款，就像汇票的承兑人一样。保付后支票身价升高，有利于流通。

《美国统一商法典》中有票据保付的规定。付款行一经保付，其他债务人一概免责。保付银行与承兑人同责，即使持票人在支票过期后提示，保付银行仍要付款。日本票据法也有保付的规定，但是保付的付款行只在支票效期内保证付款。

《英国票据法》、《日内瓦统一法》和我国《票据法》都没有有关支票保付的内容。

(四) 银行支票

上文谈到支票涉及存款人与其开户银行的关系，如果把这种关系延伸扩展，变成两家银行之间的关系，即存款者并非某个人，而是一家银行，发展成银行与银行间的关系，是一家银行在另一家银行开立支票账户。这时，开户银行开立的支票就不是私人支票了，而叫银行支票(Banker's Check)。它是一家银行签发的，命令另一家银行向某某人或某某指定的人，或持票来人付款的书面命令。也就是说，银行支票的出票人和付款人都是银行。银行支票一般是银行为客户办理汇款业务时使用的。

(五) 支票卡

支票卡(Check Card)的使用和起因很简单。用支票购物很方便，但要店主或超级市场愿意接受你开的私人支票才行。店主有时候不愿意接受支票，因为他无法断定顾客的银行账户里是否有足够的存款余额；如果余额不足，银行就会退票，店主就不能收回货款了。

为了解决这个问题，银行特发给本行可靠的老客户一种支票卡。银行凭此卡担保：每笔购物所开出的支票，金额不超过一定限额者，本行保证兑付该支票。

此时，店主看到有银行出具的支票卡作保证，知道此笔货款将由银行支付，就可以放心让顾客取走货物了。

由此可知，支票卡就是存款银行发给存款人的一张卡片，以证明持卡人签发的支票是可靠的，在银行账户上有足够的存款，不会遭到退票。可见，支票卡是便利消费者购物、繁荣消费市场的金融手段。支票卡的功能在于证明持卡人有贷方余额。

在我国，由于私人支票尚未成为重要的支付手段和支付凭证，所以，支票卡也没有问世。

五、支票效期

支票是替代现金的即期的支付工具，因此效期较短。《日内瓦统一法》中规定了支票的提示期限：若出票与付款在同一国家是自出票日起算 8 天，出票与付款不在同一国家但在同洲的是 20 天，不同国又不同洲则是 70 天。追索的期限是从上述提示期限到期起算 6 个月。

《英国票据法》对支票的效期没有什么特殊规定，支票也与汇票一样，应在合理时间内作付款提示。

我国《票据法》第 92 条规定，支票的持票人应自出票日起 10 日内提示付款。

六、支票止付

《日内瓦统一法》禁止在效期内止付支票，即使出票人死亡、破产也不受影响，这样规定是为了防止出票人开了空头支票又止付得以逃避债务。但是效期过后出票人可以止付，不然付款行付了以后也不负赔偿之责。

《英国票据法》允许止付支票。英国人认为，出票人止付支票并不能摆脱债务，如果他执意不付，债权人可以上法院告他，最终还是得付。英国银行只有在收到说明支票号码、出票日期、金额、收款人等内容的由出票人签字的书面通知后，才会止付。如果客户用电话通知则必须随后送交书面证实，不然也不止付。根据《英国票据法》，在有确凿证据证明出票人已经死亡或破产时,英国银行有权止付支票。

七、支票与汇票的比较

支票与汇票最主要的区别有两点:①必须即期付款;②必须由银行付款。除此之外,支票和汇票并无本质上的不同。下面将其不同之处列入表 3-3。

表 3-3 汇票和支票的区别

汇 票	支 票
1. 有即期和远期	1. 只有即期
2. 付款人可能是商号、银行、承兑人、参加付款人、保证人等	2. 只能是银行
3. 出票人和付款人之间不必先有资金关系	3. 要有资金关系
4. 无保付和划线	4. 有保付和划线
5. 一式多份	5. 单张
6. 汇票是结算、投资及信贷的工具	6. 只是支付工具
7. 主债务人是承兑人,承兑前是出票人	7. 主债务人是出票人
8. 出票人(背书人)有保证付款和承兑的责任	8. 出票人(背书人)只保证付款
9. 有承兑、参加承兑、参加付款	9. 无此项
10. 不能止付	10. 可以止付

八、汇票、本票、支票的比较

汇票、本票和支票之所以能成为不同的票据,是因为它们都有各自不同的特点,彼此间存在一些差异。具体来讲,主要表现在以下几个方面。

(一) 基本性质不同

汇票与支票都是无条件的支付命令,是由出票人命令另一个人支付款项,是委付证券,所不同的是汇票的付款人可以是银行、企业或个人,而支票的付款人一定是银行;本票是一种无条件的支付承诺,出票人承诺由其本人支付款项,是已付证券。

(二) 基本当事人不同

汇票和支票的当事人都是三个,即出票人、付款人和收款人;而本票的当事人只有两个,即出票人和收款人,因为出票人本身承担着付款责任,与付款人是同一人。

(三) 出票人承担的责任不同

即期汇票与本票、支票的出票人自始至终都承担主债务人的责任;而远期汇票在承兑后就由承兑人承担主债务人的责任,出票人退居为从债务人。

(四) 付款期限不同

支票是即期付款的票据,见票即付,没有远期支票。汇票和本票都有即期付款和远期付款之分,有到期日的记载;但是汇票有承兑、保证等票据行为而本票没有,因为本票的出票人与付款人是同一人,无须进行承兑。

(五) 当事人的资金关系不同

汇票的出票人和付款人之间不必事先有资金关系;本票是无条件的支付承诺,出票人就是付款人,无所谓双方间的资金关系;而支票的出票人与付款人之间则必须先有资金关系,才能进行签发。

(六) 出票份数不同

汇票有一式两张或数张,在实务中可以成套签发。这种做法主要是为了防止因一次性寄单发生延误、遗失或损毁的意外事件,以免影响交货和收款的顺利进行;而本票和支票都只有一张正本。

第五节 票据的使用

票据是可以流通转让的信用工具,通常用作结算工具或信贷工具。汇票既是结算工具又是信贷工具,本票基本上是信贷工具,而支票则是结算工具。下面简单介绍当今世界商业实务中这三种票据的使用情况。

一、汇票的使用

汇票作为结算工具主要用于国际汇款。当然主要是银行出票又由银行付款的银行汇票。私人支票退票可能性大,国外银行一般不买汇,所以用银行汇票对于收款人来说最为可靠(银行汇票,一般如此称呼,但它究竟是否汇票大可研究,如果付款人是其他银行,通常付款行是出票行的开户银行,那么这张银行汇票就符合"由银行储户向银行签发的支付命令"这句支票的定义;如果付款行与出票行是同一银行的分支机构,那么出票人就是付款人,这张汇票就应该当作本票)。商业汇票是由厂商出具的汇票,在国际贸易结算中用得较多。跟单汇票与贸易单据一起寄付款人作为付款命令,它作为结算工具实际上是可有可无的,仅凭单据进口商也是会付款的,但是作为信贷工具,却是无法替代的。一般国家都鼓励进出口,所以以进出口贸易为背景的商业票据很容易贴现。因此商业汇票成了进出口商获得融资的重要工具。而从事国内交易的厂商则无法利用此类融资渠道。

二、本票的使用

由于经常发生出票人拒付案,影响了商业本票的名声,人们一般不愿接受商业本票,目前只偶尔有大企业用以筹资的商业本票。至于银行本票,当然这里不包括货币,因为一般国家对银行发行本票限止较多,所以也不多见。

国际业务中,旅行支票是非常常见的一种票据。旅行支票其实是一张银行汇票,因为客户要到付清了钱方能获得票据,不像一般的支票,出票人出票时,款项还在出票人名下。更重要的是,旅行支票一般是以银行名义签发的,付款的保证人是银行(或金融机构),而一般支票是由储户签发的,付款保证人是在银行开户的客户。但旅行支票又像支票,付款时付款人必须核对收款人的签字，是否与购票人的签字相同，就像付款银行核对支票出票人签字一样，并且它像支票只用作替代现金的支付工具。

国际业务中经常会看到一些"种性不纯"的票据，但是只要了解票据的基本性质和原则就可融会贯通，处理票据也就不会是件难事。

三、支票的使用

支票主要是用于国内结算，出票人签发支票给收款人很方便，不需数钞票也不要去银行。对于收款人来说，只需将支票交往来银行很快就可收账，也相当方便。因此在西方国家的国内结算中，无论是个人之间的收付还是厂商之间的收付，往往使用支票。此外向国外汇款，为图方便，开票人也往往签发私人支票了事，就连国际汇款的汇入银行也会开一张银行支票寄给收款人作为解付。可见，支票用得很广泛。

本章小结

(1) 票据作为结算工具，流通性、无因性和要式性是其最重要的特点。只有要项齐备、出票人签字真实有效的票据才具有法定效力。票据凭背书和交付得以流通。票据的功能包括汇兑功能、支付功能和信用功能。

(2) 目前国际上有两大票据法系，即大陆法系和英美法系。我国《票据法》的制定参照了《日内瓦统一法》和《英国票据法》中的合理规定。

(3) 票据关系中主要当事人有出票人、付款人和收款人，背书人和被背书人，持票人，承兑人，保证人等。票据当事人在票据的流通过程中，根据票据文义和票据行为来确定各自的权利或责任。无论哪种票据，其最终目的都是为了实现票款的支付，因此，票据当事人通过正当的票据行为(出票、背书、提示、承兑、追索等)可以实现这一目的。

(4) 汇票、本票和支票均是书面债务凭证，都是载明一定金额、在一定日期、持票人可向出票人或指定的付款人支取款项的凭证。持票人均有要求票据债务人付款的权利，也均可将票据转让。但是这三种票据各自有着不同的特点和种类，在使用不同的票据进行结算时，需要注意它们的差别。

复习思考题

一、名词解释

汇票　本票　支票　无因性　要式性　票据行为　出票　背书　承兑　保证　提示付款　拒付　追索

二、简答题

1. 简述票据的主要特性。
2. 如何解释票据是一种要式不要因的证券？
3. 汇票的背书有几种？
4. 承兑人、出票人和背书人承担的责任分别是什么？

5. 本票与汇票有何不同？支票与汇票又有何不同？

6. 汇票的出票日期有何作用？

7. 汇票的抬头有几种写法？有何不同？

三、操作题

天津纺织品进出口公司日前出口美国 ABC Trade Co.（add：Room 15，the 10th floor Great Building，Revenue Street，N. Y.，USA）一批货物，金额为 23 000 美元。假定天津纺织品进出口公司于 2010 年 5 月 5 日签发以其指定人为收款人、见票日后 60 天付款的远期汇票，试代替天津纺织品进出口公司完成下列行为：

（1）出具该远期汇票。

（2）指定付款人于 2010 年 5 月 12 日承兑该汇票，试完成汇票的普通承兑行为。

（3）计算汇票的付款到期日。

第四章

国际结算单据

【本章导读】 单据，也称货运单据，在国际贸易中不仅是重要的履约证明，也是不可或缺的物权凭证，进口商“见单如见货”，也因此使目前国际贸易结算有了凭单付款的特点。通过本章的学习，可以了解和掌握单据的概念、作用和种类；商业发票、海运提单和保险单的含义、作用、内容和种类以及一些其他附属单据的相关内容。

第一节 单据概述

单据是单据证书的简称，其英文为 Documents。在国际贸易结算业务中，单据是指国际贸易结算中反映货物特征及说明交易情况的一系列证明文件或商业凭证。在国际贸易中，不论采取什么结算方式，都会发生单据的交换。国际商会制定的《跟单信用证统一惯例》中有近一半的条款都是有关单据的，单据的重要性由此可见一斑。

一、单据的含义

单据(Documents)也称货运单据、商业单据，是出口方应进口方和其他有关方的要求必须备妥并提交的，完整地代表货物所有权的各种货运凭证。它通常是由出口方制作或取得后通过银行转交给进口方，交单是出口方履约的重要环节和内容。在现代国际贸易结算中，出口方的交货主要是通过交单来完成的。

二、单据的作用

在国际贸易中，各国、各地区采用的或要求对方提供的货运单据不尽相同，但它们的功能和作用应该是相同或者大致上相同的。比如，运输单据代表货物所有权的归属，保险单据是货物在运输过程中一旦发生损坏灭失可以获得相应经济补偿的依据，各种商检证明是保障货物品质、规格、数量、质量的官方或非官方的凭证，产地证是证明货物的原产地并凭以享受差别优惠关税的根据等。归纳起来单据的作用有下述几点。

(一) 单据可以代表货物的物权

在国际贸易结算业务中，卖方交付单据代表交付了货物，买方取得单据代表收到了货物。这样，通过单据的转移就达到了货物转移的目的，同时也使货物的转移合法化。

(二) 单据是一种履约的证明

单据中有详细的货物描述及卖方履约情况的相关证明，出口商只有在履行了合同义务后，才能取得相应的证据或单据。

（三）单据是付款的证据

在信用证业务中，开证行的付款是以信用证中规定的相符单据为依据的。在汇款、托收等非信用证结算方式中，进口商履行付款义务，一般应在收到货物或单据后，在规定时间内支付货款。至于付款支付的数量、时间、币种等均以汇票、发票等为依据。

此外，单据还是进口商提货，进出口商报关、纳税、享受税收优惠的重要凭证。

三、单据的种类

根据单据的作用不同，可将其分为基本单据和附属单据，如表4-1所示。

（1）基本单据。根据贸易条件，出口商必须提供的单据，包括商业发票、海运提单和保险单。

（2）附属单据。指基本单据以外，买方要求的卖方有义务协助取得的单据。这些单据又可分为两类：一类是进口国官方要求的单据，如领事发票、海关发票、产地证、检疫证、黑名单证明以及现在经常遇到的纺织品出口许可证、装船证明等；另一类是买方要求的说明货物情况的单据，如装箱单、重量单、品质证明书等。

表4-1　单据的种类

项目	基本单据	附属单据
商业单据	商业发票(Commercial Invoice)	装箱单(Packing List)； 重量单(Weight List/Certificate)； 产地证明书(Certificate of Origin)； 数量单(Quantity Certificate)； 受益人证明(Beneficiary's Certificate)； 质量证明书(Certificate of Quality)； 电报抄本(Cable Copy)
运输单据	提单(Bill of Lading)； 运货单据(Transport Documents)	船运公司证明(Shipping Company's Certificate)； 邮政收据(Post Receipts)
保险单据	保险单(Insurance Documents)	投保声明
政府单据	进出口许可证(Export License)	商检证书

四、单据编制的基本要求

（1）准确。这是单据的第一要求。单据应与合同规定完全相符。若以信用证方式结算，要求做到"单证一致"(即所有的单据都与信用证一致)和"单单一致"(即单据与单据之间的相同内容都要一致)。

（2）完整。包括内容完整、份数完整、种类完整。

（3）及时。在信用证项下交单必须掌握装运期、交单期和信用证有效期。

（4）简明。单据文字内容力求简单明了。

（5）整洁。单据的缮打应力求表面整洁。个别错误可以更正，但必须在更正处加以签署或加盖更正章，不能遗漏。

第二节　商业发票

在出口商提交的各种单据中，商业发票作为一种价目清单，在实际业务中非常重要，特别是在对欧洲客户的业务中，商业发票常常代替汇票发挥支付工具的作用。

一、商业发票的概念

商业发票(Commercial Invoice)通常简称发票(Invoice)，它是卖方开立的凭以向买方索取货款的价目清单，是装运货物的总说明。发票全面反映了有关交易的详细内容，是各种单据的中心单据，也是卖方必须提供的主要单据之一，如表 4-2 所示。

表 4-2　**Commercial Invoice**

Shipper：	发货人	Air waybill Number：	1234567890
Company Name：	公司名称		
Address：	地址		
Contact Person：	联系人		
Phone/Fax：	电话/传真		

Consignee：	收货人		
Company Name：	公司名称		
Address：	收货人地址(号、楼、街、区等)		
City：	城市		
State/Country：	国家	Total Weight：	总毛重
Contact Person：	联系人		
Phone/Fax：	电话/传真		

Full Description of Goods	Harmonized Code	No. of Items	Quantity	Unit Value (USD)	Total Value (USD)
货物描述	海关商品编码 (选填)	项目号 (选填)	数量	单价	总价
				Total Invoice Value：	总价值

Reason for Export：出口理由

I declare that the information is true and correct to the best of my knowledge, And that the goods are of China origin.

I(name) 托运人姓名 certify that the contents of this shipment are as stated above.

Authorized Signature：签名认可(盖公司章)

Date：日期

就广义而言，发票包括商业发票、海关发票、形式发票、领事发票、样品发票、厂商发票、证实发票等。就狭义而言，通常是指商业发票。

二、商业发票的作用

商业发票主要有以下几个方面的作用：

(1) 它是卖方履约情况的书面证明。发票是交易的合法证明文件，在全部单据中，发票是卖方专为说明履约情况提供的单据，从发票可以看出交易的全貌。

(2) 它是供买方了解、掌握、验收和核对货物的品名、规格、数量、重量等的依据，用以确认已发货物是否符合合同条款的规定。

(3) 它是买卖双方收、付款记账的依据。

(4) 它是进出口商进出口报关、缴纳关税的重要依据。

(5) 它是供出口商计算和支付佣金的依据。

(6) 它是出口商缮制其他单据的依据。

(7) 在不用汇票的情况下，发票替代汇票作为索汇的凭证。

除了以上几点外，发票还可作为统计的凭证，在保险索赔时作为价值证明。

三、商业发票的内容

各国进出口商所使用的商业发票没有统一的标准化格式，但一般商业发票应具备首文、正文和结文三部分基本内容。

(一) 首文部分

首文(Heading)部分主要写明基本情况，通常标注发票名称及号码、合约或订单号码、发票制作日期和地点、运输工具、装货地点、卸货地点等。

1. 出票人的名称和地址

出票人一般为出口商。要求完整准确，信用证项下发票的签发人应与信用证的受益人名称、地址相同。

2. 抬头人的名称与地址(To)

抬头人的名称与地址同样要求完整准确。只有少数来证在发票条款中指出发票抬头人，多数来证都不作说明。因此习惯上将信用证的申请人或收货人的名称、地址填入这一栏。根据 UCP 600 的规定：除非信用证另有规定，商业发票的抬头必须做成开证申请人。

3. 单据名称

“发票”一定要明确表现在单据中。

4. 发票号码

发票号码(No.)由出口公司自行编制，一般由有关代号加序列号构成，以便查对，同时也被作为相应的汇票号码。

5. 发票签发日期

UCP 600 规定：“单据的出单日期可以早于信用证开立日期，但不得迟于信用证规定的提示日期。”

6. **信用证号码**

信用证号码(L/C No.)按信用证填写。

7. **合同号**

应与具体成交的合同号(Contract No.)一致,若买卖双方各有编号,则应一一列出。

8. **运输细节**

应注明运输工具名称或运输方式,以及装运地点和卸货地点。货物如需转船运输,应加注转运港,转运港应与提单所标明的一致。

(二) 正文部分

正文(Body)是说明履约情况的部分,主要是通过对货物和货价的描述提供履约证明。

1. **唛头及号码**

贸易上的唛头(Shipping Mark)是为了识别货物而刷制在包装上面的装运标志,便于承运人和收货人识别货物。发票的唛头可以作为依据,分别与提单、保险单、包装单上面的唛头相核对,以确保各项单据的唛头是相符的。唛头的内容通常有:主标志、目的港标志和件号标志。有时也要求加注原产地标志,如 Made in China。如信用证未规定唛头的具体方案,则出口人可自行设计;如果无唛头,则填写 N/M。

2. **货物的描述**

货物的描述(Description of Goods)应严格根据信用证及合同的规定填写,包括货物的名称、规格、数量等。

3. **货物的单价和总价**

货物单价(Unit Price)应与合同相符。在信用证项下,则必须与信用证规定一致,包括货物的计价单位、计价货币、单价金额和价格术语。总价(Total Price)应与汇票金额相同,在信用证项下,除非另有规定,一般不能超出开证金额。

4. **商品的包装和件数**

在发票中必须列明商品包装方式及件数,不仅要与提单等一致,还要与唛头中相符。

(三) 结文部分

结文部分最重要的内容是出口商的签章(Exporter's Signature),信用证项下,必须是受益人签发发票。除此之外,还可按需要标注进出口许可证号、外汇批准号、税则号等内容或证实性文句。发票必须加盖出口商的图章,若信用证要求发票手签,必须另加负责人的手签,否则被视为无效发票。出口商提交的发票张数必须与信用证要求一致。

四、其他发票

(一) 海关发票

海关发票(Customs Invoice)是进口国海关制定的一种发票格式,要求卖方填制,供买方凭以报关。由于海关发票被看作自由贸易的一种障碍,现在使用海关发票的国家已经不多。

海关发票有以下作用：

(1) 供进口国海关作估价完税的依据；

(2) 供进口国海关核定货物原产地，按照差别税率征税；

(3) 供进口国海关审核有否低价倾销；

(4) 供进口国海关作统计的依据。

海关发票的内容有两个特点：一个是必定有证明产地的内容，这是决定征税的税率所必需的；另一个是有详细的商品价格构成。使用海关发票的国家不是根据正规价格(Normal Price，进口时即 CIF 价)计算税额，而是采用该国的特殊规定来计算的。这些价格构成的内容，就是计算所必需的数据。详细价格构成的另一个作用是可以核定有无倾销。

海关发票应该按规定手签。签字人一般都是以证人(Witness)的身份签字。

(二) 领事发票

按某些国家的规定，货物从外国进口，须提供领事发票作为核对税款的根据，以防止买方进口时低报货价逃避进口关税，并审查该进口商品有无倾销的情况。这种发票由进口国驻出口国的领事馆签发，具有固定的格式，要求依式如实填写并缴纳一定费用后由该国领事签证，所以也称"领事签证发票"。

领事发票(Consular Invoice)或领事签证发票的作用和功能有：①证明进口货物的产地与原产地相同；②证明领事发票上所填写的货物名称、价格与数量属实；③它是进口商品征税的依据；④防止出口国廉价倾销出口商品。

由于获得领事发票对出口商来说不仅费时而且会增加费用，因此也被看作自由贸易的障碍，现在已不多见。

(三) 形式发票

形式发票(Performa Invoice)又称预开发票，是在交易达成前卖方应买方的要求，将拟报价出售的货物名称、规格、单价、价格条件、装运期及支付方式等一一列明的一种非正式发票，作为买方向本国的进出口管理机构或管汇部门申请进口许可证或批汇的依据。严格地说，形式发票不能凭以结算，票面上注明的价格也是卖方根据当时市场行情的估计价，对买卖双方均无约束，只供买方参考，因其徒具发票形式，故名形式发票。正式成交时，卖方仍需另行开具商业发票。

(四) 样品发票

出口商为了说明推销商品的品质、规格、价格，在交易前会发送实样，以便客户挑选。此种样品发票(Sample Invoice)不同于商业发票，只是便于客户了解商品的价值、费用等，便于向市场推销，便于报关取样。

(五) 厂商发票

厂商发票(Manufacturer Invoice)是厂方出具的以本国货币计算价格，用来证明出口国国内市场的出厂价格的发票。来证要求提供厂商发票，其主要目的是用以核查出口交易中是否存在倾销，以便确定是否征收“反倾销税”。

(六) 证实发票

证实发票(Certified Invoice)实际上即为海关发票。之所以叫做“证实”，是由于发票上明列货价和产地这两项主要内容，其中货价部分须经卖方以个人名义签名证实之故。

需要说明的是，虽然以上介绍的几种发票类型在名称上也称为发票，但是其作用却不能与商业发票相提并论，也不能代替商业发票来使用。商业发票是基本单据的一种，而其他几种发票都是附属单据。

第三节　运 输 单 据

运输单据(Transport Documents)是表明货物的承运人已将货物装上运输工具或已将货物发运或已接管货物待运的单据。单据一方面反映了货物被接管或装运时的状况，已装运货物所要经历的运程，货物的有关当事人及其相互之间的权利、义务关系；另一方面又通常代表着运输中的货物，是货物的物权凭证。因此，运输单据是货物运输业务中最重要的证明文件，也是国际贸易结算中最重要的单据之一。

与运输方式相适应，有海运提单、公路运单、铁路运单、航空运单及多式运输单据等。由于在国际贸易中80%以上的货物是通过海运方式来运输的，所以海运提单是本节重点讲述的内容。

一、海运提单的基本概念

海运提单(Marine Bill of Lading 或 Ocean Bill of Lading)简称提单(B/L)，指出口商作为托运人，把出口货物交给作为承运人的轮船公司，由后者运抵目的港，再由承运人把货物交给作为收货人的进口方这样一种运输过程所开出的单据。海运提单的式样如表4-3所示。

表 4-3　海运提单式样

<table>
<tr><td colspan="2" rowspan="2">SHIPPER/EXPORTER(COMPLETE NAME AND ADDRESS)</td><td>BOOKING NO. (DOCUMENT NO.)
EXPORT DEC.</td></tr>
<tr><td>EXPORT REFERENCES</td></tr>
<tr><td colspan="2">CONSIGNEE(COMPLETE NAME AND ADDRESS/NON NEGOTIABLE UNLESS CONSIGNED TO ORDER)</td><td>FORWARDING AGENT REFERENCES (COMPLETE NAME AND ADDRESS)</td></tr>
<tr><td colspan="2" rowspan="2">NOTIFY PARTY(COMPLETE MAILING ADDRESS)</td><td>POINT AND COUNTRY OF ORIGIN</td></tr>
<tr><td rowspan="2">ALSO NOTIFY (NAME AND FULL ADDRESS)/DOMESTIC ROUTING</td></tr>
<tr><td>PIER OR PLACE OF RECEIPT *</td><td>PRE-CARRIAGE BY *</td></tr>
</table>

续表

VESSEL/VOY(FLAG)	PORT OF LOADING	TYPE OF MOVE	CONTAINERIZED (VESSEL ONLY) Yes No
PORT OF DISCHARGE	PLACE OF DELIBERY(BY ON CARRIER) *	FINAL DESTINATION (FOR THE MERCHANT'S REFERENCE ONLY)	

PARTICULARS FURNISHED BY SHIPPER

CONTAINER NO. SEAL NO: MARKS&NOS.	NO OF PKGS OR CONTAINERS	H M ..	KIND OF PACKAGS: DESCRIPTION OF GOODS	TOTAL GROSS WEIGHT KGS (POUNDS)	TOTAL MEASUREMENT CBM(CFT)

Optional Declared Value for increased freight charges to avoid Package Limitation: US$ ____

TOTAL NO. OF PACKAGES OR COMTAINERS(IN WORDS)

FREIGHT AND CHARGES	RATED AS	RATE	PER	PREPAID	COLLECT	DATE BY ____
						PLACE OF B(S)/L ISSUE
						NO. OF ORIGINAL B(S)/L SIGNED
						DATE OF B(S)/L ISSUE
			TOTAL			BILL OF LADING NO.

二、海运提单的作用

(一) 货物收据

货物收据是承运人确认从托运人处收到货物后签发的一纸证明。承运人向托运人签发提单后,确认已按提单上所记载的有关商品的标志、数量以及商品的表面状况收到商品,从而承运人就有责任在正常情况下按提单上所列明的情况向收货人交付货物。

(二) 运输契约

运输契约,或称运输契约的凭证。海运提单上规定了承运方与货物关系方(即船方与货方)各自的权利和义务,成为一项正式契约。依照双方的约定,托运人按时向承运人提交货物,承运人向托运人出具海运提单,这份提单就成为双方运输合约的证据。提单背面印就的条款，即视为双方共同接受的运输合约条款，承运人和托运人分别对此承担了合约规定的责任。

(三) 货物所有权凭证

货物所有权凭证即物权凭证。海运提单实际上代表了货物，凭其可以占有、转让、流通和抵押，而海运提单的转让构成货物所有权的转让。因此，海运提单成了流通证券或半流通证券。

此外，如果货物在运输过程中受到损失，货主向船公司或保险公司提出索赔时，提单还是索赔依据之一。

三、管辖提单的国际公约

提单在国际贸易中用作转移货物的媒介。如果各国法律不同，各个承运人又都自行其是，那么收货人的权利就没有保障。此外，承运人的责任范围也需要有一个规定。管辖提单的国际公约就是出自上述考虑而产生的。从 20 世纪 20 年代起，有关方面先后倡议制定了三个管辖海运提单的国际公约，即《海牙规则》、《维斯比规则》和《汉堡规则》。

(一)《海牙规则》

《海牙规则》(*Hague Rules*)的全称是《统一提单的若干法律规则的国际公约》(*International Convention for the Unification of Certain Rules of Law Relating to Bill of Lading*)，由国际法协会所属海洋委员会于 1921 年 5 月在荷兰海牙制定，故简称为《海牙规则》，该公约 1924 年 8 月 25 日在布鲁塞尔由 26 国代表签字通过的，并于 1931 年 6 月生效。由于各国政府根据《海牙规则》的要求将本国海上运输法与《海牙规则》统一起来，80 多年来，《海牙规则》在促进海运事业发展、推动国际贸易方面发挥了积极作用。自 1931 年 6 月生效以来，该公约得到 50 多个国家的承认，我国也于 1981 年加入该公约，我国船公司的提单均参照该公约规则制定。

《海牙规则》的基本精神是确定承运人最低责任限度，提单上低于这一标准的规定一概无效。这对于货主来说当然非常有利，只要看到提单背面注明适用《海牙规则》，就不必再看其他条款而可知道自己能获得怎样的保障。

《海牙规则》规定，承运人必须谨慎理货，对于管理货物的疏忽必须负责，但是对于管理与驾驶船舶的过失却可免责。许多人认为这种"不完全过失责任制"不合理。

《海牙规则》相对偏重于维护船方利益而忽视货方利益，因此它自生效以来一直受到代表货方利益和航运业不太发达的国家或地区的反对，这就导致了其他两种规则的产生。

(二)《维斯比规则》

这个规则因准备工作在维斯比完成而称为《维斯比规则》(*Visby Rules*)，全称为《修改统一提单的若干法律规定的国际公约的议定书》(*Protocol to Amend the International Convention for the Unification of Certain Rules of Law Relating to Bill of Lading*)，也称为《1968 年布鲁塞尔议定书》(*The* 1968 *Brussels Protocol*)。

《维斯比规则》并未对《海牙规则》的基本原则作实质性修改，只是提高了货物损害赔偿的最高金额，明确了集装箱和托盘运输中计算赔偿的数量单位和扩大了公约的适用范围，所以只是一些保守的海运国家为了阻碍根本修改《海牙规则》的产物，仍然反映了传统海运国家的利益。由于《维斯比规则》与《海牙规则》不可分离，因此也称为 Hague-Visby Rules。自 1977 年 6 月生效以来，只有英、法及北欧等 20 多个国家和地区采用这一规则。

(三)《汉堡规则》

该规则是 1978 年在汉堡通过的，全称为《1978 年联合国海上货物运输公约》(United Nations Convention on the Carriage of Goods by Sea，1978)，它对《海牙规则》做了全面的修订，扩大了承运人的责任，把承运人的责任改为对驾驶与管理船舶的过失也负责的"完全过失责任制"，对船货双方的权益和责任也做了较为合理的规定，基本上平衡了船、货双方在货物运输过程中所承担的义务与风险。可以说，《汉堡规则》(*Hamburg Rules*)是广大发展中国家在国际经济与航运领域中争取自身权益的一项重大成果，尽管其受到船方利益代表者的批评与反对，但仍获得了许多国家特别是货主国家的欢迎。该公约已于 1992 年 11 月正式生效。

国际公约和各国国内立法均对提单需要记载的内容做了明确规定，以保证提单的效力。各国船运公司一般采用自己设计制作的提单，格式上存在不少差异，但内容大致相同，通常分正反两面记载着相关的信息。

四、海运提单的当事人及关系人

(一) 托运人

托运人(Shipper/Consignor)是指委托轮船公司运送货物的当事人，也称货方。根据不同的贸易条件，可能是发货人(卖方)，也可能是收货人(买方)。FOB、CIF、CFR 等条件下，出口商是发货人、托运人；EXW 等条件下，进口商是托运人、收货人(也可以转让给他人)。信用证项下提单的托运人一般是信用证的受益人。

(二) 承运人

承运人(Carrier)指承运货物的那一方，也称船方，他有义务按照提单记载将货物运至目的地交给收货人。根据不同情况，可能是船舶所有人即船东，也可能是租船人。

(三) 收货人

收货人(Consignee)即有权在目的港凭提单向承运人提取货物的当事人，也称抬头人。一般是进口商，但也可能是第三方。

(四) 受让人

受让人(Transferee or Assignee)是经过背书或交付转让接受提单的人，有向承运人要求提货的权利。只要抬头许可，提单是可以转让的。

(五) 被通知人

被通知人(Notify Party)是为了方便收货人提货,承运人在货到后免费通知的对象。被通知人不是提单关系人,他只是承运人为了方便"货主"提货的通知对象。在指示抬头提单时,被通知人往往是进口商。

五、海运提单的基本内容

(一) 提单正面内容

海运提单正面的内容主要包括:

(1) 货物的品名、标志、包装和件数、重量和体积,以及运输危险货物时对危险性质的说明;

(2) 承运人的名称和营业地点;

(3) 船舶名称;

(4) 托运人的名称;

(5) 收货人的名称;

(6) 被通知人;

(7) 装货港和在装货港接收货物的日期;

(8) 卸货港;

(9) 多式联运提单还要增加接收货物地点和交付货物的地点;

(10) 提单的签发日期、地点和份数;

(11) 运费的支付;

(12) 承运人或者其代表的签字。

(二) 提单背面条款

海运提单背面的条款主要包括:

(1) 首要条款。说明该提单所适用的法律条款或规则。

(2) 定义条款。对与提单有关的术语的含义和范围做出明确规定的条款。

(3) 司法管辖权条款。规定当事人之间的争执或纠纷受哪一国法律管辖。

(4) 承运人责任和免责条款。责任条款明确承运人承运货物过程中应承担的责任;免责条款则说明了在约定的特定情况下,承运人对货物所遭受的损失不予负责,无须赔偿。

(5) 承运人责任期间条款。明确承运人对货物运输承担责任的开始和终止时间。

(6) 赔偿条款。

(7) 特定货物条款。明确承运人在运输一些特定货物时应承担的责任和享有的权利,如危险货物、散装货物、高价值货物、舱面货物等。

此外,还有其他多样条款,如有关碰撞、共同海损、货主所付分摊损失的条款。

六、海运提单的种类

随着国际海运业务的不断拓展和创新，海运提单的种类日趋增多，可按各种标准进行分类。

(一) 按提单签发时货物是否确实已经装上货船划分

按提单签发时货物是否确实已经装上货船，分为“已装船提单”(Shipped on Board B/L)及“待运提单”(Received for Shipment B/L)。

已装船提单是指托运人把货物交付承运人，承运人收到货物装上货船后所签发的提单。提单上必须表明货物所装船舶的船名、装船日期、船长或其代理人签字。已装船提单表示货物已出运，收货人可以根据提单日期推算货物的到岸日期，以便及时提货，这类海运提单在国际贸易业务中被广泛使用。

待运提单也称备运提单，是指船运公司已收到托运货物在等待装运期间所签发的提单，提单上不写明装船日期和肯定的船名。因为货物装船之前仍存在遭受损失的风险，而承运人不对此负责，且买方也无法确定货物的实际出运日期和到岸时间。因此，进口方一般不接受这类提单。信用证一般规定提供已装船提单，银行一般不接受备运提单。当备运提单上载明的货物确定装船出运时，可由承运人的授权人将提单改签为已装船提单，只需加注“已装船”字样、船舶名称和装船日期。

(二) 按运输过程中是否转换运输工具或转换船只划分

按运输过程中是否转换运输工具或转换船只，分为直达提单(Direct B/L)、转船提单(Transshipment B/L)和联运提单(Through B/L)等。

直达提单是指货物用同一艘货船直接由装货港运达目的港，中途不在任何港口转船所签发的提单。这类提单下承运人及实际运输人为同一海运公司，权责明确，运输业务也容易处理。提单上只注明装货港和卸货港名称，不带有“转船”批注。若信用证明确表明不准转船，则受益人要求议付时必须提供直达提单。

转船提单是指货物在装运港装载后，将于预定的中途港转船，再转运目的港的提单。这种提单的特点，反映在跟单信用证的文句上，是“允许在某地转运”这样的字样。为节省转船附加费，减少货运风险，收货人一般不同意转船，但有时直运不可能，必须转船，没有哪个港口能通往全世界各港口，所以国际贸易中转船运输方式是常见的。

联运提单是指由第一承运人(通常为海运承运人)向托运人签发的，表明货物将经过两种或两种以上的运输方式运至最终目的地的提单。当托运人委托承运人承担全程运输，但实际运输往往需经海路、铁路或公路，或者海陆空联运，才能将货物最终运达目的地者，就是联合运输。全程运输方式的特点是第一承运人签发联运提单，其他运输人不签发提单。货到目的港或目的地后可凭第一承运人所签发的联运提单提货。第一承运人虽然签发全程提单，但他只对第一运程负责。

(三) 按海运提单上对所运货物和包装状况是否有瑕疵批注划分

按海运提单上对所运货物和包装状况是否有瑕疵批注，分为清洁提单(Clean B/L)和不清洁提单(Unclean or Dirty B/L)。

当托运人将货物交与承运人运输的时候，承运人方面理所当然要对货物的状况，特别是货物的外表和包装情况做大致的观察和检查。一旦发现货物包装有瑕疵情况就在海运提单上加注批语，如："包装渗漏"、"包装破裂"等文句。凡带有此类批注的提单，就叫不清洁提单。

凡属包装状况良好无瑕疵、没有加上上述类似批注的提单称为清洁提单。承运人对不良包装下货物的损坏不承担责任。因此根据 UCP 600，银行是不能接受不清洁提单的。

(四) 按提单可否转让及如何转让划分

按提单可否转让及如何转让，分为记名提单(Straight B/L)、不记名提单(Open B/L)和指示性提单(Order B/L)三种。

记名提单是指在提单上收货人这一栏内直接写明由××人或××单位提货。这种提单又称收货人抬头提单，表明提单项下的货物只能由指名的收货人提取，不得转让。记名提单不能流通转让，所以在国际贸易中较少使用，银行也不愿对记名提单进行议付。

不记名提单意指在提单上收货人这一栏里仅仅写上持单来人字样。这种提单也可转让，但无须背书，仅凭交付即可转让。如果提单丢失，货物被提走，承运人不负责任，对买卖双方都不利，所以风险很大，贸易中也很少使用。

指示性提单指抬头带有 order 的提单。指示性提单又可分为记名指示和不记名指示，前者如"to the order of..."。信用证项下记名人可为出口商、进口商、出口地银行或开证行，后者如 to order，由托运人背书后可转让。该提单项下的货物，经过背书转让，由接受转让者提货。所以，这类提单称为转让提单。至于背书的具体做法有：

(1) 空白背书。背书人在提单背后签名盖章，但不具体指名说出被背书人(接受转让人)。

(2) 记名背书。背书人在提单背面写明被背书人即接受转让人的姓名。

(3) 指示背书。是指背书人在提单背面写明"凭×××指示"的字样，同时由背书人签名的背书形式。经过指示背书的指示提单还可以进行背书，但背书必须连续。

在国际贸易中，采用指示性提单较为普遍。

(五) 按提单上运输条款的详细差异情况划分

按提单上运输条款的详细差异情况，分为简式提单(Short Form B/L)和全式提单(Long Form B/L)。

简式提单是指仅有正面提单内容和正面条款，在背面没有记载承运人与托运人的责任、权利和义务，或仅摘其中重要条款扼要列出的提单。简式提单大多是美国船公司签发的，其在美国比较流行。提单正面印有 Short Form B/L 字样并注明该货物的收管、运输、费用均按承运人全式提单条款办理，承运人和托运人的权责、免责等均按全式提单条款办理。根据美国海上运输法，承运人只要能使公众都知道提单条款，并能随时索取他的提单条款，就可以出具简式提单。简式提单对货方没有不利影响。

全式提单是指不但有齐全的正面条款，而且在背面详细记载了承运人与货主的责任、权利和义务的完整条款的提单。全式提单并不是在提单上印有“全式”字样，只要提单正面、背面条款完整、齐全，就是全式提单。在国际贸易中，目前使用的提单大多数是全式提单。

(六) 按船舶营运方式不同划分

按船舶营运方式不同，分为班轮提单(Liner B/L)、租船提单(Charter Party B/L)和运输代理行提单(Horse B/L)。

班轮提单是指货物由班轮承运时，由班轮运输公司作为承运人向托运人签发的一种提单。如果信用证中在价格条件后加注了班轮条件，则受益人必须提交班轮提单。

租船提单是指由货主向船东租赁船只，将货物运往目的地，船东根据租船合约签发的提单。它不是完整的独立文件，没有详细的提单条款，无法明确货主和船东之间的权利义务，且必须受到租船合约的约束。所以除非信用证许可，一般银行和收货人不接受租船提单。

运输代理行提单是指运输代理行以承运人身份签发的运输单据。出口商将小批量货物委托运输代理行，代理行则将卸货港或目的港相同，但属于不同托运人的货物集中在一起向承运人办理托运，以节省费用。

(七) 按提单签发日期与交单日的关系不同划分

按提单签发日期与交单日的关系不同，分为过期提单(Stale B/L)与倒签提单(Anti-dated B/L)。

过期提单是指晚于 UCP 600 所规定的提单签发后 21 天以内或信用证规定的最迟交单日，才向银行提交的提单。此时，银行有权不接受此类提单。

倒签提单是指承运人应托运人要求，在货物装船以后，以早于该批货物实际装船完毕的日期作为签发日期所签发的已装船提单。这是具有欺诈性质的违法行为，货主或银行一旦发现提单签发日早于货物装船日者，有权拒收货物或拒办业务。

(八) 集装箱运输提单

凡采用集装箱装载货物，由承运人签发的提单称集装箱提单(Container B/L)。集装箱运输是将一定数量的单件货物装入特制的标准规格的集装箱内，以集装箱为运送单位而进行的运输。此种运输方式的优势在于：运量大、成本低、效率高、节省货物包装费用、货损货差小、缩短货物装卸及船舶停泊时间等，因此已成为国际货物运输的主要手段。由于货物是由托运人自行装货加封，故在提单上注明“托运人自行装货点数”的字句。

集装箱提单具有如下特点：①由于承运人多在内陆地区收取货物后即签发提单，故集装箱提单多属待运提单。但当货物装载上船后，可根据事实加注 Shipped on board 字样，将其转化为已装船提单。②由于集装箱运输采用专用集装箱货轮，有多数集装箱需装载在舱面甲板上，若货物因此而发生灭失或损坏，承运人不负有责任。所以通常在集装箱提单背面印有舱面装货的选择条款，以明确责任。③由于集装箱运输多从内陆地区开始起运，故集装箱运输提单的承运人所承担的责任与风险随之扩大。

七、其他运输单据

货物运输单据除海运提单外，还有多式运输单据，不可流通转让的海运单，航空运单，公路、铁路或内河运输单据，专递和邮政收据等。它们之间的共同点为都是运输凭证。但其功能与海运提单不尽相同。

(一) 多式运输单据

多式运输(Multimodal Transport)是指根据多式运输合同，至少由两种不同的运输方式，将货物从一国境内接管货物的地点运至另一国境内指定交付货物的地点，并签发单一的、包括全程的运输单据的运输方式。

多式运输的关系人有多式运输经营人(MTO)、承运人、托运人及收货人。

多式运输单据(Multimodal Transport Document，MTD)是一种概称，其中一程为海运的通常使用联运提单(Multimodal Transport B/L)。

1. 多式运输单据的特点

多式运输单据的特点如下：

(1) 表示至少有两种不同运输方式的连贯运输。

(2) 多式运输提单中船名、装货港、卸货港如有"预期"(Intended)或类似意义的修饰词，银行可接受。

(3) 适合多式运输的贸易条件主要是 FCA、CPT、CIP，并以接管的日期作为装运日期。而 FOB、CFR、CIF 贸易条件则不适合于多式运输，因为它们要求卖方船上交货(On Board)，与多式运输的要求不符。

2. 多式运输单据的作用

多式运输单据的作用如下：

(1) 可流通形式的多式运输单据的部分运程为海运，其作用也与海运提单相同，即具有货物收据、运输合约、物权凭证的作用，可以背书转让。

(2) 不可流通形式的多式运输单据只起到货物收据和运输合约的作用，不是物权凭证。

3. 多式运输提单的用途二元化

很多船公司的多式运输提单既用于多式运输，也用于港至港的单一海运。提单的名称则称为"联合运输提单"(Combined Transport Bill of Lading)或"联合运输或港至港提单"(Combined Transport or Port to Port Bill of Lading)。提单正面条款中印有"收到货物以备装运"一类语句，当提单用于港至港运输时，应在提单上另加"已装船"批注使之成为已装船提单。

(二) 不可流通转让的海运单

不可流通转让的海运单(Non-negotiable Sea Waybill)是承运人收到托运人交来货物而签发的收据。不可流通转让海运单的记名收货人是唯一的收货人,承运人负责把货物交给收货人,不需收回该项单据。

不可流通转让的海运单于1997年开始被北大西洋之间部分运输采用,它是现代运输高速化的产物。目前不可流通转让的海运单在欧洲、斯堪的纳维亚半岛、北美和某些远东贸易区域使用,中国尚未使用。

1. 不可流通转让的海运单的基本功能

不可流通转让的海运单的基本功能如下:

(1) 承运人收到由其照管的货物的收据。

(2) 运输合约的证明。

(3) 解决经济纠纷时,作为货物担保的基础。

2. 与海运提单的区别

它与海运提单的区别如下:

(1) 是否为物权凭证,能否背书转让。不可流通转让的海运单不是物权凭证,不能背书转让,收货人栏内必须写上明确的收货人,一般是直交进口商(Straight Consigned to Importer),不能写成指示性抬头。提单则是物权凭证,可以背书转让,在途货物可以出售,收货人抬头可以做成指示性抬头。

(2) 收货人的区别。不可流通转让的海运单除了单据上写明的收货人外,他人不能提货。可以经开证行同意,以开证行作为收货人协助受益人控制交货。提单则可以转让给任何一个受让人凭以提货。

(3) 是否需要提示单据。不可流通转让的海运单的收货人可以不需要提示该单据,即可领取货物。提单则必须交给承运人或其代理换取货物。

(4) 银行能否控制货物,对银行债权是否有保障。不可流通转让的海运单项下,银行不能取得货物的控制权,因此不可流通转让的海运单对银行的债权没有保障,而提单对银行的债权是有保障的。

3. 不可流通转让海运单的提货程序

不可流通转让海运单不能用于提货,当海运公司将货物运抵目的港后,便向运单收货人发出"到货通知"。收货人凭通知和证明身份的证件办理提货手续。

不可流通转让海运单的收货人按下列条件和程序提货:

(1) 签发一份正本给托运人。

(2) 在船抵卸货港前,船公司向不可流通转让海运单的收货人发出到货通知单。

(3) 收货人在目的港出示身份证明,并将已签署的到货通知单交给船公司的代理机构。

(4) 船公司代理据以签发取货单交给收货人。

(5) 船方查明收货人已将运费结清,办妥海关的结关手续,就可放货。

(三) 航空运单

航空运单(Airway Bill)是作为承运人的航空公司接受托运人之委托以飞机装载货物开立的凭证。但是航空运单不是货物所有权凭证,也不能凭以提取货物,不能转让;收货人是凭航空公司的提货(到货)通知单提货。

航空运单的主要特点是:

(1) 提交银行一张正本单据。信用证不应要求提交银行的正本空运单据多于一张。

(2) 航空运单是不可流通的单据。航空运单不是物权凭证,仅是货物收据和运输合约,不能背书转让,信用证对此也不能有要求。

(3) 航空运单不能控制买方付款。D/P 托收项下航空运单不能控制买方付款,信用证项下航空运单不能作为提供银行的抵押品。

(4) 必须做成记名收货人。航空运单是直交记名收货人(Straight Consigned to A Named Consignee)。当申请人作为航空运单的收货人时,银行无法控制申请人在信用证下的偿付,可以征得开证行的同意,以开证行作为航空运单的收货人,便于控制。申请人偿付后,开证行才能交货给申请人。

(四) 公路、铁路或内河运输单据

公路、铁路和内河运单不是物权凭证,仅仅是货物收据和运输合约,它把货物直接运交给记名收货人,不能背书转让。当货物到达目的地,经证明身份即可把货交给收货人。通常以申请人为运单记名收货人。有时经开证行同意,以开证行为运单收货人,以便银行控制申请人偿付后开证行才将货交给申请人。

铁路运输是目前运量仅次于海运的国际货物运输方式。在使用铁路运输的情况下,承运人向托运人签发的货运单据就是铁路运单(Railway Bill)。同航空运单类似,铁路运单只是货物收据和运输合同,也是铁路与货主间核收运杂费、索赔和理赔的依据,但不能作为物权凭证,一律作记名抬头,不得转让。

铁路运单的主要项目包括:发货人和收货人名称和地址,发货车站和收货车站名称,货物的名称及性质、唛头、包装、数量、重量等说明。

如果信用证要求公路、铁路或内河运输单据,则不论提交的运输单据是否注明正本单据,都将作为正本单据接受。单据没有注明发出份数的,交来的单据当作全套发出。

(五) 专递和邮政收据

邮政收据通常是由寄件人填写,注明寄件人、收件人的名称地址,寄运货物的名称、价值等,邮局核实重量并收费后签发。

邮政收据不是物权凭证,仅仅是货物收据和运输合约。它不可流通转让,直接把货交给记名收货人,不能背书转让。当货物到达目的地,经证明身份即可把货交给收货人。信用证下邮政收据既可做成申请人为运单记名收货人,也可经开证行同意以开证行为收货人,以便银行能控制申请人的偿付。

专递服务机构签发的专递收据不是物权单据,不可流通转让,货物直接交给收件人。

表 4-4 中将运输单据的主要性质作了比较。

表 4-4 各种运输单据性质比较

比较项目＼单据名称		海运提单	铁路运单	航空运单	邮政收据	MTD
作用	物权	是	不是	不是	不是	是
	收据	是	是	是	是	是
	合同	是	是	是	是	是
抬头做法		都可以	记名	记名	记名	都可以
注明的接管方式		装船	收货/发运	收货/发运	收货/发运	收货/发运/装船
签发人		承运人或其代表	铁路当局	承运人或其代表	邮政当局	承运人或其代表
签发方式		签章及其他允许的方式	日戳	签字	日戳	签章及其他允许的方式

第四节 保险单据

出口货物运输保险是对外贸易中不可缺少的一环。运输过程中,货物常因自然灾害或意外事故而遭到损失。货主为了在蒙受损失后获得经济补偿,往往会在货物出运前及时向保险公司投保。保险公司接受投保后,签发投保凭证——保险单据,承担保险责任范围内的经济补偿责任。

货物运输保险属于财产保险,根据国际贸易货物的运输方式不同,国际贸易货物运输保险有海上运输保险、陆上运输保险、航空运输保险、邮政运输保险等。由于国际货物绝大部分是通过海上运输进行的,所以海上货物运输保险在各种保险中占主要地位。

一、保险单的含义

保险单(Insurance Policy)是保险人(Insurer/Assurer)在收取保险费后向被保险人(Insured/Assured)签发的对其承保的书面证明。它具体规定了保险人与被保险人的权利与义务。保险单的式样如表 4-5 所示。

二、保险单的作用

作为一种书面证明或文件,保险单主要有以下两方面作用。

(一) 保险单是保险合同证明

保险单是保险人与被保险人签订的保险契约。它是保险人在接受被保险人的“投保单”或“投保申请书”后签署的承诺文件,是合格的保险合同证明。虽然按保险业的惯例,只要保险人在投保单或投保申请书上签了字,保险合同关系就告成立,但根据法律规定,投保单并不具有合同证明文件的效力。因此,在办理保险时,保险人必须签发保险单。

表 4-5 保险单式样

中保财产保险有限公司
The People's Insurance (Property) Company of China, Ltd

发票号码 保险单号次
Invoice No. Policy No.

海洋货物运输保险单
MARINE CARGO TRANSPORTATION INSURANCE POLICY

被保险人:
Insured:

中保财产保险有限公司(以下简称本公司)根据被保险人的要求及其所缴付约定的保险费,按照本保险单承担险别和背面所载条款与下列特别条款承保下列货物运输保险,特签发本保险单。

This policy of Insurance witnesses that the People's Insurance (Property) Company of China, Ltd. (here in after called "The Company"), at the request of the Insured and in consideration of the agreed premium paid by the Insured, undertakes to insure the undermentioned goods in transportation subject to conditions of the Policy as per the Clauses printed overleaf and other special clauses attached hereon.

保险货物项目 Descriptions of Goods	包装 Packing	单位 Unit	数量 Quantity	保险金额 Amount Insured

承保险别 货物标记
Conditions Marks of Goods

总保险金额:
Total Amount Insured: ____________

保费 运输工具 开航日期
Premium Per conveyance S. S Slg. on or abt

起运港 目的港
From ____________ To ____________

所保货物如发生本保险单项下可能引起索赔的损失或损坏,应立即通知本公司下述代理人查勘。如有索赔,应向本公司提交保险单正本(本保险单共有 份正本)及有关文件。如一份正本已用于索赔,其余正本则自动失效。

In the event of loss or damage which may result in acclaim under this Policy, immediate notice must be given to the Company's Agent as mentioned here under. Claims, if any, one of the Original Policy which has been issued in original (s) together with the relevant documents shall be surrendered to the Company. If one of the Original Policy has been accomplished, the others to be void.

赔款偿付地点
Claim payable at

日期 在
Date ____________ at ____________

地址:
Address: ____________

(二) 保险单是赔偿的证明

保险单是一种补偿性合同或证明文件,在保险标的物出险时,被保险人有权根据保险合同即保险单要求赔偿,保险单是赔偿权的证明文件。如果被保险人的索赔符合保险单的规定,那么保险人应在保险单规定的范围内进行赔偿。可见,保险单是索赔和理赔的根据。

作为一种权利凭证,保险单可以背书转让。

三、保险单的当事人

根据在保险合同中的权利和义务不同,保险单的当事人可以分为保险人和被保险人两类。

(一) 保险人

保险人是保险合同中与被保险人签约的一方,他有取得保险费的权利,也有根据承保责任赔偿的义务。以保险人身份经营业务的机构有:

(1) 保险公司(Insurance Company)。它指以公司名义注册的经营保险业务的组织。这是保险人的最主要形式。

(2) 保险商(Under Writer)。它指个体的保险经营人,是英国特有的。英国保险法允许劳合社(Lloyd's Institute)的成员以个人名义经营保险业务。

(二) 被保险人

被保险人是指与保险人相对应的当事人,包括投保人(签约者)、被保险人(出险时受损者)、受益人(出险后索赔者)。在货运保险中,这三者的界线难以划分,办理出口保险时,投保人是出口商,在保险单证未提交前,被保险人与受益人都是出口商;银行在购进单据后而未得到偿付前成为被保险人与受益人;进口商付款赎单后,又成为被保险人与受益人。在办理进口保险时,投保人、被保险人、受益人都是进口商。银行所接受的保险单据,是出口商所提供的,因而表现为 CIF、CIP 条件成交下保险人与出口商订立的保险合同。

根据保险惯例,被保险人要取得赔款,必须具备以下两个条件。

1. 有保险利益

这是指被保险人对保险标的拥有某种合法的经济利益,如享有所有权、担保物权,或承担经济风险和责任,如果保险标的发生损失,会使被保险人造成损失,则该被保险人就有保险利益(Insurable Interest)。在索赔时,被保险人只有证明自己具有保险利益,才能取得赔款。在货物运输保险时,掌握提单即可证明拥有保险利益。

2. 善意持有保险单

承办保险时,保险人对被保险人的投保申请并不调查核实。因此,要求被保险人如实介绍货物及运输等有关情况,以利于保险人作准确判断;并且,被保险人还必须保证标的物尚未出险,至少在投保时不知道标的物已经出险。如果被保险人未达到"善意"标准,保险人有权在货物出险时拒绝赔偿。

(三) 保险代理

对于保险公司自己无法完成的业务，保险公司通常通过签订代理协议请海外机构代为办理，如检验、批改保单等，这类机构即为保险代理(Insurance Agent)。

(四) 保险经纪人

保险经纪人(Insurance Broker)指代理被保险人投保，赚取佣金的中间人。保险经纪人受理保险业务时，对被保险人签发暂保单(Cover Note)，然后再向保险公司投保，因而暂保单并非保险合同，只是一种代办约定。

四、海上运输货物保险的险别

保险险别是确定保险人和被保险人权利和义务的条款，也是保险人承担责任大小和收取保费多少的依据。主要分为基本险和附加险两大类。基本险是主险，附加险则是在投保基本险的基础上，可以任意选择附加投保。保险险别是根据造成损失的原因和损失的类型确定的。

(一) 损失

1. 损失的原因

1) 海上风险

海上风险(Perils of Sea)又称海难，它包括在海上发生的自然灾害和意外事故。

(1) 自然灾害(Natural Calamities)是指由非常的自然力量所造成的灾害，如恶劣气候、暴风雨、雷电、海啸、洪水、地震等。

(2) 意外事故(Fortuitous Accidents)是指非意料之中的原因或不可抗拒的原因造成的事故，如搁浅、触礁、碰撞、沉没等。

2) 外来风险

外来风险(Extraneous Risks)是指外来原因引起的损失。根据造成损失的严重程度不同，外来原因又可分为一般外来原因和特殊外来原因两种。

(1) 一般外来原因指造成的损失相对较轻的外来原因，如偷窃、钩损、雨淋、串味等。

(2) 特殊外来原因指造成的损失十分严重的外来原因，如战争、罢工等。这类损失往往属于保险人的除外责任的范围。

2. 损失的类型

海上货物运输保险中保险人承保的损失又称海损(Average)。海损一般是指海运保险，即在海洋运输中由于海上风险所造成的损失和灭失。根据保险业务习惯，海损也包括与海陆连接的陆运过程中所发生的损失或灭失。

1) 根据损失的程度不同，海损可分为全部损失和部分损失

(1) 全部损失(Total Loss)简称全损(T. L.)，指运输过程中的整批货物或不可分割的一部分货物全都发生损失。全损又包括以下三种。

① 实际全损(Actual Total Loss),指货物的全部灭失,或失去原有的性质和用途。其主要表现形式有：保险标的物完全灭失；丧失并无法挽回；丧失商业价值或失去原有用途；船舶失踪达到一定时期等。

② 推定全损(Constractive Total Loss),指保险标的物在遇险后,虽然没有直接造成全部损失,尚有部分残值,但要挽救这些残值,还需支付更多的费用,因此,宁愿放弃救助。这种损失叫推定全损。

构成"推定全损"的情况有：保险货物受损后,修理费用已超过货物修复后的价值；整理和续运到目的地的费用超过到达目的地的价值；保险标的物的实际全损已无法避免,或为了避免实际全损需要花费的施救费用将超过获救后的标的价值；保险标的遇险后,使被保险人失去标的物所有权,而收回这一所有权所花的费用将超过收回后的标的价值等。

③ 部分全损,指货物中可以分割的一部分全部损失或灭失。

(2) 部分损失(Partical Loss)是指除全损以外的其他损失。

2) 根据损失的性质不同,海损可以分为共同海损和单独海损

(1) 共同海损(General Average,G. A.)是指当载货船舶在海上遇到自然灾害和意外事故,威胁到船货等各方的共同安全时,为了解除这种威胁,维护船货安全,或者使航程得以继续安全,由船方有意识地、合理地采取措施而造成某些特殊损失或支出特殊额外费用的行为。

共同海损是采取救难措施所引起的。构成共同海损应具备以下条件：

① 共同海损的危险必须是实际存在的,或者是不可避免地产生的,不是主观想象的；

② 必须是主动的、有意识采取的救助行为,不是被动的损失；

③ 采取的救助措施必须谨慎、合理,船方不能滥用职权；

④ 必须属于非常性质的损失。

共同海损的牺牲和费用是为了使船舶、货物和运费方免于遭受更大损失而支出的,因而应由三方按最后获救价值共同按比例分摊,这种分摊叫共同海损的分摊(G. A. Contribution)。目前,国际运输中发生的共同海损都是按照约克-安特卫普规则(York-Antwerp Rules)来处理的。

(2) 单独海损(Particular Average)是指除共同海损以外的部分损失。它属于特定方面的损失,不涉及其他货主和船方。单独海损由特定利益方承担。

(二) 保险险别

保险险别可分为基本险和附加险两类。

1. 基本险

基本险又称主要险,是保险人对承保货物所负担的最基本的保险责任,是投保人必须投保,并且是可以单独投保的险别。就海运保险而言,基本险可分为平安险、水渍险和一切险。

(1) 平安险(Free from Particular Average,FPA)。由英文可看出,平安险最初承保范围只针对全损,即"单独海损不保"。但随着实践的发展,保险业竞争加剧,平安险的承

保范围已经超出了全损和共同海损的限制。目前平安险的一般责任范围包括：海上风险造成的全损；海上风险造成的共同海损；意外事故造成的单独海损。平安险是保险人承保责任最小的一种基本险。

(2) 水渍险(With Particular Average,WPA)。水渍险是在平安险的承保责任范围之外增加单独海损的赔偿责任的险别，即“包括单独海损”。保险人的承保范围大于平安险，除平安险包括的责任范围外，它还包括自然灾害所造成的单独海损。

(3) 一切险(All Risks,AR)。一切险的责任范围除了水渍险的各项责任外，还负责货物在运输途中由于一般外来原因所造成的全损或部分损失。一切险并非承保一切风险，它不包括特殊外来原因造成的损失。

由上面的叙述可以看出，三种基本险别是层层包含的关系：一切险包含了水渍险的承保范围；水渍险包含了平安险的承保范围。投保人办理货物运输保险时，只需任选一种基本险投保即可。

2. 附加险

附加险是在也只有在投保人投保基本险之后，又加保的险别。

(1) 一般附加险(Additional Risks)。一般附加险承保由一般外来因素造成的损失。它不能单独投保，必须先投保平安险或是水渍险，然后才可投保一般附加险以扩展保险的责任范围。若已投保一切险，则不必再投保一般附加险。

常见的一般附加险有下列 11 种，投保人可根据需要选择一种或多种投保：①偷窃、提货不着险(Theft, Pilferage, and Non-delivery, TPND)；②淡水雨淋险(Rain, Fresh Water Damage, RFWD)；③短量险(Risk of Shortage)；④混杂、沾污险(Risk of Intermixture & Contamination)；⑤碰损、破碎险(Risk of Clash & Breakage)；⑥渗漏险(Risk of Leakage)；⑦串味险(Risk of Odor)；⑧受潮、受热险(Sweating Heating Risk)；⑨钩损险(Hook Damage)；⑩包装破裂险(Breakage of Packing Risk)；⑪锈损险(Rust Risk)。

(2) 特殊附加险(Special Additional Risks)。特殊附加险指由特殊外来原因引起的特殊风险造成的损失的特殊险别。它也必须依附于基本险项下投保。任何一种基本险，都可附加投保特殊附加险。特殊附加险主要包括：①战争险(War Risk)；②罢工险(Strikes Risk)；③交货不到险(Failure to Delivery Risk)；④进口关税险(Import Duty Risk)；⑤舱面险(on Deck Risk)；⑥拒收险(Rejection Risk)；⑦黄曲霉素险(Aflatoxin Risk)等。

(三) 保险人的责任期限和除外条款

1. 保险期限

保险期限即保险有效期，是指保险人承担保险责任的起止期限。国际保险业惯用的是“仓至仓”(Warehouse to Warehouse, W/W)条款，即保险责任自被保险货物运离保险单所载明的起运地发货人的仓库时生效，直到出现以下情况之一：①货物到达保险单所载明的目的地收货人的仓库时止；②到被保险货物在最后卸港离海轮后满 60 天止；③货物在运到保险单所载明的目的地之前，或运到非目的地的任何其他仓库时，由被保险人用作分配和分派，或用作该运输过程之外的货物储存。

2. 保险人的除外责任

承保货物运输保险时，保险人的除外责任包括：

(1) 被保险人的故意行为或过失造成的损失。

(2) 属于发货人责任引起的损失。

(3) 在保险责任开始前，被保险货物已存在的品质不良或数量短差。

(4) 被保险货物的自然损耗，本质缺陷，或因市价跌落、运输延迟所引起的损失或费用。

(5) 战争、罢工险中规定的责任和除外责任等。

(四) 保险条款

这是指选用的保险规则。在货物运输保险包括海上货物运输方面，目前国际上还没有统一的规则。在实际业务中，流行较广且在国际上具有一定权威性并为众多国家承认的主要有《伦敦保险协会货物保险条款》(Institute Cargo Clauses，I. C. C.)和《约克-安特卫普规则》。此外，《中国人民保险公司海洋运输货物保险条款》(*Ocean Marine Cargo Clauses of The People's Insurance Company of China*)在我国对外海洋运输保险中采用较多。

1.《伦敦保险协会保险条款》

1)《伦敦保险协会保险条款》的产生

《伦敦保险协会保险条款》的前身是《伦敦保险协会货物保险条款》，它是英国伦敦保险协会于 1912 年制定的，有三个主要险别：平安险(F. P. A)、水渍险(W. P. A.)和一切险(A. R.)。此外，还针对特定的商品和特定的航程等规定了战争险条款等附加险条款。该条款由于新条款的制订而于 1983 年宣告失效。

新条款名为《伦敦保险协会保险条款》，于 1982 年 1 月 1 日在伦敦保险市场开始运用。该条款在国际保险市场和世界货运业务中有很大影响。据统计，目前世界上 2/3 的国家在海上保险业务中直接采用这一条款。

2)《伦敦保险协会保险条款》的主要内容

与旧条款相比，新条款有了很大变化。新条款的险别有六种：协会货物条款(A)、(B)、(C)，协会战争险条款(货物)，协会罢工险条款(货物)，恶意损害险条款。其中前三项条款最为重要。

(1) 协会货物条款(A)。即 ICC(A)，相当于旧条款中的一切险。ICC(A)采用的是“一切风险减除外责任的办法”。ICC(A)的除外责任规定为：一般除外责任；船舶不适航和不适货除外责任；战争除外责任和罢工除外责任。

其中，一般除外责任包括：

① 被保险人故意行为所造成的损失和费用；

② 保险标的物的自然渗漏，重量或容量的自然损耗或自然磨损；

③ 包装不足或不当造成的损失和费用；

④ 由于保险标的物内在缺陷或特性造成的损失和费用；

⑤ 由迟延引起的损失和费用；

⑥ 由于船舶所有人、经理、租船人或经营人破产或不履行债务造成的损失和费用；

⑦ 由于使用任何原子或核武器所造成的损失和费用。

(2) 协会货物条款(B)。即 ICC(B)，相当于旧条款中的水渍险。ICC(B)采用的是列明风险名称的办法。ICC(B)承保的风险是：

① 火灾或爆炸；

② 船舶或驳船触礁、沉没或倾覆；

③ 陆上运输工具的翻车或出轨；

④ 船舶、驳船或其他运输工具同除去水以外的任何物体碰撞；

⑤ 在避难港卸货引起的损失或特别费用；

⑥ 共同海损的牺牲；

⑦ 抛货；

⑧ 地震、火山爆发或雷电；

⑨ 浪击落海；

⑩ 海水、湖水或河水进入船舶、驳船、运输工具、集装箱、大型海运箱或储存处所；

⑪ 货物在装卸时落海或摔落造成的整体全损。

(3) 协会货物条款(C)。即 ICC(C)，相当于旧条款中的平安险。它只承保“重大意外事故”，而不承保“自然灾害及非重大意外事故”，其具体内容是 ICC(B)条款中的 A～G 项内容。

2.《约克-安特卫普规则》

1)《约克-安特卫普规则》的产生

《约克-安特卫普规则》是国际间清算共同海损所依据的一项规则。1860 年由英、美、法、荷、比等国的代表在英国格拉斯哥港制定。其后又于 1864 年和 1877 年分别在英国的约克城和比利时的安特卫普港召开会议进行修改，此规则便以这两个城市的名称命名。该规则于 1890 年通过，此后，又经过多次修改。现行的《约克-安特卫普规则》是 2004 年通过的修正案。

规则制定的目的是为了使各国制定的关于共同海损的法律趋于一致。

2)《约克-安特卫普规则》的主要内容

《约克-安特卫普规则》(以下简称《规则》)共 30 条，可分三组，分别对《规则》的适用范围，共同海损的定义、范围、补偿和分摊，共同海损的理算手续和计算方法等作了规定。

(1)《规则》适用范围。《规则》明确规定：当采用本《规则》时，共同海损应按本《规则》理算，凡与本《规则》相抵触的一切法律和惯例都不适用。

(2) 共同海损的定义。《规则》规定：只有在为了共同安全、使同一航程中的财产脱离危险，有意而合理地作出特殊牺牲或引起特殊费用时，才能构成共同海损行为。

(3) 共同海损的范围。共同海损的范围包括由共同海损的牺牲造成和由共同海损的费用造成两部分。

由共同海损的牺牲造成的损失包括：

① 采取抛弃措施所造成的损失；

② 救火所造成的损失；

③ 自动搁浅所造成的损失；

④ 船舶在避难港卸载、重装，倒移货物、燃料或物料所产生的损失。

由共同海损的费用造成的损失指为了使船、货获得安全的共同利益而支出的非正常的特殊费用，包括：

① 救助费用；

② 搁浅船舶因轻载所引起的费用；

③ 在避难港等地的费用；

④ 修理费用。

(4) 共同海损的分摊。《规则》规定：共同海损的分摊在以航程终止时财产的实际净值为基础，货物以卸货时的价值为基础。即共同海损要按获救船舶、运费和货物的价值，由船、货、运费三方按各自比例分摊。

3.《中国人民保险公司海洋运输货物保险条款》

该条款是中国人民保险公司制定的《中国保险条款》(China Insurance Clauses，C. I. C.)中的货物运输条款，全称为《中国人民保险公司海洋运输货物保险条款》，简称《海洋运输保险条款》，目前使用的是1981年的修订条款。

《海洋运输保险条款》(以下简称《条款》)规定了保险人的责任范围，除外责任以及保险责任的起讫期限；基本险和附加险；被保险人的义务和索赔期限等。

(1) 责任范围和除外责任。保险公司对货物在运输途中由于自然灾害、意外事故等外来原因造成的损失负赔偿责任。

除外责任包括：

① 由于被保险人的故意行为，或发货人的过失所引起的损失；

② 在保险责任开始以前，被保险货物已存在的品质不良或数量短差所造成的损失；

③ 商品在运输途中的自然损耗、本质缺陷以及运输延迟所引起的损失。

(2) 被保险人的义务。《条款》规定，被保险人的义务包括：

① 应及时提货，当发现被保险货物遭受损失时，应及时申请检验并取得有关证明；

② 对遭受危险的货物应采取合理的抢救措施，防止或减少货物的损失；

③ 如遇航程变更或发现保险单所载明的货物、船名或航程有遗漏或错误时，应及时通知保险人；

④ 向保险人提出索赔时，应提供必要的单证。

(3) 保险险别及责任期间。保险险别分为：基本险即平安险、水渍险和一切险，附加险，即一般附加险和特殊附加险。责任期间采用“仓至仓”条款。

(4) 索赔期限。从被保险货物在最后卸载港全部卸离海轮后算起，不得超过两年。

我国进出口公司或国外客户向中国人民保险公司办理海运货物保险业务时，原则上都采用《中国人民保险公司海洋运输货物保险条款》，如果国外客户要求采用伦敦保险协会的保险条款时，我们也可以接受。

五、保险单的基本内容

保险单记载和印定的内容包括正面和背面两部分。正面是有关保险人、被保险货物保险险别等有关情况的记载,背面是印定条款。银行主要审核正面记载内容。主要包括:

(1) 保险人名称。即承保的保险公司名称,应符合信用证要求。

(2) 单据名称。提供哪种单据要依据信用证的规定,前文已述。

(3) 编号。

(4) 被保险人名称或代其投保者名称。

如果是信用证业务,与信用证受益人一致。如信用证规定保单抬头为银行,则须在投保人名称后加上"Held to the order of...(银行)"字样;若信用证规定保单抬头为第三者名称,则可填被保险利益人(to whom it may concern);若信用证规定空白抬头空白背书,被保险人名称可为×××CORP.(投保人)"for the account of whom it may concern";若信用证规定以××公司为抬头,被保险人名称即为此公司。

(5) 唛头。按发票或提单上所标唛头填写,有种简化的办法,只打上"as per Invoice No. ××"。

(6) 包装及数量。参照发票填写,信用证上规定打明重量的,必须标出重量。

(7) 保险货物项目。可以使用统称。

(8) 保险金额。如果信用证规定了最低保险金额,应按其规定投保;如果信用证没有规定,则根据 UCP 600 第 28 条的相关规定,其最低投保金额应是货物的 CIF 价或 CIP 价格的 110%。如果从单据中不能确定 CIF 或 CIP 价格,保险金额就按信用证要求承付或议付金额的 110%,或发票毛值(如尚未扣除折扣或佣金时的总金额)的 110%,两者之中取金额较大者作为最低投保金额。保险金额的大写与小写应该一致。

(9) 投保费及费率。一般只须注明 As Arranged(按照约定)即可。

(10) 运输工具。根据具体情况填写。直达海运写明船名及航次,出单时若船名未定,可填 To be declared(待告);如投保时已明确需要在中途转船,第一程船名后加填第二程船名,若第二程船名未加,则以 AND/OR STEAMERS 表示。其他运输工具照实填写,火车运输填 By train,航空运输填 By Airplane,邮包运输填 By Parcel Post,陆海联运填 By Train and/or Steamers,海陆联运第一程船名后加填 And/or other Conveyance:,陆空陆联运可填 By Train/Air/Truck。

(11) 开航日期。海运填 As Per B/L;陆运填 As Per Cargo Receipt;空运填 As Per Airway Bill;邮运填 As Per Post Receipt。

(12) 运输起讫地。采用海洋运输而到内陆目的地的,必须表明卸货港。陆空邮运,可直接标明起运地和目的地。

(13) 承保险别。险别内容必须与信用证有关条款保持一致,填写秩序:先主险,其次附加险、特别附加险、战争险、罢工险。

(14) 检验理赔代理人。填写保单所载明最后目的地的保险公司代理人名称;若无,可由当地合格的代理人检验。

(15) 赔款地点。赔款地点(Chain Payable at ____)一般为保险单所载明的目的港/地。

(16) 签发日期。一般应早于运输单据日期。

(17) 签章。保险单必须被保险公司或承保人或他们的代理人签字或以其他方式证实。

六、保险单据分类

保险单据的出单人必须是保险公司或保险商或其代理人。

(一) 保险单

保险单(Insurance Policy)也称正式保单,俗称大保单,是保险人(Insurer),即承保人发给被保险人(Insured)的保险契约。该契约是保险人承保指定航程内对某一批货物的风险,若该批货物遭到灭失,保险人即保险公司将按规定予以赔偿。

正式保单中一般须列明:①当事人的名称和地址;②保险标的的名称、数量或重量、唛头;③运输工具;④保险险别;⑤保险责任起讫时间和地点;⑥保险人签章;⑦赔款偿付地点以及经保险人与被保险人双方约定的其他事项等。这是贸易实务中使用最多的一种保险单据,也是保险单的发展趋势。

(二) 预约保险单

预约保险单(Open Policy of Open Cover)又称预保合同,是一种长期的、总括性的货物运输保险合同。合同中规定承保货物的范围、险别、责任、费率、赔款处理等项目。凡属于合同约定的运输货物,在合同有效期内自动承保。其优点是减少了逐笔签订的保险合同的手续,并可以防止因漏保或迟保而造成的无法弥补的损失。保险公司一般对使用预约保险单的投保人提供更优惠的保险费用,因而也吸引了不少投保人。

在货物运输保险中,一些有大量运输业务的单位若逐笔业务进行保险,不仅烦琐,而且容易发生漏保等差错。为了简化投保手续,可以与保险公司签订预约保险合同。预约保险合同一般要求投保单位所有的运输业务都要投保,遇特殊情况,即使未及时办理投保手续,只要货物装上保险单载明的运输工具,或被承运人收受签发运单,保险公司就自动承担了被保险人的货物风险责任。但这并不意味着可以不办投保手续,仍需向保险公司逐笔办理投保,只不过投保时限要求没有那么严格。同时,保险公司也会经常查核投保单位的账目,一旦发现漏保或未投保的货物,不论是否发生保险事故,即使货物已安全运抵,都会要求补办投保手续并收取相应的保险费。

(三) 保险凭证

货物出运前,投保人填制“起运通知”,列明这次出运的货物、价值、包装数量、起运港/地、运输工具名称、起运日期等细节通知保险人,保险人在预约保险单项下据以签发一份保险证明。

保险凭证(Insurance Certificate)俗称小保单,是保险人出具的一种简化的保险契约,原则上它与大保单具有同等效力。但按习俗,凡信用证上规定要求提供保险单者,则不能以保险凭证代替;但信用证要求提供保险凭证时,却可以用保险单取代。有的保险证明需要投保人的会签方才有效,这时投保人应该签字。

(四) 保险声明

投保人在确定货物详情、装运日期、运输工具等细节后，就把这些资料填写在印有保险人预先签字表明双方确曾订有预约保险单并注明其号码的声明格式上面，这就是投保人向保险人的单项陈报。由于它是预约保险项下依据预约保险单而陈报的货物保险，因此这项声明与保险证明同样都是具有保险效力的。

(五) 联合凭证

联合凭证(Combined Certificate)是一种更为简化的保险凭证，保险公司只在出口公司的商业发票上加注保险编号、险别、金额，并加盖保险公司印章。联合凭证仅适用于我国大陆对港、澳地区的部分交易。

(六) 暂保单

保险经纪人在接受投保人的委托之后，向投保人签发暂保单(Cover Note)，此暂保单只是代投保人办理保险的约定，并不证明保险公司已经与投保人签订了保险合同，不起保险单的作用，不能凭以向保险公司索赔。保险人对经纪人签发给投保人的暂保单不负法律责任。暂保单是基于不明确货物的运载工具以及起运日等情况，先办理投保而经保险公司同意后签发的，一旦确定相关信息，须将暂保单交给保险公司换取正式保单，因此银行不接受保险经纪人出具的暂保单。

信用证业务中，保险单、保险证明/声明、暂保单的接受程度见表 4-6。

表 4-6 保险单、保险证明/声明、暂保单的接受程度

信用证要求的保险单据	其他可以接受的保险单据	不可接受的保险单据
保险单(大保单)		其他保险单据都不能接受
保险证明(小保单)	保险单	暂保单
保险声明	保险单	暂保单

七、其他货物运输保险

其他货物运输保险指海上货物运输保险以外的其他运输保险，包括以下内容。

(一) 陆上货物运输保险

陆上货物运输保险承保陆运途中因自然灾害或意外事故造成货物的损失，基本险别为陆运险和陆运一切险。

(二) 航空货物运输保险

航空货物运输保险指承保航空运输途中因自然灾害和意外事故造成货物的损失，基本险别为航空运输险和航空运输一切险。

(三) 邮运包裹保险

邮运包裹保险指承保邮递途中因自然灾害或意外事故造成的货物损失，基本险别为邮包险和邮包一切险。

在各种保险中，陆运险、航空运输险和邮包险的承保范围与海运水渍险承保范围大体相同。保险公司对各种运输方式下的货物保险都订有相应的专门条款，由于海运的主要地位，使得海上运输货物保险成为实务中最经常处理的险别。

第五节 附属单据

附属单据包括的种类很多，如商检证明、产地证明书、重量单、尺码证明、包装单、船运公司证明等。在各种不同的交易中，进口商要求出口商提供的附属单据可能各不相同，其内容也不像提单、保险单那样有专门的法律规定或约定可依。海关发票及领事发票等内容已在本章第二节中有所介绍，这里不再赘述，以下对另外几种常见的单据进行介绍。

一、商品检验证明

(一) 商品检验证明的含义及作用

商品检验证明(Inspection Certificate)是由政府商检机构或公证机构或制造厂商等对商品进行检验后出具的关于商品品质、规格、重量、数量、包装、检疫等各方面或某方面鉴定的书面证明文件。

在国际贸易中，进出口双方地处两国不同的地区，货物不能当面清点验收。同时，货物在长途运输途中也可能由于诸种原因发生残损短缺。为了便于货物的交接，也为了便于确定事故的起因和责任归属，商品在发运前有必要通过相关机构检验并出具有关证明。

商品检验证明的具体作用如下：

(1) 议付货款的依据。如果检验证明中所列的项目或检验结果与信用证规定不符或与出口商提交的其他单据不符，有关银行可以拒绝议付货款。

(2) 衡量交货是否与合同相符的依据。

(3) 处理争议的依据。当交货品质、数量、包装以及卫生条件等不符合合同规定时，检验证明是买卖双方作为处理争议的具有法律效力的有效依据。

(4) 作为海关通关验收、征收关税的必要证明。出具检验证书的机构，应该是买卖双方以外的第三方。许多国家设有专门性的商品检验机构，这些机构有些是国家设立的官方机构，如我国的商品检验局，有的则是私人性质或同业公会的检验机构。

(二) 商品检验证明的主要内容

商品检验证明的主要内容包括：

(1) 发货人名称。填写时要符合信用证的规定。

(2) 收货人名称。一般是进口商，应注意与信用证及其他单据中的收货人名称保持一致。

(3) 货名、重量、唛头。应与商业发票、提单上相应内容完全一致。

(4) 出具商检证明的日期。应不迟于提单日期，最好在提单之前一两天或与提单日同一天。

(5) 提供检验证书者签字。一般而言，此处的盖章与签字一样有效，但有些国家要求一定要手签，盖章无效。

(6) 证明内容。这是检验证书的核心内容，即商检机构或公证处等进行检验或鉴定的结果。

(三) 商品检验证明的种类

商检机构出具的商检证明种类很多，有证明商品品质、规格和等级的，谓之品质检验证明；有证明重量和数量的；还有检疫证、消毒证、包装产地证等。根据检验内容的不同，常见的商品检验证明主要有以下几种。

(1) 品质检验证书(Inspection Certificate of Quality)：用以证明进口商品品质、规格、等级等实际情况的书面文件。

(2) 重量或数量检验证书(Inspection Certificate of Weight or Quantity)：用以证明进出口商品的重量或数量的证书。

(3) 包装检验证书(Inspection Certificate of Packing)：用以证明进出口商品包装情况的证书。

(4) 卫生或健康检验证书(Sanitary/Healthy Inspection Certificate)：用以证明可供人类食用的出口动物产品、食品等经过卫生检疫或检验合格的证书。

(5) 兽医检验证书(Veterinary Inspection Certificate)：用以证明出口动物产品经过检疫合格的证书。

(6) 消毒检验证书(Disinfection Inspection Certificate)：证明出口动物产品经过消毒处理，保证安全卫生的证书。

(7) 温度检验证书(Inspection Certificate of Temperature)：用以证明出口冷冻商品温度的证书。

(8) 熏蒸检验证书(Inspection Certificate of Fumigation)：用以证明出口粮谷、油籽、豆类、皮张等商品以及包装用的木材与植物性填充物等已经过熏蒸灭虫的证书。

二、产地证明书

产地证明书(Certificate of Origin)也称产地证或原产地证书，是证明有关出口货物原产地或制造地的证明文件，是进口国通关验收和征收、减免关税的必要证件。

原产地证明书按照其不同的用途可以分为普惠制产地证明书、一般原产地证明书、区域经济集团互惠产地证明书和专用原产地证明书四类。

普遍优惠制原产地证明书(Generalized System of Prefer Fences，GSP)，简称普惠制证明书、GSP证明书或者FORM A证明书，用于证明某产品可以享受普惠制给惠国的普惠关税待遇。它是发达国家对发展中国家向其出口的货物，尤其是制成品与半制成品，普遍给予的一种关税优惠待遇的制度,简称普惠制。

一般原产地证明书或简称 C/O 证明书,又称为非优惠原产地证明书,主要用于证明某产品可以享受 WTO 最惠国关税待遇。

区域经济集团互惠产地证明书用于证明某产品可以享受区域贸易优惠关税待遇。例如,中国-东盟自由贸易区的原产地证明书就属于区域经济集团互惠原产地证明书。专用于证明中国-东盟自由贸易区产品享受自由贸易区优惠关税待遇。

专用原产地证明书用于某些国际组织或国家对烟草、纺织品等特定产品的规定。

产地证明书的主要作用有:①通过证明货物的原产地来享受进口国的优惠税率。因为进口国海关往往会针对来自不同国家或地区的商品采用不同税率的差别待遇政策;②通过证明货物的原产地来符合进口配额的要求;③保障进口商品合乎卫生条件;④确定商品的品质。

三、包装单据

包装单据(Packing Document)是反映货物包装情况(或无包装)的单据,是就包装事项对商业发票的补充说明,最常用的有装箱单和重量单两种。

(一) 装箱单

装箱单(Packing List)是说明货物每一件包装明细情况的单据,它的作用是说明出口商品的花色、规格和包装情况。装箱单可以合并在发票上,也可以单独制作,但信用证上作为独立凭证分别要求者不应合并。若每件货物的花色、品种不同,则须在装箱单上逐件载明。如果整批货物的花色相同而重量不同,则可用重量单来代替装箱单。装箱单的内容一般包括合同号、发票号、唛头、货名、体积、进口商或收货人名称、地址、船名、目的港等。装箱单由出口商制作,其内容应与货物实际包装相符,并与发票、提单所列一致。

(二) 重量单

重量单(Weight List)证明装货重量与合同规定相符。凡是按照装货重量成交的货物,出口商在装运货物时,均须向进口商提供重量证明书。货到目的港,如果短缺,出口商不负责任。凡是按到岸重量成交的货物,到岸时如有短缺,进口商必须提出重量证明书,才能向出口商、轮船公司或保险公司索赔。船舶公司计算运费时,须由出口商提供重量证明书。这项证明书一般由商检机构出具,或由公证行、重量鉴定人出具。

四、船公司证明

为了满足政府要求或了解运输等情况,进口商往往要求出口商提供船公司出具的证明。常见的船公司证明(Shipping Company's Certificate)有以下几种。

(1) 黑名单证明。黑名单证明(Blacklist Certificate)是一个国家与其他国家政治关系恶化、紧张,或某国处于战争状态时,要求对一些事项进行证明,如货物产地不属于某特定国家;有关各方(制造商、银行、保险公司、船公司等)不属于黑名单之列,如船公司黑名单;装货船只或飞机不停靠此类国家港口、悬挂此类国家的国旗。但是,许多国家的有关机构,特别是商会抵制提供此项证明书。

(2) 船籍证。用以说明载货船舶国籍。

(3) 航程证。说明航程中停靠的港口。

(4) 船龄证。以说明船龄。一般船龄在 15 年以上的船为超龄船,许多保险公司对 15 年以上船舶不予承保;25 年以上则是报废船,沉船诈骗案中涉及的均为 25 年以上船舶。

(5) 船级证。说明载货船舶符合一定的船级标准。劳氏(Lloyd's Register)船级中,IOOAl 是标准船级。

(6) 收单证明。为了使进口商及时凭单提货,有时出口商将单据委托船长转交,此时船长就签发收单证明。

五、受益人证明

这是在信用证交易时,出口商自己出具的说明已经履行了合同义务的证明。常见的有关于商品品质、包装、已发装船通知、已寄样品或副本单据等证明。

本章小结

(1) 国际贸易结算是跟单结算,单据对进出口商和银行都具有重要意义。在结算实务中,单据是不可或缺的,因此正确理解单据的含义和内容是重中之首。

(2) 国际结算中的单据根据作用可分为基本单据和附属单据。基本单据包括商业发票、海运提单和保险单等。

(3) 商业发票是货运单据的中心和装运货物的总说明,是进出口商收付款、记账、报关纳税的依据。

(4) 发票就广义而言,除包括商业发票外,还包括海关发票、领事发票、形式发票、样品发票、厂商发票、证实发票等。

(5) 由于存在多种国际贸易运输方式,相应货物运输单据也分为:至少包括两种运输方式的运输单据(多式运输单据或联合运输单据),海运提单,不可流通转让的海运单,租船合约提单,航空运单,公路、铁路或内河运输单据,快递收据、邮政收据和投递证明等。

(6) 海运单据是最重要的运输单据,不仅因为它使用最普遍,而且因为它具有物权凭证性质。在众多海运提单中,银行只接受已装船的清洁提单;信用证不禁止时,可接受分装与转运提单、租船提单。

(7) 海运保险保障范围是保险单的核心内容。保障的危险有海上风险和外来风险两类。保障的损失分为全损和部分损失。

(8) 保险险别分基本险与附加险。基本险包括平安险、水渍险、一切险;附加险分为一般附加险、特殊附加险。

(9) 保险单通常指内容完整、规范的大保单。但内容简单的小保单——保险凭证也是合格保单。另外,还有联合凭证、预约保单等特殊保单。

(10) 其他附属单据主要有商品检验证明、原产地证明书、重量单、尺码证明、包装单等。

(11) 产地证对发展中国家向发达国家出口有利。普遍优惠制具有普遍的、非歧视性的、非互惠的三个基本原则。

复习思考题

一、名词解释

商业发票　运输单据　B/L　多式运输单据　不可流通转让的海运单　清洁提单　不清洁提单　待运提单　已装船提单　保险单　保险凭证　预约保单　暂保单　基本险　附加险　平安险　水渍险　一切险

二、简答题

1. 商业发票有哪些作用?
2. 海运提单有什么作用?
3. 什么是清洁提单？它与不清洁提单有何区别?
4. 保险单据有什么作用?

第三篇

国际贸易结算方式

第五章

国际贸易结算方式——汇款和跟单托收

【本章导读】 国际结算方式是国际结算的主体内容，本章及以下各章将介绍国际结算的几种基本结算方式和附属结算方式，即汇款、跟单托收、跟单信用证、银行保函、国际保理和包买票据等。前两种以商业信用为基础，而后几种是以银行信用为基础的结算方式。本章先介绍汇款和托收两种方式。通过本章的学习，可以了解和掌握结算方式的分类和区别；汇款和托收的含义、种类、业务流程、特点等内容。

第一节　国际结算方式概述

一、国际结算方式应具备的条件

任何一种结算方式，它之所以能在国际间被广泛采用，经受时间的考验而经久不衰，绝非偶然。比如，跟单信用证用于国际贸易结算已有近百年历史。这百年来，尽管信用证的内容有所发展完善，具体做法也有变化，但至今仍未突破信用证这一框架，它广泛应用于全球，成为最主要的结算方式之一，这是有其内在原因的。

作为一种完善的结算方式，它必须具备以下三个条件：

(1) 须能保证比较安全、比较快捷地结清对外贸易中的债权债务。

(2) 须能保证买卖双方的利益都能获得充分照顾。在支付贸易货款方面，买卖双方的利益是相互矛盾的。概括地说，前者希望收到货物后再付款；后者则希望在发货前先收到货款。凡是双方都愿意采用的结算方式必须是那种不偏袒买卖双方中任一方、全面照顾双方利益的结算方式。

(3) 须能便于资金融通。也就是说，应能使买卖双方(也包括中间商)容易从国际和国内金融市场和商业银行筹措其所需资金。

对外贸易结算方式发展的历史说明，一种结算方式之所以被另一种结算方式所取代，究其原因，就是因为前者不具备上述全部要素或缺乏其中某些要素。

二、国际结算方式的分类

(1) 按照资金的流向和结算工具的传送方向是否一致来划分，国际结算方式可以分为顺汇和逆汇两大类。

所谓"顺汇"(Remittance)，系指结算工具的流向与货款的流向是同一个方向，是作为债务方的买方主动将进口货款通过汇款方式汇付给作为债权人的卖方的一种方法。"逆汇”(Reverse Remittance)则相反,是结算工具的流向与货款的流向呈相反方向。前者称“汇付法”; 后者称“出票法”。

顺汇是由债务人主动将款项交给本国银行,委托该银行通过某种结算工具的使用将汇款汇付给国外债权人或收款人,因其结算工具的流向与资金流向相同,故称为顺汇,如图 5-1 所示。国际结算中的汇款方式属于顺汇。

从图 5-1 可以看出:

第一,结算工具(如带有密码的加押电报)的走向与货款的流向是同一个方向;

第二,这种支付方法是债务方主动将进口货款汇付给债权方收款人的,此法即“顺汇”。其基本特征是: 结算工具的走向与资金的流向呈同方向。

逆汇是债权人通过出具票据委托本国银行向国外债务人收取汇票金额的结算方式,因结算工具的流向和资金的流向相反,故称为逆汇,如图 5-2 所示。国际结算中的托收和信用证属于逆汇。

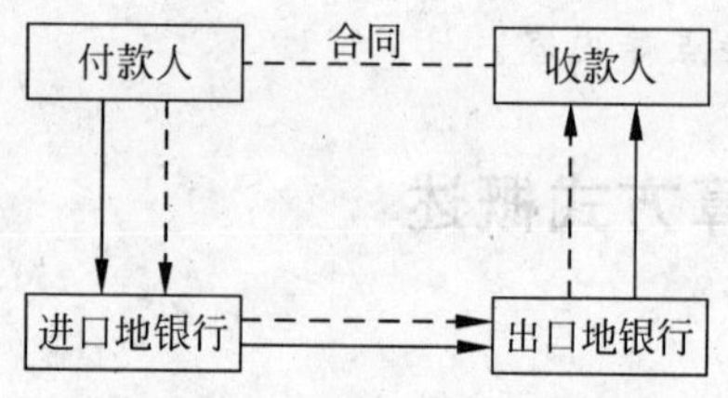

图 5-1 顺汇结算

注: 虚线箭头表示结算工具传递的方向; 实线箭头表示资金的流向。

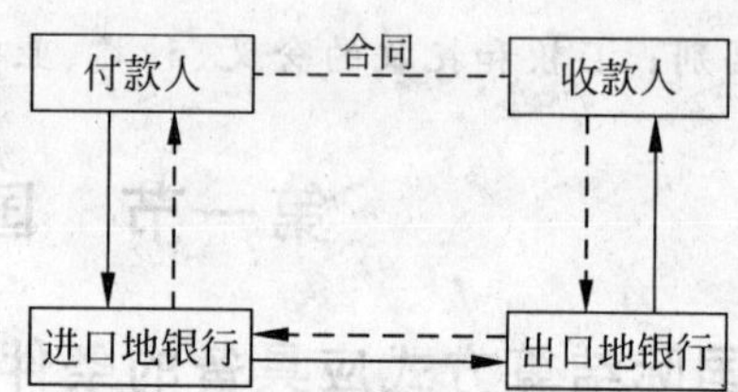

图 5-2 逆汇结算

注: 虚线箭头表示结算工具传递的方向; 实线箭头表示资金的流向。

从图 5-2 中可以看出:

第一,结算工具(如汇票)的走向与货款的流向呈相反方向;

第二,这种支付方法是债权方即收款人主动向债务方索取货款,前者发出付款命令; 后者付款。

(2) 按结算工具及其使用方法划分,可分为汇款(Remittance)、托收(Collection)、信用证(Letter of Credit)、保函(Letter of Guarantee)、保理(Factoring)。

(3) 按信用工具的性质,分为商业信用和银行信用,前者包括汇款和托收; 后者主要包括信用证、旅行支票、信用卡等。

第二节 汇款方式

一、汇款方式及其当事人

(一) 汇款方式的概念

汇款(Remittance)或称汇付,是债务人或付款人主动通过银行将款项汇交收款人的结算方式。在国际贸易中,当买卖双方采用汇款方式结算债权债务时,说明双方或由卖方先将货物发运至买方,再由买方付款; 或由买方向卖方预先支付款项,然后卖方发货。因而汇款方式是建立在买卖双方相互提供信用基础上的支付方式，属于商业信用的范畴。

(二) 汇款方式的当事人

在汇款方式中，一般有 4 个当事人：汇款人、收款人、汇出行和汇入行。

1. 汇款人

汇款人(Remitter)是委托银行向国外债权人付款的当事人。在国际贸易中汇款人通常是进口商或债务人。其责任是填具汇款申请书，向银行提供将要汇出的金额并承担有关费用。

2. 收款人

收款人(Payee or Beneficiary)是指接受汇款人所汇款项的当事人。在国际贸易中汇款方式下的收款人通常为出口商或债权人。其权利是凭证取款。

3. 汇出行

汇出行(Remitting Bank)是指接受汇款人委托，办理款项汇出业务的银行。汇出行通常是汇款人所在地银行，其职责是按汇款人的要求将款项汇给收款人。

4. 汇入行

汇入行(Paying Bank)也称解付行，是指接受汇出行委托，向收款人解付汇入款项业务的银行。汇入行通常是收款人所在地银行，它必须是汇出行的联行或代理行。其职责是证实汇出行委托付款指示的真实性，通知收款人取款并付款。

(三) 汇款的基本流程

从图 5-3 可以看出，采用汇款支付方式时，银行与货物的交付无关。因此，对于参与结算的银行来说，与普通非贸易汇款业务完全一样。

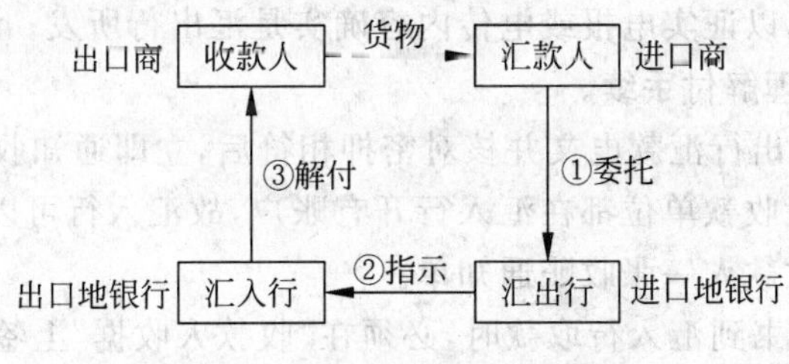

图 5-3　汇款业务基本流程

(四) 汇款业务当事人之间相互关系

(1) 汇款人与收款人之间的关系。在非贸易汇款中，由于资金单方面转移的特性，使汇收双方表现为资金提供与接受的关系；在贸易汇款中，由于商品买卖的原因，使汇收双方表现为债权债务关系。

(2) 汇款人与汇出行之间是委托与被委托关系。

(3) 汇出行与汇入行之间是委托与被委托的关系。

(4) 收款人与汇入行之间一般有账户关系。

二、汇款方式的种类及其程序

汇款通常有电汇、信汇和票汇3种方式。

(一) 电汇

1. 电汇的定义

电汇(Telegraphic Transfer,T/T)是汇出行应汇款人的申请,通过拍发加押电报或电传指示汇入行解付一定金额给收款人的汇款方式。

2. 电汇的业务程序

电汇的业务程序如图5-4所示。

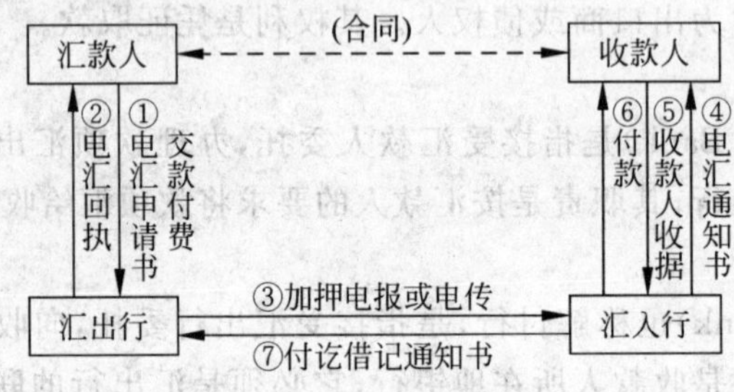

图5-4 电汇业务程序

① 汇款人填写电汇申请书,交款付费给汇出行。

② 汇出行给汇款人以电汇回执。

③ 汇出行根据汇款人申请书内容,将汇款金额、收款人或汇款人姓名、地址、汇款人附言等内容以电汇或电报通知汇入行委托解付。汇出行在发电报或电传时,要加列与汇入行约定使用的密押,以证实电报或电传内容确实是汇出行所发;汇入行收到电文,要核实密押无误后才能办理解付手续。

④ 汇入行收到汇出行汇款电文并核对密押相符后,立即通知收款人取款。目前国际贸易结算的汇款,一般收款单位都在汇入行开有账户,故汇入行可以仅凭电文将款项收入汇款人账户,然后给收款人一张收账通知单。

⑤ 收款人持通知书到汇入行取款时,必须在"收款人收据"上签名或盖章。

⑥ 汇入行向收款人解付汇款。

⑦ 汇入行将付讫借记通知书邮寄给汇出行,以使双方的债权债务得以结算。

3. 电汇的特点

电汇具有如下特点:

(1) 交款迅速。电汇是收款最快的一种汇款方式,银行一般均当天处理,交款迅速,但汇出行无法占用邮递过程的汇款资金。

(2) 安全可靠。由于电传是银行与银行之间的直接通信,并有密押核实,因而产生差错的可能性很小。在目前汇款业务中,电汇所占比例有扩大的趋势。

(3) 费用较高。汇款人必须承担电报费用,汇款费用较高。所以,只有在金额较大或紧急的情况下才使用电汇。

(二) 信汇

1. 信汇的定义

信汇(Mail Transfer,M/T)是汇出行应汇款人的申请,用信函的方式指示汇入行解付一定金额给收款人的一种汇款方式。

2. 信汇的业务程序

信汇的业务程序与电汇基本相同,但汇款人必须填写信汇申请书。信汇与电汇的唯一差别是,汇出行通过航空信函邮寄信汇委托书(M/T Advice)或支付委托书(Payment Order)给汇入行,而不是采用电报,参见图 5-5。

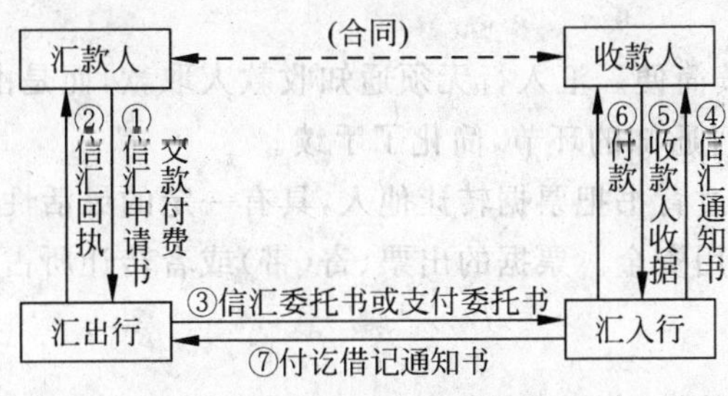

图 5-5　信汇业务程序

3. 信汇的特点

信汇具有如下特点:

(1) 资金的转移速度较慢。信汇通过航邮至汇入行,汇款在途时间较长,收款时间较慢。

(2) 银行可短期占用资金。由于信汇有一邮递在途时间,因此汇出行可占用一个邮递时间内的信汇资金。

(3) 信汇费用相对低廉。信汇的成本低于电报、电传,并且银行收取较少的手续费用,所以,在以往的汇款中,信汇所占比例比较大。

(三) 票汇

1. 票汇的定义

票汇(Remittance by Banker's Demand Draft,D/D)是汇出行应汇款人的申请,代汇款人开立以其分行或代理行为解付行的银行即期汇票(Banker's Demand Draft),并将票据交给汇款人,由汇款人自行寄送或自己携带出国交给收款人,收款人持票取款的一种汇款方式。票汇以银行即期汇票作为结算工具,其传送方向与资金流向相同,所以票汇也属于顺汇法。

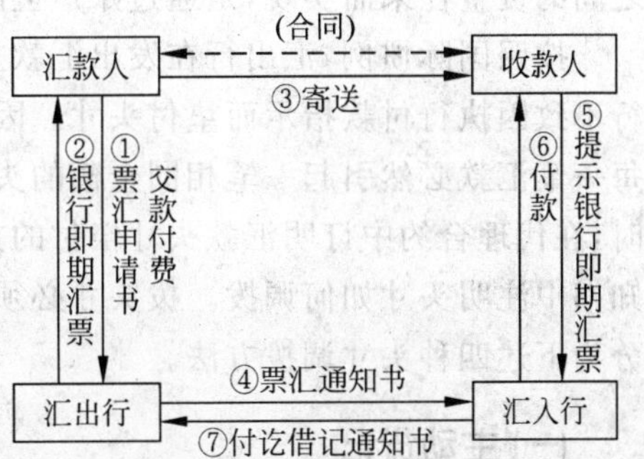

图 5-6　票汇业务程序

2. 票汇的业务程序

票汇的业务程序参见图 5-6。

① 汇款人填写票汇申请书，并交款付费给汇出行；
② 汇出行开立银行即期汇票交给汇款人；
③ 汇款人将银行即期汇票自行邮寄给收款人；
④ 汇出行将票汇通知书[即票根(Advice of Drawing)]邮寄给汇入行；
⑤ 收款人凭银行即期汇票向汇入行取款；
⑥ 汇入行对汇票和票根审核无误后，付款给收款人；
⑦ 汇入行同时把付讫借记通知书寄给汇出行。

收款人向汇入行领取汇款时，应对汇票进行背书，汇入行核实后才能解付。

3. 票汇的特点

票汇具有如下特点：

(1) 取款方便，手续简便。汇入行无须通知收款人取款，而是由收款人持票自行到汇入行取款，省却了汇入行通知的环节，简化了手续。

(2) 汇款人可以通过背书把票据转让他人，具有一定的灵活性。

(3) 银行可无偿占用资金。票据的出票、寄(带)或者转让所占时间较长，银行在此期间可以无偿使用资金。

(四) 3种汇款方式的比较

三种汇款方式的比较见表5-1。

表5-1 三种汇款方式的比较

种类	支付工具	核查方式	费用	速度	转让性
电汇	电报、电传、SWIFT	密押证实	高	最快	不可转让
信汇	信汇委托书或支付委托书	签字证实	较低	较慢	不可转让
票汇	银行即期汇票	签字证实	最低	最慢	可以转让

三、汇款头寸调拨

汇款头寸调拨(Reimbursement of Remittance Cover)指汇出行办理汇出业务时应及时将汇款金额拨交给解付汇款的汇入行的行为，俗称拨头寸。汇款调拨必须通过代理行之间的资金往来而实现，是通过账户上的划拨来完成的，称为银行划拨。

按照国际惯例，汇出行在发出汇款委托书的同时，必须将头寸拨付给付款行，使付款行不致因执行付款指示而垫付头寸。因此，每一笔汇款必须注明拨付头寸的具体指示，即每一笔汇款必然引起一笔相同金额的头寸偿付业务。有的银行在相互建立业务代理关系时，在代理合约中订明汇款头寸偿付的方法，有的银行则采取在逐笔汇款委托书或汇票通知书中注明头寸如何调拨。拨头寸必须结合汇出行和汇入行的账户开设情况，具体可以分为下述四种头寸调拨方法。

(一) 主动贷记

如果汇入行在汇出行开有账户，作为偿付，汇出行主动将相应头寸贷记汇入行的账户。(In cover, we have credited you're a/c with us.)

(二) 授权借记

如果汇出行在汇入行开有账户,作为偿付,汇出行授权汇入行借记本行在汇入行中的账户。(In cover, please debit our a/c with you.)汇入行收到汇款委托书后借记汇出行账户,拨出头寸解付收款人,并寄出借记报单通知汇出行。

(三) 共同账户行(碰头行)转账

当汇出行与汇入行相互之间没有往来账户,但是在同一代理行开立了账户时,为了偿付解款,汇出行可以在汇款时主动授权这个共同账户行借记汇出行账户并同时贷记汇入行账户。(In cover, we have authorized X Bank to debit our a/c and credit you're a/c with them.)

(四) 各自账户行转账

当汇出行和汇入行之间没有共同账户行,但它们各自的账户行之间有账户往来关系时,则汇出行指示其账户行(X Bank)拨付头寸给汇入行的账户行(Y Bank)开立的账户。(In cover, we have instructed X Bank to remit proceeds to you.)

四、退汇

退汇就是汇款在解付前的撤销。收款人、汇款人和汇入行都可以要求退汇。

(一) 收款人退汇

收款人退汇比较方便,在信汇、电汇时,只要他拒收信汇、电汇,通知汇入行,汇入行就可以将汇款委托书退回汇出行,必要时说明退汇原因,然后由汇出行通知汇款人前来办理退汇,取回汇款。在票汇下,收款人退汇,要将汇票寄给汇款人,然后汇款人自己到汇出行办理退汇手续。

(二) 汇款人退汇

首先,电汇、信汇汇出行应该立即通知汇入行停止解付,撤销汇款,如果收款人有意见,应与汇款人交涉,不能要求汇出行和汇入行付款。然而,汇款人的退汇要在撤销通知到达汇入行时该行尚未付款才能实现:汇出行接受汇款人电汇、信汇的退汇要求后,应用信函或电文通知国外汇入行办理退汇,汇入行接到汇出行要撤销电汇、信汇的通知后,如尚未解付款项,一般可以同意照办;如果汇入行已经解付款项,汇入行不能向收款人追索,汇款人也不能要求退汇,只能由汇款人直接与收款人交涉要求退款。

其次,在票汇的情况下,汇出行处理很谨慎。因为汇出行自己开出汇票,自己即为出票人,对任何合法的、善意持票人均要担负保证付款责任,如无理退回汇票,一方面增加手续;另一方面还可能丧失信誉,或引起许多纠纷与争执。

因此,如果是汇出行开出汇票交汇款人,汇款人还没寄出汇票,他可以持原汇票到汇出行申请注销汇款。如果属于寄递时遗失，属于天灾人祸、火灾水灾以及如飞机、轮船失事而造成的毁灭，一般在了解到汇票收款人确实无法收取款项时，可以接受办理退汇。

如果汇款人已经将汇票寄出，汇票款项已经被收款人领取，或者虽然没领取但估计汇票已经在市场上流通，则不论汇出行还是汇入行都不会办理退汇。

汇票如果遗失、被盗，应该办理挂失、止付手续，即由汇款人向汇出行出具担保书，担保若发生重付，由汇款人负责。有的银行还要向法院或公证行办理公告等手续进行挂失，汇出行收到担保书和公告后，据以通知汇入行挂失止付，待汇入行回电、回函确认后，才能办理退汇或者补发一张汇票。止付对于汇入行来说，如有汇出行的通知，可以不付款；但如果汇入行认为必须付款，则汇出行或汇款人不能因此提出异议。汇款人退汇最为常见。

(三) 汇入行退汇

电汇、信汇汇出后，如果收款人迟迟不来取款，过了一定时期，汇入行有权主动通知汇出行注销，办理退汇。凭汇票取款的期限，各国银行规定不同，一般是半年或者一年。汇出行汇出汇款后，如果汇款人得知收款人未能如期收到汇款或汇款有错漏，可以到汇出行或经汇出行到汇入行进行查询。

五、汇款支付方式的特点

汇款支付方式具有如下特点：

(1) 风险大。对于预付货款的买方及货到付款的卖方来说，一旦付了款或发了货就失去了制约对方的手段，他们能否收货或收款，完全依赖对方的信用，如果对方信用不好，很可能银货两空。

(2) 资金负担不平衡。对于预付货款的买方及货到付款的卖方来说，资金负担较重，整个交易过程中需要的资金几乎全部由他们来提供。

(3) 手续简便，费用少。汇款支付方式的手续是最简单的，就像一笔没有相对给付的非贸易业务，银行的手续费也最少，只有一笔数额很小的汇款手续费。因此在交易双方相互信任的情况下，或者在跨国公司的不同子公司之间，用汇款支付方式是最理想的。

六、汇款方式的实际运用

在国际贸易中以汇款方式结算买卖双方债权债务时，根据货款支付和货物运送时间的不同，汇款分为先付款后交货或先交货后付款两种类型。前者称为预付货款；后者称为货到付款。

(一) 预付货款

1. 预付货款的含义

预付货款(Payment in Advance)是指买方(进口方)将货款的全部或者一部分通过银行汇给卖方(出口方)，卖方收到货款后，根据买卖双方事先签订的合约，在一定时间内或立即将货物运交进口商的结算方式。此方式对进口商来说是预付货款，对出口商来说则是预收货款。

2. 预付货款的特点

预付货款对出口商有利。因为：①货物未发出，已收到一笔货款，等同于得到无息贷款；②收款后再发货，降低了货物出售的风险，如果进口商毁约，出口商可没收预付款；③出口商可以充分利用预收货款，甚至可在收到货款后，再购货发运。

预付货款对进口商不利。因为：①未收到货物，或货物与合同不符时，将来如果不能收到或不能如期收到货物，或货物与合同不符时，将遭受损失或承担风险；②货物到手前付出货款，造成资金周转困难及利息损失。

3. 预付货款的适应范围

(1) 出口商的商品是进口国市场上的抢手货，进口商需求迫切，以取得高额利润，因此不惜预付货款。

(2) 进出口双方关系密切，相互了解对方资信状况，进口商愿以预付货款购入货物。

(3) 卖方货物旺销，出口商与进口商初次成交，卖方对买方资信不甚了解，顾虑买方收货后不按合约履行付款义务，为了收汇安全，卖方提出预付货款作为发货的前提条件。

4. 进口商防范预付货款风险的措施

进口商为了保障自己的权益，减少预付货款的风险，一般要通过银行与出口商达成解付款项的条件协议，常称为"解付条件"。它由进口商在汇出汇款时提出，由解付行在解付时执行。主要的解付条件是：收款人取款时，要出具个人书面担保或银行保函，担保收到货款后如期履约交货，否则退还已收到货款并附加利息；或保证提供全套货运单据等。除了附加"解付条件"外，进口商有时还会向出口商提出对进口商品折价支付，作为抵付预付货款造成的资金利息损失。

(二) 货到付款

1. 货到付款的含义

货到付款(Payment after Arrival of the Goods)是指出口商先发货、进口商后付款的结算方式，此方式实际属于赊账交易(Open Account Transaction)或延期付款(Deferred Payment)结算。

2. 货到付款的特点

货到付款对买方有利。因为：①买方不承担资金风险，货未到或货不符合合同要求则不付款，在整个交易中买方占据主动地位；②由于买方常在收到货物一段时间后再付款，无形中占用了卖方资金。

货到付款使卖方承担风险。因为：①卖方先发货，必然要承担买方不付款的风险；②由于货款常常不能及时收回，卖方资金被占用，造成一定损失。

3. 货到付款在国际贸易中的应用

(1) 售定(Goods Sold)。售定是指买卖双方成交条件已经谈妥并已签订了成交合同，同时确定了货价和付款时间，一般是货到付款或货到后若干天付款。由进出口商用汇款方式通过银行汇交出口商。这种特定的延期付款方式习惯上称为"先出后结"，又因价格事先已经确定，故亦称售定。售定只适用于我国对港澳地区出口鲜活商品的贸易结算。

(2) 寄售(Consignment)。寄售是由出口商先将货物运至国外，委托国外商人在当地市场代为销售，货物售出后，被委托人将货款扣除佣金后通过银行汇交出口商。

进出口双方欲作寄售交易，首先要签订寄售协议。货物单据可通过银行传递，也可直接寄给海外受托人。寄售对于进口商而言是"先进后结"，即先进口后付汇。目前我国经营的先进后结业务有国外进口寄售业务和在国外售券国内提货业务。后者是为了方便旅游者，避免我国外贸出口商品倒流。旅游者在国外我国设立的售券机构获得货券后，由本人携带入境，经海关验证盖章，方能提货。经营这种业务的目的是争取外汇收入，减少运输、保险与佣金开支，方便归侨、侨眷及港澳同胞。此项经营所得外汇，经国外银行汇入国内，属于汇入汇款的性质。

第三节 跟单托收

跟单托收是国际贸易结算的 3 种方式之一，在实际业务中经常使用。托收实质上是为交易双方提供的一种介于延期付款和预付货款之间的一种结算方式。在托收业务中，作为支付工具的票据或单据的传递与资金流转呈相反方向，属于逆汇。

一、跟单托收及其当事人

(一) 跟单托收的概念

跟单托收(Documentary Bill for Collection)是指委托人开立汇票并附带货运单据委托银行向付款人收款的方式。近年来，欧洲一些国家为减轻印花税的负担，对即期托收业务，可不使用汇票，委托银行收款时仅提供货运单据。但在远期业务中，汇票一般不能免除。因此，跟单托收中最实质的单据乃是运输单据。

简单地说，就是这样的一个过程：一个出口商为了向国外买方收取货款并能贷记其在往来银行的账户，可委托其银行代为处理这些业务。他可将全套单据交给他委托的银行并给银行相应的托收指示，委托银行再委托其在买方所在国的分行或代理行要求进口商付款。

银行受出口商的委托，通过其国外分行或代理行向进口商收取货款，这是银行的出口托收业务；银行受出口地银行的委托向进口商收取货款属银行的进口代收业务。

(二) 跟单托收的当事人

此项业务涉及的当事人有以下几个：

(1) 委托人(Principal)。指开出汇票，提交单据委托银行代收货款的人，亦即债权人、受益人、出票人(Beneficiary，Payee，Drawer)、卖方。

(2) 托收行(Remitting Bank)，又称委托行。它一方面接受委托人的委托代收款项；另一方面又委托国外联行或代理行向债务人收款。托收行一般是委托人的开户行。

(3) 代收行(Collecting Bank),又称受托行。指接受托收行的委托,向债务人收款的银行,一般都是托收行的国外分行或代理行。

(4) 付款人(Drawee/Payer)。即进口商、买方,是代收行收款的对象。付款人的责任就是按合同规定付款,当然是以委托人提供合格的单据为前提。

(5) 提示行(Presenting Bank)。即实际向付款人提示单据的银行。有时,代收行与付款人不在一地,代收行要委托另一家银行代收;否则,代收行与提示行是一家。

(6) 需要时代理(Case for Need)。交易中一旦发生拒付等纠纷,为了处理存仓、保险、转售、运回等事项,委托人可在付款人所在地指定一个代理人,这个代理人就叫"需要时代理"。他的权限应由委托人通知托收行。

上述前四者是基本当事人,后两者并不是在所有的托收业务中都涉及的。

(三) 托收当事人之间的关系

1. 委托人与付款人之间的关系

委托人与付款人之间的关系是买卖关系。

出口商应按照合同的规定向进口商按质、按量、按时交运货物;向进口商提交符合合同要求的单据。进口商应在出口商向他提交了足以证明出口商已经履行了合同义务的单据时,按合同规定付款。

2. 委托人与托收行之间的关系

委托人与托收行之间的关系是委托代理关系。二者关系的依据是托收申请书(Collection Application)。托收申请书实质上是委托人与托收行之间的委托代理合同。作为委托人的出口商,必须履行的责任有以下几点:

(1) 托收申请书中的指示必须是明确的。

(2) 及时指示。当银行将发生的一些意外情况通知委托人时,委托人必须及时指示;否则,因此而发生的损失由委托人负责。

(3) 负担费用。委托人不但要向托收行支付手续费,而且应支付托收行为执行委托指示而支出的其他各种费用。即使托收行没有收到货款,委托人也必须支付这些费用。如果托收委托书中规定国外代收行的费用须由进口商负担并不得豁免,当遭到拒付时,国外代收行的费用也必须由委托人负担。

托收行在接受委托人的委托以后,它的责任主要有:

(1) 执行委托人的指示。托收行在托收业务中完全处于代理人的地位,它必须根据委托人的指示办事。因此对于托收行来说,它最主要的责任就是其打印的"托收委托书"的内容必须与委托人申请书中的指示严格相符。如果对委托人的有些要求无法执行,应向委托人解释,由其修改申请书的内容以后再办理托收。

(2) 对委托人提供的单据是否与买卖合同相符不负责任。托收行没有审核单据内容的义务。托收行只需将收到单据的种类和份数与托收申请书中所列情况核对,如发现单据遗漏,应立即通知委托人补交。在具体业务中,托收行应对委托人交来的主要单据进行重点核对,但这完全是银行对客户提供的服务,而不是应尽的责任。

(3) 负担过失的责任。银行(包括托收行、代收行、提示行等银行)办理托收业务时,应与办理信用证业务一样，须善意和谨慎行事，这是一条基本的原则。银行在受理托收时，向委托人收取手续费，因此银行必须善意和谨慎地行事，凡因未按照申请书的指示行事而产生的后果，应由银行对其过失负责。

3. 托收行与代收行之间的关系

代收行是托收行的代理人，代收行须严格按照作为委托人的托收行所发出的托收委托书(Collection Advice)办事。因此代收行的责任基本与委托行相同，但附有一些特殊责任。

(1) 保管好单据。进口商要取得单据，必须对汇票进行承兑或付款。当代收行在进口商未承兑或付款时，绝对不能把单据交给进口商。此外，在进口商拒绝承兑或拒绝付款时，代收行应立即通知托收行，并且在通知中声明保管单据并听候进一步的指示。如未在合理时间内收到托收行的进一步指示，代收行应发电催办。

(2) 无义务对托收项下货物采取任何行动。按照银行的习惯做法，银行对跟单托收项下的货物，没有义务采取任何行动。但是，为了保护委托人的利益，不管有没有收到指示，如果银行采取了提货、储藏、保险等行动，则该银行对于货物的处理、货物的状况、对受托保管或保护该项货物的第三者所采取的行动或疏漏均不负责。不过代收行必须将这些行动通知托收行。银行对于上述行为而发生的费用和支出由委托人负责。

(3) 托收情况的通知。按照银行的习惯做法，代收行应根据下列规则，通知托收情况：

第一，代收银行发给托收银行的所有通知中必须列有合适的说明，其中必须列明托收银行的托收委托书编号。

第二，如无明确的指示，代收银行则必须用最快的邮件，将托收情况的通知，包括付款通知、承兑通知、拒付通知或拒绝承兑通知等，寄给托收行；如果银行认为事情紧急，也可以采用更快的通知方法，如电报、电传或电子通信系统等，费用由委托人负担。

第三，代收银行在提示托收单据而付款人拒绝付款、拒绝承兑时，应尽力查明理由并通知托收银行。

4. 代收银行与付款人之间的关系

代收行与付款人之间并不存在契约关系。付款人对代收行应否付款，完全根据他与委托人之间所订立的契约义务而决定。

二、托收方式的分类

按照托收是否附带货运单据，分为光票托收和跟单托收。

(一) 光票托收

在《托收统一规则》中，国际商会将单据分为金融单据(Financial Documents)和商业单据(Commercial Documents)两类。金融单据指汇票、本票、支票、付款收据或其他类似地用以取款的凭证。商业单据指发票、提单、其他类似单据，或其他非金融单据。

根据《托收统一规则》规定，光票托收(Clean Collection)是指金融单据不附带商业单据的托收，即提交金融单据，委托银行代为收款。光票托收一般用于收取货款尾数、代垫费用、佣金、样品费或其他贸易从属费用。

有的光票托收也附有单据，但并不是整套货运单据，只是发票、垫款清单等。

光票托收的业务程序是委托人将金融单据（汇票）交到托收行，托收行委托国外联行或代理行向汇票付款人收款。光票托收的汇票，可以是即期汇票或远期汇票。如果是即期汇票，代收行应在收到汇票后，立即向付款人提示，要求付款。付款人如无拒付理由，应立即付款赎票。如果是远期汇票，代收行应在收到汇票后，向付款人提示，要求承兑，以确定到期付款的责任。付款人如无拒绝承兑的理由，应立即承兑。承兑后，代收行收回汇票，于到期日再做提示，要求付款。若付款人拒绝承兑或拒绝付款，除托收委托书中另有规定外，应由代收行在法定期限内做成拒绝证书，并及时把拒付情况通知托收行，托收行再通知委托人，以便采取进一步措施。

(二) 跟单托收

跟单托收（Documentary Collection）是指金融单据附有商业单据或不附有金融单据的商业单据的托收。跟单托收如以汇票作为收款凭证，即使用跟单汇票。

如无汇票，仅以货运单据委托银行，向买方即进口商收取货款的做法，也属于跟单托收业务。因欧洲大陆一些国家为了避免印花税负担，一般的即期付款托收不使用汇票。

国际贸易中货款的收取大多采用跟单托收。在跟单托收方式下，按照向进口商交单条件的不同，可分为付款交单和承兑交单两种。

1. 付款交单

付款交单（Documents Against Payment，D/P）指代收行在付款人付款后再向其交付货运单据，即交单以付款为前提条件。按付款时间的不同，付款交单分为两种情形：即期D/P和远期D/P。

(1) 即期付款交单（D/P At Sight）。可以有也可没有汇票。在没有汇票时，发票上的金额即是托收的金额。采用这种方式，当代收行收到所有有关单据审核无误后，应立即向付款人提示，付款人见票后须马上付款，付清后方能赎单。

(2) 远期付款交单（D/P After Sight or D/P After Date）。采用这种方式时，卖方须开具远期汇票，代收行收到汇票和货运单据后向付款人提示，付款人审核无误签字承兑，汇票到期时再付款赎单。

由于付款后才交出货运单据，若汇票遭拒付，出口方对货物仍有所有权，所以风险较小，有利于出口方。

在付款交单中经常发生两个问题：一是对“见票”的理解。国外商人往往认为托收是出口商给予进口商的一种商业信用，目的在于使进口商不必长时期地垫付资金，因此不论即期和远期，见票应在货到以后，即货到见票。这种解释对出口商是非常不利的，也缺少理论上的根据。因为从票据法的角度看，at sight、on demand、on presentation 是“即期”的同义语，分别含有“付款人见到汇票时”、“应持票人的要求后”和“一经提示”之意，所以什么时候提示，取决于持票人，付款人无权决定持票人应在什么时候提示汇票，这本来没有什么好争辩的，但有些国家强调要按他们的当地要求，货物到达目的地后再见票，银行在货到以前不能向付款人提示，以拖延付款时间。这个“习惯”甚至成为合同中的一个条款。如果经了解进口地确有货到见票的习惯，倒不如把途中的运输时间匡算在内，改为出票后若干天付款。二是远期付款交单问题。远期付款交单是先承兑后付款，其目的是给付款人准备资金的时间，但由于承兑后又不交付单据，作用不大，故欧洲大陆国家的不少银行至今仍声称不做远期付款交单，有的则按即期处理；而拉美国家的银行则把远期付款交单按承兑交单处理。因为出口商同意远期付款交单，本是给予进口商的资金融通的一种方式，如果付款期限长，运输期限短，货到以后进口商因为没有付款不能提货，也没法出售(使用)货物，虽然期限长，但进口商并没有什么好处。他虽可以用担保提货，但已失去了他原来要求的期限较长的本意。所以，实务中使用即期付款交单的多。国际商会在《托收统一规则》(522)中，对这种情况作了规定，即当托收为付款交单时，不应含远期付款的汇票。这样就可避免远期付款交单时受票人在货物抵港后无法提货而不得不支付保险费、仓储费，而用提货担保又会使代收行承担付款人不付款赎单、货物又被提走的风险。同时还规定，"如托收包括一张远期付款的汇票，托收委托书上注明是付款交单，单据只能在付款后放行，而代收行将不对由于交单延误而产生的任何后果负责"。

2. 承兑交单

承兑交单(Documents Against Acceptance, D/A)指代收行在付款人承兑远期汇票以后就向付款人交付货运单据，而不需同时付清票款，只有在汇票到期时才履行付款义务的一种方式。在承兑交单下，只使用远期汇票，付款期限通常为30～180天。这种方式对买方是十分有利的，因为他只需承兑就能得到货权凭证去提货，不必先行垫款或筹资，如期限在180天，即可以做无本生意，就是可在货物销售后以货款来清偿汇票之款。但卖方的风险相对大一些，买方提货后若拒付，则钱货两空。虽然卖方可凭买方的承兑汇票起诉，但在国外诉讼，费时费钱，而且有时付款人已倒闭破产无力偿付，所以收效不大。因此对资信不好或不甚了解的客户一般不宜采用此方式。

3. 付款交单与承兑交单的比较

在付款交单方式下，只有在进口方付清货款后才能得到货运单据。对于进出口双方而言，是一方交款，另一方交单。可见，这种交单条件给出口方提供了一定的保障。

在承兑交单方式下，进口方先行拿到了单据提取了货物，然后待汇票承兑到期付款之日再履行付款责任。这种交单条件无疑对进口方十分有利，也是出口方对进口方提供了一定的商业信用。所以，这种交单条件对出口方来说具有一定的风险。

付款交单与承兑交单的比较见表5-2。

表5-2 付款交单与承兑交单的比较

项目	付款交单	承兑交单
名称	Documents Against Payment, D/P	Documents Against Acceptance, D/A
汇票	即期汇票，也可不要	必须有远期汇票
是否承兑	不需要	必须承兑
交单条件	付款赎单	承兑赎单
风险	商业信用，可以控制物权，出口商面临一定风险	商业信用，无法控制物权，有可能钱货两空

三、跟单托收的处理实务

跟单托收的业务流程可用图 5-7 表示。

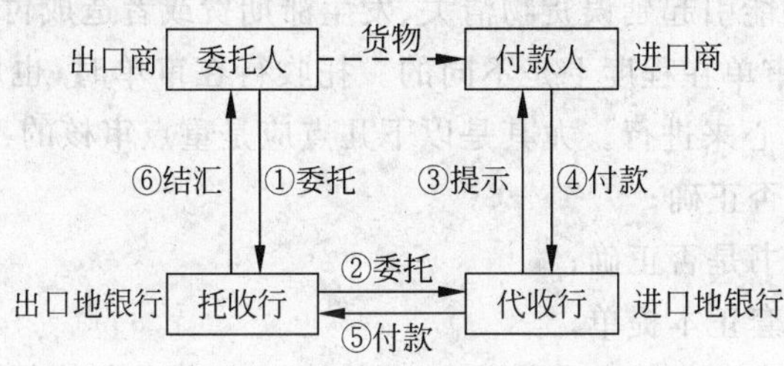

图 5-7 跟单托收业务流程

1. 委托人(出口商)发货后,将单据交托收行,委托银行收款(见图 5-7 中①)

出口商在要求银行办理跟单托收时,应给托收行完整明确的指示,以便托收行按出口商的指示提供正确的服务。具体的指示反映在出口商填具的托收申请书中。因此,卖方按双方签订的合同发货并取得货运单据后,应将汇票、单据及托收申请书一同提交托收行,这是首要的步骤。

托收申请书的主要内容包括:

(1) 交单方式,是付款交单还是承兑交单。

(2) 货款收妥后的处理方式。托收行要在代收行已收妥货款并划入托收行的账户后,才会将货款付给委托人,代收行可以用电报或航函通知托收行,但用哪一种方式则需根据托收行的要求。为此,委托人需在代理合同中确定用电报还是航函通知。

(3) 银行费用的处理。一般情况下,进口商或出口商各自负担本国银行的费用。根据银行管理,如果在托收委托书中仅规定须由进口商负担费用,而进口商拒付费用时,则代收行可以将自己应收的费用从应汇给托收行的货款中扣除。如果托收委托书明确规定不准豁免该项费用,则托收行、代收行、提示行对因此而产生的付款延迟或额外开支不负责任。

(4) 拒付时是否需做拒绝证书。委托人在委托代理合同中应对遭到拒绝承兑和拒绝付款而是否需做成拒绝证书给予明确指示。根据惯例,在委托人没有指示必须做成拒绝证书时,银行没有义务在拒绝时做拒绝证书。

(5) 拒付后货物处理的方式。理想的处理方式是出口商能在进口当地找到买主就地将货物售出;如果出口商在进口地有可靠的代理人,它可以在汇票上记载预备付款人以应急。

(6) 选定国外的代收行。如果委托人明确指示通过国外某一代收行办理收款,如托收行与代收行开有账户,则可按委托人指示办理;否则,需征得委托人同意后,由托收行自行选择一家代收行。此外,代收行有时也可以由进口商指定。

2. 托收行审查,制作托收委托书寄给代收行(见图 5-7 中②)

(1)审查托收申请书和单据。托收行接到委托人提交的托收申请书和单据后,首先应审查托收指示中所记载的条款是否明确,项目是否齐全。然后要对所附的单据进行审核。

根据托收统一规则，托收行只是处于代理人的地位，对货物并无权益可言，只要核实所收到的单据与申请书上所列的相符即可。但银行具有道义上的义务提请客户注意单据上的差错及单据之间的矛盾之处，这是银行为客户提供良好服务所必需的，所以银行要对单据进行审核，以提出哪些能引起延误货物清关、发生滞期费或者造成付款长期延误等。但这与信用证业务项下的审单在程度上是不同的。托收行在审单时，也应遵循单单一致的原则，并以商业发票为中心来进行。尤其是以下几点应是重点审核的：

① 汇票的开立是否正确；

② 有关单据的背书是否正确；

③ 是否提交了全套正本提单；

④ 当提单的收货人是代收行或代收行的指定人时，托收行应提醒委托人由于代收行不肯提货而有可能引起的损失，或因交货而发生的费用和损失均由委托人自己承担，银行不承担任何费用和开支。

银行同意办理后，应将申请书的一联作为回执退给委托人。

(2) 选择合适的代收行。代收行可由委托人在托收申请书中指定，如不指定，托收行有权自行决定，一般都是托收行在付款地的联行、代理行或账户行。若委托人所指定的代收行资信不详，托收行可选择对方同城所在地的代理行、联行作为代收行。

(3) 填制托收委托书或托收指示并寄给代收行。托收行对托收申请书及所附单据审核无误后，按出口商托收申请书的内容，缮制对代收行的托收委托书，内容与托收申请书差不多。委托书中的付款人名称须详细、准确，以便代收行顺利进行提示，并要说明收妥款项时应如何汇交托收行，一般是根据托收行与代收行是否开立账户以不同的方式办理。

若双方有账户关系，可要求代收行贷记我账或授权我借记代收行的账户，文字可这样：Upon collection, please authorize us to debit your account by airmail/cable quoting our Ref. No...或 Upon collection, please credit the proceeds to our account with you under airmail/cable advice to us quoting our Ref. No...

若双方没有账户关系，可请代收行将款汇交我海外联行或其他账户行收账：Upon colletion, please remit the proceeds by airmail/cable to—for credit our account with them under airmail/cable advice to us quoting our per. No...

《托收统一规则》规定，委托书上虽有"代收行的费用由付款人负责"的批注，但代收行在付款人拒付时费用仍可在货款中扣除，除非表明不能放弃，所以委托书上要表示这一点：...such charges or/and expense may not be wavied.

另外，允许分批付款、分批提货及逾期罚款和提前贴息也均应在委托书中说明：Merchandise may be partial released against partial payment；及 please collect delay interest at current rate prevailing at your location in case of delay in taking up document, Discount at the rate of... p. a. is allowed on payment effected before the due date of the draft. 同时要注明各种单据的份数，最后由托收行的有权签字人签字。

以上工作应在接受委托的一个工作日，最迟不超过两个工作日内办完。委托书都是多联，其中两联附正副单据，分两次寄给代收行。

托收指示范例

The Industrial & Commercial Bank of China　　ORIGINAL

Collection Instruction

Date ________

Our Ref No. ___

to

Dear Sirs,

We send you herewith the under-mentioned item(s)/documents for collection.

Drawer	Draft No.: Date:	Due Date/Tenor
Drawee(s):	Amount:	
Goods: From To		
By Par On		

Documents	Draft	Invoice	B/L	Ins. Policy/Cert.	W/M	C/O		

Please follow instruction marked"X":

☐Deliver documents against payment/acceptance.

☐Remit the proceeds by airmail/cable.

☐Airmail/cable advice of payment/acceptance.

☐Collect charges outside　　　　from drawer/drawee.

☐Collect interest for delay in payment ________ days after sight at ______ % P. A.

☐Airmail/cable advice of non-payment/non-acceptance with reasons.

☐Protest for non-payment/non-acceptance.

☐Protest waived.

☐When accepted, please advise us giving due date.

☐When collected, please credit our account with ________.

☐Please collect and remit proceeds to ________ Bank for credit our account with them under their advice to us.

☐Please collect proceeds and authorize us by airmail/cable to debit your account with us.

Special Instructions

This collection is subject to Uniform Rules for Collections (1995 Revision) ICC Publication No. 522

For The Industrial & Commercial Bank of China

____

Authorized Signature(s)

3. **代收行审查托收委托书并向付款人提示(见图 5-7 中③)**

代收行收到托收行寄来的托收委托书后,应核对所附单据与委托书上所列的名称和份数是否相符,所列项目和指示是否明确,能否办理,交款条件是D/A还是D/P。审核无误后,编号登记并做成代收通知书。然后向付款人提示。

4. **付款人付款(见图 5-7 中④)**

(1) 即期D/P。按国际上的做法,银行将汇票连同代收通知书交给付款人,即进行提示。要求立即付款,付款人付清汇票金额及其他费用,代收行即可将全套单据及付讫汇票交给付款人凭以提货。若付款人不付或要求修改付款方式、延期、减价等时,代收行无权强行要求付款,但可要求进口商说明理由并及时告知托收行。

(2) 远期D/A。同即期D/P一样,将汇票连同通知书交给付款人,要求承兑。承兑时要在汇票的正面加盖"承兑"章,注明承兑日期及到期日并签字。付款人承兑后即可取得单据去提货。汇票退给代收行,以便到期日向付款人提示付款。代收行还应将承兑日期通知给托收行。进口商即付款人在承兑前可要求验看单据,若不符合要求可拒绝承兑,代收行在得到理由后告知托收行。委托人要求做拒绝证书的,应办理这方面的手续,其费用由委托人负担。

(3) 远期D/P。若有汇票,先要求付款人承兑,但要在到期日付款后才能领单提货。

代收行在付款人付款时应注意:

① 所收的货币必须是托收单据上的货币;

② 除非托收行特别授权,否则不能接受部分付款,应在托收款全部付清后才能交付单据;

③ 如托收指示中含有加收利息的指示,但汇票上未记载利息条款,代收行可不收利息而交单,除非托收指示中表明不能放弃利息,如汇票上载明了利息条款,则应视利息是托收款的构成部分;

④ 如托收指示中含有一切费用由付款人负担条款而付款人拒付时,代收行可免收费用,而把应收的费用在收妥的托收款内扣除,除非托收指示中明确了不能放弃。

5. **代收行向托收行发收妥通知(见图 5-7 中⑤)**

代收行收讫票款及费用后,应按托收行的指示,扣除代收行的手续费交托收行。

6. **托收行收到收妥通知后,应告知委托人即出口商,并将款项记入委托人的账户(见图 5-7 中⑥)**

银行在办理托收时,托收行和代收行还要分别注意以下几个问题:

(1) 托收行在将托收委托书和跟单汇票寄交代收行后,应有回单即一联通知书寄来,以告知是否收妥。对超过10天以上的未收款项,或只有付款通知而实际过期款未到的,应向代收行查询,并记录在案,以积累资料。

(2) 托收行对来自代收行的各种通知,如拒付、拒绝承兑、改变交单条件或其他要求的,应及时(一个工作日内)通知委托人,由委托人决定采取必要的措施,若代收行发出拒付或拒绝承兑通知后60天未接到托收行的进一步指示,可以退单。因此,托收行和委托人要配合,及时处理。

(3) 如付款人提出拒付或拒绝承兑等,代收行应要求付款人提出具体理由,并及时将情况通知托收行。如需做成拒绝证书的，应督促付款人办理。对延付、减价、改变支付条件等超越委托书条件的，要在托收行同意后才能办理。

(4) 如货比运输单据提前到达，代收行可按托收行的指示办理存仓、保险，并通知托收行，也可不执行这方面的指示。对货物的处理代收行一般不负责任。

(5) 代收行可根据托收行的指示或自行决定同意进口商凭信托收据提货。

四、跟单托收的利弊分析

托收属于商业信用的结算方式，这一点和汇款是相同的。但由于通过银行交单，手续繁杂，相应的费用也要高一些。相区别的另一点是，托收项下，进出口商都可获得融资(虽然资金负担不平衡没有得到解决)，而汇款则没有这样的安排。总的来讲托收是对出口方不利而对进口方有利的支付方式。

(一) 对进口商的利弊分析

1. 有利方面

有利方面体现在：

(1) 进口方通常希望在付款前得到货物，托收正是提供了这种便利。特别是在远期承兑交单方式下，进口方能在付款前提取并检查货物是否符合要求。

(2) 它较使用信用证方便，费用便宜，不必预付银行的保证金。

(3) 在货到单未到时，可凭担保提货，以销货款偿还票款，不积压资金；在资金紧张时，可凭信托收据提货。

2. 不利方面

不利方面体现在：

(1) 进口商对远期承兑交单的托收已履行承兑手续后，就要负法律责任，一旦违约，卖方可以完全不顾合同的情况仅凭已承兑的汇票对进口商提出诉讼。

(2) 付款交单的托收是在提示时付款，因而付款可能在货物到达前，占压资金，也可能到达的货物与定购的不一样。因此，有时双方在订合同时，进口商要求货到后再见票或有权抽查货样。

(二) 对出口商的利弊分析

1. 有利方面

有利方面体现在：

(1) 若在付款以后交付货权凭证，出口商的权益较光票托收或承兑交单有保障；

(2) 托收结算方式的费用较信用证为便宜；

(3) 声誉良好的代收行可能代出票人催收货款，收到付款人本想拖欠的货款；

(4) 出口商如果指定代收行作为收款代理人而掌握全套单据，或者在代收行同意时将货物发运给代收行的指定人，就可以对货物加以保护；

(5) 出口商也可获得资金方面的融通。

2. 不利方面

不利方面表现在：

(1) 货款的安全不如预收货款、跟单信用证等方式。在跟单托收业务中，出口方收款依靠的是进口方的信誉，相信进口商在被提示汇票和单据时，会履行合同规定的付款或承兑及付款义务。若进口商能按时履约，结算能顺利进行；但如果进口方违约，拒绝承兑或拒绝付款，或因种种原因无力付款，则出口方将陷入极为被动的局面。

(2) 出口商要等到托收行收到票款后才能取得货款，资金在途时间长，除非使用押汇、垫款或贷款等取得资金融通，但费用又较高。

(3) 若买方不赎单提货，出口商就要承担滞期费、仓储费，有时货物还要被迫运返出口地，增加了运费。还有可能增加保险费和代理费的负担。

由于跟单托收有利于进口方、不利于出口方的显著特点，因此，跟单托收的风险主要是指出口方收款人的风险。

既然托收对出口商来说风险大，为什么这种方式仍被利用呢？因为出口商有时是为了推销商品，就不得已而采用这种受进口商欢迎的方式。有的出口商较有经验和资金实力，在推销对象国家派有长驻人员或特约了当地的代理人，这些人不仅仅是作为遭拒付时的代理人，而且主要是代表出口商在进口地活动，如调查进口商的资信，调查当地的法令和习惯、市场情况等，这就使出口商推销商品或收取货款能较顺利地进行，减少了托收的风险。

五、托收支付方式的特点

(一) 比汇款安全

在跟单托收时，由于是交单或承兑付款，对于出口商来说，就不会像货到付款时，要冒"银货两空"的风险。而对进口商来说，托收要比预付货款更为安全。

(二) 收款依靠商业信用

在托收时，是否付款完全由进口商决定，银行只是转手交单的代理人，对付款不负责任，因此托收是对进口商有利的支付方式。当然进口商也不是没有风险，他的主要风险就是在货到后发现货物与合同不符。因此在托收业务时，进口商也必须了解出口商。

(三) 资金负担不平衡

托收时出口商的资金负担较重，但是因为有单据，有些银行愿意做押汇，出口商因此能获融资。而在汇款支付方式时，出口商没有单据，所以根本不能做押汇以改善资金周转。

(四) 费用稍高，手续稍多

银行的托收手续费要比汇款手续费略高些，托收要通过银行交单，自然手续也比汇款多，但以此来换得比汇款安全的优点，还是合算的。

六、《托收统一规则》

(一)《托收统一规则》的产生

《托收统一规则》(Uniform Rules for Collection, URC)是国际商会编写并出版的众多小册子或出版物之一,是国际贸易和国际结算方面的重要国际惯例。

早在1958年,国际商会为调和托收业务中各当事人之间的矛盾,促进贸易和金融活动的开展,就草拟了《商业单据托收统一规则》(Uniform Rules for Collection of Commercial Paper)(即192小册子),建议各国采用。1967年,国际商会重新订立和公布了这一规则(即254号出版物),使银行在进行托收业务时有了一套统一的术语、定义、程序和原则,也为出口商提供了一套在委托代收货款时得以遵循的统一规则。1978年,国际商会又根据托收实践的变化和发展,对该规则进行了修改和补充,并更名为《托收统一规则》(Uniform Rules for Collection, Publication No. 322)(即322号出版物)。1996年1月1日新的URC,即第522号出版物正式生效和实施。

(二)《托收统一规则》的主要内容

《托收统一规则》分"总则和定义"、"义务和责任"等七个部分,共26条。主要内容如下:

1. 基本精神

银行承办托收业务时,应完全按照委托人的指示行事,银行对在托收过程中遇到的一切风险、开支费用、意外事故等均不负责,这些概由委托人承担。

2. 银行的义务与责任

银行的责任就是按照托收委托书的指示行事,如果无法照办,应立即通知发出委托书的一方。在接受委托时,银行必须核实所收到的单据与托收委托书所列单据是否表面一致,如有不符或者遗漏,应立即通知委托人。银行没有审单的义务。

对于下列情况,银行不承担义务和责任:

(1) 由于任何消息、信件或单据在寄送途中延误或失落;

(2) 由于电报、电传、电子传送系统在传送中延误、残缺或其他错误;

(3) 由于专门性术语在翻译上的错误及其所产生的一切后果;

(4) 由于天灾、暴动、骚乱、叛乱、战争或银行本身所无法控制的其他任何原因;

(5) 由于罢工或停工致使银行营业间断所造成的一切后果。

此外,还规定:除非事先征得银行同意,货物不应直接运交银行;如果货物直接运交银行或者以银行为收货人,银行无提货义务(此项货物仍由发货人承担风险与责任)。

3. 关于提示、付款、承兑等手续

(1) 银行应按交来的单据原样向付款人发出提示。

(2) 如果是即期付款的单据,银行必须毫不迟延地提示付款人付款。

(3) 如果是远期付款的单据,银行必须毫不延误地提示承兑;当要求付款时,必须不迟于到期日提示付款。

(4) 如果跟单托收中有远期付款的汇票，托收委托书中必须指明在承兑或付款后将单据交给付款人；如无此规定，单据在付款后交付。

4. 改变委托与拒付处理

(1) 委托人在委托银行办理托收之后，可以通知银行改变托收金额和托收条件。

(2) 如果托收遭拒付，代收行应立即通知托收行，后者接到拒付通知后，应及时给予进一步处理的指示。如代收行发出拒绝通知 60 天内未接到指示，可以将单据退回托收行。

(3) 对代收行遭拒付时是否需做拒绝证书一事，托收指示书中应有明确指示。如无此项指示，银行无义务做拒绝证书。

《托收统一规则》公布实施以来，对减少当事人之间在托收业务中的误解、争议和纠纷起了较大作用。我国银行在采用托收方式结算时，也参照这个规则的解释和原则办理。

本章小结

(1) 顺汇系指结算工具的流向与资金或货款的流向是同一个方向，是作为债务方的买方主动将进口货款通过汇款方式汇付给作为债权人的卖方的一种方法。逆汇是结算工具的流向与资金或货款的流向呈相反方向。前者称“汇付法”；后者称“出票法”。

(2) 汇款是顺汇，其结算工具的流向与资金流向相同。

(3) 汇款有四个基本当事人：汇款人、汇出行、汇入行或解付行以及收款人或受益人。

(4) 汇款人委托汇出行汇出汇款时可以选择三种方式：电汇、信汇和票汇。

(5) 汇出行办理汇出业务时应及时将汇款金额拨交给解付汇款的汇入行的行为，俗称拨头寸。拨头寸必须结合汇出行和汇入行的账户开设情况。具体可以分为四种头寸调拨方法。

(6) 汇款在解付之前可以撤销，汇款人可以向汇出行办理退汇手续。汇款因为其速度快、费用低、安全高的特点在国际贸易中得到了广泛应用。

(7) 托收是银行根据委托人的指示处理金融单据或商业单据，目的是取得承兑或付款，并在承兑或付款后交付单据的行为。

(8) 托收方式涉及的基本当事人有债权人、债务人、债权人所在地的银行和债务人所在地的银行。

(9) 托收根据所附单据不同，有光票托收和跟单托收之分。光票是指不附带任何货运单据的票据(其中仅附非货运单据，如发票、垫款清单等也属于光票范畴)。常见的光票有银行汇票、本票、支票、旅行支票和商业汇票等。跟单托收是指金融票据随附货运单据或者仅有货运单据的托收。国际贸易托收一般是跟单托收。

(10) 跟单托收有两种不同的交单方式：付款交单和承兑交单。

复习思考题

一、名词解释

顺汇 逆汇 M/T T/T D/D 预付货款 赊销方式 托收 D/P D/A 光票托收 跟单托收

二、简答题

1. 什么叫做顺汇？哪种结算方式是顺汇？
2. 什么叫做逆汇？哪些结算方式是逆汇？
3. 试比较电汇、信汇和票汇三种汇款方式的区别。
4. 汇款在国际贸易中是如何运用的？
5. 托收中有哪些当事人？他们之间的关系如何？
6. 简要分析和比较光票托收和跟单托收的区别。
7. 简要分析 D/P 与 D/A 的特点。

三、案例分析

日前天津某纺织品进出口公司与美国某客商达成一笔交易，金额为 30 000 美元。双方商订付款条件为“D/P at 30 days after sight”。在合同执行过程中，美方提出修改该付款条件为“D/P at 90 days after sight”，并且指定美方的“the Bank of New York，N. Y. ”为该业务的代收行。试分析美方修改上述条件的动机。

四、操作题

Draft No. 20100613

Amount：HKD32，000. 00

Place and date of draft：Tianjin，8 May，2010

Paying Bank：Bank of China，Hong Kong

Payee：the order of United Trading Company，Hong Kong

Pay against this draft to the debit of our account.

Remitting Bank：Bank of China，Tianjin

Remitter：China National Light Industrial Products Imp. & Exp. Corp.，Tianjin Branch，Tianjin

Please draw a demand draft to make remittance by D/D.

BANK OF CHINA
This draft is valid for one year from date of issue.

No. ________ AMOUNT ________

________，________

To：________

Pay to ________

THE SUM OF ________

____

PAY AGAINST THIS DRAFT TO THE DEBIT OF OUR ________ ACCOUNT

BANK OF CHINA，TIANJIN
signature

第六章

国际贸易结算方式——跟单信用证

【本章导读】 跟单信用证是一种功能全面的结算方式，既能基本消除债权人的收款风险，又能为贸易双方融通资金，且融资方式多、融资简单便利，因而是当今国际贸易结算中最重要的结算方式。通过本章的学习，可以了解信用证的含义、性质、流程、种类、关系人的责任和义务以及内容格式。

第一节　跟单信用证概述

一、跟单信用证的定义

简单地说，跟单信用证(Documentary Letter of Credit，L/C)是一种由银行保证付款的结算方式。根据UCP 600的规定：跟单信用证意指一项约定，不论其如何命名或描述，系由一家银行(开证行)依据客户(申请人)的请求和指示或以开证行自己的名义，凭规定的单据并在符合信用证一切条款要求的条件下：

(1) 向第三者(受益人)或其指定人付款，或承兑并支付受益人开具的汇票；

(2) 或授权另一银行付款，或承兑并支付该项汇票；

(3) 或授权另一银行议付。

就本惯例而言，一家银行在不同国家设立的分支机构均视为另一家银行。

Documentary Credit(s) mean any arrangement, however named or described, whereby a bank(the Issuing Bank) acting at the request and on the instructions of a customer(the Applicant) or on its own behalf.

(1) is to make a payment to or to the order of a third party (the Beneficiary), or is to accept and pay bills of exchange(Draft(s)) drawn by the beneficiary, or

(2) authorizes another bank to effect such payment, or to accept and pay such bills of exchange(Draft(s)), or

(3) authorizes another bank to negotiate, against stipulated document(s), provided that the terms and conditions of the Credit are complied with.

For the purposes of these Articles, branches of a bank in different countries are considered another bank.

从上面的定义中可归纳出以下几点：①信用证是由银行应客户的申请开出的；②开证行可以自己付款，也可授权其他的银行付款或议付；③开证行可以以自身的名义开证；

④受益人必须满足信用证所规定的要求才能实现信用证项下的权利，即要求开证行支付；⑤一家银行在国外设立的分支机构，虽然隶属于其总行，但在信用证业务处理中，被视为相互独立的另一银行。

要注意的是，在信用证业务中，是银行承诺付款，而在汇款和托收中，银行均未作出此种承诺；银行兑现承诺的条件是由受益人提交符合信用证要求的单据。

总之，所谓信用证是进口方银行(开证行)应进口商(申请人)的申请和要求向出口商(受益人)开立的，凭规定的单据在一定期限内支付一定金额的保证文件。

二、信用证的特性

信用证具有如下特征。

1. 开证行承担第一性的付款责任

在信用证结算方式下，不是由付款人，而是由开证行负第一性的付款责任。就买卖关系来看，承担付款责任的应是进口商，但使用了信用证后，银行就代进口商承担了付款责任。出口商只要按信用证的要求提交了合格的单据，开证行就必须付款，即使进口商倒闭破产，开证行的责任也不能免除，且这种付款责任是第一性的，并不是进口商不能付款时才由开证行来付，而是相反，出口商直接要求开证行付款，开证行安排付款后，再与进口商结算。

2. 信用证是独立于贸易合同的自足性文件

信用证是独立的文件，不依附于贸易合同，即当事人只受信用证条款的约束，银行也只对信用证负责。合同条款与信用证条款是否一致，所交单据是否符合合同要求，银行一律不予过问，虽然信用证的开立是以合同为依据的。

UCP 600 第四条规定，就性质而言，信用证与可能作为其依据的销售合同或其他合同是相互独立的交易。即使信用证中提及该合同，银行亦与该合同完全无关，且不受其约束。因此，一家银行作出兑付、议付或履行信用证项下其他义务的承诺，并不受申请人与开证行之间或与受益人之间在已有关系下产生的索偿或抗辩的制约。

这个独立性从议付行、付款行或保兑行的立场看，是非常重要的。如果信用证和合同挂钩，那么银行在办理结算和议付时，势必要对每一合同的内容进行审查，有时为确认货物是否符合合同或检查货物是否装运，要亲自到装运港去检查，这样做，银行在技术上、人力上都不能胜任。独立性对开证行也举足轻重，如果进口商可以以出口商违背合同为理由，拒绝履行对开证行的偿付义务，开证行也会随时被卷入买卖双方的纠纷之中，这样的话，银行为保证自身的利益，一定不会轻易开出信用证。对受益人来说，信用证独立于合同，才使之能真正获得信用证提供的保障。如果开证行可以以买卖合同为依据向受益人抗辩，即使受益人完全履行了合同项下的义务，受益人的货款仍然没有保障。

3. 信用证业务只处理单据，不涉及货物

信用证业务中处理的是单据，而不是货物。买卖双方虽是以货物为交易对象，但在国际结算中，当事人只关心单据是否符合信用证条款，而不管货物是否和信用证条款一致，只要单据没问题，开证行不能以任何借口推卸付款的责任。而银行确定单据是否符合信用证规定时，只审查其表面，而不关心单据背后的货物，即决定是否接受单据时不能以单

据外的事项为理由。同样,受益人要实现信用证项下的权利,必须提交符合信用证规定的单据,而不能以完全履行了买卖合同项下的义务为由要求开证行付款。

三、信用证的意义和作用

不论是国内贸易还是国际贸易,买卖双方出于自身的利益,经常会发生冲突。突出的是买方急于在预定的日期以前完好无损地收到货物,并希望在收到货物后再付款;而卖方希望所出售的货物能保证收回货款,最好在交出货物前就收到货款。我们前两章介绍的两种支付方式,不论是汇款还是托收,都属于商业信用,风险的负担并不均衡。在汇款方式下的预付货款,风险几乎都由进口商承担,一方面要积压其资金;另一方面卖方的信用还可能不可靠;货到付款时卖方的风险大一些,与预付货款正好相反,买方的偿付能力及行情的下跌都是构成卖方风险的重要因素。在跟单托收的情况下,进口商的有利因素较多,出口商的风险则大。这种由单方承担风险的支付方式,有时会妨碍贸易的开展。解决双方利益、风险等矛盾的折中办法需要更多的结算方式,而信用证就是一种较好的方法。它凭物权凭证付款,不仅向进出口双方提供了担保,而且对双方都可给予资金方面的融通。

对进口商来说,采用信用证结算,首先可以通过信用证的条款来控制出口商的交货品质、数量和装船日期,使收到的货物在一定程度上符合合同的规定。要注意的是,进口商要求出口商履行某项义务时,必须要求出口商提供相应的单据,否则就成为"非单据化条款",而根据 UCP 600,银行是"不理会非单据条款"的。其次,进口商无须先付货款,使得资金周转较为灵活。当进口商向银行提出申请开立信用证时,银行通常要收取保证金,但保证金的数额视买方的资信和与银行的关系来定,一般不需支付信用证的全部金额。这也为开证行为信用证的余额部分提供了资金融通和担保。当开证行对外履行了付款义务后,若进口商在资金方面仍有困难,可使用信托收据或押汇等要求开证行先行放单。

对出口商来说,首先,信用证可以降低信用风险,使收汇有保证。信用证属银行信用,在采用这种方式支付货款时,既有开证行的付款承诺,也有进口商在合同中提供的支付承诺,因此收款安全性大。只要按信用证要求,单据无误,就可凭单取得货款。即使对方国家实行外汇管制,由于开证行应进口商的申请开立的信用证都是经管汇当局批准的,所以出口商的收款并不受影响。万一开证行出于某种原因不能付款或拒绝付款,它有责任把单据退给出口商,由于掌握了代表货物的单据,出口商可减少损失。其次,出口商还可获得资金融通。出口商在收到进口方的跟单信用证,将货装船出运以后,可向往来银行提供跟单汇票要求议付,即出口地银行向其叙作出口押汇;在装船前,可凭信用证向出口地银行申请打包放款(Packing Credit),即出口商在缺乏资金购买货物或原材料、支付工资、对出口商品进行加工生产时,银行凭信用证给予的短期放款。

对开证行来说,它开出信用证时只是贷出信用而不是资金,在无须占用自己资金的情况下可获得手续费收入,并且贷出的信用也不是无条件的,通常要求进口商交保证金。当它履行付款后,即拥有了代表货权的所有单据,若进口商不偿付,开证行有权处理货物,以抵补欠款;若不足,有权向进口商追索不足的部分。开证行只关心单据,不受买卖合同的约束,不必担心卷入贸易合同纠纷中。

对参与信用证交易的出口地银行来说，由于是受开证行的邀请或得到开证行的授权而参与议付或付款的，有开证行的信用作为保障，一般风险不大，只要单据完全符合信用证的规定，开证行将保证予以偿付。

总之，信用证对进出口双方起到了两个作用：一是银行的保证作用；二是融通资金的作用。从银行来看，一方面可以增加营业收入；另一方面也可以促进一个国家或地区的进出口发展。但是信用证这种结算方式也不是绝对地安全，银行信用只是相对的，仍存在一定的风险。如进口商不开证或开出的信用证与合同不符、开证行倒闭等，均构成出口商的风险；出口商用假单据欺诈则构成进口商的最大风险。尽管如此，由于用银行信用代替了商业信用，利还是大于弊的。

四、信用证的产生和发展

信用证是随商品经济的不断发展、国际贸易规模的扩大及银行逐步参与结算而形成的。最早的信用证并不是用于商业，是没有合同做依附的。12 世纪欧洲的教皇、王公和其他统治者在其使臣出国执行任务时就用一种由教皇等签署和承诺、对任何愿意给使臣垫款的人，他将无条件付款的一种“信用证”，这种信用证后来开始应用于商业。13 世纪时，伦敦的一些富商派人到欧洲采购货物时，向购货地有往来关系的商人签发信函，由购货人携带，要求该商人在某一金额内，准予购货人凭收据领取现款，并约定所欠款项的偿还办法。这种旧式信用证的受益人就是申请人即买方本人，并由受益人亲自携带以便在购货地筹措资金，其目的和内容与旅行信用证很相似。这种信用证一直使用到 19 世纪初，才逐渐为具有现代意义的信用证所取代。

19 世纪初，英国开始了工业革命，国际贸易得到进一步的发展。随着国际贸易的发展，特别是航运业的发展，定期航线的开辟，提单条款定型化，使凭单付款逐步形成。但银行方面仍存在一定的障碍，由于银行不熟悉商业行情，对要求贴现或押汇的汇票和货运单据仍顾虑重重。在这种情况下，在旧式信用证基础上加入银行信用，于是现代意义的跟单信用证便产生了。据有关资料显示，最早涉及跟单信用证的诉讼案发生于 1804 年。19 世纪中期以后，信用证开始获得真正的发展。而信用证的原则和做法逐渐趋于统一则是 20 世纪的事情了。信用证的统一运动始于 1920 年的美国，美国在国内制订了信用证的统一格式。考虑到信用证的国际性，国际商会于 1933 年公布了“统一规则”，推荐各银行采用。为适应国际贸易发展的需要，信用证的种类不断增加。第一次世界大战后取代伦敦成为世界贸易中心的美国，其出口商为确保交易的安全，要求本国银行对信用证保兑，于是出现了保兑信用证；随着第二次世界大战后卖方市场的形成，又产生了背对背信用证；日本在第二次世界大战后为解决进出口失衡采用了伊士克罗(Escrow)信用证。

信用证用于国际结算已有相当长的历史了，大框框始终没被突破，因为它算是一种较为完善的结算方式。作为完善的结算方式，一般要具备安全迅速清偿债权债务、保证兼顾买卖双方的利益、便于融通资金的功能。信用证基本上具备了这几个条件，所以在国际贸易中广泛使用，这也说明了信用证制度的合理性。

第二节 跟单信用证的内容及主要当事人

一、信用证的格式和内容

(一) 信用证的标准格式

信用证上所记载的事项必须明确、正确、完整，否则将导致当事人之间的纠纷。但世界上并无具有法律约束力的标准格式，因此信用证的格式多种多样，因开证行而异，也因信用证的种类和目的而不同。

国际商会在制定、修改《跟单信用证统一惯例》的同时，也致力于信用证标准格式的制定和推广。1951 年国际商会第 13 次会议除了修订统一规则外，还通过了银行委员会草拟的“开发信用证标准格式”，并以第 159 号出版物公布，该标准格式着重统一银行间往来函电的用语款式，对信用证本身的格式没有具体规定，但为国际银行间统一信用证格式奠定了基础。

1962 年国际商会修订了统一规则，得到多数国家银行的承认并采纳，银行委员会又开始重新研究信用证标准格式问题，并于 1970 年以第 268 号出版物公布，该格式共有 6 种。为配合 1983 年统一规则的修订，国际商会于 1986 年以第 416 号出版物公布了新的标准格式，称做 UCP 500。2006 年国际商会又对 UCP 500 进行了修改，于 2007 年 7 月 1 日生效，是为 UCP 600。目前使用的最新格式是 UCP 600 中规定的格式，国际商会以第 600 号出版物公布。信用证的格式共包括：不可撤销的跟单信用证申请书、致受益人的通知书、致通知行的通知书，跟单信用证连续格式、修改格式、通知格式等。

(二) 信用证格式内容介绍

表 6-1 和表 6-2 分别是格式中的致受益人信用证通知书和致通知行信用证通知书。

表 6-1 Noted Irrevocable Documentary Credit Form
(Advice for the Beneficiary)

Name of Issuing Bank: Place and Date of Issue: ③	Irrevocable Documentary Credit①	Number②
Applicant: ⑤	Expiry Date and Place for Presentation of Documents Expiry Date: Place for Presentation: ④	
Advising Bank: Reference. No⑦	Beneficiary: ⑥	
Partial shipments □allowed □not allowed ⑩	Amount: ⑧	
transhipment □allowed □not allowed ⑪ □insurance covered by buyers ⑫	Credit available with Nominated Bank: □by payment at sight □by deferred payment at: □by acceptance of drafts at: □by negotiation: ⑨	
Shipment as defined in UCP 500 Article 46 from: For transportation to: ⑬ Not later than:	Against the documents detailed herein □and Beneficiary's draft(s) drawn on:	

续表

⑭～⑳
Documents to be presented within □ days after the date of shipment but within the validity of the Credit. ㉑
We hereby issue the Irrevocable Documentary Credit in your favor. It is subject to the Uniform Customs and Practice for Documentary Credits(1993 Revision, International Chamber of Commerce. Paris France. Publication No. 500)and engages us in accordance with the terms thereof. The number and the date of the Credit is available by negotiation, each presentation must be noted on the reverse side of this advise by the bank where the Credit is available. ㉔ This document consist of □signed page(s)　㉕Name and signature of the Issuing Bank

表 6-2　Noted Irrevocable Documentary Credit Form

(Advice for the Advising Bank)

Applicant:	Irrevocable Documentary Credit	Number
Place and Date of Issue	Expiry Date and Place for Presentation of Documents Expiry Date: Place for Presentation:	
Applicant		
Advising Bank: Reference No.	Beneficiary	
Partial shipments □allowed □not allowed Transhipment □allowed □not allowed	amount Credit available with Nominated Bank:	
□ insurance covered by buyers Shipment as defined in UCP 500Article 46Form: For transportation to: Not later than:	□by payment at sight □by deferred payment at: □by acceptance of drafts at: □by negotiation: Against the documents detailed herein □ and Beneficiary's draft(s) drawn on:	
Documents to be presented within □ days after the date of shipment but within the validity of the Credit		
We have issued the irrevocable Documentary Credit as detailed above it is subject to the Uniform Customs and Practice for Documentary Credits(1993 Revision, International Chamber of Commerce. Paris, France. Publication No. 500) We request you to advice the Beneficiary □Without adding your confirmation　□adding your confirmation　□adding your confirmation. if requested by the Beneficiary ㉒ Bank-to-Bank Instructions ㉓		
This document consist of □signed page(s)　　Name and signature of the Issuing Bank		

(1) 信用证的性质。标明信用证性质为“不可撤销的跟单信用证”。其标准格式是为不可撤销的信用证设计的,因此,已印就了 Irrevocable Documentary Credit 字样。以前 UCP 400 中规定,如果未明确指明是不可撤销的,则视为可撤销的信用证处理。而 UCP 600 的规定,如未指明仍视为是不可撤销的。所以在使用这个格式时,如个别情况下需开立可撤销的信用证,要将“不可撤销”划去,加上“可撤销”的字样。

(2) 信用证号码。这是开证行编排的,这一号码将出现在受益人的单据之中,以表明单据同该信用证的联系。

(3) 开证地点和日期。开证地点即开证行所在地。开证日期即开立信用证的日期。如是信开,填入的开证日期与信用证的寄发日期相同。若以简电作为预先通知,而以本标准格式作为信用证的有效文件,则填入的日期应是简电中表明的开证日期;若简电中未表明,则应填入发出简电的日期。

(4) 信用证的有效日期和地点。信用证的有效日期即信用证的到期日。过了这一日期信用证就失去了效力。到期地点是单据必须在到期日或之前进行提示的地点,可填入国家或城市名称。到期地点与信用证使用方式是直接联系着的,必须与信用证中指定的交单银行的所在地一致。

(5) 开证申请人名称及地址。

(6) 受益人的名称及地址。

(7) 通知行。其中的“Ref. No”是供通知行使用的,不必填注。

(8) 信用证金额。金额要用大小两种写法,以防涂改,要有货币名称。如用缩写,则必须使用国际通用标准编写符号。视情况可在金额前用 about 或 approximately 字样,依惯例该金额可允许有 10%的伸缩。

(9) 指定银行即信用证的可用性。在 Credit available with 的后面填指定银行的名称和所在地。如信用证是自由议付的,则只填加 any bank in ________(城市或国家名)即可,或填加 any bank。使用方式有四种,即:by sight payment——即期付款信用证;by acceptance——承兑信用证;by negotiation——议付信用证;by deferred payment——延期付款信用证。一张信用证必须在这四种方式中选一种,选了哪种,就在这种方式前的方框中划上“X”。但如果选择了延期付款,则必须加注确定日期的方法,如 10 days after presentation of documents。在使用承兑和议付或即期付款方式时,要使用汇票(即期时有时使用),“and beneficiary's at __ on __”即是对汇票的规定,要求填上汇票的到期日和付款人。

(10) 分批装运。

(11) 转运。

(12) 买方投保。信用证不要求提交保险单据时,而且申请人表示它已经或将要为货物投保时,便可在此方格内标上“X”。

(13) 装运港、目的港和装效期。

(14) ~(20)是格式中间的空白处,包括以下内容:(14)货物描述;(15)单据的规定;(16)商业发票;(17)运输单据(普遍的);(18)运输单据(特定的);(19)保险单据;(20)其他单据。

(21) 交单期限。信用证除规定有效日期外,每个要求提交运输单据的信用证还要规定一个运输单据出单日后必须交单付款、承兑或议付的特定期限。如果未规定,则这个期限为运输单据出单日期后 21 天,但不得晚于信用证的效期。

(22) 对通知行的指示。有三项选择,要求通知行加保兑或不加保兑及授权通知行在受益人要求的情况下加保兑。

(23) 偿付指示(仅用于"致通知行的通知书"),说明指定银行如何获得偿付。

(24) 信用证开立的总页数。

(25) 签字。给受益人和给通知行的格式都要求开证行签字。

格式中有一些印就的文句,其意思共有三层:开证行开立的信用证遵循现行的统一规则办理;如信用证要求汇票,则开证行名称、信用证号码、开证日期必须写在汇票中;如果是议付信用证,则在议付时要备批。

二、信用证的主要当事人及其权责

信用证涉及的当事人有许多,每一笔信用证的参与者也不同,有的当事人可能具备多种身份。因此,搞清这些当事人的地位、权利和义务是开展和做好信用证业务的基本条件之一。

(一) 开证申请人

开证申请人(Applicant)又称"开证人",通常是进口商。他根据买卖合同向往来银行申请开立信用证。有时在一些特殊情况下,可能是买方的委托人或中间商。开证申请人要受到卖方签订的贸易合同及与开证行签订的业务代理合同的约束。

首先,申请人要按要求负责申请开证。在买卖双方签订的合同中,如支付条款中规定由买方开立信用证,那么买方就有在规定的期限内开出信用证并交给卖方的义务。若合同中并未明确规定信用证的开出时间,买方应在此交易的合理时间内办理信用证,使信用证能在装运期限以前到达出口地,以便出口商有充分的时间备货和装运。除按期申请外,还要求所申请的信用证内容上符合合同的要求,买卖双方之所以开信用证,是因为这是履行合同的先决条件,是为了完成合同中规定的支付条款。买卖双方最终的义务还是合同义务,所以信用证的内容必须和合同一致。如果申请人拒绝开证或未能按期开证,则被认为是违约,受益人有权要求赔偿或撤销合同。

其次,开证申请人还要受和开证行签订的代理合同的约束。此代理合同是指申请人在业务最初向开证行提交的开证申请书,该申请书上列有对开证行的指示。开证申请人要合理地做出各项指示。有的开证申请人为使信用证完整和准确,在给开证行的指示中,几乎将合同的全部细节都写上,以此制约受益人。但完整和准确并不等于复杂,复杂烦琐的条款非但不能起到制约受益人的作用,反而是信用证内容越复杂,越不容易做到单证一致,使所有的当事人都耗费精力,有的银行甚至不愿议付这样的信用证。因为银行只管单据,受益人完全可以不按事实而制作与信用证表面相符的单据。所以,开证申请人在给开证行做指示时,不仅要全面(不能有疏漏)、准确(不能用模棱两可的措辞,使人产生误解,前后内容不得出现矛盾),还要做到简单明了,避免面面俱到。这是开证申请人在代理合同项下必须履行的第一个责任。

履行代理合同项下的第二个责任是向开证行交保证金。开证行为申请人开证，向卖方作出了第一性的付款保证，实际上是提供了信用，为确保能从申请人那里得到偿付，最简单的办法就是要求申请人有抵押。传统的做法是签订总质押书，除保证一切损失由申请人赔偿外，还要求开证申请人在开证行设立一个专门的账户，按信用证的金额交一定比例或全部的保证金。由于交保证金积压了申请人的资金，所以目前一些进口商不愿使用信用证，这也是使用信用证不尽如人意的地方。为了克服这个缺点，一些国家已不收保证金或只收取极小比例的保证金，以改善开证申请人的资金周转状况。

开证申请人的第三个责任是保证付款赎单。在开证行履行了付款责任后，开证申请人应向开证行付款赎单。开证行是为申请人垫付，所以要偿还。即使开证行破产，申请人的付款义务也不能免除。在开证申请人付款前，作为物权凭证的单据属开证行。

开证申请人还应支付各项费用，如开证费等。

开证申请人享有以下权利：

(1) 有权在付款前对受益人提交的单据进行审核，若发现单据与信用证条款不符或单据之间有矛盾，有权拒绝付款。

(2) 申请人在履行付款义务后，对到港的货物有权对其品质和数量进行检查。若不符，有权根据过失责任向有关方面进行追赔。如属运输公司的责任，则与运输部门和保险公司交涉；如属出口商的责任，则退货索回货款。但不能要求开证行赔偿，因这与信用证的单证一致无关。

(3) 有时合同要求出口商交履约押金或提供担保，若出口商未照办，开证申请人有权不开信用证。

(4) 属开证行的过失，有权要求开证行赔偿。如果单据合格但被开证行错误地对外拒付，申请人就可要求银行赔偿相应的损失。

(二) 开证行

应开证申请人的要求代表申请人向受益人开出信用证的银行叫开证行(Issuing bank)。

1. 开证行的义务

(1) 开证行应按开证申请人提交的申请书上的指示正确及时地开出信用证。在这里，开证行的地位与托收方式下的托收行地位相同，它要严格按照申请人的指示行事，如果背离，势必产生一定的风险。

(2) 负第一性的付款责任。开证行通过开证承担了对受益人提交的表面上相符单据付款的全部责任。在这里，银行的担保代替了开证申请人担保，它不能以开证申请人没有付款能力、没交保证金等为借口而推卸付款责任，即使开证申请人倒闭，付款责任也不能解除。它应对出口商和所有汇票的合法持有者承担付款的责任。

(3) 开证行在验单付款后，不能对受益人或议付行行使追索权，即开证行的付款是终局性的付款。

2. 开证行可行使的权利

(1) 在开立信用证时，有权向开证申请人收取保证金和手续费。

(2) 开证行对受益人提交的单据，有权审查，以确定单据表面上是否符合信用证条款。对不符合信用证条款的，有权向议付行退单，并追索票款(当开证行仅凭议付行的索汇电报付款时)。

(3) 一旦进口商无力偿付，开证行有权处理单据或货物。如出售货物的价款不足以抵补垫款时，有权向申请人追讨不足的部分。

(三) 受益人

受益人(Beneficiary)是指信用证上所指定的有权使用该信用证的人，即出口商，也是汇票的出票人(如果有汇票)。

1. 受益人应履行的义务

(1) 在接到信用证后，应在规定的装运期内装运货物，并在有效期内提交单据，对单据的合格与否负责。

(2) 发运货物的品质等应严格遵守信用证的规定，有保证货物合格的义务(这是贸易合同的自然延伸，而并非信用证的责任)。

2. 受益人的权利

(1) 受益人在接到信用证后，应与合同核对，若信用证条款和合同不符，或无法履行，有权要求进口商修改或拒绝接受。

(2) 受益人有凭合格单据取得货款的权利。

(3) 开证行倒闭时，有权要求申请人付款。若信用证是保兑的，则有权要求保兑行付款。如果开证行和申请人同时破产，如货已备好，但未交货或未装船，有扣留权；如货已发出，即使单据已交，仍可要求运输单位中途停运，即行使停运权，并将货物出售给别人。

(4) 若开证行无理拒付，有权上诉并要求赔偿损失。

(四) 通知行

通知行(Advising Bank)是向出口商通知信用证的银行，多由开证行在出口地的联行或代理行来担任。

(1) 通知行如决定通知信用证，就有义务证明信用证表面的真实性。通知行收到信用证后，首先要核对印鉴或密押，以防止是假的。信用证在个别情况下是直接寄给受益人的，这时受益人大都要找银行核对一下，因银行拥有识别真伪的技术和手段，这也是大多数信用证要通过出口地银行来通知的原因。如果通知行不能确定信用证表面的真实性，应向开证行说明。如果这时它依然对该证予以通知，则须告知受益人它不能确定信用证的真实性。

(2) 如通知行决定不通知，要不延误地告知开证行，但一旦决定通知，就有义务及时、准确地进行通知。如错误地通知了信用证的有关条款，给受益人造成损失，则要承担责任。

(3) 对出口商即受益人不承担议付或付款的责任。

(五) 议付行

当使用议付信用证时，开证行在信用证中指定一家银行并授权其在单据相符时议付买单，垫款给受益人，这家银行就是被指定的议付行(Negotiating Bank)。有时，信用证中不指定议付行，而是允许任何银行自由议付，这时受益人可以选择任一家银行将单据交给其要求议付。议付行在处理信用证业务时：

(1) 有权议付或不议付。在信用证中，议付行并未作出付款的承诺，作出承诺的是开证行。所以议付行没有必须议付的义务，它可以自由选择是否购买受益人的单据和汇票。如开证行信誉不佳，或者信用证过于复杂，就可不议付。

(2) 有权根据信用证条款审核单据。议付行之所以议付，是建立在开证行保证偿付的基础上，但开证行偿付的前提是单证相符，只有议付的单据是合格的单据，才能得到偿付，所以议付行要对单据进行严格的审核。否则，将遭到开证行的拒付。

(3) 议付后，议付行有权向信用证的开证行或偿付行收回垫款。

(4) 开证行拒付时，不论什么原因，议付行都有向受益人进行追索的权利。

(5) 在向第三者索偿时，无证明单据相符的义务。

(六) 付款行

付款行(Paying Bank)是信用证上规定的汇票上的付款银行，或付款信用证下执行付款的银行。付款行可能是开证行，也可能是开证行以外与开证行有委托代理关系的第三家银行。如受益人开出的汇票是以本国货币表示的，通知行就是付款行；若以进口国的货币表示，则开证行为付款行；若以第三国的货币为支付货币，则付款行是第三国的某家银行。

付款行的权利义务是：

(1) 付款行是作为开证行的付款代理人出现的，由开证行在信用证中指定。和议付行一样，由于其本身并未在信用证中作出承诺(付款行为开证行者除外)，所以有权不按开证行指示行事。它之所以付款，是因为它和开证行之间有代理合同。如果付款行和开证行无代理合同，付款行当然可以不执行付款。

(2) 有权根据代理合同向开证行取得偿付以及所发生的费用。

(3) 付款行验单付款后无追索权。从法律上看，付款行是开证行的代理，它是代表开证行验单的，一经付款，则是最终付款。如付款行是通知行，一经付款，不能再向受益人追索；付款行若是第三国银行，一经向持票人付款，则不能追索，即付款行除非误付，不能向前手行使追索权。

(七) 偿付行

偿付行(Reimbursing Bank)是开证行指定的对议付行或付款行偿还垫款的银行。当开证行与议付行或付款行之间无账户关系时，特别是信用证以第三国货币开出时，为方便结算，开证行便委托另一家与之有账户关系的银行，即偿付行代向议付行或付款行偿付。有时，议付银行在议付之后开出汇票向偿付行索汇，这种汇票称为索偿汇票(Reimbursing

Draft)。偿付行只是接受开证行的委托,充当出纳机构,与受益人无关,它既不接受也不核审单据。其权利义务是:

(1) 只要索偿行提供的信用证号码、开证行名称和账户以及索偿金额等事项符合开证行的偿付授权(书),偿付行就应向索偿的议付行或付款行偿付。偿付行也有权拒绝执行开证行的偿付指示(除非已开具了偿付保证),此时应由开证行承担偿付之责。

(2) 无权要求议付行或付款行证明单证相符。开证行在收到单据之后,若发现不符点,不能向偿付行追索,而是直接向议付行追回已付款项。

(八) 保兑行

开证行以外的银行接受开证行的授权或要求以本身名义对信用证的付款加具保兑的银行称保兑行(Confirming Bank)。有时因开证行的信誉不佳,或受益人对开证行的信用情况不了解,或者开证行国家经济状况恶化,出现政治风波或外汇管制较严等情况时,往往由开证行请另一家为受益人所熟悉的银行,通常是出口地的通知银行或其他信用卓越的银行对其所开的信用证担负兑付的责任。如被邀请的银行不准备加保兑时,必须及时向开证行发出通知,但可以将这个未加保兑的信用证通知给受益人,并如实通知开证行。

保兑行的主要权利有:

(1) 有权收取一定的保兑费。保兑银行以其信用提供保兑并承担风险,故有权收取保兑费,费用的多少,依据信用证有效期限的长短而定。保兑费通常有三种负担方式:由进口商负担;由出口商负担;由进出口商双方负担。

(2) 有权决定对信用证的修改部分是否加保。信用证保兑后,如果需要修改,必须征得保兑行的同意,但即使保兑行同意修改信用证,它也有权选择是否对修改部分加保兑。但是对同一修改通知中的修改内容不允许部分接受,因而,部分接受修改内容当属无效。

(3) 保兑行赔付后有权向开证行索偿。当保兑行在开证行倒闭或者无理拒付时,对受益人付款后,即取得向开证行索偿的权利。但保兑行不得对受益人进行追索。

(4) 拒绝接受单据的权利。如提交的单据与信用证条款不符,保兑行可以拒绝接单。

(5) 免责权。保兑行对于单据的有效性、信息传递方面、不可抗力或者被指示方行为所导致的责任可以免除。

保兑行的义务主要有:

(1) 有权保兑或不保兑,但保兑后,无权擅自取消自己的保兑。拒绝给予保兑时,应及时通知开证行。UCP 600 规定,如果另一家银行经开证行授权或要求对信用证加保兑,但它不准备照办,则它必须不迟延地通知开证行。

(2) 第一性付款义务。保兑行接受开证行的邀请,在信用证上加注保兑注记后,即必须对信用证独立负责,承担必须付款或议付的责任,并与开证行的第一性付款责任相同。受益人可以将单据提交给保兑行或其他指定银行,只要单证相符,保兑行就应该付款、承兑或议付。这一责任与开证行的承诺是分离的、独立的。

(3) 审核单据的义务。在付款前,有权审核单据,若单证不符,有权不付款。

(4) 对有不符点单据进行通知的义务。

(九) 转议付银行

有时信用证指定了议付银行，而该银行并非出口商的往来银行。出口商可能直接向其往来银行申请议付，再由这家议付行向信用证指定的议付行办理转议付。该指定议付银行即为转议付银行。

(十) 代开银行

代开银行即代开信用证的银行。与它本身开出的信用证一样，代开银行有必须付款的义务。付款之后，即作为第一性付款人无追索权。在一些交易中，一家银行往往担任着几个角色。例如，通知行议付了信用证项下的汇票，就同时是议付行；如果开证行直接支付了汇票，则它同时又是付款行；如果通知行对信用证加了保兑，则又变成了保兑行。但绝大多数情况下，跟单信用证交易只有两个基本银行——开证行和通知行，分别在买方和卖方的所在地。如果信用证中出现了其他的银行，则其权利和义务不是由信用证决定的，而是由另外独立的合同关系决定的。

三、银行的免责事项

银行在信用证业务中的地位是申请人的代理人，而接受开证行的邀请提供服务的通知行等则是开证行的代理人，因此信用证业务中发生的一切风险应由申请人负责。在UCP 600 中，对银行的免责事项有专门的规定，主要包括如下内容。

(一) 对单据有效性的免责

银行对于任何单据的形式、完整性、准确性、真伪性或法律效力，或对于单据上规定的或附加的一般性及/或特殊性条件，概不负责；银行对于任何单据中有关的货物描述、数量、重量、质量、状况、包装、交货、价值或存在与否，对于货物的发货人、承运人、运输行、收货人或保险人或其他任何人的诚信、行为及/或疏忽、清偿能力、执行能力或信誉，也概不负责。

(二) 对文电传递的免责条款

银行对由于任何文电、信函或单据在传递中发生延误及/或遗失所造成的后果，或对于任何电讯在传递过程中发生的延误、残缺或其他差错，概不负责。银行对专门性术语的翻译及/或解释上的差错，也不负责，银行保留将信用证条款原文照转而不翻译的权利。

(三) 不可抗力

银行对于天灾、暴动、骚乱、叛乱、战争或银行本身无法控制的任何其他原因而营业中断，或对于任何罢工或停工而营业中断所引起的一切后果，概不负责。除非经特别授权，银行在恢复营业后，对于在营业中断期间已逾期的信用证，将不再进行付款、承担延期付款责任、承兑汇票或议付。

(四) 对被指示方行为的免责条款

银行为执行申请人的指示，而利用另一家银行或另几家银行的服务，是代申请人办理的，费用由申请人承付，风险由申请人承担。即使是银行主动选择其他银行办理业务，它发出的指示未被执行，对此银行亦不负责。

一方指示另一方提供服务时，被指示方因执行指示而产生的一切费用，包括手续费、费用、成本费或其他开支，均由发出指示的一方承担。当信用证规定上述费用由指示方以外的一方负担，而这些费用又未能收回时，也不能免除最终仍由指示方支付此类费用的责任。

(五) 银行遭受损失的赔偿

申请人应受外国法律和惯例加诸银行的一切义务和责任的约束，并对银行承担赔偿之责。

四、信用证项下主要当事人的法律关系

在信用证当事人之间的关系中，开证行作为信用证的开立者，起到各当事人的“中枢”作用。围绕信用证，所涉及的当事人建立起一种三角契约关系，如图 6-1 所示。

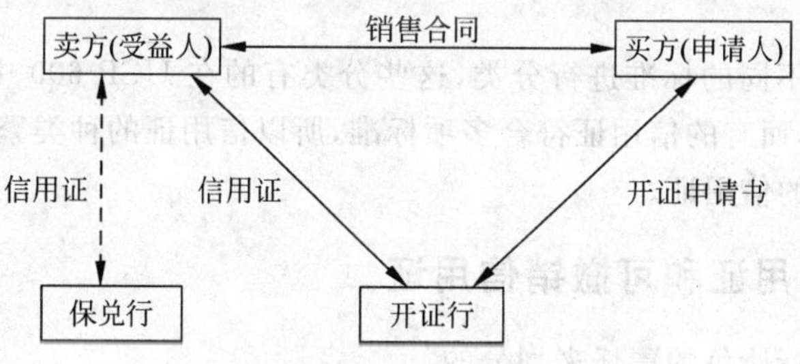

图 6-1　信用证当事人三角契约关系

(1) 申请人与受益人的关系，通常都以书面形式订立的买卖合同而成立。申请人应根据买卖合同的付款条件，到银行申请开立信用证。

(2) 申请人与开证行的关系，由开证申请书所确定，开证行的开证是以开证申请人所付出一定代价为前提，因此，开证行在接受了申请人的开证申请书后，便承担了在一定条件下必须向受益人付款的责任。

(3) 开证行与受益人的关系，体现在信用证上。当开证行开立信用证通知受益人，并在证内作了交单的付款承诺后，开证行对受益人就承担了付款的义务；受益人既有履行信用证规定的义务，也有交单收款的权利。

(4) 开证行与通知行的关系，是一种委托代理关系。通知行的代理责任只限于通知信用证和证明它的表面真实性，无议付或代付的义务；如通知行接受或愿意充当议付行，即从议付时开始，才以议付行的身份与开证行打交道。

(5) 通知行与受益人的关系。通知行应合理谨慎地检验信用证的表面真实性，迅速正确地将信用证通知给受益人；如果由于通知行的疏忽造成延误而使受益人遭受损失，

受益人可借助合适的民法要求通知行承担责任。

(6) 开证行与代付行的关系。代付行是开证行的付款代理人,代付关系是根据两家银行的代理合同所确定的。

(7) 开证行与议付行的关系。在指定议付和自由议付的情况下两者都是委托代理关系,议付行之所以有权向开证行凭正确单据要求偿付,是因为接受了信用证上开证行负责文句中对议付行的邀请。

(8) 开证行与保兑行的关系,根据代理合同的规定而确定。在没有事先议妥的情况下,保兑行可不理会开证行的加保请求,但保兑行一经允诺,对受益人来说,保兑行与开证行一样,两者都处在同责同权的地位。

(9) 保兑行与受益人的关系。一旦保兑行对信用证加具保兑,它将对受益人承担一项独立的义务。在此,保兑行一方面是作为开证行的代理人;另一方面它又以当事人的身份对受益人负责。如果所交单据与信用证条款一致,它必须承认并支付该信用证规定的金额,且没有追索权。

(10) 议付行与受益人的关系。议付行对受益人享有追索权,如果开证行拒付汇票,或开证行倒闭,议付行有权向受益人要求偿还付款。

第三节 跟单信用证的种类

信用证可按照不同的标准进行分类,这些分类有的在 UCP 600 中有规定,有的则是实务中出现的用法,而有的信用证符合多项标准,所以信用证的种类繁杂。以下介绍的是几种常用的和重要的信用证。

一、不可撤销信用证和可撤销信用证

这是根据开证行所负的责任来划分的。

1. 不可撤销信用证

不可撤销信用证(Irrevocable L/C)是指信用证一经开出,在有效期内,非经受益人、保兑行(如有)等有关各方面的同意,开证行不能将信用证片面取消或修改。现在使用的信用证,凡是不可撤销的,都在信用证明显的地方写有 Irrevocable 字样。UCP 400 规定,对未写明的,视为是可撤销的信用证。由于目前贸易上使用的信用证绝大多数是不可撤销的,UCP 500 对此又做了重新的规定,如未注明,应视为不可撤销的,UCP 600 沿用了 UCP 500 的规定。这样的修改增强了信用证的银行保证作用,保护了受益人的利益,并与 UCP 600 中关于信用证中未注明是否禁止转运、分批,则应视作与允许转运、分批的规定相对应。

根据 UCP 600,不可撤销的信用证具有两大特征:一为上面所说的"不可撤销性",即在有效期内,非经有关当事人的同意,不能进行修改或撤销;另一特性为开证行对受益人或信用证项下汇票的持票人等所负的付款保证责任。只要受益人提供与信用证相符的单据,开证行应保证履行下列义务:

(1) 如果信用证是即期付款信用证,则即期履行付款。

(2) 如果信用证是延期付款信用证,则按信用证规定的可以确定的日期付款。

(3) 如果信用证是承兑信用证,当由开证行自己承兑时,应承兑受益人开出的以开证行为付款人的汇票并在到期日支付。如果不是开证行自己承兑,而是由其他的付款行承兑,而这个付款行不承兑或承兑后到期不付款时,则由开证行承兑并在到期日支付。

(4) 如果信用证是议付信用证,则应以无追索权的方式向出票人或善意持票人履行付款。

不可撤销的信用证为受益人提供了一定程度上的保障,因为没有他的同意,信用证不会被修改或撤销。受益人可放心地备货发运,不必担心开证行会撤销他的付款承诺。但对进口商来说,在商品价格下跌的情况下,仍必须按信用证内定下的价格支付,没有什么灵活的余地。国际贸易中使用的信用证一般大都是不可撤销的。我国银行开立的信用证也是不可撤销的,原则上,我国的银行和外贸公司不接受或不办理可撤销的信用证。

2. 可撤销信用证

可撤销信用证(Revocable L/C),是指开证行在开出信用证后,可不必经受益人等有关当事人的同意,随时可修改或撤销的信用证。

UCP 400 规定,信用证如未注明“不可撤销”字样,均视为可撤销信用证。这种规定的缺陷是:如果稍有疏忽,必将导致受益人遭受严重的经济损失。UCP 500 对此作了根本性的修改:凡信用证未注明“可撤销”或“不可撤销”字样的,应视为不可撤销信用证。鉴于可撤销信用证给各方带来诸多不利这样一种现状,UCP 600 取消了可撤销信用证这一种类,今后所有的信用证均为不可撤销信用证。

二、保兑信用证和不保兑信用证

这是根据信用证有无第三者提供保证兑付来划分的。

1. 保兑信用证

由开证行以外的另一家银行加具保证兑付的信用证称保兑信用证(Confirmed L/C),即委托第三家银行加保。保兑行和通知行是委托或代理关系,保兑行通常由通知行充任。通知行接受委托后,在信用证上打印加保的文字。如 this Credit is confirmed by us,或 we hereby added our confirmation。保兑的做法起源于英国,所以英国以前开出的信用证都加“保兑”字样,在他们心目中,confirm 与 irrevocable 的意义是一样的,因此若出现 confirm credit 或 irrevocable confirm credit,一般不是委托通知行加保,而是开证行本身加保的意思,这种保兑是没有意义的。看一个信用证是否是保兑的,不能仅看名称,而要看是否有另外一家银行承担了与开证行一样的“第一性的付款责任”。

保兑银行所负的责任,不论是其形式还是范围,完全与开证行所付的责任相同,且担保责任是绝对的,不论发生什么情况,都不得片面撤销其保兑,这在统一规则中有详细的规定,即凡信用证规定由保兑行本身或其他人付款(即期付款、延期付款)、承兑和议付的,保兑行保证付款、承兑和议付。

这类信用证只用于不可撤销的信用证,因此所有的保兑信用证都是不可撤销的,不能片面地将保兑取消。

保兑,通常是由受益人提出后,通过国外买方,转请开证行考虑办理,也可由受益人通过信用证的通知行转告开证行办理，然后由开证行委请其他银行加保兑。受益人并不是在任何时候都要求加保兑，在大多数受益人看来，只要开证行资信良好，能承担付款责任，就没必要加保兑了。是否保兑，与进口商无关，但因保兑行收取的费用较高，增加了进口商的负担，一般进口商将这些费用加在货价内或要求出口商降价，以转移给出口商。若不能转嫁，则该信用证将是进口商花费最大的信用证。需加保兑的信用证有下面几种情况：

(1) 信用证的金额超过了开证行的支付能力；

(2) 进口国政局动乱或正在进行战争或政府对进出口实行强硬的外汇管制；

(3) 开证行信誉不佳、资金能力有限或者是和出口银行未建立代理关系。

对出口商来说，这是最有利的信用证，因为它有双重的付款保证，只要单据符合要求，它就保证能得到付款，而且它可以要求保兑行和开证行中的任何一个银行履行付款责任。并不是在开证行不对受益人负责时保兑行才负责，它可以要求保兑行和开证行中任何一个履行付款责任，没有先后顺序的限制。

开证银行一般不愿对自己开出的信用证请别的银行加保兑，因为这个行为降低了开证行的信用程度，资信优良的银行和开证申请人是不愿这样做的。但有时，有些银行知名度不高或者对自身的资信有"自知之明"，唯恐所开出的信用证不被受益人接受或在出口地不易被其他银行议付，便主动在开证时声明"如受益人要求时，请加保兑"。

国际商会曾对应由开证行还是开证申请人选择保兑行进行过讨论，认为开证申请人有权在开证时选定保兑行，但考虑到保兑行往往是开证行的代理行，故一般由开证行选定，且这种保兑是针对开证行的信用而言的，和申请人无关。如果被选定的银行不准备加具保兑，应及时将此通知给开证行，不得有所延误。我国对外开证时，一律不要求加保兑。对国外开来的信用证，如要求我方加保，应根据开证行的资信、业务往来情况以及所在国的政治、经济等因素决定是否加保。对于风险较高的代理行来证，原则上不予保兑并及时通知开证行。

2. 不保兑信用证

未委托第三者加保的信用证就是不保兑信用证(Unconfirmed L/C)，它由开证行单独承担不可撤销的保证付款的责任。在开证行资信较好的情况下，出口商一般不要求加保，这时通知行只负责通知，对单据不承担任何责任。因此在买方或开证行不能付款或拒绝付款的情况下，它不能向出口商提供任何保护。通常，不保兑的信用证使用得更多一些。

根据信用证是否加了保兑，会出现三种情况：①irrevocable and confirmed credit；②irrevocable and unconfirmed credit；③revocable and unconfirmed credit。即从受益人的立场看：①最有保障；②只要开证行可靠，也有保障；③最没有保障。

三、即期付款信用证、延期付款信用证、承兑信用证和议付信用证

这是按信用证的使用方法或付款方法来分类的。UCP 600 规定，每一个信用证都必须明确是这几种信用证中的哪一种。

1. 即期付款信用证

即期付款信用证(Sight Payment Credit)是受益人向信用证指定的付款行提交符合信用证条款的单据时，付款行立即履行付款义务的信用证。这种信用证可要求也可不要

求开出汇票，如果要汇票，则汇票上的付款人应是信用证上指定的付款行，可能是开证行、通知行，也可能是指定的第三国银行，但不能是开证申请人。如付款人是通知行或出口地另一指定的银行，则通知行或指定的银行就是付款行，这是比较典型的即期付款信用证。由于付款行付款后无追索权，这对受益人来说比开证行为付款行的即期付款信用证要有利一些。信用证的到期日视付款银行不同而不同。

2. 延期付款信用证

延期付款信用证(Deferred Payment Credit)是受益人提示合格的单据后，由信用证指定的付款行在规定的将来某一时间付款的信用证。这种信用证不要求开立远期汇票，其期限一般是从提单日算起，即运输单据开出后若干天或从开证行或付款行收到单据的日期算起。由于没有汇票，节省了汇票所需付的印花税，在欧洲许多国家承兑汇票也纳税，所以这种信用证在欧洲非常普及。既无汇票，又是远期付款，所以不要汇票的远期付款信用证就是延期付款信用证。

国际商会对这种信用证规定的标准格式是"credit available with ____(付款行) deferred payment at __(日期)against detail herein"，表示延期付款时间的方法有：days after presentation of the documents；__ days after B/L，如果不按国际商会的标准格式，一般用"payable at the counter of ____ bank __ days after the date of against the documents"的字句，同样表示的也是延期付款。

延期付款信用证由于不存在汇票，既不像即期付款信用证那样，可以在向银行提交单据及汇票后请求立即付款，也不像承兑信用证那样，通过对汇票的承兑，就可得到到期付款的保证。在使用这种信用证时，实际上是出口商向进口商提供资金融通，进口商可以通过单据的提交与付款之间的时间差获得融资。但延期付款信用证的受益人只要向银行提供了符合信用证条款的单据后，即可认为到期得到货款有了保证，这种保证称为 deferred payment undertaking，即延期付款的保证，这同保兑信用证一样，是由银行承担了风险。这种信用证大多用于价值高的资本性货物，如大型成套设备等。

3. 承兑信用证

承兑信用证(Acceptance Credit)是当信用证内指定的付款人(即汇票付款人)接受受益人提交的包括远期汇票在内的合格单据时，承兑该汇票，并在到期日付款的信用证。它与延期付款信用证一样，都属远期信用证，但不同的是，承兑信用证必须要求有一张远期汇票，所以承兑信用证又可以理解为要汇票的远期信用证。

若开证行是汇票的付款人，则由开证行承兑，并承担汇票到期付款的责任；若付款人是其他指定的银行，则由被指定的银行承兑。但不管是谁承兑，开证行都要对到期付款负责。开证行向受益人保证，凡符合信用证条款所开立的远期汇票向被指定的银行提示时，能及时承兑并于到期日付款。

由于被指定的银行没有必须承兑的义务，除非该行保兑了信用证，所以一旦被指定的银行拒绝承兑，则由开证行来承担这一义务。

当指定开证行以外的银行承兑汇票时，被指定的银行就承担了风险，因此要收取承兑费。一般来说，通知行常作为承兑行，因此有效期一般也在通知行到期。

付款行承兑后，汇票便与其他单据分离而成为一张光票，付款行成为汇票的承兑人，按票据法的规定必须对持票人承担到期付款的责任。承兑后汇票可退还给受益人，以备到期提示取款。但大多数情况下，承兑行只发出一个已承兑通知，通知到期日，而不将汇票退还。如果承兑行不是开证行，承兑行付款后则单寄开证行索偿。开证行在收到单据后，一般以付款交单的方式向申请人放单。如果受益人需融通资金，也可以将承兑汇票在承兑行或其他银行贴现，扣除贴息后提前获得货款。

4. **议付信用证**

根据 UCP 600，“议付意指被授权议付的银行对汇票及/或单据付出对价(negotiation means the giving of value for Drafts and/or document(s) by the bank authorized to negotiate)”，即所谓的议付是指买入在国外付款的凭证，然后寄指定的偿付行要求偿还的行为。议付信用证(Negotiation Credit)是指信用证指定某一银行或任何银行都可议付的信用证，它以议付行以外的第三者为偿付行。

信用证可指定一家银行议付，也可允许任何银行议付。前者称限制议付信用证(Restricted Credit or Special Credit)；后者称公开议付信用证(Freely Negotiable Credit or Open Credit)。限制议付在信用证注明 negotiation restricted to ×× Bank 或 available with ×× bank by negotiation；公开议付信用证注明的是 available with any bank by negotiation。

对于限制议付信用证，汇票必须在开证行指定的那个银行议付，单据也必须向该行提示。此种信用证常有这样的条款：Draft under this Credit are negotiable only through the bank whom this credit is advised and who holds special reimbursement instruction. 即“本信用证项下的汇票只能由本证的通知行议付，该行持有特别的偿付指令”。对于公开议付的信用证，卖方可以自由选择他自己的银行或别的银行议付，非常方便，只要他选定的银行愿意议付其汇票。

当受益人交单时，银行审单无误后，扣除议付利息及费用，将净款支付给受益人，然后由议付行向开证行寄单索偿。若开证行拒绝偿付，除非议付行就是保兑行，否则可以向受益人追索。议付信用证可以要求也可以不要求提供汇票，若要求汇票，一般要求卖方提供除议付行以外的指定银行(也可能是开证行)为付款人的汇票，汇票可以是即期的，也可是远期的。假若信用证邀请出口地的某银行议付，而该银行不愿议付，应由开证行自己议付或保证信用证的支付。

信用证以公开议付为多见，特别是一些大银行开出的信用证，自信谁都愿提供议付，所以很少限制议付行。限制议付可能会在以下几种情况下使用：

(1) 开证行为了将业务控制在本系统之内，或者是照顾联行和代理行的关系；

(2) 有的开证行考虑到自己的资信，指明邀请某银行议付；

(3) 除开证行外，通知行为了招揽生意，有时也自己在来证的面函上写上限制条款，如“我行愿意议付此证，保证提供满意服务”等。

如信用证限制了议付行，其他银行能不能议付呢？从理论上分析，信用证的责任条款上有一条“我行保证对所有根据本信用证开出的，并与信用证规定相符的单据及汇票负责付款”。所以只要单据相符，作为受益人有权请任何银行代向开证行交单，要求付款。但对局外的议付行，议付该信用证是有风险的，首先是难以鉴别信用证的真伪。印鉴、密押在开证行与通知行之间是有约定的，而其他的银行不可能知道约定的内容。其次是没法确知信用证有无修改及修改的次数。最后是信用证的偿付办法及寄单办法无从掌握。

从受益人来看，有了限制条款，就等于堵塞了他向别的银行，特别是有关系的银行要求融资的渠道，当指定的议付行不是受益人的开户行时，单据要议付两次，先由开户行议付，再交限制的议付行议付，不仅受益人的费用增加了，还延长了交单期限和推迟了收款；但反过来，开证行已安排好了议付行，受益人不必为了选择议付行四处奔走，也有好处。

议付信用证和付款信用证的最大区别在于，就前者而言，如果议付行不能从开证行得到偿付，它有权向受益人追偿；而在后一种情况下，一旦付了款，便无权向受益人追索。

四、可转让信用证和不可转让信用证

这是根据信用证的权利能否转让来划分的。根据 UCP 600，只有开证行在信用证中明确注明"可转让"字样的信用证才能转让，否则就视为不可转让信用证。

1. 可转让信用证

可转让信用证(Transferable Credit)是开证行授权出口地银行在受益人的要求下，将信用证的权利(即出运货物、交单取款的权利)全部或部分地转让给第三者的信用证。这里原证的受益人为第一受益人，受让人为第二受益人。即这种信用证的第一受益人将信用证的权利转让给第二受益人。可不可转让对开证行来说没有什么影响，它只凭符合信用证条款的单据付款，不必在意单据是由谁进行的提示。但对进口商来说货物是否由原签约的出口商装运却是很重要的。很可能进口商对签约的出口商比较了解，而对其他的人由于不了解而要承担一定的风险。但在国际贸易中，买卖双方往往有中间人介入，这个中间人为买卖双方寻找交易对象，它先从制造商或供货人那里买进货物，然后向最终的买主交货，为了保持商业上的秘密，通常不将信用证开给第二受益人即实际的供货者，而是要求在开出的信用证上加上可转让的条款，使之可将信用证转让给实际的供货人。在这种情况下，买卖双方和中间人的关系是：

第一受益人：中间商，它为买卖双方牵线搭桥，谋取利益。

第二受益人：实际的供货人、卖方，是第一受益人权利转让的接受者。

开证申请人：最终的买者，向银行申请开立可转让信用证的当事人。

可转让信用证的流程可用图 6-2 表示。

还有一种情况也可能需要使用可转让信用证，当公司收到巨额的国外订单时，货物需要由分散在各口岸的分公司分头交货，并分别在不同的口岸出运。信用证经公司转让后，由第二受益人办理装货并向所在地银行交单以取得货款。

虽然第一受益人有权将信用证的全部或部分转让给第二受益人，但在第二受益人未履行规定的义务时，第一受益人对信用证的义务并不因转让而解除，它仍然要受合同的约束，进口商可通过司法诉讼要求予以赔偿，但由于作为第一受益人的中间商可能无货在手，进口商的风险还是存在的。所以进口商在开出可转让的信用证时都非常谨慎，常见的方法是在信用证上加一些条款，规定信用证转让时，要将第二受益人或转让情况通知给开证行及申请人。我国目前各银行进口开证时，一般都不主张开或少开可转让信用证，若确

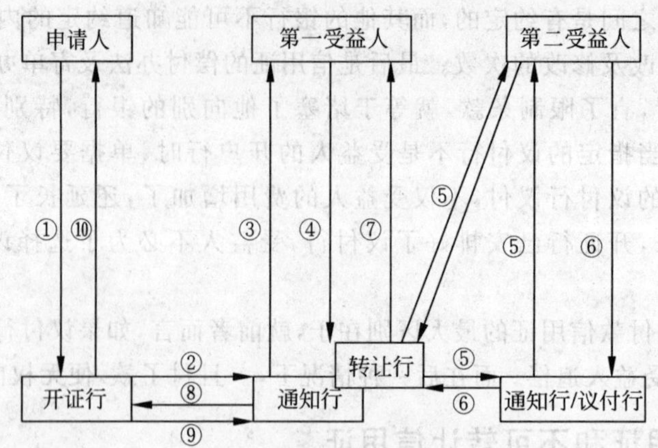

图 6-2　可转让信用证流程

图中：①开证申请人申请开出可转让信用证；②开证行开出可转让信用证；③通知行向第一受益人通知可转让信用证；④第一受益人向信用证指定的转让行(可能就是通知行)提出申请要求转让；⑤转让行将信用证通知给第二受益人，或通过第二受益人所在地的银行通知；⑥第二受益人出运货物交单议付；⑦转让行通知第一受益人更换单据；⑧转让行将已更换的单据向开证行寄出以索汇；⑨开证行审单无误后对转让行作偿付；⑩开证行通知开证申请人付款赎单。

需开出，在向申请人说明可能产生的风险的同时，要求申请人以书面形式承诺自担转让风险。

对于可转让信用证，UCP 600 有如下的规定：

(1) 允许转让时，才能转让。

(2) 这种信用证可转让给两个以上的人，但第二受益人不能再行转让，即只能转让一次。可转让给两个以上的人，是指信用证在允许分批装运时，第一受益人可以把信用证分成几部分转让给数人，这种转让被认为只构成信用证的一次转让，但其转让金额的总和不能超过信用证上的金额。

(3) 信用证转让时，只能通过信用证指定的付款行、承兑行或议付行办理转让。在自由议付信用证项下，办理转让的银行必须是信用证中特别授权的转让银行，也就是说，不是任何一家银行都能办理转让的。

(4) 可转让信用证只能按原信用证规定的条件转让，但可以有以下几个例外：

① 转让信用证即新证的金额可少于原信用证的金额，目的是使中间商有一定的利润；

② 货物单价可以降低，差额也为中间商的利润；

③ 信用证的有效期、货物装运期和最后交单日可以缩短或提前，使中间商有充分的时间以自己的发票替换第二受益人的发票；

④ 投保比例可以增加，因新证的金额比原证少，只有提高投保比例，才能为原信用证上的金额提供全额保险。

(5) 第一受益人有权以自己的发票取代第二受益人的发票，或者是汇票，通知行一般在第二受益人交单时通知第一受益人换发票，以取得差额。第一受益人所签发的发票金额，通常比第二受益人所签发的大。有时，转让是在总公司与分公司之间进行的。若不存在赚取差价问题，可不换发票，这种转让称为直接转让或不替换发票的转让，即以第二受益人的发票和单据交开证行，索偿货款。如通知行在首次告知第一受益人后的合理时间内未收到第一受益人的发票，它可将包括第二受益人在内的全套单据径寄给开证行，不再对第一受益人负责。

(6) 办理转让所需的诸如手续费等费用，由第一受益人承担，如他不付，银行(通知行即转让行)可拒绝办理转让手续。

(7) 第一受益人在提出转让信用证的要求和转让信用证之前，必须不可撤销地指示转让行，说明第一受益人是否保留不允许转让银行将修改通知给第二受益人的权利。转让行如接受，必须将第一受益人关于修改的指示通知给第二受益人。

(8) 一个第二受益人对修改的拒绝并不影响其他第二受益人对修改的接受。

2. 不可转让信用证

凡信用证上未表明为可转让的，都是不可转让的信用证(Untransferable Credit)，即信用证的权利不得转让给第二个受益人。

五、循环信用证

按照信用证能使用的次数将信用证分为循环信用证和非循环信用证。

如果信用证金额被支用后仍可恢复到原金额继续使用，直到规定的次数或总金额用完为止，这种信用证称循环信用证(Revolving Credit)。

买卖双方就同一种商品进行长期交易、分批交货时，为减少开证手续及费用和保证金，常商定使用循环信用证，使之使用了一次后还可再用。这类信用证可以是可撤销的，也可以是不可撤销的，并可由通知行保兑，但有关信用证的循环方法等在信用证上必须交代清楚，以免误解。特别是信用证统一规则中对循环信用证未做任何规定，因此不能模棱两可。

使用循环信用证时，循环条件、循环金额及循环方式是重要的三大要素。

1. 循环条件

从理论上说，信用证可按金额和时间来循环，但实践中根据金额循环的并不多见。按金额循环的信用证是在信用证的金额被支用后，自动地或在收到开证行的通知以后恢复到原金额。但这样对用款的次数将无法控制，特别是对自动恢复到原证金额的情形。如果效期为半年，那么在这半年之内，任何时候都能使用信用证的金额，双方的责任将无法估计，因此银行和买方都不愿开立这样的信用证。而按时间循环却是经常使用的。这种信用证规定受益人在一定的时间间隔内，如每一个月或每两个月、一季等，可循环使用信用证上规定的金额。

2. 循环金额

若信用证的金额为 5000 美元；效期 6 个月，规定每月初信用证自动恢复到信用证中的金额，则无论上月是否用款，每月的可用金额就是 5000 美元。若上月未用的部分可加在本月 5000 美元之上继续使用，则为积累循环信用证(Cumulative Credit)。若上月 5000 美元中的未用部分注销了，不可顺延到本月使用，称非积累循环信用证(non-Cumulative Credit)。无论是按时间还是按金额循环，都要表明是积累循环还是非积累循环。

3. 循环方式

循环信用证依信用证每次重复使用是否须经开证行认可为标准分为以下几种：

(1) 自动循环信用证，是指无须开证行的同意，受益人在提示所规定的单据后，信用证便可恢复到原金额继续使用。

(2) 半自动循环信用证，是指受益人提示单据议付后在若干天内没有收到银行发出的停止恢复的通知，金额才能恢复到原数的信用证。

(3) 非自动循环信用证，是指受益人每次议付单据后，要等到开证行发出恢复通知后，才有权使用下一笔金额的信用证。在这种循环方式下，开证行可定期地对开证申请人的资信状况进行评价，在进口商可能破产时，及时地终止信用证的循环，最大限度地减少损失。

六、红条款信用证

通常的信用证，受益人须在出运货物取得提单并提交符合信用证规定的各种单据后，才能向银行申请议付或押汇，从采购或制造到银行给予议付这一段期间，不能从信用证本身得到资金融通。为了使受益人能在采购、制造直至装运前从通知行或保兑行获得资金融通，信用证特别加列了条款，规定受益人在装运货物或提交单据以前，可请求通知行预支一部分资金，在议付时扣除。这种开证行在信用证上加列条款，授权信用证的通知行或议付行提前向受益人支付货款的信用证称红条款信用证(Red Clause Credit)。由于银行预支了部分金额，这种信用证又称预支信用证(Anticipatory Credit)。

信用证上允许出口之前垫款的条款，当时是用红字印刷或红字注明，以引人注意，所以称"红条款"。现今信用证上的条款未必为红色，但只要有表明预支货款的内容，即可叫做红条款信用证。

红条款信用证最早的使用是与中国的皮货交易有关系的。当时国外进口商的代理人在中国内地采购时，要付现金才能取货，为解决收购所需要的资金，进口商要求银行开证时加注条款，授权通知行对它的代理人预先支取所需资金，然后打包装运至国外。现在，这种信用证在远东、南非、新西兰、澳大利亚及印度尼西亚有时用于羊毛、米、皮张等类似货物的买卖。这实际上是进口商为出口商提供了融资。进口商之所以作出这样的让步，一般是由于货物供不应求，不得不接受出口商的融资要求。

UCP 600 中对红条款信用证未做任何规定，但以下几点是实际运用中应加以注意的：

(1) 在有红条款的情况下，允许出口商在装货交单前支取部分或全部货款。

(2) 通知行或议付行在预支后，应将预支的金额、日期、利率通知给开证行。

(3) 出口商交单议付时，出口地银行从议付金额中扣还预付款的本金及利息。

(4) 在信用证的有效期内，受益人若不能归还预付的本息，即在到期时未按规定提交有关单据，预支款项的通知行可向开证行索偿，因通知行是凭着开证行的承诺才向受益人预支的，所以开证行有义务偿付预支的金额及利息，然后开证行再要求申请人赔偿，开证申请人将对还款、付息和在开证行、通知行处所发生的所有费用负责。

(5) 受益人一般都是以当地货币获得红条款项下的垫款，如果信用证使用的是另一种货币，那么预支日与还款日的汇率可能有变动，通常这个差额由受益人负担，由通知行在收到单据后从议付货款内扣除。但当信用证内特别写明由开证申请人负担时，则差额由申请人支付。

使用这种信用证的最大风险是，受益人在预支了货款后却不发货和交单，因此进口商应充分了解出口商的信用，否则进口商应拒绝在信用证上加列红条款。

除红条款信用证外，还有一种与其基本相似但内容和做法更为严格的绿条款信用证(Green Clause Letter of Credit)。此时，出口商须将预支资金所采购的货物，以银行的名义存放仓库，并将仓单交银行持有，以保证该预支金额按信用证规定使用。实务中，如使用绿条款信用证，进口商须向开证行提供担保或抵押，由于一般预支的金额较高，信用证中必须有"绿条款信用证"的字样。

七、对背信用证和对开信用证

对背信用证和对开信用证是从信用证之间的关系来划分的。

1. 对背信用证

对背信用证(Back to Back Credit)是背对背信用证的简称。中间商多用这种信用证。一个中间商向国外进口商出售某种商品，请该进口商开立以他为受益人的信用证，然后向实际供货人购进货物，并以国外进口商开来的信用证做担保，请求通知行或其他银行对供货人另开新证，这个另开的新证就叫对背信用证。在这里，中间商既是出口商又是进口商。因为交易中进口商与实际供货人是互相隔绝的，所以用"背对背"这个词。对背信用证的流程如图 6-3 所示。

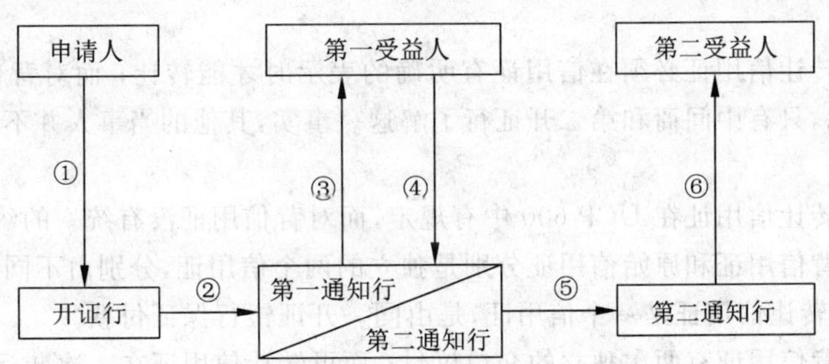

图 6-3 对背信用证流程

图中：①申请人申请开出信用证；②第一开证行开出信用证；③第一通知行将信用证通知给第一受益人；④第一受益人向第二开证行申请开出背对背信用证，并以第一份信用证作保；⑤第二开证行开出背对背信用证；⑥第二通知行将背对背信用证通知给第二受益人，即实际的供货商。

在使用对背信用证时要注意以下几个问题：

(1) 第二开证行提供的单据若不符合第一张信用证的要求，原始信用证的通知行即第一通知行将不会付款，第二开证行的议付也就不能得到补偿。所以要求第二张信用证的条款和第一张信用证的条款除几点改动外基本一致。而且原始信用证应该是不可撤销的，最好加具保兑。因为保兑使第二开证行的安全性增强，信用证不经它的同意就不能修改或撤销，且能多收费用——开证费和保兑费。一般情况下，原始信用证应当授权通知行对该信用证项下的单据付款而不是议付，这样，第二开证行才能确保从原始信用证的通知行处得到偿付。

(2) 由于第二张信用证下的受益人才是实际供货者,原始信用证的受益人是中间商,所以在向第一通知行交单时,中间商要用自己的发票替换实际供货人的发票。

(3) 中间商之所以为买卖双方进行交易,主要是为了获得收益。因此,对实际供货者开立的信用证金额可小于原始信用证上的金额,以便得到两者的差额;效期也应早于原始信用证的效期,使第二开证行有充足的时间进行审单、换发票等,以便在原始信用证到期前及早交单结算。但第二开证行不能在开证时照搬原证的保险条款,否则将导致第一信用证项下的保险额不足,应在第二张信用证中增加保险金额或更换保险凭证。

(4) 若两张信用证上的货币不同,第二开证行应要求客户进行远期外汇买卖来防范风险。一方面能使客户减少损失;另一方面使之能有足够的资金履行第二信用证的偿付义务。

在对背信用证下,即使实际供货商所提交的单据是合格的,对开立对背信用证的开证行(第二开证行)来说仍有风险,如第二开证行在供货商交单时便支付了货款,但中间商由于其不能控制的原因未能在信用证规定的时间把货运给进口商,则第二开证行就不能得到原信用证项下的货款,以补偿其已向供货商支付的货款。

这种信用证与前面介绍的可转让信用证都是为中间商提供了方便,且在业务处理上也有许多相似之处,如均是中间商使用的,都存在第二受益人;费用由第一受益人支付;中间商可以换发票,改变信用证的金额、单价、装期和效期。但二者也有明显的不同:

首先,可转让信用证必须在信用证有明确的表示时才能转让;而对背信用证在信用证上并无表示,只有中间商和第二开证行了解这一事实,其他的当事人并不知此证是对背信用证。

其次,可转让信用证在 UCP 600 中有规定,而对背信用证没有统一的约束。

再次,对背信用证和原始信用证分别是独立的两个信用证,分别由不同的两个银行保证付款;而可转让信用证是一个信用证,是由同一开证银行保证付款。

最后,对背信用证有两次独立的交单议付;而可转让信用证在一次装运时,只能有一次交单。

可见,对背信用证业务要比可转让信用证业务复杂得多,相应的费用也高。中间商一般都争取使用可转让信用证,在无法争取到时才愿接受对背信用证。

2. 对开信用证

对开信用证(Reciprocal Credit)指采用补偿贸易方式时,为解决进出口平衡问题,由两国不同的开证行互相以对方为受益人开立的信用证。第一张信用证的受益人和开证申请人就是第二张信用证的开证申请人和受益人,第一张信用证的通知行就是第二张信用证的开证行。两个证可同时开立,也可先后开立。两证可同时生效,即先开的一方要等到对方也开出信用证时一起生效;也可分别生效,谁先开谁先生效,但后开出的一方往往要提供担保,以防对方不开证。

我国的补偿贸易、来料加工常用对开信用证，进口时要求开立远期付款信用证，出口用即期付款信用证，届时可用出口所得的款项归还远期的进口合同的货款。

对开信用证的一个变形是伊士克罗(Escrow)信用证。这种信用证是指贸易的一方首先开出以另一方为受益人的信用证，受益人按信用证规定装运货物提交单据后，议付行并不实际支付货款，而是将该款以受益人名义存入专门账户，即伊士克罗账户，只能用于受益人向进口国购货开立信用证时使用。可见，这种信用证是类似于对开信用证的，且都是用于两国以现汇方式易货的结算方式，但伊士克罗信用证的条件要更加严格些。

对开信用证起源于第二次世界大战后的日本，由于这种方式较为呆板，现在已极少使用。

第四节　跟单信用证的业务原理

一笔信用证业务分为进口和出口两个环节，从申请开出信用证到最后结汇，手续颇多。以议付信用证为例，图 6-4 演示了其业务流程。

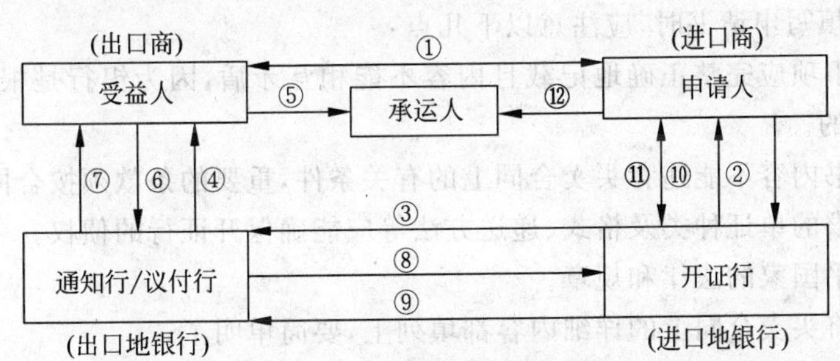

图 6-4　信用证结算业务流程

在图中，各环节的具体内容是：①订立合同；②申请开证；③开立信用证；④通知信用证；⑤发货取单；⑥交单议付；⑦审单垫付；⑧寄单索偿；⑨偿付；⑩交单(汇票)索款；⑪付款赎单；⑫交单提货。

一、进口商申请开证

进口商在向其往来银行申请开出信用证之前，已与出口商签订了合同，合同便是信用证开立的基础。若合同中规定了以信用证作为支付方式，进口商就应向往来银行申请开证。有时，双方并无合同，而是买方签回卖方的形式发票或买方寄去订单，进口商同意接受后以订单向银行申请。

申请开证的一般手续为：①进口商向往来银行提出开证的请求；②银行调查后同意或不同意；③若同意，进口商交保证金；④进口商按标准交纳各项费用，银行开证。

进口商在向银行提出申请之前，对以下几点必须予以注意以使结算顺利进行，并减少双方的纠纷：

(1) 在跟单信用证业务中，有关各方面处理的是单据而不是货物，因此在签合同时，应清楚卖方的资信情况，确保卖方是一家能提供所需货物的信誉不错的企业。

(2) 合同或订单要充分反映双方关于货物和结算的意图。有时可要求出口商提供履约保证,保证出口商方不履行合同时支付一定的金额给买方以赔偿。

(3) 合同可规定使用可撤销信用证,使其能根据情况有权灵活地修改或撤销。

(4) 在按 FOB 价或 CFR 价成交时,进口商应负责对货物进行保险,以防在运输途中可能发生的灭失或损坏。

(5) 进口商应明确要求受益人必须提交的单据的种类、份数及抬头等。如货运单据应保证进口商能在目的地提到货物,不得有任何货物或包装有缺陷的记载,要提供全套提单,使未经授权的人不能提货。

(6) 还应注意日期,规定出运日、交单日及信用证的到期日等。

(一) 进口商填具开证申请书

申请信用证时,进口商要填具开证申请书,其内容、格式均是银行已印就的。正面是进口商对开证行的声明,背面是申请书,即对开证行的详细的开证指示,它是申请人与开证行之间的一种书面契约,规定了申请人和开证行所负的责任。但申请书都只记载申请人的义务和开证行的责任,其余的均按 UCP 600 中的规定来办理。

进口商在填写申请书时,应注意以下几点:

(1) 必要事项应完整正确地记载且内容不能相互矛盾,因为银行是根据申请书的内容开出信用证的。

(2) 申请书内容不能违背买卖合同上的有关条件,重要的条款须按合同的内容填写。

(3) 所要求的单证种类及格式、递送方法等应能确保开证行的债权。

(4) 须合乎国家的法律和规章。

(5) 不宜将买卖合同上的详细内容都填列上,要简单明了。

(6) 所开出的信用证在技术上和国际惯例上不应有困难。

下面是国内某银行印制的开证申请书。

开证申请人承诺书

××银行:

我公司已办妥一切进口手续,现请贵行按我公司开证申请书内容(见英文)开出不可撤销跟单信用证,为此我公司愿不可撤销地承担有关责任如下:

一、我公司同意贵行依照国际商会第 600 号出版物《跟单信用证统一惯例》办理该信用证项下一切事宜,并同意承担由此产生的一切责任。

二、我公司保证按时向贵行支付该证项下的货款、手续费利息及一切费用等(包括国外受益人拒绝承担的有关银行费用所需的外汇和人民币资金)。

三、我公司保证在贵行单到通知书中规定的期限之内通知贵行办理对外付款/承兑,否则贵行可认为我公司已接受单据,同意付款/承兑。

四、我公司保证在单证表面相符的条件下办理有关付款/承兑手续。如因单证有不符之处而拒绝付款/承兑,我公司保证在贵行单到通知书中规定的日期之前将全套单据如数退还贵行并附书面拒付理由,由贵行按国际惯例确定能否对外拒付。如贵行确定我公司所提拒付理由不成立，或虽然拒付理由成立，但我公司未能退回全套单据，或拒付单据退到贵行已超过单到通知书中规定的期限，贵行有权主动办理对外付款/承兑，并从我公司账户中扣款。

五、该信用证及其项下业务往来函电及单据如因邮、电或其他方式传递过程中发生遗失、延误、错漏，贵行当不负责。

六、该信用证如需修改，由我公司向贵行提出书面申请，由贵行根据具体情况确定能否办理修改。我公司确认所有修改当由信用证受益人接受时才能生效。

七、我公司在收到贵行开出的信用证、修改书副本后，保证及时与原申请书核对，如有不符之处，保证在接到副本之日起两个工作日内通知贵行。如未通知，当视为正确无误。

八、如因申请书字迹不清或词意含混而引起的一切后果由我公司负责。

开证申请人

（签字盖章）

年　月　日

表 6-3 为信用证背面即申请书的内容。

表 6-3　信用证开证申请书

IRREVOCABLE DOCUMENTARY CREDIT APPLICATION

TO：BANK OF CHINA　　　　**Date：**

<table>
<tr><td colspan="2">□Issue by airmail　□With brief advice by teletransmission
□Issue by express delivery
□Issue by teletransmition (which shall be the operative instrument)</td><td rowspan="2">Irrevocable Documentary Credit number
Date and place of expiry</td></tr>
<tr><td colspan="2">Applicant</td></tr>
<tr><td colspan="2">Advising Bank Ref. nr</td><td rowspan="2">Beneficiary</td></tr>
<tr><td>Partial shipments
□allowed
□not allowed</td><td>Transhipment
□allowed
□not allowed</td></tr>
<tr><td colspan="2">Loading on board/dispatch/taking in charge at/from
not later than
for transportation to：</td><td>Amount</td></tr>
<tr><td colspan="2">□FOB □ CFR □ CIF
□or other terms</td><td>Credit available with
□by sight payment □by acceptance □by negotiation
□by defferred payment at against the documents detailed herein
□and beneficiary's draft for % of invoice value
at
on</td></tr>
</table>

续表

Documents required:(marked with x)

1. ( )Manually Signed Commercial Invoice in copies indicating this L/C No. and Contract No. (Photo copy and carbon copy not acceptable as original)

2. ( )Full set(included original and non-negotiable copies) of Clean On Board"Freight "Ocean Bills of Lading made out to order and blank endorsed,marked Notifying

3. ( )AirWay Bills showing "Freight " and consigned to

4. ( )RailWay Bills showing "Freight " and consigned to

5. ( )Memorandum issued by Consigned to

6. ( )Full set(included original and copies)of insurance Policy/Certficate for 110% of the invoice value,showing claims payable in China,in currency of the draft,blank endorsed,covering ([]ocean marine transportation/[]air transportation/[]overland transportation)All risks and War risks

7. ( )Weight Memo/Packing list in copies issued by indicating quantity/gross and net weights of each package and packing conditions as called for by the L/C

8. ( )Certificate of Quantity/Weight in copies issued by indicating the actual surveyed quatity/weight of shipped goods as well as the packing condition

9. ( )Certificate of Quality in copies issued by

10. ( )Beneficiary's Certified copy of cable/telex dispatched to the applicant within hours after shipment advising [] name of vessle/[]flight No. /[]wagon No. date, quantity, weight, and value of shipment

11. ( ) Beneficiary's Certificate certifying that extra copies of documents have been dispatched according to the contract terms.

12. ( )Shipping Co's Certificate attesting that the carrying vessle is chartered of booked by Applicant or their shipping agents.

13. ( )Other documents,if any:

Covering:

Additional instructions:

1. ( )ALL banking charges outside the opening bank are for beneficiary's account.

2. ( )Documents must be presented within days after the date of issuance of the transport documents but within the validity of this credit.

3. ( )Third party as shipper is not acceptable. Short Form/Blank Back B/L is not acceptable.

4. ( )Both quantity and amount % more or less are allowed.

5. ( )Prepaid freight drawn in excess of L/C amount is acceptable against presentation of original charges voucher issued by shipping Co. /Air Line/or it's agent.

6. ( )All documents to be forwarded in one cover,unless otherwise stated above.

7. ( )Other terms,if any:

Account No: with (name of bank)

Transacted by: (Applicant:name,signature of authorized person)

Telephone No: (with seal)

(二) 开证行审核申请书及申请人

1. 开证行对申请书进行审核

申请人提交申请书后，银行要对申请书进行认真审核。因为申请书不仅是开证行对外开证的依据，也是与申请人之间明确各自权责的契约性文件。对开证申请书的审核要点是：

(1) 开证申请书应有申请人的印鉴。

(2) 受益人的名称和详细地址。

(3) 信用证的种类。

(4) 指示信用证的开出方式。

(5) 要求受益人所提交单据的种类、份数、出单人。

(6) 货物名称及其描述应简洁、明确，价格条件应明确。

(7) 起运地和目的地。

(8) 货物的分批、转运条款。

(9) 信用证的有效地点和有效期。

(10) 对银行偿付方式的要求。

(11) 对受益人的要求应落实为单据化条款。

(12) 特殊条款，如银行的费用由谁负担、提交单据的期限等。

2. 开证行对申请人的资信进行审核

因为开立信用证是银行提供信用的一种形式，因此要像办理一般贷款业务一样，对申请人进行全面的了解。开证行开出信用证后可能的风险主要有以下几点：

(1) 当开证行对议付行在该信用证项下的正确议付偿付时，客户可能没有能力付款或破产倒闭，这时开证行只能依靠他所掌握的物权凭证，以出售货物来收回货款。

(2) 货物在运输中遭到破坏和灭失。开证行应注意这笔货物的保险，一旦客户无力付款，可向保险公司索赔。这点对银行来说显得很重要。

(3) 若进口商由于所在国政策等变化没有获得进口许可证而开不出信用证或在货物到达前许可证已过期，则货物不能过关。若开证行在这笔货物上有资金利益，则后果严重。

(4) 若开证行被迫出售货物，有时货物可能并无销路，或者市场行情发生变化需降价处理。

银行对开证申请人一般是审核下述几个方面：

(1) 经营状况、收益状况。

(2) 过去经营此类交易的历史。

(3) 资金实力、作风、信誉。

(4) 在同业中的地位及发展方向。

(5) 可能提供或银行可能获得的传统的保证，如开证时是否有足够的授信额度；若无，是否账户上有足够的金额用于开证保证金。

另外，还要对该进口交易的合法性进行审核，并要求进口商同时提供有关的文件，如进口许可证、合同文本等。

(三) 申请人提供保证金

如果以上审查通过，开证行就会要求申请人提供保证金。从理论上讲，申请人提供不动产作抵押，或以动产及财产权利设质，以及提供其他银行的保函都是可以的，但实务中多是要求以现金作押。保证金可以用现汇，也可从申请人的存款账户中扣除，拨入保证金账户。具体交纳保证金的数额与申请人的资信、货物的市场销售等情况有关，有时高达90%～100%，有时仅百分之几，甚至分文不收。

大多数要求开立跟单信用证的客户都需要在一段时间内多次开立，而不仅仅是一笔交易。若每进行一笔业务都搞一次资信调查，手续较繁杂。因此银行往往根据资信调查情况规定一个授信额度，此额度是减免保证金开证的最高限额，有了额度之后，若开证金额未超过额度，不收保证金，超过额度的才收取。国外保证金通常不计利息。

二、开证行开出信用证

开证银行(Opening Bank，Issuing Bank，Establishing Bank)是指接受开证申请人的要求和指示或根据其自身的需要开立信用证的银行。开证行一般是进口人所在地银行，开证行是以自己的名义对信用证下的义务负责的，且开证行同时受到开证申请书和信用证本身两个契约约束。

(一) 信用证开立的形式

信用证的开立有两种形式，即信开和电开。

1. 信开

信开即以信函方式将信用证的内容打在信用证的格式上，经有权签字人签字后，以航空邮递方式将信用证寄给国外的通知行通知受益人。最初的信用证都是信开的，所以信用证的英文是 Letter of Credit。装运日期较长或金额较小的信用证可以用此种方式开立。

2. 电开

电开即以电报、电传、SWIFT 等开出信用证并传递给国外的通知行的方式，分为简电和全电两种。

(1) 简电开证。如电文中说明“详情后告”(Full Details to Follow)或有类似意义的词语，或说明须邮寄证实书为有效信用证的，则此电文不是有效的信用证文件，须以后来邮寄的证实书为有效信用证文件，这种方法称“简电开证”。简电的内容有：信用证的号码、受益人、申请人、金额、货物描述等。它起预先通知的作用，告诉通知行已开出信用证。发简电后，开证行必须及时寄送有效的信用证文件，且内容应与简电一致。

(2) 全电开证。如电文中没有注明“详情后告”或类似词语，也没有说明须以邮寄证实书作为有效信用证文件，则此电文就是有效的信用证，这种方法称“全电开证”。开证行要将信用证的全部内容都反映在电文中，此时，开证行无须再邮寄证实书，如果邮寄证实书，这个证实书也是无效的，通知行没有义务将证实书与全电开出的有效信用证文件进行核对。

如果开证行将信用证的主要内容作了预先通知，即简电开证，而不作为有效的信用证文件，则称为“预先通知”。UCP 600 规定，只有当开证行准备开立有效信用证文件的情况下，才应作这种预先通知。除非开证行在该通知中另有规定，作了此种预先通知的银行负有不迟延地开立与该通知并无不一致的信用证的义务，这种预先通知也包括信用证修改的通知。

如果采用 SWIFT 开证，必须使用 SWIFT 手册规定的代号（Tag），必须依照 UCP 600 的内容及其规定。在信用证中可省去开证银行的承诺条款（Undertaking Clause），但不能免除银行所应承担的义务。信用证采用的电文系标准化，并在电文的末尾有密码，若来往密码不相符，会被自动予以拒绝。

（二）信用证的递送

（1）绝大部分是由开证行通过国外出口地的联行或代理行通知受益人，这是一种较正常和安全的做法。通知行可核对印鉴和密押以证实信用证的真伪。有的还规定信用证可在该银行议付或保兑。

（2）少数信用证由开证行直接寄给出口商。有时开证申请人根据出口商的要求，为使出口商尽快收到信用证而这样做。但出口商收到后，仍需到议付行或开证行的代理行、联行等核对印鉴和密押。

（3）偶尔也有由开证行交给进口商，由进口商寄给出口商或自带到出口地的，这样是为使信用证早日到达受益人手中。后一种情况可能是进口商要亲自到出口地看货并对未谈妥的有关货物的种类、数量等洽谈后，再交出信用证。

（三）开证费用

开证银行向开证申请人收取的手续费通称开证费（Opening Charge or Commission），期限从开证日起算，在开证时收取。一般情况下，各银行都有收费表，按表上所规定的费率收费即可。

三、通知行通知信用证

出口方银行按开证行的委托，将信用证交给受益人叫信用证的通知。通知银行（Advising Bank，Notifying Bank）是指受开证行的委托将信用证转交受益人的银行。通知银行是出口人所在地的银行。通知行的责任是及时通知或转递信用证，证明信用证的真实性并及时澄清疑点。如通知行不能确定信用证的表面真实性，即无法核对信用证的签署或密押，则应毫不延误地告知从其收到指示的银行，说明其不能确定信用证的真实性。如通知行仍决定通知该信用证，则必须告知受益人它不能核对信用证的真实性。

通知行应遵照“通知”这一业务的宗旨，迅速准确地把信用证通知给受益人。

（一）通知信用证

1. 核对印鉴或密押

核对印鉴或密押是出口地通知银行最先要做的事情，以确认此证确实是本行应通知的，并从形式上辨别其真伪。这是信用证统一规则中规定的通知行应负的责任。

对用电信方式发来的信用证，应立即核对密押，核对正确的，加盖“押符”章及核对人私章；不符的，应立即向开证行查询（以电传寄来的修改书也要核对）。若本行与开证行无密押关系，可经第三家有密押关系的代理行加押证实。

对用信函寄来的信用证及修改通知书以及授权书等，通知行要核对印鉴，随到随核，已核妥的应盖章表示核符。若不符或无法核对，应在一个工作日内向开证行查询。

对于密押、印鉴不符的信用证或修改，可一面向开证行核实，一面通知受益人，注明“印鉴或密押不符，仅供参考”（As we are unable to verity the signature/test keys appearing on this credit, we hereby pass it on to you with out any responsibility or engagement）。

2. 通知受益人

（1）开证行若以信函方式开出信用证，而且一式两份时，通知行一般先缮制信用证通知书，将通知书和正本信用证通知给受益人，副本由通知行存档。如因邮递原因先收到副本，应复印副本并注明“正本未到，供受益人参考”。若在合理时间内还未收到正本，则应向开证行查询。正本信用证到达后，按正常手续通知受益人。

如按国际商会的标准格式开出信用证，通知行收到信用证后，将标有 Advice for the Beneficiary 的那一份交给受益人；标有 Advice for the Advising bank 的自己留存。

（2）开证行若以电报、电传开出全条款的信用证，则通知行收到来证后，附面函通知受益人，或制作电开信用证通知书通知受益人。若来电中没有注明须待收到电报证实书方能生效的，则全电开证即可作为正式有效的文件，凭此受益人可出运货物和议付单据。

（3）若开证行以电报、电传开来的不是全文，而只是简电，应将信用证的主要内容，如信用证号码、受益人名称和地址、开证申请人名称、金额、货币、数量、价格、装运期等预先告知通知行，详尽的条款将以信用证格式航寄给通知行。通知行收到简电后，应制作信用证简电通知书照录全文通知受益人，并注明“此系简电通知，不凭以议付”，简电信用证不能生效，只供受益人备货订仓时参考。全证开来后，核对印鉴相符才可装运交单和议付。

下面是简电开来的信用证：

TEST/41—2805 advice China ××

Short/brief cable(Telex) Irrevocable Credit DC24891 applicant Steetly Chemicals Ltd.

Not exceeding USD10700. 00, covering camphor powder valid fifteenth October 2004 Airmailing details.

AKTWESBANK

即押 41—2805，通知中国土产进出口公司。简电不可撤销信用证，号码 DC24891，以该公司为受益人，开证申请人 Steely Chemicals Ltd. 不超过壹万零柒百美元，购买樟脑粉一批。有效期至 2004 年 10 月 15 日，详细内容邮寄伦敦国民西敏寺银行。

（4）套用旧证开证。为了节省电报费用，开证行在电开信用证时，根据以前开出旧证条款开出新的信用证，新旧证两者不同的地方在电文中说明，未说明的部分，说明两者条款相同。如电文中未特别注明新证包括旧证项下的修改，则不包括修改，通知行接到这样的来电，须找出旧证，与来电相比照，缮打成完整的信用证通知受益人。

UCP 600 不提倡此种方式（第五条：在指示开立、通知或保兑一个信用证时，勿引用先前开立的信用证（参照前证），而该前证受到已被接受及/或未被接受的修改所约束）

（5）按约定格式开证（L/C Opened by Cable as Per Prearranged Made）。为了节省电报费用，开证行与通知行预先约定电开信用证的固定格式。开证时按格式将应填写的内容以电报或电传通知通知行。通知行接到电报或电传后，按照约定的电报格式，制成完整的信用证通知书，通知受益人。

(二) 通知信用证时应注意的问题

1. 关于 acknowledgement of L/C

通知行收到信用证，经以上手续通知给受益人后，有时应开证行的要求，要复函确认收妥，寄回开证行。这种确认收妥的回函称 acknowledgement of L/C，通常用这样的语句表示：

We hereby acknowledge receipt of the captioned L/C which was advised to the Beneficiary ____ under Ref. No.

2. 重复开证、通知和出运的原因

重复开证、通知和出运的原因可能属于开证行，也可能属于通知行或受益人方面。属于通知行常见的是：

（1）误将电报证实书为另一信用证。

（2）将现在收到的副本，误作另一信用证通知，实际上前一次所寄正本已通知。

（3）以简电当全电，正式生效的完整条款的信用证开到时再一次通知。

若加强检查，一般是能避免重复的。因为在重复情形下，往往金额、货名及合同号码是一致的，受益人从合同方面也可以发现问题，开证行有时因发现有问题，来电或来函要求注销。通知行若已收到信用证，受益人同意后应将信用证退回注销。如注销通知先到，也应通知受益人。如通知行不将注销事宜进行通知，使受益人照常出运，则一旦发生拒付，通知行应负一定的责任。

3. 正副本内容必须一致

开证行在往来业务函电交涉中若规定了偿付、寄单的具体内容以及其他特殊要求，通知行应将函电附于信用证正本一起通知受益人，同时复印一份作为留底保存在信用证副本上。凡来证表明附有合同、订单及与出运有关的附件，也应连同正本信用证一并通知受益人，同时在信用证副本内批注正本附有××附件。对于信用证项下的修改通知书，除正本通知受益人外，副本均应按修改日期的前后/顺序附于信用证的副本之后，以保证信用证内容的完整性。对外交涉的其他函电也应在副本卷内存档，以备以后考证。

(三) 信用证的转通知

转通知是指国外开证行委托通知行将信用证或修改通知给异地的受益人。例如，国外常把信用证开到口岸地区，而受益人却在内地，这时就需口岸行办理转通知。口岸行就是“转通知行”。

办理转通知的手续一般是：

(1) 在转通知前应负责核对印鉴或密押，以明确其真实性。

(2) 印鉴密押相符后，将信用证通过所在地的银行通知给异地的受益人。原则是：若原信用证或修改是电报或电传开来的，则应用电报或电传转通知；若是信开来，则用邮函转。但并非不能灵活办理，若证下修改期限将到或内容紧急，也可考虑电转。

四、审核信用证、发货

根据国际上通常的做法，通知行只负责对信用证进行通知。除核对印鉴或密押以便确定来证表面的真伪外，并无审核信用证的义务。但在实务中，根据银贸双方的特点和工作范围，审证工作是两家共同进行的。出口商是将信用证与合同核对，审查来证条款、单据种类、价格条款等；而银行是从信用证的可靠性和有效性来审查。

(一) 受益人审证

之所以要审核信用证，是因为信用证上所记载的事项出口商能否做到，关系到能否安全收汇。受益人在审证时，应注意以下几点：

1) 将信用证与买卖合同相核对

信用证虽是依据买卖合同而开具的，其内容理应与合同相符，但实际中，信用证条款经常与合同条款不一致，因此卖方收到信用证时，首先要做的工作就是审查信用证条款是否与买卖合同条款的内容相符，如发现有疑问，应要求解释或修改。

2) 审核信用证的细节

(1) 不接受“可撤销”信用证。若信用证未表明是否为不可撤销，则视为不可撤销的。

(2) 核对信用证上有权签字人的签名。信用证有时并不经通知行通知，而是由开证行或进口商径寄出口商，在这种情况下，应请本地的外汇银行核对。

(3) 是否为保兑信用证。如在合同中要求由其他银行保兑时，接到信用证后，应检查是否已经他行保兑。

(4) 受益人、开证申请人名称是否与实际情况完全相符。

(5) 信用证的有效期和最后装运日是否合理，即受益人能否有充足的时间交货和备单。装运期展延以后，有效期也相应展延(反之却不行)。

(6) 信用证的金额是否开足，是否足以支付货款。

(7) 出口货物的名称、数量、规格及品质与所订的合同是否相同。

(8) 有各种不同的发票，如商业发票、形式发票、领事发票、海关发票等。除非另有说明，发票通常指商业发票。

(9) 如信用证不准转运，而又无直达货轮；或不准分批装运，但出口货物的生产、采购无法一次装运时，应请求修改。

(10) 保险问题。如在 FOB 条件下，保险应是由买方办理，投何种险别，投保金额是多少合同上有记载，信用证中也应载明。

(11) 信用证是否要求特殊单据，如产地证书、海关发票、领事发票等。如果需要，能否按信用证条款制备。

(12) 货物由租用的船只运输的情况下,信用证是否允许使用租船提单。

(13) 目的港是否是海港。若信用证规定了一些内陆国家作为目的港,应要求改正;除非运输条件许可或买卖双方另外约定,我们一般不同意在 11 月份到下年 4 月份去蒙特利尔,因为这段时间港口封冻。

(14) 信用证的到期地点应在我国境内。

(15) 信用证上的货币必须与合同上规定的货币相同,但是,如果信用证用自由外汇而不用合同规定的货币开立,并且这种自由外汇对我们有利,我们就可以接受。

(16) 责任条款是否明确。开证行明确其责任的条款一般在信用证的最后部分,其内容为"我们保证及时对所有根据本信用证开立的,并与信用证规定相符的汇票负责兑付,即 We hereby engage with you that all drafts drawn under and in compliance with the term of this Credit will be duly honored."或"Provided such are drown and represented is accordance with the terms of this credit, we hereby engage with the drawers endorsors and bona fide holders that the said drafts shall be duly accepted on presentation and duly honored at maturity."或者表明是按 UCP 600 开立(使用 SWIFT 除外)。

(二) 银行审证

银行的审证主要是从以下几个方面进行的。

1. 开证银行资信的审查

这是能否安全收汇的基础,可以说是银行审证工作中最主要的一环,开证银行的资信取决于:

(1) 资产规模的大小。国际上对银行的排名一般是以资产总额为依据的。由于资产是由资本加负债构成的,因此,有时也可以将资本的大小作为根据,或者以资产与资本的比例高低为根据。

(2) 银行分支机构的多寡。大银行往往分支机构较多、规模大、实力雄厚。

(3) 历史的长短。历史长的银行,一般资力雄厚,地位比较稳固,抗风险能力强。

(4) 往来关系的好坏,业务的多少,过去是否发生过不愉快的事情,作风如何。

银行要做好资信的调查,主要靠平时资料的积累,搜集银行的各种报表及报章杂志的消息评论等都是必要的,并做好记录、分类、整理,以在有情况时能作出正确的判断。

2. 偿付路线的审查

信用证的索汇路线必须正常、合理,是国际贸易通常所采用的方式,对索汇路线迂回、环节过多的,应与开证行联系进行修改。偿付条款不得前后矛盾。

3. 审查信用证中有否歧视性的内容

(三) 采取的措施

信用证经受益人和通知行审核后,对所收到的信用证的处理不外有三种方式:①属于可以接受的;②属于经过修改后才能接受的;③不能接受的。

(1) 对于可以接受的,应当按国际上通常的做法,受益人抓紧时间备货、出运、制单。

(2) 对于要经修改才能接受的,可以进行修改。

(3) 对于不能接受的,诸如开证行的资信有问题、付款责任不明确、来证条款不全、前后矛盾、单证要求不符或不能办到的,由通知行联系开证行澄清或由受益人与买主交涉。

凡认为接受来证可能有风险,来证金额超过其资产总额的,可采取以下几项措施:

(1) 要求开证行加列电索条款(T/T Reimbursement),以提早收汇,减小风险,这种做法与后几种措施相比较,开证行更乐意接受。

(2) 要求其他大银行保兑,由第三家银行保兑时,一方面增加了保兑费支出;另一方面也有损于开证行的信誉。若通知行不准备加保,应及时通知开证行。

(3) 要求偿付行确认偿付,即由偿付行来电或来函表示承担付款责任。

(4) 要求缴纳押金(Remitting Cover)。这一措施一般不轻易采用,除非对一些资信不了解的小银行,以免影响彼此的关系。

(5) 在信用证中规定允许分批装运的条件下,可分批出运、分批收汇,以分散风险。

最后,对我通知行与开证行交涉的事宜,比如修改或解释,均应设专册登记,以备考核。如在合理的时间内没有回音应及时催询,已有回音的应及时通知受证公司。

(四) 受益人发货

受益人若接受了信用证,就可将货物装运,在这一过程中要注意合同中对货物的要求。

五、受益人交单

在装运货物期间,受益人要签发包括汇票(若有)在内的单据,取得货运单据,然后将与信用证相符的所有单据在信用证规定的期间内连同信用证及有关修改书(若有)提交给信用证指定的银行(如议付行)要求议付。

受益人在交单时,应严格掌握期限。

1. 要在到期日或到期日之前交单

根据 UCP 600 第 14 条的规定,一切信用证都必须规定一个交单付款、承兑或议付的到期日,单据要在信用证到期日或到期日之前交给银行。若开证行只规定信用证有效期限为 1 个月或 6 个月,但未表明从何时起算时,可将开证日作为信用证有效期的起算日。银行应劝阻用这种方式表示信用证的到期日。

2. 要在信用证规定的交单期内交单

根据 UCP 600 第 14 条的规定,提示若包含一份或多份按照本惯例第 19~25 条出具的正本运输单据,则必须由受益人或其代表按照相关条款在不迟于装运日后的 21 个公历日内提交,但无论如何不得迟于信用证的到期日。

在有运输单据的信用证项下,交单日和信用证的到期日有时是一致的,这种情况最明了,不易引起误解。有时最后交单日定在信用证的有效日之后,由于交单不能在信用证的有效期后,所以这时要在信用证到期日或之前交单。如装运日是 3 月 1 日,而信用证的有效期限是 3 月 15 日,如果信用证未规定装运日后提交单据的具体期限,则最后交单日应是 3 月 22 日。这时就要在 3 月 15 日之前交单。有时最后交单日订在信用证有效期之前。如装运日是 3 月 1 日,信用证的有效期是 3 月 30 日,假如此信用证也未规定装运日后提交单据的具体期限，则最后交单日应是 3 月 22 日，这时，单据必须在 3 月 22 日之前提交。在这种情况下信用证的到期日实际上就失去了意义。可以说，在信用证明确规定了交单日，规定信用证的有效期的必要性已大大下降。现在一些信用证出现了只规定装运日和单据提交期限，而不规定信用证的到期日的情况。对此，可将信用证规定的装运日后提交单据的最后一天作为信用证的到期日。但 UCP 600 第 14 条要求所有信用证必须规定一个到期日，所以这种方法不应提倡。

3. 交单期在一定条件下可顺延

当信用证到期日和最后交单日为非银行营业日时，根据 UCP 600 第 29 条规定，信用证的有效期和交单日期均可顺延到节假日后的第一个营业日。但银行要在单据上说明单据是根据 UCP 600 第 29 条按有关顺延的规定接受的。如果信用证上规定了最迟装运日期或发运日期或接受监管日，则不能因单据的顺延而顺延。在这种情况下，如信用证或有关修改书未规定最迟装运日，银行将拒受表明出单日期迟于信用证或修改书或规定的到期日的运输单据。

六、审单议付

(一) 审单

审单即银行对受益人提交的凭以议付、付款的单据的审查，即 documents examination。

信用证项下的审单可以指议付行的审单，也可以指开证行的审单。前者称议付审单，后者为付款审单。议付审单是在出口地进行，付款审单则在进口地。这里介绍的是议付审单。

1. 审单的目的

之所以要审单，是因为单据的质量关系到能否安全及时收汇。信用证的付款承诺是有条件的，即单证必须相符。只有单证相符才能使开证行接受单据，履行其付款义务，受益人或议付行也才有权向开证行要求付款，保证安全及时收汇。所以为免受损失，要严格审单。

2. 审单的原则

(1) 按照《跟单信用证统一规则》(下简称《统一规则》)的规定审单。《统一规则》是确保在世界范围内将信用证作为可靠支付手段的准则，已被大多数的国家与地区接受和使用。《统一规则》所体现出来的国际标准银行惯例是各国银行处理结算业务必须遵循的基本准则。我们必须按照《统一规则》的要求，合理谨慎地审核信用证要求的所有单据，以确定其表面上是否与信用证条款相符。

(2) 按照信用证所规定的条件、条款审单。信用证是根据买卖双方的贸易合同而开立的，它一旦为各有关当事人所接受，即成为各有关当事人必须遵循的契约性文件。在信用证结算业务中，各有关当事人必须受其约束，按照信用证所规定的条件、条款，逐条对照，以确定单据是否满足信用证的要求。当信用证的规定与《统一规则》有抵触时，则应遵循信用证优先于《统一规则》的原则，按照信用证的要求审核单据。这其中又包括表面一致性和内容相符性两条原则：

① 遵循表面一致性原则。受益人提交的单据名称及其内容等表面上必须与信用证规定完全一致。例如，某信用证将货物描述为 Attaches Sanitaire(卫生洁具附件)，而受益人具体的货为 Expasion Bolt(膨胀螺栓)。虽然如此，有关单据中货物描述仍必须与信用证的规定相一致。可能有的单据因某种特殊作用如清关报税等需显示具体货名时，我们仍必须将信用证所规定的 Attaches Sanitaire 显示在其上，而在其后加注具体货名 Expasion Bolt。

② 遵循内容相符性原则。在审单时应注意避免照搬、照抄信用证的原话，只要内容相符即可，例如，信用证的有关人称指向、时态、语态等，转到单据上时，即应作相应的调整，以避免不必要的误会。

(3) 按照银行的经营思想、操作规程审单。国际贸易结算作为银行经营的一项重要业务，在操作过程中必须按照银行的有关操作规程行事。尤其是在向客户融资时，更应明确银行的观点和看法，更有权对单据有关条目的处理作出自己的选择和判断，以体现银行的经营方针和经营作风。

(4) 按照普遍联系的观点，结合上下文内容审单。信用证是一个与商务合同分离的独立文件，其内容是完整的，互为联系的。其中要求的条件、单据等是相辅相成、前后一贯的。审单时必须遵循普遍联系的观点，结合上下文内容进行，避免片面、孤立地看待某一条款。

(5) 按照合情、合理、合法的原则审单。所谓合情、合理、合法，是指审单员应根据自己所掌握的国际贸易结算知识，对各种单据的完整性和准确性作出合乎情理的判断。

(6) 按照单据的商业功能和结算功能相统一的原则审单。单据的商业功能即在商务流转及商品买卖过程中的作用是主要的，结算功能是次要的，审单时应着重考虑其商业功能。我们应该了解各类单据的作用及功能，按照各类单据自身的功能及用途审单，避免将不必要的内容强加于单据。

3. 审单的依据

信用证条款是审单工作的唯一依据，其他诸如合同、往来函电、货物情况等只是作为参考，不是审单的依据。所以，来证的条款必须明确，这也体现出审证工作的重要性。

4. 审单的标准

UCP 600 第 14 条对审单的标准作了三点规定：

(1) 银行必须合理小心地审核信用证中规定的一切单据，以确定它们是否表面上符合信用证条款的要求。如果表面上不一致，将被视为表面上与信用证条款不相符。这里强调的是表面的内容，不是单据真正的内容。“表面”可以理解为，银行无须亲自询问单据是否是假的，已装运的货物是否真正装运，以及单据签发后是否已失效。除非银行知道所进行的是欺诈行为，否则这些实际发生的情况与银行无关。所以受益人如果制造与事实完全相符的假单据，而此假单据和信用证的要求一致，它就能得到货款；相反如受益人已按合同以适当的方式出运了货物但所作的单据忽略了信用证的某个条件，银行就将拒绝接受单据，它不能得到货款。

(2) 开证行、保兑行(如有的话)和代表它们的被指定银行各自应有一合理时间来审核单据，这个合理时间定为不超过从收到单据后的第二天起计 7 个银行工作日。银行要在这7个工作日内决定接受或拒受单据并相应通知交单的当事人，并相应地通知寄单方。

(3) 如果信用证在所列条款中未阐明须提交与之相符的单据，银行将认为无此条款而不予理会。收到这样的单据，应退给交单人或只将这种单据照转而不承担责任。

5. 审单的程序

(1) 接单，即银行收到受益人交来信用证项下的单据，在未正式审单时做的初步整理、验收及记录，这是正式对单据审核的准备。当银行收到单据时：①应看单据的种类、份数是否齐全，有无信用证正本及修改书；②注明收到的日期；③按到期日的先后排列各套单据。

(2) 审单，是对单证有序的审核，即各项单据均有一个审核的次序，不是杂乱、随机地相核对，一般情况下的排列次序如图6-5所示。

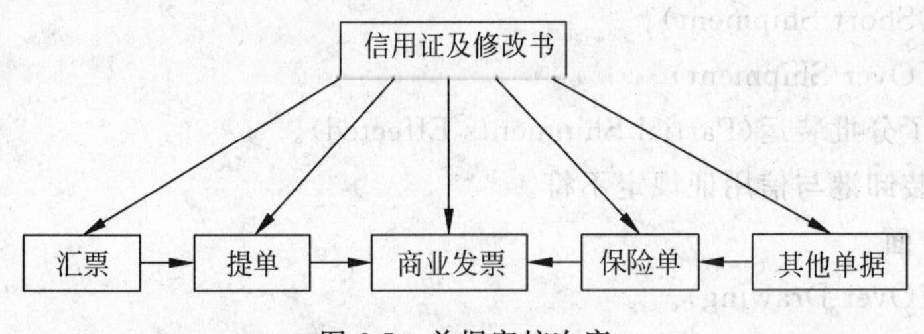

图6-5　单据审核次序

这样排列起来，既可以节省时间，又能保证不漏审。在对单证按这种先后顺序整理好后，第二项工作即填写记录表。此时，由于还未正式审核，应先将记录表中与审单结果无关的内容填好，如信用证号码、编号(议付行)、装船期、有效期等，然后开始审单。

审单的方法是先“纵”后“横”。“纵”是指以信用证为核心，所有单据都与信用证相核对，做法是先阅读信用证的各项内容，再阅读单据的各项内容，从中发现单证之间各项目的内在联系，以及哪些单据未交来、哪些内容不符合规定。“横”是指以单据中的发票为中心，其他单据与之核对。在“纵”、“横”审查的同时，将不符点一一列出，填入记录表中的discrepancies and action taken即“不符点与处理意见”一栏中，并作出相应的处理。审核均经初审和复审两个环节，对一些简易的信用证也可视情况进行快审，即根据经常出现的不符点，选出若干的“快审项目”。

6. UCP 600中有关数量、金额等方面的要求

(1) 信用证金额。凡“约”、“大概”、“大约”或类似的词语用于信用证金额、货物、数量和价时，应解释为有关金额、数量或单价不超过10%的增减幅度。

(2) 货物数量。除非信用证规定货物的指定数量不得有增减外，在所支付的款项不超过信用证金额的条件下，货物数量准许有5%的增减幅度。但是，当信用证上规定的数量是以包装单位或个数计数时，此项增减幅度则不适用。

7. 信用证常见不符点

不符点指开证行审核出的议付单据与信用证要求不符的一点或者几点错误或者疑义，或者是议付单据之间不相符的一点或者几点错误或者疑义。信用证常见不符点有：

1) 在时间方面

(1) 信用证尚未生效。

(2) 信用证过期。

(3) 延迟装运或提早装货。

(4) 未在最迟交单期内提交单据。

2) 汇票方面

(1) 出具的汇票无"汇票"字样。

(2) 汇票上的出票日不明。

(3) 汇票的付款人不正确。

(4) 汇票的付款日期不确定。

3) 装运方面

(1) 做成了转运(Transshipment Effected)。

(2) 短装(Short Shipment)。

(3) 超装(Over Shipment)。

(4) 做成了分批装运(Partial Shipments Effected)。

(5) 货物装卸港与信用证规定不符。

4) 金额方面

(1) 超支(Over Drawing)。

(2) 超过信用证金额(Credit Amount Exceeded)

(3) 少开支款金额(Short Drawing)。

(4) 发票金额与汇票金额不相符合(The Amounts Shown on The Invoice and Draft Differ)。

5) 运输单据

(1) 运输单据不清洁。

(2) 运输单据的类别与信用证要求不符。

(3) 没有"货物已装船"批注或注明"货装舱面"。

(4) 提单没有表明运费是否已经支付。

6) 发票方面

(1) 发票上的货物描述与信用证不符。

(2) 发票上的贸易术语不正确。

(3) 发票的参考号码与信用证上的不一致。

(4) 发票没有做成信用证申请人名称的抬头。

7) 保险方面

(1) 提交的保险单据的类型与信用证的要求不符。

(2) 保险金额不足,保险比例与信用证不符。

(3) 投保的险种与信用证不符。

(4) 保险日期迟于装运日期。

(5) 保险单/凭证没有正确地背书。

(6) 保险单投保货币与信用证规定的不符。

(7) 保险赔付地点与信用证规定不符。

8) 单据与单据之间

(1) 单据之间的唛头和号码不一致。

(2) 汇票、保险单或提单的背书不正确。

(3) 缺少信用证需要的单据。

(4) 单据之间的重量不同。

(5) 各项单据之间内容矛盾。

(6) 需要签字的单据没有签字。

(二) 议付

审单结束，对信用证进行议付的话，应在信用证的背面对议付的日期和金额等进行批注，国外也称这种批注为背书，以防止有人再另造单据向其他的银行议付。信用证中的 the amount of each draft must be endorsed on the reverse of the credit by the negotiating bank 即是指此。若信用证的金额全部用完，则在信用证的背面注明 exhausted 或 cancelled；若是部分议付，则应将议付金额与出口数量以及余额、日期等写上去。

(三) 单证不符的处理

若单据与信用证条款不一致或单据之间彼此矛盾，即被认为是单证不符，称 discrepancy，开证行对单证不符的单据有权拒绝付款，所以为保证安全及时收汇，应尽量避免。但要做到完全不出差错又是不可能的，并且客观情况也在不断变化。因此遇到单证不符的情况时，应及时做相应的处理，使最终的收汇不受影响。作为议付行，对单据不符的处理有以下几种。

1. 将单据退回受益人修改

若不符点是由于受益人在制单时的疏忽所致，通常由议付行退还让其修改，再交银行议付。如是打字拼写方面的错误，有时为了争取时间，在受益人授权后，银行也可代劳。例如，商业发票上开航日期是 9 月 10 日，而提单上的却是 9 月 13 日，不妨在商业发票上加上 about 或类似字样(以信用证上有此字样为前提)。但若是提交的单据不全，则必须由受益人补齐。受不符点的性质和提示单据日期的限制，退给受益人修改的方法只适合制单疏忽和所交单据不全的情形，不是在任何时候都能用，因为单据必须在允许的期限和信用证的有效期内提示。

2. 担保议付

要求受益人提供一份保证书，然后再进行议付。保证书上要注明：①单据与信用证条款不相符的内容；②为有不符点的单据议付，银行一旦遭受损失及付出的费用由受益人保证负担。议付行可将此在寄单通知书中声明，以示议付的保留性质。若开证行接受不符点付款，保证书即随之失效。如开证行拒绝接受不符点，则受益人应当赔偿。当然，议付行也可以拒绝接受保证书，还可以根据保证书提出人的资信情况及单证不符的具体内容仅作部分议付。保证书对开证行来说没有什么效力，它只是受益人和议付行之间的一种协议，所以保证书一般不必向开证行提示，尽管有时向偿付行提示。这种保证书一般是由受益人的往来银行出具的。

3. 致电开证行要求授权议付

议付行通过电传等将不符点告知开证行，征询可否议付，得到开证行的授权后再行议付或者承兑。这里有个前提，即受益人同意或要求这样做并承担有关的费用。这就是通常所说的"电提"。电提的特点是解决问题快，对临近提示期的单据较适用。若开证行回电同意，电文上的措辞一般是"如果无其他不符点，你们可以承兑、议付"(you may accept, negotiate if otherwise in order)。如开证行不同意，受益人要采取补救措施。由于用了电提，能最快得到开证行的回复，所以也有可能及时采取措施，如将货物改卸香港或国外其他港口，然后再行交涉或出售给其他的买主。一般来说，这种方法可在金额较大、不符点较明显时运用。具体使用时还应注意：

(1) 单证不符点若很复杂，很难在电文中详细说明。陈述不清，易引起纠纷并遭拒付。

(2) 不符点如被进口商接受，并不表示开证行已同意付款，等到单据送达开证行、进口商赎单后，议付行收到正式贷记通知时，才能确定其最后的付款。

因开证行是按开证申请人的指示行事，所以在请求开证行批准的同时，受益人也应同时与申请人联系。一般地说，若申请人同意，开证行也会同意，特别是在买方想得到货物时，即使单据存在一些不符点也会接受。除非买方认为这笔交易已无利可图。

(3) 开证行的回电若含糊不清，易引起误会，应改为托收来办理较为安全。

4. 托收

若不符点甚为严重，拒付的可能性较大，如货物装船过期、货物溢装、信用证超额等，应建议出口商改用托收方式办理，单寄开证行，这种做法已由银行信用改为商业信用，风险较大，此时进口商往往乘机压价或争得大幅度折扣。

5. 照常议付

尽管有不符点，从实践经验中得知这些仅是微不足道的，仍能照旧付款。有时需向开证行说明一下，但这不是可推行的办法，在市场行情变化或其他情形下，往往成为进口商的把柄，会冒很大的风险。

6. 不予受理，将单据退回受益人

以上 2～5 的做法，适于不能更正的不符点，如货物迟装，品质、包装条件与来证规定不符等。这种不符往往是在受益人装货前已经征得进口商的同意，但来证未经开证行作出相应修改所造成的。由于开证行可以拒付，而进口商可能不遵守其诺言，容易给受益人造成严重的经济损失，因此应在装货前尽量避免这种被动局面。

七、寄单索汇

(一) 索汇的路线

一般情况下，信用证中都规定了一家"被指定银行"。依信用证的使用方式不同，由该行充当付款行、承兑行或议付行(自由议付的信用证，任何银行都可充当议付行)。受益人向该等银行交单，如在向议付行交单并获垫款后，议付行要将单据寄给开证行，随附通知书(Bill Purchased, BP)或称议付通知书(也称面函，Covering Letter/Documentary

Remittance)，要求开证行偿付或向偿付行索汇。总之，寄单索汇是索偿行凭单向开证行或偿付行索取垫款的过程。至于如何寄单及向谁索汇，在信用证中的偿付条款中均有明确的规定，因此索偿行一定要仔细阅读信用证中的有关条款。同时，要熟悉账户的设立情况。因为国际间债权债务的清偿除易货贸易外，大多是通过对互开的存款账户的转移来实现的，因此，弄清账户的开立和分布，也是尽快收汇的基本条件。因为它能促使合理使用账户，减少不必要的中间环节。这些互开的账户统称为“往来账户”(Current Account)，分为国外同业存款、存放国外同业、国外联行往来及清算账户等。国外同业存款是国外银行在我方银行开立的账户；存放国外同业是我方银行在国外同业开立的各种可自由兑换货币的资金往来账户，其货币一般都是开立国的货币；国外联行往来是指我方银行在国外联行开立的账户；而协定清算账户则是记账贸易下所使用的账户。

作为议付行以及其他索偿行，可能按信用证规定，在单据到达开证行并被接受后才得到偿付，也可能在单据寄出时即可获得事先的偿付。在后一种情况下，若开证行收到单据后发现单证不符，则有权要求索偿行退款。

议付行寄单索汇的路线可分为以下两类。

1. 向开证行索汇

若开证行是凭单付款，为加速收汇，议付行可采用快邮来寄送单据；若按约定，议付行在寄单后即可获得偿付，议付行可航邮单据，同时以电讯方式向开证行索汇。

2. 向偿付行索汇

向偿付行索汇时，无须向其寄送单据，即单据的处理与向开证行索汇时是一样的。两套单据都是寄给开证行的，偿付行不与单据打交道，通常也不要求索偿行声明单证相符。议付行在寄单给开证行的同时，可用电讯向偿付行索汇，也可用信函方式索汇。在后一种方式下，为加速索汇，可“以电代邮”，即在偿付行所在地找一家特约的银行，议付行寄单后，立即以电讯方式通知特约银行，请其填制索偿通知，交同城的偿付行索汇，这样就可使偿付行早日得到索汇通知而及时偿付。

(二) 美元的索汇

美元在世界贸易中长期以来一直充当主要的角色，是各国清算债权债务的重要货币。在我国出口收汇中，美元的比重也很大。由于以美元结算的来证不仅仅是来自美国，而是来自世界各国，涉及几个国家、几家银行，若不了解美元索汇的特点，易造成迂回，使索汇路线长、收汇慢。

美元的结算中心在纽约，境外美元必须将资金拨付纽约才能结算。所以，美元结算的特点是：境外收汇，纽约结算。所有美元的索汇都以这个特点为核心来进行。

若索汇的对象与我们互开了美元账户，问题就不复杂了，采取贷记我方账户或主动借记他账的方式即可。我们要研究的是当索汇对象不是我们的美元账户行时，即不能在账户行内部以转账方式完成头寸交付的时候，如何划拨美元，最终及时地收汇。我们先将索汇银行分成美元境内和美元境外银行，再区别不同的情况。

1. 向美国境内银行索汇

如我们向索的不是我方的美元账户行，但只要在美国境内，任何地方都可清算美元。因美国是美元的发行国，所以只要在当地选择一个账户行，嘱其将美元直接划给这个账户行即可。这个账户行的选择，最好是国外联行往来，即碰头账户行，这样可在内部直接转账。一旦没有联行往来的银行可利用，还可利用 CHIPS。如在纽约，且被索银行不是我账户行时，可嘱其通过 CHIPS 交款，将款收入作为 CHIPS 成员的我行账户行。这时可不必关心被索银行是否是 CHIPS 成员，因为即使它不是 CHIPS 成员的话，也肯定与成员行有往来关系，所以通过它们进行电交换是行得通的，只要在索汇指示中加注 VIA CHIPS 就行了。实际工作中，将这种通过 CHIPS 电交换的叫“纽约交换型”，而前一种寻找碰头账户行的叫“转账型”。

2. 向美国境外银行索汇

由于全世界的美元都只能在纽约清算，所以在境外交付美元是行不通的。因此向美国境外的非美元账户行索汇时，就不能让其交拨给当地的我美元账户行。如我们向伦敦的 A 行(非美元账户行)索美元时，若请拨给伦敦我美元账户 B 行，由于 A 不能直接将美元交给 B，它只能将头寸拨给纽约的 C 行(A 在纽约的账户行)，由 C 行交纽约 D 行(B 的账户行)，再由 D 转给伦敦的 B 贷记我账户，这称为“回游型”，是最不合算的。因此，在向境外的银行索美元时，应要求将款拨给我在纽约的账户行。如果能选择一家碰头账户行，则只拨付一次就完成了，这是最快的方式。若被索行在纽约的联行或代理行不是我方的账户行，但只要是 CHIPS 的成员，就可通过 CHIPS 拨入我账户。

(三) 索汇的要求

索汇是银行间的一种偿付安排。为便于操作，国际商会制定了《关于跟单信用证项下银行间偿付的统一规则》，即 525 号出版物。该规则要求开证行应在信用证及偿付授权中(即开证行发给偿付行授权其对索偿行提示的索偿进行偿付的指示，包括承兑远期汇票并立即或到期付款的要求，该授权独立于信用证)注明适用本规则。在 525 号出版物第 10 条及第 11 条中，对索偿行有如下的要求：

(1) 必须以电讯方式或以正本信函的方式索偿，除非开证行禁止。

(2) 要缮制标准的索汇电函。索汇电函应包括开证行名称、信用证号码、索汇金额、费用、有关业务编号(包括已知的偿付行编号)、收汇路线。在远期信用证项下，除上述内容外，若信用证有要求，还必须提供货物描述、原产地国、货物装运日期、起运地和目的地等。

(3) 在远期信用证项下，索汇电函应在到期日前 10 日内发送给偿付行。超过 10 天，偿付行可拒绝处理。若远期汇票的付款人为偿付行，索偿行必须将汇票与索偿书一起寄偿付行处理。

(4) 不得在一份电索或信索中加列多项索偿，即不允许并笔索汇。

(5) 不得要求偿付行倒起息(起息日早于索偿日)。

如果索偿行未遵守上述规定，偿付行对拒绝接受或处理延误而引起的任何后果不承担责任。

八、开证行或偿付行偿付

(一) 开证行偿付

1. 审核议付通知书或索汇通知书

当议付行电索时，开证行通常是先收到索汇电函，此时应根据电文中提供的信用证号码核对信用证的副本，并以此核对议付金额是否超出信用证的金额；单据的提交是否符合信用证的交单期限；发出索汇指示的银行是否为信用证的指定银行；是否注有不符点或凭保议付等，核对无误后在信用证上批注有关内容。

2. 审核单据

收到议付单据后，应全面加以审核。注意核对单据的种类、份数是否与所附的相符；单据是否由指定的银行提交。如提交了信用证未规定的单据，开证行可不予审核，可视情况退还交单银行或照转申请人。如提交的单据没有体现某次修改的内容，应视同受益人尚未接受该次修改，不能认定单证不符。如发现不符点，须接洽申请人，若申请人提出拒付，则开证行不予偿付。

3. 开证行偿付规定

开证行如何对议付行或其他索偿行进行偿付，是在信用证中加以规定的。通常是结合双方账户设立情况而确定。一般有以下几种：

(1) 单到付款，即开证行收到议付行寄来的单据，经审核认为无误即将款项偿付给议付行。具体做法可能是贷记议付行在开证行的账户，或通过双方共有的账户行办理，如 Upon receipt of the documents in compliance with this L/C, we shall credit your account with us or remit the proceeds to the bank named by you。

(2) 授权借记。这实际上是单到付款的另外一种安排。当开证行收到单据确认单证相符后，向议付行发出授权，授权议付行借记开证行的账户。显然，开证行在议付行开有账户，如 Upon receipt of the documents in compliance the term of this L/C, we shall authorize you to debit our account with you。

(3) 主动借记。当开证行在议付行开有账户时，其开出的信用证可能规定议付行在议付后，可立即借记开证行的账户。这对于议付行是十分有利的，议付的当日即可获得开证行的偿付，如 Please debit our account with you under advice to us。

若开证行在开证时已向申请人收取了现汇保证金，则对外偿付的款项从保证金账户中支付；若收取的是人民币保证金，应由申请人申请购汇，按付汇日开证行挂牌汇率售汇支付；若使用信用额度开证，在申请人自备资金付款赎单后，才能恢复其相应的授信额度。

(二) 偿付行偿付

需要偿付行偿付时，信用证中的偿付条款一般为：In reimbursement of your negotiation under this L/C, please drawn on our account with the ×× bank under advice to us。当偿付行得到索偿书后，即应依索偿书中的指示向议付行偿付。偿付行处

理索偿时，要注意以下几点：

(1) 偿付行收到索汇电函后有 3 个工作日的时间处理业务(从收到的次日起)。若收到索汇电函是在非营业时间，则被视为在下一个营业日收到的。

(2) 偿付行对索偿行提出的倒起息的要求不予处理。

(3) 偿付行无义务对索偿行以外的其他任何银行付款。

(4) 如果偿付行未开具偿付保证(指偿付行在开证行的授权或要求下，向偿付授权中所指定的索偿行开立的一种独立的、不可撤销的保证书，保证在其偿付保证中的条款被满足后对索偿行进行偿付)，并且偿付到期日是远期的，索偿时必须表明偿付的具体日期。

(三) 开证行对单证不符的处理

寄单行在审单时有可能已发现了不符点，并以电提方式征询开证行对单据的处理意见，这时，应接洽申请人。若申请人同意，则向议付行等寄单行发出接受所提及不符点的授权。收到单据后，审核单据如未发现新的不符点，视同单证相符，否则可按单证不符处理。

对于不符点，申请人在规定的时期内提出拒付，则开证行要向寄单行发出拒付(承兑)的通知。拒付时开证行要掌握以下几点：

(1) 要在信用证的有效期内作出拒付的决定，且要在自收到单据的第二天起计算的 7 个银行工作日内进行。

(2) 拒付通知要以电信方式，如不能用电信，应以其他快捷的方式通知议付行等单据提出者。

(3) 拒付通知要注明凭以拒付的不符点的具体内容，并说明是退回单据还是暂为代管听候处理。

(4) 拒付通知中要将不符点一次提完，未提的不符点，不能在下一次提出。

开证行若忽略了上述这几点，不及时处理，就会丧失拒付的权利，使拒付失效。

虽然议付行在给开证行的寄单通知书中已列明了单据的不符点及不符点的具体内容，开证行还是要亲自进行审查，确定是否符合信用证条款。若要拒付则按前面的手续办理。另外，开证行重新审单时还可能发现其他的不符点，也可能议付行提出的不符点对开证行来说并不构成不符，这主要是由于各国对信用证的解释不一致之故。

开证行审单发现单据同信用证条款不符时，习惯的做法不是马上退单拒付，而是列举各项不符点，在给进口商的通知书中注明，问申请人是否接受。如申请人接受，加上客户的资信也没问题，开证行则不必退回单据，按正常情况进行结算处理即可。客户之所以接受不符的单据常常出于实际业务的需要，或已与受益人之间达成了某种协议。如某种商品畅销，价格有利时，开证申请人往往不计较单据的不符。如客户拒绝接受这样的单据，开证行再根据固定手续通知议付行。

在同议付行的关系上，理论上讲开证行本身是信用证的主债务人，是否接受有不符点的单据，开证行有责任来判断。

九、申请人付款赎单

开证行对外偿付后通知申请人，申请人向开证行付款，并只有在付款后才能得到单据。这一过程称申请人付款赎单。

十、提货、收汇考核及结汇

(一) 提货

付款赎单后，申请人即可以提货。提货后，不能因货物问题向开证行等提出索赔，因开证行是凭单付款，而非货物或合同。

(二) 收汇考核

议付行议付后将单据寄出，为保证安全、及时地收进外汇，必须进行催收和考核两项工作。

1. 催收

议付行应根据不同地区、不同货币及不同的收汇方式和寄单方式确定一个合理的收汇天数。在寄出单据和索汇电函后，超过合理的天数仍未收妥货款的，应发出催收函/电。对开证行无理迟付的货款，除及时催收外，还应向其追收迟付期间的利息及费用；对开证行无理短付的款项，应据理力争，并追索无理短付造成的利息损失及费用。

2. 考核

议付行收到贷记报单后，逐笔审核开证行或偿付行的付款情况，这叫事后考核。主要是检查付款是否超过合理的时间，若超过，则要追收迟付的利息。同时，要定期作出考核报告，总结经验，并对差错及失误作出具体分析，以提高今后的工作效率。

(三) 结汇

银行对受益人的结汇主要采取以下几种方式。

1. 收妥结汇

收妥结汇即由出口地银行将单据寄出，不论是即期还是远期，于货款收回后，也就是收到国外银行的贷记通知，证明货款已收入出口地银行账户时，按当日外汇牌价折成人民币收入受益人账户。根据目前规定，对允许保留现汇的企业，可记入其外汇结算账户，超出该账户最高限额的部分应按规定结汇。这种结汇方式在计划经济体制下使用较多，目前，押汇方式已逐步将其取代。

2. 定期结汇

定期结汇适用于对港澳地区联行来证项下的出口结汇。出口地银行从寄单之日起，预计一个邮程加合理的审单工作日后，即主动借记该联行的往来账户，同时结汇给出口公司，对方即联行收到单据后，只要单证相符，就不必向国内分支行发出贷记报单，只作相应的账务处理。这就是“定期结汇”。定期结汇取消了报单的往返寄送，简化了手续，但也存在局限性。一旦开证行不付款，议付行虽然定期结汇给受益人，但实际上未收到外汇。因此这种方法只是对联行等有限地使用。

3. 押汇

押汇也称买单结汇，是在出口地银行审单无误、单证相符、开证行资信可靠的情况下，不待开证行付款，先行买入全套单据而向受益人垫款，按票面金额扣除从垫款之日到估计货款入账日的利息，将其净额对受益人结汇。

第五节 信用证的修改和撤销

信用证开出后，由于情况的变化，或经受益人审核后认为信用证存在问题，就要修改。对于可撤销的信用证，无须事先通知即可随时修改。这里针对的是不可撤销信用证的修改。

一、修改的提出

从形式上看，修改都是由进口商向开证行提出，但实际上可能是进口商也可能是出口商，因为不论修改出自何方，一般都按信用证原来的寄送途径。例如由出口商提出的，应请进口方转向开证银行申请修改，再由开证行转通知行通知受益人。业务中对信用证提出修改的大多是出口商。

出口商提出修改，通常是由于信用证与合同不符，或某些条款受益人认为无法办到。例如，信用证规定不准转运，但轮船公司并无直接的船只到达目的地，这时就需要提出修改。

进口商提出修改常是由于本国或国际上形势的变化，如进口国要求进口商品必须提交新的某种单据等。

银行在开证时有时也会出现偏差，如字母打错、地名打错或遗漏某个项目，发现后也需要修改。

总的来说，信用证的每一条款都有被修改的可能，但以下列各项为多：

(1) 延长装运期限及信用证的有效期限(出口商提)。

(2) 更换出口商名称及地址或允许转运(出口商提)。

(3) 金额与货物增减(进口商提)。

(4) 保险种类的变动(进口商提)。

(5) 允许接受过期提单(出口商提)。

二、修改信用证的原则

修改信用证时应遵循如下原则：

(1) 对提出的修改，要注意是否与其他条款相抵触，是否遵守了外汇管理的有关规定。

(2) 对不可撤销信用证，非经当事人的同意不得修改，因此开证行在办理修改时，必须经开证行、保兑行(若有保兑)及受益人的同意。

(3) 当同一信用证修改书上涉及两个或两个以上条款时，必须全部接受，不得同意一部分拒绝另一部分。

(4) 如果开证银行选择一家银行将信用证通知给受益人,其修改的通知也要通过这家银行。

(5) 开证行自发生修改之日起,就受这个修改的约束。保兑行可以对修改加保兑,并在通知这个修改时就受其约束;也可不对修改加保兑,即仅将修改通知受益人,但要及时将此情况通知给开证行及受益人。

(6) 受益人应发出一个通知,表示其接受还是拒绝修改,但也可谓不表态,通过其提交的单据来判断是否接受了修改。

(7) 修改通知书中要注明本次修改的次数。

三、修改信用证的实务处理

1. 申请人提交修改申请书

当申请人要求修改信用证或受益人接洽申请人要求修改时,申请人要向开证行提出修改申请书。申请书的内容主要包括两个方面:一是被申请修改的信用证的情况,如信用证的号码、受益人名称及地址、通知行等,以便使开证行确定哪个信用证是要修改的;二是关于修改的指示。修改申请书需由申请人签章。

2. 开证行审查修改申请书的内容

开证行接到信用证修改申请书后,应根据申请书所列的信用证号码审核以下各项:①修改后的条款有无相互抵触之处;②是否注明修改手续费由申请人或由受益人负担;③修改后的条款对我方是否有不利之处;④若修改涉及原证的有效期、金额、商品等超出了原有效凭证规定的范围,需提交符合修改条件的有效凭证。若属增加信用证金额的修改,购汇者还应提交购汇申请书。

3. 缮制信用证修改书

银行审核信用证修改申请书后,即可缮制信用证修改书,电修改要加列密押。然后将修改书副本附于信用证上留底备查,同时将另一份修改书副本送交申请人备查。修改书中要注明本次修改的次数;若原证规定向偿付行索汇,当修改涉及延展装、效期、增加金额的,还应向偿付行通知;如果修改申请书中规定修改费用由受益人承担,而受益人又拒绝该项修改的,则向开证申请人收取费用。

如果受益人没有通过申请人而是通过通知行要求开证行修改信用证时,开证行接到请求后,通常要与申请人联系。开证行虽然有权决定接受该请求,但若没有申请人的同意,就可能因违背申请人的指示而无法获得偿付。若申请人不同意,开证行则拒绝修改;若同意,就缮制信用证修改书,由原通知行通知受益人。

四、信用证的撤销

信用证的撤销包括两种情形:其一是指信用证过期未用,自动失效;其二是信用证未到期而在中途注销。这里主要讲第二种情况。对于不可撤销的信用证,在发生必须撤销的某些情况时,符合下面几个条件就可以注销。即不可撤销信用证也具有弹性,只要当事人同意即可。

(1) 客户以书面的形式向开证行提出申请，若是出口商则同时退回信用证。

(2) 银行审查，作出同意或不同意的决定。

(3) 银行利用电信或邮寄方法通过通知行转告受益人关于撤销的事宜。

(4) 有关当事人同意有关撤销的内容。

(5) 若开证行要求撤销信用证，须先征得受益人同意，并收回全套正本信用证(包括修改)。

信用证注销既有全额注销也有部分注销的，例如信用证已出口议付了一部分，其余部分可办理撤销。受益人从通知行处得到撤销的通知后，像修改的处理一样，应尽快决定是否同意注销。其余的做法均与修改一样。

本章小结

(1) 信用证是国际贸易中最常使用的货款结算方式，属于银行信用；银行充当进口商与出口商间的中介人或保证人，并且为进出口双方提供资金融通的便利；信用证是进口方银行(开证行)承诺支付一定金额的银行书面付款保证；《跟单信用证统一惯例》(1993 年修订版)与 1994 年 1 月 1 日起执行，2007 年再次修订实施，称为《跟单信用证统一惯例》(UCP 600)，公布于国际商会第 600 号出版物。

(2) 一般情况下，信用证交易包括九个主要的关系人：开证申请人、开证行、通知行、保兑行、承兑行、议付行、付款行、偿付行和受益人；信用证的主要种类包括：可撤销信用证与不可撤销信用证；保兑信用证和不保兑信用证；对开信用证、背对背信用证等。

(3) SWIFT 系统网络是目前影响最大的国际银行间清算网络，SWIFT 信用证具有会员制度、标准化格式、安全性高、费用较低、处理业务快捷和自动功能等特点。

(4) 信用证可按照不同的标准进行分类，常用的和重要的信用证包括跟单信用证、不可撤销信用证、可撤销信用证、保兑信用证、远期信用证、可转让信用证、循环信用证及预支信用证等。

(5) 一笔信用证业务分为进口和出口两个环节，从申请开出信用证到最后结汇，手续颇多。具体包括：①订立合同；②申请开证；③开立信用证；④通知信用证；⑤发货取单；⑥交单议付；⑦审单垫付；⑧寄单索偿；⑨偿付；⑩交单(汇票)索款；⑪付款赎单；⑫交单提货。

(6) 信用证开出后，由于情况的变化或经受益人审核后认为信用证存在问题，就要修改。对于可撤销的信用证，无须事先通知即可随时修改。

(7) 信用证的撤销包括两种情形：其一是指信用证过期未用，自动失效；其二是信用证未到期而在中途注销。这里主要讲第二种情况。对于不可撤销的信用证，在发生必须撤销的某些情况时，符合一定的条件就可注销。即不可撤销信用证也具有弹性，只要当事人同意即可。

复习思考题

一、名词解释

跟单信用证　不可撤销信用证　保兑信用证　远期信用证　可转让信用证　循环信用证　预支信用证　开证申请人　受益人　开证行　议付行　信托收据

二、简答题

1. 如何理解信用证的特性及作用？
2. 信用证有哪些主要当事人？其责权是什么？
3. 说明信用证结算的业务流程。
4. 什么情况下会使用保兑信用证？
5. 什么是可转让信用证？UCP 600 中对其有何规定？
6. 什么是背对背信用证？它与可转让信用证有何不同？
7. 简述银行开出信用证的方式。
8. 审证之后如何进一步处理业务？
9. 审单的原则和标准是什么？
10. 议付行和开证行如何处理有不符点的单据？
11. 索偿行如何索汇？索汇时应注意什么？
12. 如何修改信用证？其遵循的原则有哪些？

第七章

国际贸易结算方式——银行保函和备用信用证

【本章导读】 银行保函对我国来说，属于较新的结算方式，与信用证一样，建立在银行信用基础上。通过本章的学习，可以了解银行保函的特点、种类、业务流程；了解银行保函当事人及其权责关系；熟悉备用信用证的定义、性质并能区分保函与信用证、备用信用证结算方式的异同。

第一节 银行保函的性质及作用

一、银行保函的概念和性质

银行保函(Letter of Guarantee)是指银行应申请人或委托人(合约、交易的一方)的要求向受益人(合约、交易的另一方)开出的书面付款保证承诺。银行保证在申请人未履行某项义务或受益人在已经履行了合同义务后支付一定款项给受益人。

以上是对银行保函的一个笼统的定义，对某一具体保函而言，要根据其与基础合同的关系，判断是何种性质的保函。保函就其所依附的合同关系来看，有从属性保函和独立性保函之分。

所谓从属性保函(Accessory Guarantee)，是将保函置于基础合同的从属地位，以合同条款为中心来判断保函项下的索赔是否成立。如果基础合同无效，银行的担保责任即告消灭，并且如果委托人依法或依合同对受益人享有抗辩权，则担保行可以同样用来对抗受益人的索赔。由于保函是从属性的，所以担保银行的责任也是从属的，即银行承担第二性的付款责任。当委托人违约时，应由其本人首先承担责任，只有委托人不能承担责任时，受益人才能凭保函向担保行索。传统的保函业务及各国国内交易使用的保函大都属于此种性质。

所谓独立性保函(Independent Guarantee)，是指根据基础合同开具，但又不依附于合同而独立存在，其付款责任仅以保函自身的条款为准的一种保函。在此种保函项下，担保银行大多承担第一性的付款责任，即当受益人在保函项下合理索赔时，担保行就必须付款，而不管申请人是否同意，也无须调查合同履行的事实。

独立性保函是第二次世界大战后为适应当代国际贸易发展的需要，随着银行和商业实践的发展而逐步确立起来的，并成为国际担保的主流和趋势。从目前国际银行的保函业务的实际情况看，通行的多数为独立性保函。从受益人的角度看，为消除担保行所在国法律对保函业务的限制(许多国家对保函采取从属之说),以保障自身的正当权益不致因合同纠纷而遭受损失,非常希望申请人提供的银行保函能独立于基础合同;而银行为了避免在从属保函项下被卷入合同纠纷,也愿意开具那种在其付款时可不必考察基础合同履行情况的独立性保函,这两方面的因素使现代保函逐步发展为以独立性保函为主。国际商会第458号出版物就是针对独立性保函加以制定的,其对保函的定性为:"保函从性质上是独立于其可能基于的合同或投标条件的交易,即使保函中包含有对合同或投标条件的任何援引,担保人与这类合同或投标条件也无任何关系,也不受其约束。担保人在保函项下的责任,是在提交了表面上与保函条款一致的书面索赔要求和保函规定的其他单据时,支付保函项下的金额。"可见,独立性的保函已得到国际社会的认可,银行保函业务将沿此趋势发展。

独立性保函也称见索即付的保函,其定义可归纳为(根据国际商会第458号出版物第2条a):见索即付保函是担保人凭以在保函有效期内提交的符合保函条件的索赔书及保函规定的任何其他单据支付一定款项的付款承诺。

二、银行保函的当事人

银行保函的基本当事人有三个,即申请人、受益人和担保人,有时还会出现反担保人、通知行、保兑行等。

1. 申请人

申请人(Applicant)或称委托人(Principal),是向担保行申请开立保函的当事人,有时是投标人,有时是买方、卖方或承租人等。申请人应是基础合同中负有责任或者义务的一方当事人,其主要责任是履行合同项下的有关义务,并在担保行按照保函规定向受益人付款后,立即偿还担保行所作的任何支付。保函开具后,申请人有义务向担保行支付各项费用,如担保费、函电往来等通信费,以及利用国外代理行服务而发生的各种费用。申请人向银行提出开立保函的申请时,要填写申请书,并提供第三者出具的反担保,或提供其他财产作抵押。

2. 受益人

受益人(Beneficiary)是接受保函并有权按保函规定向担保行索偿的人,一般是与申请人相对的基础合约的另一方当事人。在投标保函和履约保函项下,指招标人;在进口保函项下,指出口方或供货人;在租赁保函项下,指出租人。在保函规定的索偿条件具备时,他有权向担保行提出索赔。即使申请人反对,他的这种权利仍不丧失。

3. 担保行

担保行(Guarantor or Surety)即担保人,是接受委托向受益人开立保函并承担申请人违约时付款责任的银行。其责任义务是:当受益人提供了符合保函规定的单据或声明,说明申请人已经违约时,担保行就必须付款。实务中,由于担保行不愿介入合同的纠纷之中,因此保函中的索赔条件也趋向单据化。因此,只要受益人提供了符合保函要求的单据,担保行即是付款行。担保行在向受益人付款后,有权向申请人或反担保人索偿。

4. 通知行

通知行(Advising Bank)也称转递行(Transmitting Bank),即受担保行的委托将保函交给受益人的银行。担保行开出保函后,可直接交给受益人;也可通过当地的(受益人所在地)银行通知,以确保其真实性,特别是当担保行与受益人处于两地时。通知行的责任就是负责核实印鉴或密押以确定保函表面的真实性,不承担保函项下的任何支付。

5. 反担保人

担保行为了避免风险,常常要求除申请人以外的第三者对担保行进行再担保,一旦受益人向担保行索赔,担保行付款后,可按反担保协议向提供反担保的当事人索赔。进行反担保后,不仅可降低担保行的风险,而且由于涉及的当事人多了,申请人的压力也大了,会促使申请人严格履行合同。因此,反担保人(Counter-guarantor)就是应申请人的要求向担保行开出书面反担保的人。其责任是:向担保行作出承诺,当担保行在保函项下付款以后,担保行可从反担保人处得到及时、足额的补偿。

6. 保兑行

与信用证业务中的保兑行(Confirming Bank)类似,当受益人对担保行的信誉和资力存有怀疑时,就可要求另一家国际上公认的大银行或本国银行对保函加具保兑。因此保兑行是应担保行的要求,以自身的信誉对担保行的支付承诺予以保证的银行,一旦担保行未能按保函规定付款,则由保兑行代其履行付款义务。保兑行付款后,有向担保行追索的权利。

7. 指示行

受益人有时只接受本国银行出具的保函,要求申请人到受益人所在地的银行去申请开具保函往往是不现实的,因为国际业务中的保函受益人和申请人处于不同的国家。此时,申请人只能通过本国的银行转而委托受益人所在地的银行(即担保行),凭申请人往来银行的反担保开出所要求的保函。由于申请人的往来银行不能直接向受益人开具保函,只能作为指示人,指示受益人所在地的银行凭其反担保向受益人出具保函,所以称接受申请人的申请并向受益人所在地的担保行发出委托指示,同时作出在担保行遭到索赔时予以偿付保证的申请人所在地的银行为指示行(Instructing Bank)。

三、银行保函的特点

现代国际贸易中普遍使用和接受的是独立性保函,因此在此只讨论独立性保函的特征。

1. 银行保函是独立于基础合同的文件

保函的开出源于交易双方的一定合同关系,没有基础合同,保函就无开出的必要及可能。但保函一经开立,银行和受益人之间即产生了一种独立的经济、法律关系和或有债权债务关系,这种关系不再依附于申请人与受益人之间的合同关系。若申请人与受益人发生纠纷诉诸法院,法院将只以保函本身的条款为依据来审理,不允许以基础合同中的抗辩理由来对抗受益人;担保行也只能依保函本身的条款来判定索赔或付款是否成立,只要保函规定的付款条件已经具备,担保行就须付款,而对合同的执行情况不予过问,更不参与合同双方的争议或纠纷。而且,担保行的责任并不因基础合同的终止或失效而自动失效,除非保函到期或受益人声明解除担保行的责任。

2. 担保行只处理单据而非基础合同

虽然银行也可以开出以执行或未执行合同作为付款前提的保函,但同时规定必须提供某种单据以确定是否执行了合同，担保行收到按保函规定出具的单据就必须付款，而不管事实上的合同执行情况。在这里，担保行和信用证的开证行或议付行一样，处理的只是单据或证明文件，而不是合同或货物，它对货物的品质、数量、真伪、是否装船、中途的遗失以及是否到达目的港都不负责。而且担保行对单据或证明的处理，也只是要求单据或证明表面与保函的规定相符，对单据的真伪及邮递过程中的遗失、延误概不负责。

3. 担保行的责任有时是第一性的，有时是第二性的

这是由保函中的索偿条件所决定的。当保函中免去受益人先向申请人请求付款的程序，即受益人可直接向担保行索款而无须先找申请人，这时银行负第一性的付款责任。当担保行保证在保函规定的付款条件已具备时申请人一定付款，只有在申请人不能付款的情况下，担保行才负责向受益人付款，这时担保行的付款责任是第二性的，也就是作为第一付款人的申请人不付时再付。以往，人们往往认为在从属性保函项下，担保行的责任是第二性的；而在独立性保函中，担保行的责任是第一性的。实际上并非如此绝对。独立保函中，担保行的责任大多是第一性的，但也可以是第二性的。如一份保函的保证条款是“we hereby guarantee that the buyer pay according to the following payment schedule__”。显然，担保行在此只是保证买方按期付款，而没有作出自己首先付款的承诺，属第二性的。如保函中明确规定，“受益人无须首先向申请人提出付款请求，即可直接要求担保行付款”，诸如此类条款的保函，担保行无疑承担的是第一性的付款责任。

四、银行保函的作用

银行保函最主要的作用就是提供一种信用方面的担保，这种担保对国际间商品交易和国际工程项目中的出口方或进口方来说是非常重要的。因为进出口的任何一方不履行或不完全履行合同都将给对方带来损失，虽然这个损失可根据合同向对方提出索赔或诉讼，但通过第三者出具保证书，即保函来赔偿其损失，不仅风险小而且简化了索赔的程序，特别是在由银行来充当这个第三者时。

保函对申请人来说，能促使其履行合同，因为它不履行就非支付赔款不可，即使是银行支付的，它也要归还；对受益人来说，其合同项下的权益及收款的权利有了保障；对银行来说，为了协助企业向国外输出入商品，兴办工程项目或向国外投标，也愿接受企业的委托提供各种性质的保证书，从中收取一定的费用，进而对各种交易进行资金融通。

总的来看，银行保函的信用担保作用可以从两个方面来理解：一是保证合同项下款项的支付，如付款保函、租赁保函、借款保函等，均是银行向受益人保证交易的对方将按期支付合同的价款；二是保证合同的履行，它可以制约申请人必须按期履行其合同义务，以避免和减少违约事件的发生。属于这一类的保函有履约保函、投标保函、预付款保函、保释金保函等。

保函可以用于贸易方面的担保，也可用于非贸易。最初，保函只用于借款方面，其后为履约方面的担保，逐步又扩大到对国际工程的担保，后来又发展到凡因经济政治上的原因，无力或无法偿付，以及法令变动、资金冻结、进出口许可证停发或取消，甚至战争、灾害造成的风险或损失，均包括在担保的范围内。

第二节 银行保函的内容及种类

一、银行保函的内容

根据《见索即付保函统一规则》(ICC458)的要求,保函和保函的修改应当清楚、准确,并应避免加列过多细节。尽管由于基础交易不同、保函的种类不同、各地区及国家的习惯不一样,保函的格式多种多样,但所有保函都包括两部分内容:一是ICC458规定的基本内容;二是附属条款和附属内容。

(一) 银行保函的基本内容

根据ICC458,一项保函至少应包括以下内容。

1. 有关当事人的名称和地址

保函应清楚地表明申请人、受益人及担保行的名称、地址,如果有通知行、转递行等,也可以将其名称和地址列出。

2. 要求开立保函的基础交易

保函中应对基础交易加以描述,包括基础交易的合同编号、签订日期、事由及当事人等。虽然保函与基础交易是相互独立的,但开立保函毕竟是为了担保申请人履行基础合同下的义务,而不同的合同中申请人的义务是不相同的,所以要求保函注明其起源的基础交易。

3. 最高支付金额及币种

通常情况下保函将规定一个最高限额,而不是确定的金额,因为在开立保函时,事先不能知道申请人违约给受益人造成损失的程度。该金额将是担保行的责任限度,也是受益人的索偿金额。如果担保金额随履约的比例减少,保函中必须加列递减条款。一般使用的货币也要与合同规定的货币一致。保函中往往注明有担保人的最高责任不超过多少金额的条款。

4. 保函的到期日和/或到期事件

保函的到期日即保函的效期,是受益人提出索赔的截止期限,实际付款日期与此无关。受益人只有在到期日之前向担保行提出的索赔才能得到支付,否则担保行可以拒绝付款,因此到期日也称失效日,过了到期日保函就失效了。表示到期的方式有两种:一是规定确定的到期日,如2009年6月20日。二是规定失效事件,即以某事件的发生之日为到期日,如施工完毕、交货结束等。但此事件必须以相应的单据证明,如投标保函可以规定于提交声明书已收到基础合同所要求的履约保函的受益人证明时失效;履约保函可以规定凭提交的设计师或工程师的完工证明或凭提交申请人的表明基础合同项下的货物已经装运的证明失效。当事人可以选择其中一种或同时采用两种方式。当保函既规定了到期日又规定了失效事件时,保函的到期日以两者较早发生的为准。

虽然保函规定了到期日和/或到期事件,但当出现下述情况时,保函将失效:①保函金额随着保函项下的支付而递减,在全部金额支付完毕后,保函即失效,即使保函正本尚未退回也是如此；②如果将保函退还给担保人，则认为该保函自动注销；③如果受益人以书面声明形式解除担保人责任，不管是否已将保函及修改退还给担保人，也认为该保函的效力告终。

5. 要求付款的条件

这即指保函的付款承诺及有关索赔条件的具体规定。保函要求的条件必须单据化，也就是说索赔的条件仅为提交与保函条款相符的书面索赔书和保函规定的其他单据，这样可避免银行陷入合同纠纷，银行不必去验证客观事实。保函项下所要求有的单据一般为一份书面索赔书，且索赔书必须有书面声明支持，声明申请人未能履行其在基础合同项下的责任，或在投标保函时违反了投标条件。声明书可包含在索赔书中或以独立的单据出具，随索赔书一起提交，并在索赔书中加以引述。有时保函还要求汇票，或为防止受益人的不正当索赔，还会要求其他的单据，如仲裁裁决书、质量鉴定书、检验证等，这些单据和索赔书不同时出保函及基础合同之外的第三者出具的。

6. 保函金额递减条款

保函可以明确规定，在某个规定的日期或向担保人提交了保函所规定的单据时，保函的金额可以减少某一规定的金额或可以确定的某个金额。如履约保函可以规定，当工程完成至某一进度的，凭项目监理的进度证明，保函的金额可以降至某一金额。当保函金额减少时，担保人应及时通知申请人或指示人。

(二) 银行保函的附属内容

(1) 保函的编号、开立日期和地点。

(2) 保函的种类，如是投标、履约还是预付款保函等。它是保函其他要素的依据。

(3) 保函的生效条款。一般情况下，保函是自开出之日起生效，但也可规定一个较晚的生效日，这个日期可以是一个固定的日期，也可以是保函开立后的某一特定日期。保函还可以规定生效事件，即当某一条件履行后生效。如在预付款保函项下，以收到预付款为生效条件，但此条件必须单据化，必须提交规定的相应单据(如上述预付款保函可规定提交申请人签发的证明、收款人收到预付款的声明)。生效日期是指受益人在保函项下有权提出付款要求的起始日。

(4) 担保行的责任条款。通过此条款，可以判定保函的性质及担保行的责任。为明确担保行的责任，防止日后发生争议，保函中要体现出银行的第一性或第二性的付款责任。

(5) 适用法律或仲裁条款。保函可以规定适用哪一个国家的法律或仲裁程序。大多数国家的法律及国际商会关于保函的统一规则都规定，除非另有说明，管辖保函的法律应是担保人所在地的法律，如果担保人有多处营业地址，则以开立保函的营业地的法律为准。

(6) 是否适用《合约保函统一规则》或《见索即付保函统一规则》。

二、银行保函的种类

目前，应用保函的国际业务主要有进出口贸易、补偿贸易等有形的商品交易，以及有关劳务方面，如投标与引进技术等，再就是借款、举债(发行债券)等资金融通方面。具体使用时，对保函种类的划分则比较困难，因为各类保函往往是交叉使用的。例如，有关进出口贸易与补偿贸易，一般为付款保函，但有时也可能为履约保函。投标时，使用投标保函，中标后又要签订履约保函。在引进技术时，可以使用进口付款保函，也要使用还款保函。人们通常根据保函的内容，将保函分为付款类保函和信用类保函。付款类保函多用于进口结算，进口商从国外进口设备时，可以通过银行向出口商开立付款性保函，保证进口商的付款义务。信用类保函是保证申请人履行所规定的义务，否则由银行承担赔偿责任的一类保函，这种支付是或有的，只有申请人履约不当或未能履约时，该保函项下的支付才会发生，这类保函在工程投标中使用较多。根据保函与基础合同或交易的关系，将保函划分为从属性保函和独立性保函。根据担保人承担的责任，可将保函划分为第一性的保函和第二性的保函。为方便起见，以下按出口保函、进口保函及其他类的划分介绍保函的种类。

(一) 出口保函

出口保函的“出口”包括货物的出口和劳务的出口。出口保函是银行为出口方向进口方开立的书面担保文件，以满足出口货物和劳务的需要。具体包括以下几种。

1. 投标保函

国际上，对于一些比较巨大的物资采购和工程项目，往往公开招标，招揽各国公司投标供货或承建工程。在招标时，一般都要求投标者提供一定金额的银行保函，并将它作为投标的条件之一，以表明投标者确有诚意和足够的资力。银行保证投标人履行下列责任和义务：

(1) 投标人不修改报价，不撤回投标。

(2) 中标后一定和招标人签订合同，并按招标人规定的日期提交履约保函。

如投标人未履行上述责任义务，在开标前撤回投标或投标人中了标而对标价反悔，不肯签约或履约，招标人就有权凭保函向银行索赔。银行作为担保人便必须按保函金额赔付以弥补其损失。

保函金额一般为报价金额的1%～5%，这是由招标人在标书中定明的，其效期一般从开立保函日到开标日期后的一段时间为止，有时再加一定天数的索偿期。如投标人中标，则有效期自动延长到投标人与招标人签订并交付合同和履约保函为止。一般投标保函的效期多在3～6个月。

综上所述，投标保函(Tender Guarantee/Bid Bond)是国际招标中投标人向招标人提供的由银行出具的保证投标人不修改/不撤标以及中标后一定签约的书面担保文件，若投标人违约，则由担保行向招标人进行一定金额的赔偿。

2. 履约保函

履约保函(Performance Guarantee)是银行应供货方或承包方的请求而向买方或业主作出的一种履约保证承诺。银行在保函中保证申请人履行商品或劳务合同，按时、按质、按量地交运货物或完成所承包的工程。如果申请人违约，则受益人有权向担保行索赔。

履约保函的金额一般为10%左右，若是工程承包保函，一般为10%～25%左右。效期则视不同的情况而不同。其生效日大多为保函的开立日，也可以是出口商收到进口商开来的信用证之日。履约保函的失效有两种情况：①交货完毕或工程完工。即以提单日(通常加一定的天数,如30天,有时也可能是信用证的到期日加30天)或建筑师的完工验收证明的提交日为到期日。②在交货或施工结束后再加一段规定的时期保函才到期。在后一种情况下,履约保函已包括了质量保函和维修保函。

3. 预付款保函

预付款保函(Advanced Payment Guarantee)也称还款保函(Repayment Guarantee)或订金保函(Down Payment Guarantee),是银行应供货人或承包商的委托向买方或业主开具的保函,保证申请人(即供货人或承包方)未发货或未按要求使用预付款时,由银行退还受益人所支付的预付款。在资本商品交易(如机器、轮船、飞机、大型发电机等)和承包工程中,进口方和工程业主须向对方支付一定的订金(通常为合同金额的5%～20%),作为生产订货的资金或招工、动员费等。进口方或工程业主为避免出口方或承包人不履行合同而损失这笔预付金,在支付订金前,要求出口方或承包人提供银行保函,保证未履约时归还这笔订金,这种保函就叫还款保函或预付款保函。

保函的金额就是订金的数额。若申请人只是部分违约,担保行支付的应是尚未履约部分相应比例预付金的款项；若全部违约,担保行应将全部订金(有时还包括利息)退还给受益人。此种保函自申请人收到预付款时生效。在买卖合同项下,通常为货物装运后一定时期(如30天)失效；在劳务承包合同项下,则于项目完工时失效。

以上三种出口保函常用于跨国的工程承包,统称为合约保函。合约保函中还有一种叫分包保函。国际上一些承包工程公司在承包营建工程时,由于无力承担全部的工程,常把所承包的工程再包出去,若是转包,第一手承包工程的叫头包,第二手的叫二包；若是分包,承包全部工程的叫总包,承包部分工程的叫分包。承包工程时一方面争取头包或总包较为困难；另一方面由于一些国家政府规定只能把工程包给本国的商人或公司,所以其他参与者只能处于二包或分包的地位。

二包或分包向头包或总包承包工程时,常需向其提供银行保函,保证履行转包或分包合同规定的责任和义务,如不履行,担保行便按保函金额赔付给头包或总包。保函金额由头包或总包确定,一般为转包或分包合同金额的5%～10%。

保函的效期一般到转包或分包合同执行完毕日期止,有时再加5～15天的索偿期。

分包或转包的风险较大,因为存在一个中间人,所以银行开立这种保函时应格外注意。

4. 留置金保函

留置金保函(Retention Money Guarantee)又称保留款保函。在成套设备进出口交易中,合同中常常规定,合同金额的5%～10%要在设备安装完毕、运转良好、经买方验收后再付,这部分未付款称留置金或预留金。如发现机械设备品质或规格不符合合同规定,双方可经商谈减价,减价的部分便可从这个留置金中抵扣。不仅是一些成套设备,对一些易发生损耗和伤残的货物,如中药材、皮张等,通常也有一定比例的留置金。有时,卖方要求将留置金随货款先支付给他,买方在卖方提供银行保函的前提下会同意这样做。银行保证货到后若品质不符、短量或伤残,由卖方或担保行将预支的留置金退还给买方。这种保函叫留置金保函或预留金保函。简单地说,是银行为出口方提前收回留置金所做的归还承诺。

从担保行的责任来看,留置金保函就是维修保函,或者说是维修保函中的一个类别,所以单独开立留置金保函在业务中已很少见到。

5. 质量保函和维修保函

质量保函(Quality Guarantee)也称维修保函(Maintenance Guarantee),是为保证工程质量,招标人或业主要求承建人提供的一旦工程质量不符合合同规定,而承建人又不能维修时,由担保行提供赔偿的银行保函。在供货合同中,尤其在军工产品、机械设备以及船舶、飞机等资本商品的出口合同中,为保证货物的质量,买方要求银行提供担保,保证如货物质量不符合合同规定而卖方又不能更换或维修时,由担保行赔付买方一定金额以弥补其所受损失。

维修保函用于承包工程。它是:为保证工程质量,招标人或业主要求承建人提供的一旦工程质量不符合合同规定,而承建人又不能维修时,由担保行提供赔偿的银行保函。

可见,质量保函和维修保函是担保行对合同标的物的质量所出具的保函,担保行向受益人保证申请人所提供的货物或承建的工程符合合同所规定的质量标准,一旦标的物的质量不符要求而申请人又不能维修,就由担保行向受益人进行赔偿。

这两种保函的金额一般为合同金额的5%～10%。效期一般至合同规定的质量保证期满或工程维修期满,通常是在设备安装后1个月或工程维修到期后1个月。维修保函的效期最多是3年。

(二) 进口保函

进口保函是银行应进口方的要求向出口方开具的一种书面保证文件,是为满足进口商进口商品(包括货物和技术)的需要而开立的。

1. 付款保函

付款保函(Payment Guarantee)是担保行针对买方的付款责任而出具的一种保函,分为即期付款保函和延期付款保函两种。

(1) 即期付款保函通常是担保行向出口商担保,一旦收到保函中所规定的出口商应出具的各种单据,表明已出运货物或工程已进入或完成某阶段进度,由担保行立即向出口方支付货款或进度款。这种保函是典型的"见索即付",起到了和信用证一样的作用。和信用证不同的是,付款保函不仅可以这样单独地使用,而且可以与其他以商业信用为基础的结算方式如汇款、托收等相结合使用,这时由于它是作为商业信用的一种补充,因此受益人应先向申请人索款,未果时才能转向担保行要求支付。

(2) 延期付款保函。在进口大型成套设备时,一方面由于交货不集中,往往要在较长的一段时间内才能交完;另一方面进口方往往无力一次支付全部款项,甚至要等引进的设备安装投产后,用投产后产生的收益在一段时期内分多次来付款。在这种情形下,虽然可以采用远期或延期信用证进行结算,但由于其局限性(如强调单证一致、凭单付款等),不如保函灵活,因此实际业务中更多的是使用银行保函。银行在这种保函中保证担保行从收到达到合同金额的90%～100%的国外装船单据起的一个时间后开始,把合同金额分成若干相等的份额,每隔一定的时间(如每个季度或每半年)支付一定金额并加利息,直到付完为止。这种银行保函就是即期或延期的付款保函。

不论是即期还是延期的付款保函，保函的金额为合同的价款或扣除了订金的待付金额，效期取决于合同中规定的付款期限。

2. 租赁保函

租赁保函（Lease Guarantee）即银行向出租人担保承租人按规定期间付给租金，否则由担保行赔偿的保函。在用租赁方式进口机械、仪器、设备、运输工具时，承租人向出租人提供保函，保证承租人履行合约，按时付租金，否则，由银行负责赔偿并加付利息给出租人。其实它是一种履约付款保函。

租赁保函项下，担保行大都承担第二性的付款责任，即承租人违约不付时，再由担保行凭受益人的索赔书来支付。此种保函还常被出租人用于质押以从银行或其他金融机构获得融资，因此出租人往往要求这种保函具有一定的可转让性。租赁保函的最高金额是各期租金之和，担保行的责任随每一次租金的支付而减少。效期从保函开立或租赁合同生效日起，到最后一笔租金付清之日止。

3. 补偿贸易保函

补偿贸易保函（Guarantee for Compensation）是在补偿贸易中，银行为进口设备的一方向供给设备的一方提供的书面保证文件，以保证进口方在收到与合同相符的设备后，以该设备生产的产品按合同的规定交付给提供设备的出方或指定的第三者，以偿付进口设备的价款。如进口方未能按合同规定将产品交给供给设备的一方或指定的第三者，又不能以现汇偿付设备款及利息的，便由担保行凭受益人索赔书赔付。

保函的金额即设备的价款。保函效期一般为合同规定的进口方以产品偿付设备款之日再加半个月。

4. 加工装配保函

加工装配保函（Guarantee for Assembly and Processing）是在来料加工和来件装配业务中，银行为进料、进件的一方向供料、供件的一方出具的书面保证文件，以保证进料、进件方收到与合同相符的原料、元件（有时还包括加工、装配所需的小型设备或工具）后，以该原料或元件加工或装配，并按合同规定将成品交付供料或供件方或指定的第三者。如进料、进件方未能按合同规定交付成品，又不能以现汇来偿付的，担保行凭受益人的索赔书予以偿付。

保函金额为来料、来件金额加利息。保函效期一般为合同规定进料、进件方以成品偿付来料、来件价款之日再加半个月。

（三）其他保函

1. 借款保函

借款保函（Loan Guarantee）是银行应借款人的申请向国外贷款人开出的保函，银行保证借款人能按期还本付息，否则将由银行凭贷款人的索赔书代为还本付息。

借款保函的金额即借款金额加利息，有效期从开立日或与贷款协议同一日生效，到期日为贷款本息还清之日。

2. 海关免税保函

海关免税保函(Customs Guarantee)是银行给国外海关开立的保证临时进口的商品撤回而不纳税的保函。这种保函主要用于两种情况：一是对外承包工程时，需将一些施工器具运入对方国家，运入时本应向海关交纳一笔税金，工程完毕后将这些施工器具运回时，海关再退回。但承包人为加速资金周转，常不交付这笔税金，而由银行向工程所在国的海关出具保函，保证工程完毕后一定将施工器具运回。如不运回，则由银行支付这笔税金。二是在国外举办展销会展销商品时，将展品或有关器具运进时也会发生同样的情况。举办展销的单位也可用提供银行保函的办法来解决交纳税金的问题。但若要在展销地销售展品，则必须交税。

保函金额即海关规定的税金金额。保函效期为合同规定的施工器具或展品等撤离该国之日再加一定时日。

3. 透支保函

承包工程的公司在外国施工时，一般在当地银行开立账户，为了得到当地更多的资金融通，还可申请开立透支账户。在开立透支账户时，一般须提供银行的担保，保证该公司按透支契约的规定向银行补足透支金额。如不能按时补足，便由担保行代其补足。即透支保函(Overdraft Guarantee)是银行为对外承包工程的公司开立透支账户所做的担保。

保函金额一般为透支契约规定的透支限额及利息和费用之和。保函效期为透支契约规定的结束日再加半个月。

4. 保释金保函

这类保函多用于海事纠纷，如两船碰撞造成货主或他人损失，或载运货物的船只或其他运输工具，由于船方的责任，造成货物的短缺、残损，使货主损失等。在确定责任前，当地法庭要下令扣留船只，只有交纳了保释金才能放行。这时船方若能向当地法庭提供一份银行保函，保证船方按法庭判决赔偿损失，这个保函便能代替保释金，船只就可放行，使之能继续使用。这种银行保函即为保释金保函(Bail Bond)。

保函金额一般视损失的多少，由法庭确定。保函效期至法庭判决日以后的若干天。

第三节 银行保函的业务程序

一笔银行保函业务的基本程序大致有以下几个环节：申请人向担保行申请开具保函；担保行审查后开出保函；受益人凭保函索赔；担保行对申请人或反担保人追索；保函注销。

一、申请人申请开立保函

1. 保函申请书

需银行提供保函时，申请人应提前一周到两周向银行提出申请(这是给银行的审查和处理时间)，并填写申请书。申请书的格式是银行印就的，即“开立保函申请书”。这个申请书是担保银行与申请人之间的契约，也是银行对外开立保函的法律依据。保函申请书一般应包括以下内容：

(1) 申请人的名称、地址。

(2) 受益人的名称、地址。

(3) 保函的类别。

(4) 保函的金额、币别。

(5) 与保函有关的协议,如投标文件或合同等的名称、日期及号码等。

(6) 有关商品或工程的名称、数量等。

(7) 保函的开立方式。

(8) 保函的有效期。

(9) 申请人的责任保证,即当保函的受益人按保函规定的条件向担保行提出索赔时,申请人要对担保行进行偿付,并注明偿付的方法。

(10) 申请人必须声明担保行的免责事项,即担保行只处理保函所规定的单据和证明,而对其所涉及的合同项下的货物不负责;并且对单据、文件或证明的真伪及在邮递中可能出现的遗失和延误等不负责;对发出的要求通知、转开、保兑的指示未被执行而造成的损失也不负责。

(11) 申请人的联系电话、开户银行及账号等。

(12) 申请书附件的名称及件数。

申请书必须经申请人的法人代表签字并加盖公章。

保函申请书的格式多种多样,举一例如下:

保函申请书

××银行:

________(以下称申请人)根据第________合同/标书的规定,兹向贵行申请你行开立金额为________的不可撤销、不可转让的________担保函,担保效期从________起至________止。贷款卡编号:

受益人名称地址:________

通知行/转开行:________

开立方式:信开/电开　　　　保函种类:________

申请人就申请开立上述保函向贵行做如下保证和说明:

一、申请人将按贵行规定提供贵行可接受的反担保及贵行要求的其他文件。

二、请贵行参照所附保函格式开立保函,因保函条款而产生的一切风险由申请人承担。

三、在保函有效期内,如受益人按保函条款规定,要求贵行履行保函项下偿付义务,经贵行审核索赔文件/单据后认为符合保函规定时,贵行可立即借记申请人在贵行开立的任何账户以履行付款责任,申请人对你行为履行担保义务而主动借记申请人账户绝不提任何异议,并放弃一切抗辩和追索的权利。

四、申请人保证向贵行支付该保函项下索赔款项、迟付利息、贵行及国外受托行的手续费及其他一切费用(包括电信费、邮费、印花税等)。上述款项你行可主动借记申请人账户。

五、申请人无条件地同意贵行按有关规定和国际惯例办理保函项下的一切事宜，并由申请人承担由此产生的一切责任和风险。

本申请书是我公司与贵行签署的第________号授信协议不可分割的一部分。

我公司同意你行通过________对外开立保函。

申请人名称： 申请人公章：
地址：
（中英文）
法定代表人签字： 联系电话：
经办员： 传真：
开户行： 账号：

2. 交保证金或提供反担保

担保行为降低风险，有权要求申请人提供充足的抵押或质押，若申请人不能提供，就必须提供有效的反担保。申请人获得的有效的反担保函是担保行决定是否同意开具保函的重要依据之一。

3. 申请人提供相关资料

申请人在提交保函申请书的同时，还应提供项目的有关批准文件、合同副本、反担保文件、保函格式等，送交银行审查。

二、担保行审查及开具保函

1. 担保行审查

担保行没有必须为申请人开出保函的义务，因此银行在接到保函申请书后，要进行多方面的审查，方可决定是否接受申请。重点审查的项目为：①对抵押或质押或反担保的审查，若是实物抵押，应了解抵押物的所有权、可转让性及实际价值；反担保人必须具备资格，拥有足够的资金。②对项目可行性分析和效益的审查，如审查申请人的履约能力、资信状况、经营作风；受益人的信誉、资本情况、经营管理能力或履约能力；项目的先进性；项目所需资金的来源；项目的预计产出情况、价格、成本及行情等。③对申请书的审查，即结合有关的合同、标书等的要求审查申请书的有关内容，若有问题应及时与申请人联系。④有关责任条款是否明确。⑤审查保函格式，在保函格式是由国外的受益人提供的情况下，尤其要注意是否有对我方不利的或无理的条款，若有应建议申请人与受益人讨价还价。

2. 担保行开立保函

担保行应根据申请人的要求以直开或转开的形式出具保函。

(1) 直开是指担保行应申请人的要求，直接以对方为受益人并凭此径直向该受益人承担付款责任的一种方式。它是由申请人的银行开出，而非受益人国家的当地银行出具，只有申请人、受益人、担保行三方当事人。这种保函也称直接保函。

(2) 转开是申请人所在地的银行（即指示行）以提供反担保的形式委托国外受益人所在地的银行（即转开行）所出具的保函，并由后者承担付款责任。此时保函有四个当事人：

指示行、申请人、担保行、受益人。其中指示行只对担保行负责，而受益人要求付款的对象只是担保人，而与指示行无关。与上述直开不同的是，它是由受益人的当地银行开出的，这种保函也称间接保函。

无论是直开还是转开，保函都可以以信和电的形式发出。在直开方式下，担保行既可将保函直接开给受益人，也可通过受益人当地的银行即通知行通知并转递。由于通知行的作用仅限于核验保函表面的真实性，并将保函交给受益人，除非它被要求并同意对该保函加保兑，通知行在该保函项下并不承担任何责任，所以通知行的利用并不影响“直开”的实质，甚至还可将保函交给申请人自带给受益人。在转开方式下，反担保函和担保函也可直交或通过当地的银行转交。

需要注意的是，保函的正式文本形成后，要确保申请人、受益人和担保行都无异议，并且保函本身没有漏洞，这时才能正式签署，并由担保行有权签字人签字，签字后的保函才能正式生效。

三、受益人凭保函要求支付或索赔

担保行履行付款责任的最基本的先决条件是受益人须提交书面形式的索赔书，并辅助以（除保函中可能规定的其他单据外）书面声明（该声明的内容可包含在索赔书本身内或以单独形式出具作为索赔书的随附单据并在索赔书中引述）。声明内容是：申请人未能履行其在基础合同项下的义务；或如属投标保函，违反了投标条件；以及申请人违约所在。

目前多数见索即付保函不要求额外的单据，受益人提交一份书面索赔书（附书面声明）即可，但有时也规定其他单据，如受益人或第三方出具的证明。因此，如果申请人违约，受益人索赔时，必须准备好保函所规定的索赔文件或单据，并在保函规定的失效日期或失效事件前送达担保行。

担保行享有合理时间审核保函项下索赔书及单据以决定是否付款的权利，由于须审核的单据较为简单，所以一天左右被认为就足够了。如果担保人决定拒绝索赔要求时，应立即用电信方式或在电信方式不可能时用其他快捷方式将拒绝付款通知给受益人，并保存保函项下提交的所有单据听候受益人处理。受益人由于尽早地收到了拒付通知，如果拒付是由于索赔与保函条款不符引起的，受益人就有机会更改不符之处并在保函效期内重新提交新的相符单据。若审核单据无误，担保行应向受益人支付。

四、担保人对申请人或反担保人的追索

担保行收到索赔后，应毫不延误地将受益人的索赔书和所有相关单据转递给申请人。在直接保函中，担保行必须将单据转递给申请人；在间接保函中，担保行将单据转递给指示行，再由指示行将单据转递给申请人。担保行可在付款前通知，也可在付款后通知，目的是让后者准备支付的资金。

如果是间接保函项下的索赔，担保人收到受益人的索赔要求并付款时，应及时通知指示行，并将受益人提交的单据以及担保行的书面声明交给指示行。书面声明的内容应包括：①担保行已经收到索赔；②索赔符合保函条款；③随附必要的违约声明，该声明可包

括在索赔书中或单独出具,凭以从指示行处获得足额补偿。指示行在反担保失效之前收到担保人本人的书面声明及受益人提供的索赔文件或单据时,应进行审核,若审核无误,应立即支付,并从申请人处得到补偿;若发现不符点,可以通知拒付。

五、保函的注销

保函的注销可参考本章第二节有关保函种类的内容。保函注销后,担保行应收回保函正本。

六、银行保函和信用证的比较

(一) 两者的相同或相似之处

(1) 银行保函和信用证都是银行应申请人的要求开出的,是以银行信用来代替商业信用,以解决合同双方互不信任的问题,并由银行承担付款责任的一种保证或承诺。通过银行的保证或承诺,使合约的另一方获得或享有合同所赋予其的权利。

(2) 就独立性的保函而言,由于是不依附于合同的独立文件,所以和信用证是相似的。

(3) 无论是独立性的保函还是信用证,银行处理的都是单据,而对于基础合同、货物等概不负责,且遵循单据表面相符的原则,单据是否与信用证或保函所规定的条款表面吻合是银行决定付款与否的唯一依据。

(二) 两者的不同之处

(1) 保函的应用范围广于跟单信用证。信用证是开证行应进口商的申请向出口商开出的,在出口商提交了符合信用证条款的单据后,由开证行向出口商支付货款的一种贸易结算方式,通常只运用在贸易合同中。而保函既可用于国际贸易,也可作为国际间其他交易,如劳务承包、租赁、借贷等其他经济活动的结算方式。因此,银行保函的应用范围远远大于跟单信用证,甚至可以说,任何需要银行信用介入的交易和场合,都可以使用保函,它适合于任何性质的支付。

(2) 信用证中的开证行承担第一性的付款责任;而保函项下的银行,其责任可能是第一性的,也可能是第二性的,要根据保函中的条款而定。负第一性付款责任的担保行,也是凭正本装运单据凭单付款,而第二性的保函,则要在申请人拒绝付款或无力付款之时凭受益人的书面声明才由担保行付款。

(3) 信用证下的款项大多是货款;而保函下支付的不仅是货款,还可能是赔款或退款。担保行若承担第一性的付款责任,则其支付的款项就具有合同价款的性质,因为在这种保函中,只要受益人履行了合同规定的义务,担保行就必须将合同的价款支付给他;若担保行承担的是第二性的付款责任,则其支付的款项要么是赔款,要么是退款,因为此时担保行的承诺是保证申请人履行合同中规定的某项义务,只有发生了违约担保行才支付,具有惩罚的性质。

(4) 信用证业务中,开证行可指定其他的银行作为信用证的议付行、付款行或承兑行接受受益人的单据并向受益人支付或垫付,并且信用证的到期地点通常在受益人所在地;而保函业务中,担保行不能指定自身以外的其他银行作为付款行,也无议付之说,只能由自己承担责任,且保函的到期地点通常都在担保行所在地。

(5) 单据及要求不同。信用证项下要求的单据为货运单据及其他各种商业单据、检验证明及产地证等;而保函由于应用范围广,所以要求的单据多种多样,既包括货运单据及其他单据,也包括书面索赔及声明书等。另外,二者对单据的要求也不同,保函要比信用证宽松一些。虽都是凭单付款,但信用证要求单证一致、单单一致;而保函项下担保行对单据上的一些细小的、文字上的非实质性的差错并不挑剔,只要受益人提交保函所规定的单据,担保行即予付款。

第四节 备用信用证

备用信用证(Stand-by Letter of Credit)起源于美国。根据美国联邦银行法,无论是在联邦还是在州注册的银行均不得开立保函,银行为了争取业务,便采取了变通的做法,创造了这种实际上是保函的备用信用证。

一、备用信用证的定义

美国联邦货币监理署给备用信用证下的定义是:备用信用证是代表开证行对受益人承担一项义务的凭证。在此凭证中,开证行承诺偿还开证申请人的借款或对开证申请人的放款,或在开证申请人未能履约时保证为其支付。《国际备用证惯例》(ISP98)中指出,备用证的开立是为贷款或预付款,或某一特定的事件的发生或不发生,在到期或违约后的付款提供担保。

在国外,备用信用证也称担保信用证,一般以光票不附任何单据为常见。备用证一般规定,在备用信用证的有效期内,如申请人违约,或未能按约定支付款项时,则受益人可以根据备用证规定,凭应提交的表面上与备用证条款相一致的文件或单据要求开证行付款,以取得赔偿;如申请人已履约付款,则该证不起作用,故称为备用信用证。

备用信用证用途广泛,只要甲方对乙方承担了义务,而乙方认为仅仅由甲方履行义务的承诺尚不够完全时银行就介入,通过开备用证的方式,应甲方要求对乙方作出承诺。因此,备用证实际上是银行保函性质的支付承诺。

二、备用信用证的性质

备用证是不可撤销的、独立的、单据性的及具有约束力的承诺。

备用证首先是不可撤销的,开证行的义务不能由其自行修改或取消,除非备用证中有相反的规定或得到其他当事人的同意。

其次,备用证是独立的,开证行的付款义务独立于基础交易合同本身,开证行只是凭单付款,不管事实如何,不管合同的执行情况,也不管单据本身的真伪。ISP 98 中规定,备用证下开证行义务的实施并不取决于:①开证行从申请人那里获得偿付的权利和能力;②受益人从申请人处获得付款的权利;③在备用证中援用了任何偿付协议或基础交易；④开证行对任何偿付协议或基础交易的履约或违约情况了解与否。

最后，备用证是单据性的，开证行的义务取决于单据的提示（只要收到了备用证要求的以及提示的单据即构成了提示），开证行有权对所提示的单据表面上审核是否与备用证中注明的条款相符以及单据之间的一致情况。

三、备用信用证的关系人

(1) 申请人(Applicant)，是申请开立备用证的或为他人申请开立备用证的人，包括：以自己的名义但是为了另一个人而申请的人或以其自身原因行事的开证申请人。

(2) 受益人(Beneficiary)，是根据备用证有资格获得付款的指定人。

(3) 开证行(Issuing Bank)，即接受申请人的申请开出备用证的银行。开证行开出备用证后，等于向受益人承诺，对表面上符合备用证条款的付款提示，开证行将即期支付提示所要求的金额。当备用证中规定通过承兑受益人开出以开证行为付款人的汇票这种方式承付时，开证行应及时承兑汇票，并在到期时付款；若规定开证行对受益人要求作延期付款，则开证行应及时承担延期付款义务，并在到期时付款；若规定议付，开证行是无追索地即期支付所要求的金额。

(4) 保兑人(Confirmer)，是指在开证行的指定下，对开证行的承诺加上自身保证承付该证的担保人。保兑人是独立的，与开证行的地位相同。

(5) 通知行(Advising Bank)，即受开证行的指定，将备用证交给受益人的银行。通知行有权不向受益人通知，但要及时将此决定告知开证行；一旦决定通知，即要核实备用证的表面真实性，并及时通知。

(6) 指定人(Nominated Person)，与跟单信用证一样，备用证可以指定其他人进行通知、接受提示，作出转让、保兑、付款、议付、承担延期付款的义务或承兑汇票。这种指定并不迫使被指定人采取行为，除非被指定人同意。

(7) 提示人(Presenter)，是指作为或代表受益人或指定人进行提示的人。

四、备用信用证的种类

备用证用途广泛、方便灵活，提供商业单据与否均可，付款与提供担保都行，已成为保函的一种替代形式。它可以用来替代投标保函、履约保函、预付款保函、质量和维修保函，也可以作为付款保函、借款保函及反担保来使用。根据 ISP 98 的规定，常用备用证的种类如下：

(1) 履约备用证(Performance Standby L/C)，是开证行对某项履约义务（而非支付款项）进行的担保，包括由于申请人在基础交易中不履约而引起损失的付款义务进行担保。

(2) 预付款备用证(Advance Payment Standby L/C)，是对申请人收到受益人预付款而承担义务的一种备用证。

(3) 投标备用证(Bid Bond/Tender Bond Standby L/C)，是开证行保证如果申请人中标，一定执行合同义务的备用证。

(4) 融资备用证(Financial Standby L/C)，是对付款义务进行担保，包括证明借款义务的任何凭证。

(5) 保险备用证(Insurance Standby L/C),是对申请人的保险或再保险义务进行的担保。

(6) 商业备用证(Commercial Standby L/C),是开证行为申请人对货物或服务的付款义务进行担保。当申请人不能以其他方式付款时,可采用这种商业备用证。

(7) 对背备用证(Counter Standby L/C),是对对背备用证下受益人所开立的单独备用证或其他承诺进行的担保。

五、备用信用证业务中有关环节的要求

备用证曾适用于 UCP 500,视其为一种特殊的信用证,因此业务程序与信用证是相似的,从申请到开证、通知、付款等基本一致。结合 ISP 98,现将备用证业务中的重要环节加以介绍。

(一) 备用证的修改

备用证开出后,可能对金额、到期日等提出修改。若备用证中表明可以"自动修改",则该修改自动生效,无须任何进一步的通知,即这种修改可以被认为没有修改而生效。如果备用证中无自动修改的规定,受益人只有同意后,才受此修改的约束。受益人的同意意愿必须明确地通知发出修改的一方,除非受益人提示的单据与修改后的备用证一致(而不是与修改前的一致)。在无自动修改的备用证项下,对于开证行来说,当其发出修改后就要受修改的约束。保兑行有权对修改不予保兑,若相反,则保兑行也是在修改发出后即产生约束。

备用证的修改必须通过同一通知行通知;如果在修改或撤销之前备用证已被使用(如付款、议付、承兑等),则此项修改或撤销或展期无效,毫不影响开证人对指定人承担的义务;只对部分修改同意的视为拒绝整个修改。

(二) 备用证的提示

受益人交付备用证要求的单据即为提示。备用证中应表明提示的时间、地点及位置、接受提示的人和方式。

1. 一份提示必须标明凭以提示的备用证

可选用的方式是:①注明备用证的完整号码和名称,以及开证人的地点或附上备用证的原件或副本;②如开证人不能从收到的单据的表面上判定是否根据该证来处理此单据,或不能确定与该单据有关的备用证,则要等到能认定时才视为提示。

2. 提示地点和对象

一项相符的提示,必须是在备用证中注明或 ISP 98 中规定的地点或位置作出。如果在备用证中没有注明提示地点,应在备用证开立的营业处所进行提示;如果是保兑的备用证,且在保兑书中没有注明提示地点,提示必须在开立保兑的营业处所向开证人作出。如果没有注明位置(如部门、楼层、房间、驻地、信箱等),可向以下地点提出:①在备用证中注明的普通邮政地址;②指定交付信函或单据的地点;③在提示地被授权接受提示的任何人。

3. 提示的时间和方式

适时的提示应在开立备用证以后以及在到期日之前。单据必须以备用证中注明的方式进行提示(电子方式或纸化单据),若未注明方式,单据必须以纸化单据的形式提示。

4. 多次提示和金额

除非备用证表明"禁止多次提示",否则可以作出一次以上的提示;除非注明"禁止多次提款"或类似的表示,作出的提示可以少于可使用的全部金额;若提出的要求超过了备用证可使用的总金额,则该提示视为不符;使用"大约"等相似意义的词,允许所指的金额伸缩10%。

5. 提示的独立性

若提出一次不相符的提示,撤销一次提示,并不影响另一次适时的提示,无论备用证中是否禁止部分或多次的提示或提款(对提示的索偿);不正确地对一次相符提示的拒付,并不构成对备用证下任何其他提示的拒付或对该证的拒付。

(三) 审核

开证行被提示后,应审核所提示的单据表面上是否与备用证中注明的条款相符,并根据备用证的规定审核单据之间的不一致。审核时,以下几点应予注意:

(1) 非备用证要求的单据无须审核。要么退还受益人,要么随其他提示的单据一起递交。

(2) 单据的开立日期可以早于但不得迟于提示日期。

(3) 除非在备用证中注明该单据必须签署,否则无须签署。所要求的签署,可以用任何方式,只要与提示的签署单据的载体相符,除非备用证中要求注明签署人的身份,否则不一定要表明身份。

(4) 备用证中的非单据性条件必须被忽略。

(5) 提示的单据必须是正本。对于电子记录的提示,在允许或要求电子提示的情况下,认为是"正本",除非在表面上看起来是从正本复制的。一份提示的单据被认为是"正本",只要签名或证明看起来是原始的,即使看起来是从正本复制来的单据也被认为是正本。要求提示"副本"的备用证,允许提示正本或是副本,除非备用证中注明只应提示副本或注明全部正本的去向。如果要求多份的同一单据,必须只有一份是正本,除非要求"两份正本"或"多份正本"或要求"两份"、"双份的"(此情况下,前者必须全提供正本;后者可以提示正本或副本)。

(四) 拒付

若开证行认为提示不符,有权拒付,但必须在单据提示以后一段合理的时间(3个营业日内)发出拒付通知,若超过7个营业日将被认为是不合理的。拒付通知可以通过电信方式或其他快捷的方式发送给交单人,拒付通知中要注明凭以拒付的全部不符点。如果没有按备用证指定的时间和方式在拒付通知中加入不符点,就不能在含有该不符点单据的再提示中声明这种不符点(不同的提示则不受影响);如果没发出拒付通知,则开证行在到期时就有义务付款。

在存在不符点的情况下，开证行可自行决定或在提示人的要求下，联系申请人放弃不符点。申请人应以快捷的方式及时通知开证人，拒绝接受不相符的提示，若未及时通知，申请人就不能对开证行声称其收到的单据在表面上有任何不符点或其他问题，但这并不影响拒绝在同一或不同备用证下的任何不同的提示。

(五) 转让取款权利

这里的转让是指受益人请求开证行或指定人支付款项给另外的第三者。只有规定可以转让，备用证才可转让。除非可转让备用证的开证人或指定人对于正本备用证的存在和真实性感到满意，或者受益人向开证行作出了一种可接受的转让申请或提交了正本备用证或作为受益人的代理人签名(或授权)证实，或支付了转让费用，否则开证人或指定人可以不履行转让。如为全部取款权利的转让，汇票应由受让受益人签署，在要求的其他单据中，受让受益人的名称可以代替转让受益人的名称。

六、备用信用证项下的单据

备用信用证项下的单据有以下几种。

(1) 索偿书。该索偿书即一项付款的要求，它可以不与受益人的声明或其他单据分开，也可以是独立的。

(2) 违约或其他声明。备用证要求提供违约或其他索款事项的声明，但没有指明内容，只说明“由于备用证中描述的付款事由已经发生，应该付款”以及日期和受益人的签名，则该单据就被认为是相符的。

(3) 可转让的单据。

(4) 法律或司法文件。备用证中有时要求提示政府开立的文件、法院命令、裁决书或类似的文件，只要表面上是由政府机构、法院等开立的，有名称、日期及被签署，经相应机构的官员进行了认证，就被认为是相符的。

(5) 其他单证，如商业发票、运输单据、保险单据。

第五节 银行保函、备用信用证及跟单信用证的比较

一、备用信用证和保函的比较

(一) 备用信用证和保函的相同之处

1. 定义与法律当事人基本相同

它们都是由银行或其他实力雄厚的非银行金融机构应某项交易合同项下的当事人(申请人)的请求或指示，向交易的另一方(受益人)出立的书面文件，承诺对提交的在表面上符合其条款规定的书面索赔声明或其他单据予以付款。保函与备用信用证的法律当事人基本相同，一般包括申请人、担保人或开证行(二者处于相同地位)、受益人。

2. 应用上相同

保函和备用信用证都是国际结算和担保的重要形式，在国际经贸往来中可发挥相同

的作用，达到相同的目的。在国际经贸交往中，交易当事人往往要求提供各种担保，以确保债项的履行，如招标交易中的投标担保，履约担保，设备贸易的预付款还款担保，质量或维修担保，国际技术贸易中的付款担保等，这些担保都可通过保函或备用信用证的形式实现。从备用信用证的产生看，它正是作为保函的替代方式而产生的，因此，它所达到的目的自然与保函有一致之处。实践的发展也正是如此。

3. 性质上的相同之处

国际经贸实践中的保函大多是见索即付保函，它吸收了信用证的特点，越来越向信用证靠近，使见索即付保函与备用信用证在性质上日趋相同。表现在以下几方面：

(1) 担保行或开证行的担保或付款责任都是第一性的，虽然保函或备用信用证从用途上是发挥担保的作用，即当申请人不履行债项时，受益人可凭保函或备用信用证取得补偿，当申请人履行了其债项，受益人就不必要使用(备用信用证就是如此得名的)。

(2) 它们虽然是依据申请人与受益人订立的基础合同开立的，但一旦开立，则独立于基础合同。

(3) 它们是纯粹的单据交易，担保人或开证行对受益人的索赔要求是基于保函或备用信用证中的条款和规定的单据，即只凭单付款。因此，有人将保函称为“担保信用证”。

(二) 备用信用证和保函的不同之处

备用信用证可以代替保函，但二者仍有以下几点主要区别：

(1) 适用的规则和法律规范不同。合约保函的规则是ICC 325；见索即付保函为ICC 458；而备用证是ISP 98。并且备用信用证可以同时适用于两个惯例，即在备用证上可同时注明“subject to UPC600，and subject ISP 98”，但ISP 98有优先权。

由于各国对保函的法律规范各不相同的，到目前为止，尚未有一个可为各国银行界和贸易界广泛认可的保函国际惯例。独立性保函虽然在国际经贸实践中有广泛的应用，但大多数国家对其性质在法律上并未有明确规定，这在一定程度上阻碍了保函的发展。

(2) 与基础交易合约的关系不同。备用证是跟单信用证的一种派生物，具有信用证的若干特点，如开证行只凭单付款、不管事实、不管单据本身的真伪等。就其与合同之间的关系来看，备用证与独立性保函是一样的。但保函却有从属性和独立性之分，而备用证并不存在从属性之说。

(3) 备用证可以规定向开证行以外的其他银行交单，并由这一指定的银行议付、付款、承兑或承担延期付款的义务。而保函无这样的做法。

(4) 到期地点不同。备用证的到期地点，视指定行而不同，其到期地点既可在开证行所在地，也可以在受益人所在地或在该两地点以外的其他地点。而保函的到期地点在担保行所在地。

二、备用信用证和跟单信用证的比较

(一) 备用信用证与跟单信用证的相同点

(1) 备用信用证与跟单信用证都属于信用证范畴，两者都可适用《跟单信用证统一惯例》(UCP 600)。

(2) 备用信用证和跟单信用证都独立于基础合同,即使信用证(备用信用证或跟单信用证)中包含有对基础合同的援引,信用证也不受基础合同条款的约束,开证行和受益人只受信用证条款的约束。

(3) 备用信用证和跟单信用证都属于银行信用,都是银行信用代替传统的商业信用。开证行的根本责任是在受益人交单请求付款时,支付信用证项下的款项。

(4) 在业务处理上,备用信用证与跟单信用证一样,都是以单据为准而不是以货物为准,即在索偿上,两者都只是以受益人提交的符合信用证本身规定的单据为依据支付款项,而对基础交易下的货物及其合同的履行与否、有无欺诈等在所不问,即两者都坚持了信用证的独立抽象性原则和严格相符原则,两者都适用信用证的基本法律原则。

(5) 备用信用证和跟单信用证一样,必须明确表示是可转让的或者是不可转让的,而且,两者必须明确规定可使用的最高金额和有效期。

(二) 备用信用证与跟单信用证的区别

1. 功能不同

跟单信用证只是一种供受益人使用的付款机制,在跟单信用证下,受益人根据基础合同的约定在交运货物后取得与装运货物相关的一系列单据,然后凭这些跟单商业信用证规定的单据向开证行请求付款或议付,银行在此承担了债务人的义务,而不是承担保证人的义务。可见,跟单信用证首先充当的不是担保合同履行的手段,而是充当合同价款支付的手段。

备用信用证的功能与跟单信用证恰恰相对。在备用信用证下,其功能的发挥主要取决于开证申请人的履约情况,如果开证申请人如约履行了其在基础合约下的义务,那么备用信用证就备用不用;如果开证申请人未能履行基础合约的合同义务,则受益人只需向开证人提交证明开证申请人违约的简单的证明文件及其汇票即可办理索赔或议付。可见,备用信用证功能的发挥是以开证申请人的违约为前提的,更多的充当的是一种担保开证申请人履约的手段,从而给受益人提供一种预先的保障作用。

2. 使用范围不同

跟单信用证主要适用于国际货物买卖领域,跟单信用证从其产生那天起就与国际贸易领域紧密相连。而备用信用证不仅可用于国际货物贸易,也可用于国内货物贸易,并且还广泛用于保证多种形式的付款或履约,如在大型承包工程中总保证投标人履行其职责,在融资过程中保证债务人到期还款,在技术交易、租赁交易等交易中作结算保证等。

3. 备用信用证通常不能作为融资的抵押品

这是因为,备用信用证往往是以基础合约或某些交易条件能否履行为前提,而且很少有货物作保证。而跟单信用证是以货物的交付与款项支付为根据,因此,进出口双方可以利用跟单信用证来进行融资,如议付、进出口押汇、打包贷款等。

4. 开证人的付款责任不同

在跟单信用证下,只要受益人提交了符合信用证规定的货物单据,银行即承担第一位的付款责任,而不管开证申请人能否向银行付款,而在备用信用证下,事实上,开证人要么根本不履行付款义务(在开证申请人已履行基础合同的情况下),要么是受益人在开证申请人违约后才承担付款责任,因而,我们可以看出,备用信用证下开证人事实上承担的是第二位的付款责任。

5. 两者所要求的单据不同

一般来说,备用信用证与跟单信用证都属于广义上的跟单信用证,但两者所要求的单据有着较大的区别。跟单信用证要求提交的是表明已履行基础合同的单据,包括货运单据、商业发票、保险单、商检证书等来作为获得付款的依据。而备用信用证一般仅凭受益人或第三人出具的证明开证申请人违约的文件,如申请人违约证明、到期拒绝付款的汇票等。相对于跟单商业信用证,备用信用证要求提交的单据相对简单一些。

6. 两者的转让要求不同

信用证的转让实际上是信用证项下之款权的转让,根据 UCP 600 的规定,除非信用证另有规定,可转让信用证只能转让一次。但是只要信用证不禁止分批装运、分期支款,可转让信用证可以分为若干部分分别转让,其总和不得超过信用证金额,这称为"分割转让"。允许分割转让,使得受益人在作为中间商时可以直接将信用证用作获得付款的保障,而不必向银行另行申请开出信用证,受益人在让供货商直接参与和买方的交易的同时,又保留了对整笔交易的控制权。供货商可以凭其受让的支款权直接向银行交单索款,而受益人(转让人)则可以最终收取信用证下剩余的金额。在备用信用证下,信用证可以多次转让,但通常不能分割转让,因为多次转让对申请人并无不利。

本章小结

(1) 银行保函又称银行保证书,是指银行、保险公司、担保公司或个人(担保人)应某一当事人(申请人,即委托人)的请求向受益人开立的书面承诺,保证在委托人未对受益人履行某项义务时,由担保银行承担银行保函中规定的付款责任,包括申请人、受益人与担保行等主要当事人和通知行、保兑行、转递行和反担保人等;银行保函主要有出口保函、进口保函、投标保函等种类。

(2) 备用信用证实质上是一种银行担保信用证;是银行应申请人的请求或以自身的名义向受益人出具若申请人未能履约,银行凭受益人提交的规定单据,支付一定数额款项的书面凭证。

(3)《国际备用信用证惯例》(International Standby Practice,ISP 98)为国际商会第590号出版物;银行保函与备用信用证、备用信用证与跟单信用证既有相同之处,又存在多方面的不同。

复习思考题

一、名词解释

银行保函　独立性保函　从属性保函　直开保函　转开保函　投标保函　履约保函　维修保函　提货保函　借款保函　备用信用证　履约备用信用证　投标备用信用证　预

付款备用信用证　反担保备用信用证　保险备用信用证　融资备用信用证　直接付款备用信用证　商业备用信用证

二、简答题

1. 什么是从属性保函和独立性保函？各有何特点？
2. 银行保函有哪些当事人？
3. 试对保函和信用证进行比较。
4. 银行保函的主要种类有哪些？
5. 保函可采用什么方式开立？
6. 掌握保函业务的程序。
7. 什么是备用证？
8. 备用证的性质是什么？
9. 备用信用证与保函的区别在哪几个方面？

第八章

国际贸易结算方式——国际保理与包买票据

【本章导读】 国际保理、包买票据与上一章的银行保函对我国而言，均属较新但又极具发展潜力的结算方式。通过本章的学习，可以了解和掌握国际保理的性质、特征、优劣势、服务内容及运作机制；包买票据的性质、业务程序及其引用等内容。

第一节　国际保理的性质和作用

一、国际保理的内容和特征

(一) 国际保理的含义

英国牛津简明词典中给保理一词下的定义是：从他人手中以比较低的价格买下属于该人的债权并负责收回债款，从而获得盈利的行为，称为保理。这个定义是从收买债权者的角度看待保理而没有涉及出卖债权的债权人。英国保理理论权威 Freddy Salinger 先生在《保理法律与实务》一书中给出的定义是：保理是指以提供融资便利，和/或使卖方免去管理上的麻烦，和/或使卖方免除坏账损失为目的，而承购应收账款的行为。这里所指的应收账款(Account Receivable)，不包括债务人因私人和家庭成员消费所产生的以及长期付款或分期付款的应收账款。

在美国，人们普遍接受的保理定义是：保理业务是指承做保理的一方(保理商，Factor)与以赊销方式出售商品或提供服务的一方，供方或卖方达成一个具有连续性的协议，由保理商针对供方由出售的商品或提供的服务而产生的应收账款提供以下服务：

(1) 以即付的方式买下卖方的应收账款；

(2) 负责有关应收账款的会计分录及其他记账工作；

(3) 到期收回债款；

(4) 承担债务人的信用风险。

该定义表明了保理的四项职能。一项保理包括其中两项或两项以上职能。履行全部职能的保理称为全保理(Full Factoring/Full Service Factoring)。国际结算中的融资担保职能仅限于通过买卖应收账款的行为而产生的，是由现代保理概念而演变出来的基本职能。实务中其他方式的行为也可能带来相似的商业效果，于是就可能产生范围更广的保理业务。保理业务分国内保理(Domestic Factoring)和国际保理(International Factoring)。国际贸易中所涉及的保理业务属于国际保理。

国际保理又称国际付款保理或保付代理、承购出口应收账款业务等。它是商业银行或其附属机构通过收购消费品出口债权而向出口商提供坏账担保、应收账款管理、贸易融资等服务的综合性金融业务。其核心内容是以收购出口债权的方式而提供出口融资和风险担保。

提供保理服务的公司即保理公司或保理商。保理商通常是国际上一些资信良好、实力雄厚的跨国银行或其全资附属公司。这些公司虽然是独立于银行的法人，但它又依托于银行，并以银行为后盾。银行的地位、声誉、网络信息和资金等都可以为其所用。

(二) 国际保理的内容

从国际保理的概念可以看出，单一的服务项目其实并没有什么过人之处，银行、财务公司、资信调查和评估机构、保险公司等长期以来都在提供此类服务，但将一揽子服务项目综合起来由一个窗口提供，则是保理的特色所在，也是保理之所以越来越得到贸易人士青睐的原因之一。

国际保理提供的服务内容至少包括以下几项中的两项。

1. 贸易融资

在到期保付代理业务中，出口商将出口单据出卖给保理机构，该机构承诺并同意于到期日将应收账款即单据的票面金额的收购价款无追索权地付给出口商。至于能否按期收回债款，则是保理商的事情。到期保理业务是一种比较原始的保理业务。

现在，标准的保理业务是融资保理（Trade Financing），也称为预支保理业务（Advance Factoring）。出口商在发货或提供技术服务后，将代表应收账款的销售发票交给保理商，保理公司可在信用额度内预付发票金额 70%～80%货款，余下 20%的收购价款于货款收妥后再进行清算，这样就基本上解决了在途和信用销售的资金占用问题。这种保理下的融资方式具有以下特点。

(1) 在通常情况下，这 70%～80%的融资是一种丧失追索权的融资。因此，出口商可将其作为正常销售收入对待，而不必向银行贷款那样显示在平衡表的负债方。因此，可以改善速动比率，有利于提高公司的资信等级和清偿能力，并进一步融资。

(2) 融资总额与出口商发票金额成正比，二者保持同步增长。这样，一方面可自动调整，满足出口商渐渐加大的资金需求，保证资金供应和商品销售同步增长；另一方面也可有效地防止处于发展时期中的企业超营运资金运营。

(3) 融资方式手续简便、简单易行。既不像信用放款那样需要办理复杂的审批手续，也不像抵押放款那样需要办理抵押品的移交和过户手续，供应商在发货或提供技术服务后，凭发票通知保理商就可立即获得不超过发票金额 80%的无追索权的预付款融资。

2. 进口商的资信调查及信用评估

中小公司一般有几个至几十个长期和经常性的贸易客户，大公司可以有几百个这样的贸易客户。如何掌握这些客户的资信变化状况，以控制切合实际的信用销售限额和采取必要的防范措施，避免或减少存在的收汇风险，对公司来讲是个至关重要的问题。而对大多数出口商来说，要建立四通八达、渠道畅通的情报网来收集信息，以便制定相应的经营策略，是力所不及的。

保理商可利用国际保理商联合会广泛的网络和官方民间的咨询机构，也可利用其母银行的分支机构和代理网络，通过各种渠道，收集有关进口商的背景、实力、潜在的发展机会，以及对客户资信有直接影响的外汇管制、外贸体制、金融政策、国家政局变化的最新动态资料。保理公司本身也有高效率的调研部门及企业信息数据库，拥有专业的、有经验的资信人才和信贷专家，这些便利条件，使保理商能够迅速及时掌握客户资信变化情况，并对企业资信做出权威、专业、迅捷的评估，并应出口商要求，提供商资报告。在此基础上，对出口商的每个客户核定合理的信用销售额度，并将坏账风险降至最低。

信用额度经批准后，有效期一般为1年，1年之后再根据客户的资信变化情况、收汇考核实绩、自身的业务经验和出口商的业务需求调整每个客户的信用销售额度。当然，如在1年之内，进口商资信情况有明显变化，保理商可随时通知减少或取消信用额度。不过，对于与出口商已签订的尚未付款的合同，保理商仍需承担信用额度内的风险。

3. 债款催收

债款催收(Collection from Debtors)特别是跨国度收债是一门专门的学问和技术。但许多出口商由于缺乏这种技术和知识，对于海外的买主往往感到鞭长莫及、力不从心。几乎所有的贸易公司在向海外客户收取债款时，都会遇到同一难题，即如何在不损害彼此良好关系的情况下收回欠款。彼此间的语言隔膜、加上商业程序和法律制度互异，往往造成收债效果不佳，使大量的营运资金束缚在应收账款上。而企业资金周转不灵，又给企业正常营运带来巨大障碍。一旦以正常途径无法收取债款，出口商就不得不在对法律条文不太熟悉的情况下请律师打官司，开始旷日持久的诉讼程序，支付高昂的律师费用，这将给企业带来难以承受的额外负担。这些问题，在保理业务中可得到妥善解决。

保理商拥有专门的收债技术和丰富的收债经验，并可运用其母公司作为资本雄厚的大银行的威慑力量，催促进口商遵守信用按时付款。而且，在通行的双保理机制中，出口地的保理商与进口地的保理商往往签订相互合作的协定，这使跨国度收债转变为境内收债，减小了催款的难度，增大了债务按期偿还的可能性。因此，销售与收债两个环节的分离，既节省了出口商的营运资金，又免除了其对跨国度收债而存在的顾虑。

可见，使用保理业务既节省了出口商的营运资金，又免除了其对收款而存在的忧虑。

4. 销售分账户管理

销售分户账是出口商与债务人(进口商)交易的记录。保理商作为大商业银行的附属机构，具备母公司在账务管理方面的各种有利条件，拥有完善的账务管理制度、先进的管理技术和丰富的管理经验，因此完全有能力向客户提供优质高效的账务管理服务。

在保理业务中，出口商可将其管理权授予保理公司，从而可集中力量进行生产、经营管理和销售，并减少了相应的财务管理人员和办公设备，从而缩小了办公占用面积。保理公司可利用其完备的账户管理制度和先进的办公设备，利用电脑自动进行诸如记账、催收、清算、计息收费、打印等工作，向出口商提供各种统计报表和往来账户对账单。由于保理商负责收取货款、寄送账单和查询催收工作，供应商还可节省大量的邮电费和电话费等管理费用。

5. 信用风险担保

保理的一个十分重要的功能，也是为出口商所特别看重的一点，就是保理商对已核准的应收账款提供100%的坏账风险担保。通常在保理协议生效前，出口商要填写信用额度申请表，如实填报进口商概况、出口产品、预计出口总额、价格条件、付款条件等，请求为自己的客户核定一个信用销售额度。保理公司以书面通知核准的应收账款，名为"已核准应收账款"，对此保理公司提供100％的坏账担保。如果进口商在付款到期日拒付货款，则出口保理商在付款到期后90天内无条件地向出口商支付所购买的价款。

（三）保理服务的基本特征

保理服务作为一种综合性的贸易服务方式，具有以下几个基本特点。

1. 债权的承购与转让

在保理服务发展的初期阶段，银行凭借以发票所代表的债权为抵押提供融资，然后用收回的债款偿还融资，但这种以发票形式所表示的债权转让在当时并不能使保理商有效地对抗第三者权益和债务人的反索。只有在保理商购入债权，而不是将债权作为抵押并作为自己的资产进行业务处理时，才能有效地对抗第三者权益和债务人的反索。

保理商通过购买债权能够获得对债款不受任何影响的所有权，唯有他（她）拥有全额收取债款的权利，并用收回的债款补偿他预付的收购价款，这也是保理商和出口商签订保理协议的主要目的之一。保理协议中所限定的债权应属于可依法获得但尚未实际占有的动产，除少部分以流通票据表示的债权外，其余均为无形动产。

保理商为获得对债款的绝对所有权，就必须按法律规定办理某种转让手续，这种转让可以协议的形式进行。在协议中，出口商同意将对债款的所有权转让给保理商，包括：①债款的法定所有权；②对债款的所有法定和其他求偿权，而保理商也同意接受这一权利转让，并不必征得债务人的同意和许可。

2. 保理商在核准的信用额度内承担坏账风险损失

为了明确保理商对因债务人清偿能力不足而形成呆账、坏账所承担的风险责任，保理商通常必须为出口商的所有客户逐一核定信用销售限额，以控制业务风险。对限额之内的应收账款即已核准应收账款（Approved Receivables），保理商提供100％的坏账担保，保理商没有追索权。对于超过信用额度的销售即未核准应收账款，保理商仅提供有追索权融资。

所谓无追索权就是保理商买断出口商的债权以后，通过其所具有的一定渠道向进口商催还欠款，如果进口商发生信用危机或清偿能力出现问题，保理商不能将转让给他的应收账款再转让给出口商，收回预付的货款。保理商只能向债务人催收货款，必要时他有权决定通过法律途径来收取债款。为保护出口商的利益，通常在采取行动之前，应通知并征求出口商的意见，因诉诸公堂而引致的律师费及诉讼费用由保理商和出口商按已核准和未核准应收账款的比例分摊。

对因产品质量、服务水平、交货期等引起贸易纠纷所造成的呆账和坏账，保理商不负担保赔偿之责并拥有追索权。虽然保理协议规定，出口商必须将所有的应收账款出售给保理商，但一部分被称为不合格应收账款销售仍要被排除在外，这通常包括出口商对自己卖方的返销、集团内部销售、物权不发生转移的销售、现金销售或用于个人消费的销售等。如果出口商误将不合格应收账款填报为合格应收账款，则保理商保留追索的权利。

3. 为赊销或承兑交单托收方式提供风险担保

由于通信手段、运输条件的现代化，国际市场上买、卖双方之间的联系更加快捷、便利，进口商可以同时向众多出口商发出询盘，经过在产品(包括质量、交货期、售后服务)、价格及付款条件等方面的比较、选择后，作出最优购买决策，导致国际市场属于买方市场的特征十分显著。这就要求出口商提供的包括付款条件、结算方式在内的发盘条件具有相当的竞争能力。

出口商可供选择的付款条件有信用证(L/C)、付款交单(D/P)、承兑交单(D/A)和赊账方式(O/A)等。

对出口商而言，L/C因可靠性和安全性较好而一直受到青睐；而对进口商来说，由于信用证结算方式手续繁杂，费用偏高，还要在较长时间内压占进口商的营运资金或信用额度，所以进口商往往不愿意采用信用证方式。

进口商倾向于采用D/A或O/A方式，但在这两种支付条件下，出口商承担的风险较大，必须有一种服务提供风险担保，于是保理服务应运而生。出口商将应收账款卖断给保理商后，一旦海外进口商拒付货款或不能按期付款，全部风险将由保理商承担。而且，如果支付货币与本国货币不一致，由此形成的收汇风险也由保理商单独承担。保理服务保障了手续简便、资金周转快的赊销方式在发达国家的发展，促进了发达国家之间贸易的进一步增长。

二、保理服务的产生和发展

(一) 保理服务起源于18世纪的欧洲

早在18世纪工业革命时期，英国纺织工业蓬勃发展，狭小的国内市场已经不能满足资本家追逐高额利润的需要，于是向海外倾销纺织品便成为资本主义初期经济扩张的必经之路。由于出口商对进口商的资信和当地市场的情况知之甚少，因而他们的纺织品多采用寄售方式(Consignment)向海外出口，由进口商所在地的商务代理负责货物的仓储、销售和收账，并在某些情况下提供坏账担保和融资服务。为了解决出口商的资金积压与扩大再生产的矛盾，这种采用寄售方式的商务代理制逐渐演变成为提供短期贸易融资的保理服务。出口商在商品出运后，可将有关单据售给经营保理业务的机构，以及时收回销售货款，继续并扩大再生产。

(二) 现代国际保理的发展动因

现代国际保理业务在第二次世界大战之后得到了较快的发展，尤其是在最近30年中，随着科学技术的进步，国际保理业务的服务手段也更加先进，保理商为客户提供的服务内容也不断丰富和完善。在当前的国际贸易结算领域，人们已经越来越重视对国际保理的运用。这主要有以下几个方面的原因。

1. 国际贸易中买方市场的普遍形成

各国出口商为了在贸易活动中扩大自己的出口份额，纷纷向客户提供更加优惠的贸易结算条件。国际保理业务因为可以为买方减少开立信用证的费用，并且在买方资金困难，不足以支付货款时，可获得保理商为其提供的信用担保，使买方提前获得贸易利益，而备受买方青睐。在当前国际贸易领域，欧美的进口商一般都要求卖方接受承兑交单(D/A)或赊销(O/A)的商业信用付款方式，但这种结算方式对于销售商来说存在着很大风险。而国际保理业务由于可以事前获得对方资信情况，使销售商可以放心大胆地采用这一付款方式，因此，在这样的贸易背景下，国际保理业务很快得到发展。

2. 信息产业的进步和电子通信技术得到普遍应用

由于保理业务提供的服务内容大多需要先进的信息技术作为基础手段，各国市场的需求，客户的资信调查，到贸易伙伴国的市场规则、法律法规、交易习惯以及瞬息万变的市场行情等调查内容，都需要保理商借助先进的技术手段来完成。而传统的国际贸易方式根本无法胜任这样大量、复杂的工作，所以也就无法适应国际贸易的新发展。

3. 国际保理相关惯例规则的制定与实施

伴随着经济全球化进程的加快，为了使本国经济更好地融入全球经济的发展中，各国在贸易管理法规及习惯方面都逐渐采用国际通行的惯例规则。例如，1998 年 5 月，国际统一私法协会(International Institute for the Unification of Private Law)就通过了《国际统一私法协会国际保理公约》，以便统一各国保理商开展国际保理业务的标准。国际保理商联合会于 1968 年制定了《国际保理惯例规则》。这些法律环境的建设，为国际保理业务的顺利开展提供了有效的法律保证。

此外，经济的高速发展也要求金融业不断进行业务创新，一方面满足客户的需要；另一方面也可以拓展自身的服务领域，培育新的经济增长点。因此，各国金融业在巩固自身传统产业的同时，也在大力发展新的中间业务品种，其中保理业务就是各国金融机构争相占领的一个新的服务领域。

随着保理服务的发展，保理服务的产品范围不断拓展。保理商不仅对纺织品、食品和一般日用品等出口应收账款提供短期融资，并且对家具、电子产品、机械产品等出口应收账款也给予资金融通，并提供其他有关服务。

一些保理商开始与储运公司、商检部门、港务局等有关部门联合起来向客户提供一揽子全面服务，包括商品的包装、贴标签、刷唛头、商检、租船订舱、发运、保险、仓储、交货、收款、风险担保、融资等服务，卖方只要找到了买主，其他事情均可委托这一联合体来办理。

(三) 国际保理在全球的发展

近年来，国际保理获得了巨大发展。根据国际保理商联合会的统计，1990 年全世界有保理公司 507 家，全年营业额达 137 亿美元；到 2000 年全球保理公司增加到 981 家，营业额达到 5890 亿美元。10 年间，保理公司数量增加了 93.5%，营业额增长了 4200%。2008 年尽管遭遇了百年不遇的金融海啸，但全球的保理业务却取得进一步的良好发展。2008 年全球保理业务量达到 18 684 亿美元，占全球 GDP 的比重为 2.38%；通过 FCI (Factor Chain International，国际保理商联合会)完成的国际保理业务量达到了 1444 亿欧元，相比 2007 年度的 1183 亿欧元增加了 22%。

在大多数欧洲国家里，保理服务主要是提供有追索权的贸易融资和其他服务，提供坏账担保处于次要地位，这主要是因为这些国家的短期出口信用保险很普及。

进入20世纪70年代以来，保理业务在亚洲和拉美地区得到了较快的发展，亚洲一些国家和地区，东盟国家以及墨西哥、巴西、智利、厄瓜多尔、土耳其等国家和地区都设立了保理公司并开展了保理业务。

保理业务目前主要集中在西欧和亚太地区的经济发达国家和地区，绝大多数发展中国家和地区尚未开办这项业务。

20世纪90年代初，中国银行率先在国内开始推出国际保理，并与国外保理公司和保理商国际组织建立起密切联系。1993年，中国银行加入国际保理商联合会(FCI)，成为正式会员。目前，中国银行与20多个国家和地区的50多家保理公司签署了国际保理业务协议。

三、保理服务的影响

保理服务之所以在国际结算和贸易融资中能得到迅速发展，是因为它能对进、出口双方带来积极的影响。

(一) 保理服务对出口商的影响

1. 有利于出口商尽快收回资金，提高资金的使用效益

出口商将货物装运完毕，即可立即获得不超过80%发票金额的有追索权贸易融资，缩短了资金回收的周期，保证了较为充足的营运资金，加速了资本的周转。在经济萧条时期，有助于出口商应付因资金周转缓慢而造成的资金困难等问题；在经济繁荣时期，充足的营运资金促使出口商发展业务，扩大经营。

同时还可以有效地防止属于成长型的出口企业超营运资金经营，即在市场看好、产品畅销时期，企业的生产经营规模迅速膨胀，以至于造成超过营运资金的承受能力，出现清偿能力不足的问题，影响企业的正常发展。保理服务可以帮助解决这类问题。保理商提供的融资数量是由出口商的销售额决定的，融资总额随着出口商经营规模的扩大而相应加大，两者保持同步增长，使处于发展阶段的出口企业能得到足够的营运资本金来支持这种增长。

2. 有利于出口商转移风险

只要出口商的商品品质和交货条件符合贸易合同的规定，在保理商无追索权地购买其出口债权后，出口商就可以将信用风险和汇价风险转嫁给保理商，潜在的坏账风险大大减小，债款回收率明显提高。

3. 能节省非生产性费用

出口商把售后管理交给保理商代管后，可以集中力量进行生产、经营和销售，并可相应减少财务管理人员和办公设备，办公用房占用面积也可相应减少，从而可以减少日益昂贵的人头费用和房屋租金；而且，由于保理商负责收取货款、寄送账单和查询催收工作，出口商不仅可以节省大量的账务管理费用，如邮电费和电话费等，还可以最大限度地减少因会计人员休假、生病等人为因素给工作带来的影响。

4. 有利于出口商获取有关信息

由于保理商熟悉海外市场和商业活动的情况，在很大程度上保障了对进口商资信调

查的准确性和真实性，为出口商决定是否向进口商提供商业信用提供了可靠依据。保理商还经常向中小出口商就海外市场情况和进口国的有关法规提出出口建议，替他们寻找买主和代理商，协助其打进国际市场，增强其竞争能力。

5. **有利于维护和提高出口商的资信**

由于出售应收账款的预收款计入出口商正常的销售收入，提高了企业的资产/负债比率，改善了其资产负债表(Balance Sheet)的状况，有助于出口商资信的提高，有利于出口商的有价证券上市和进一步采用其他融资方式。而且由于资金状况改善而带来更佳的选购机遇。例如，出口商因资金充裕可以批量购进生产资料而享受优惠价格和折扣，也可持币待购，在市价最有利时买入。

6. **增大出口成本**

对出口商的不利之处是会提高出口成本并因此导致出口价格上升或出口利润下降。保理服务对出口商的影响是很直接、明显的。

(二) 保理服务对进口商的影响

保理服务对进口商的影响是间接的和不明显的。出口商采用保理服务使得进口商能以非信用证方式支付货款。

1. **避免积压和占用资金**

保理服务适用赊销方式购买商品，进口商不需要向银行申请开立信用证，免去交付押金，从而减少资金积压，避免信用额度的减少，降低进口成本。

2. **简化进口手续**

通过保理业务，买方可迅速得到急需的进口物资，大大节省要求开证、催证等时间，简化了进口手续。

当然，采用保理业务，出口商将办理该项业务有关的费用转移到出口货价中，增加了进口商的成本负担。但是，由于保理服务的费率较低，一般为业务量的0.75%～2.5%，货价提高的金额一般仍低于因交付开证押金而蒙受的利息损失。

国际保理业务对出口商和进口商的益处如表8-1所示。

表 8-1 国际保理业务对出口商和进口商的益处

益处	对出口商	对进口商
增加营业额	对于新的或现有的客户提供更有竞争力的O/A、D/A付款条件，以拓展海外市场，增加营业额	利用O/A、D/A优惠付款条件，以有限的资本，购进更多货物，加快资金流动，扩大营业额
风险保障	进口商的信用风险转由保理商承担，出口商可以得到100%的收汇保障	纯因公司的信誉和良好的财务表现而获得进口商的信贷，无须抵押
节约成本	资信调查、账务管理和账款追收都由保理商负责，可减轻业务负担，节约管理成本	省却了开立信用证和处理繁杂文件的费用
简化手续	免除了一般信用证交易的烦琐手续	在批准信用额度后，购买手续简化，进货快捷
扩大利润	由于出口额扩大、降低了管理成本、排除了信用风险和坏账损失，利润随之增加	由于加快了资金和货物的流动，生意更兴隆，从而增加了利润

第二节 国际保理的种类及运作机制

一、国际保理的类型

在保理业务的发展过程中，产生了多种不同的保理方式，根据涉及的当事人及其权利和义务的不同，可将这些保理方式分为以下几种类型。

(一) 双保理

1. 双保理的当事人及其相互关系

在双保理机制中，参加国际保付代理业务的有关当事人主要有进口商、出口商、进口保理商和出口保理商。

四个当事人之间均是单线联系：

出口保理商受出口商委托而向出口商提供包括预付款融资在内的全部保理服务，出口商仅与出口保理商一方打交道。

进口保理商受出口保理商委托，直接向债务人(进口商)收款，并在核准的信用限额内提供坏账担保，进口保理商不直接接受出口商的委托。进口保理商在提供服务时，应被认为是按照签订的代理协议代表出口保理商行事，并不对出口商承担任何责任，与出口商没有直接契约关系。

在出口保理商与进口保理商签订的代理协议中，出口保理商必须将出口商出售给自己的所有应收账款毫无保留地提供给进口保理商，包括已获进口保理商核准和未获核准两种情况。当进口保理商不准备对其他单笔交易核准信用风险或当进口保理商决定取消信用限额时，出口保理商的有关责任继续存在直至所有已核准应收账款全部收回为止，即直至出口保理商“脱离风险”为止。

由于每笔应收账款的全部所有权已转让给进口保理商，所以进口保理商有权以自己的名义或与出口保理商和出口商联名采取诉讼和其他方式强行收款。进口保理商还享有留置权、停运权以及未收货款时出口商对债务人可能拒收或退还货物所拥有的所有其他权益。

出口保理商应特别注意其分别与出口商及与进口保理商签订的保理协议相应规定要保持一致，以避免单方面承担任何敞口风险。除此之外，出口保理商还应在协议中详细规定对进口保理商提供服务的具体要求。

2. 双保理的利弊分析

1）双保理机制的主要优点

(1) 出口商收款方便、安全。出口商只需同本国的出口保理商一家打交道就可获得全部的保理服务，不仅使出口商节约了大量的人力、物力、财力，消除了在语言、法律、贸易习惯等方面存在的障碍，而且还大大降低了经营风险。

(2) 出口保理商委托进口保理商收款效果良好。出口保理商只需与进口保理商打交道就可获得保理服务，由进口保理商负责对债务人核定信用额度、催收债款，而不必深入细致地研究各个债务人所在国的有关法律、贸易习惯、经济政策,也不必从事对债务人资信状况进行评价等专门性工作。对于完成催收债款的工作,进口保理商也有得天独厚的优势,尤其是在协助出口保理商处理因贸易纠纷导致的诉讼以及对进口商被迫清盘、破产、倒闭等突发事件作出迅速的应变反应,以减少损失等方面,由于进口保理商介入往往要安全、划算得多。

(3) 出口商融资方便。对于出口商而言,获得贸易融资的环境有所改善。在双保理机制下,出口商不仅可获得出口保理商的融资,而且还可以向进口保理商申请融资。在进口保理商的贴现率低于出口保理商时,出口商可要求进口保理商以预付款方式或贴现方式提供融资,进口保理商在出口保理商同意为此提供担保,保证对发生纠纷或有违约行为的应收账款退还相应融资款项的前提下,可按照优惠利率将款项付给出口保理商,并由其转交出口商。这样,出口商可在出口保理商和进口保理商之间选择较优惠的利率进行融资,以降低成本。

另外,若此时进口保理商提供的融资是以进口商所在国货币进行支付的话,那么以即期销售收入代替远期应收账款还可有效地避免远期汇价变动所带来的风险。

2) 双保理机制的主要缺点

首先,费用较高。双保理机制涉及两个国家的保理商,两方都要收费,对一些服务项目,如提供销售账务管理服务,就不可避免地因两方面的重复劳动而重复收费,增加了出口商的负担。保理费用主要由两部分构成:一是手续费。费率取决于产品种类、进口国别、金额及信誉、汇价风险大小等,一般不超过发票金额的 2.5%。二是利息,即保理商从预支货款到货款收回这段时间的利息。利率参照市场利率而定,出口商可将这笔费用打入货价,或经协商由双方共同承担。

其次,资金划拨速度较慢。在双保理机制中,由于有进口保理商这个中间环节的存在,资金划拨速度会打一些折扣,而且在双保理机制下,进口保理商分到的业务量往往比较少,在资金划拨时,进口保理商不愿意逐步划付,而愿意采用定期将期限内的资金划出的办法,这样的划款速度将更慢。

(二) 单保理

1. 单保理的特点

在单保理机制(Single Factor System)中,参加业务的主要当事人与双保理机制相同,包括出口商、进口商、出口保理商和进口保理商四方。

出口商、进口商与出口保理商和双保理机制相同,只是对进口保理商的某些服务功能在一定程度上加以限制,进口保理商仍须负责提供坏账担保,催收严重逾期账款,并协助出口商和出口保理商处理因贸易纠纷而导致的诉讼。但在正常情况下的收款和划款责任则被免去,这样做的主要目的在于克服双保理机制中的某些不足,减少重复劳动和重复收费,提高划款速度。

单保理机制适用于进、出口商之间彼此较为了解、有经常性业务往来、进口商资信较好、收款不复杂的情况。它是在双保理机制上派生出来的一种变型,由于并未取消进口保理商的服务,因而单保理机制也被更形象地称为一个半保理机制。单保理与双保理的区别如下：

1）债权的转让不同

进口保理商只负责提供坏账担保而免除了正常情况下的收取债款和划款的责任。在出口商发货、向出口保理商转让债权后，出口保理商并不对进口保理商进行债权的再转让，而是由出口保理商直接向债务人收款。

2）进口保理商的责任不同

进口保理商只负责催收逾期账款，并对严重逾期款项按照所提供的坏账担保承担付款责任。当应收账款逾期达60天时，出口保理商则可将此逾期账款的债权转让给进口保理商，由进口保理商负责向债务人催收，进口保理商必须负责收取已核准的应收账款和尽最大努力协助收取未核准的应收账款。

当应收账款逾期时间超过90天仍未催收到时，进口保理商必须按照所提供的坏账担保向出口保理商进行支付，除非这些应收账款的逾期是由于贸易纠纷和供应商违约造成的。

2. 单保理的利弊分析

1）单保理机制的优点

第一，避免了重复劳动，收费相对较低。由于免去了进口保理商的收款责任，收款、划款和提供销售账务管理服务等工作由出口保理商一方来完成，因而避免了双保理机制中存在的重复劳动、重复收费的问题，减轻了出口商的负担。

第二，提高了划款速度，有助于加速出口商资金周转。由出口保理商负责收、划款，减少了进口保理商这一中间环节，划款速度可以大大加快。

2）单保理机制的缺陷

首先，收款难度加大。由于出口保理商对债务人及债务人所在国的有关法律、政策、贸易习惯及其语言等毕竟不如进口保理商那么熟悉，账款收取存在一些障碍，以致效果可能不是很理想。因此，它主要适用于进、出口方有经常性业务往来、收款并不复杂、进口方资信较好的结算业务。

其次，融资渠道减少。由于应收账款的债权只转让给了出口保理商而没有转让给进口保理商，因而对进口保理商可能提供优惠利率的融资出口商就无法享受到，也就不可能得到融资方便。

最后，债权转让易出现混乱。出口商在发货后寄给债务人的发票上载有过户通知文句，声明出口保理商已成为该账款的债权人，而账款一旦逾期达到一定时间，出口保理商则又须将该账款的债权转让给进口保理商，由此要产生有一定时间间隔的两份转让通知，很可能造成债务人的误解和混乱。因此，为确定进口保理商债权人的地位还需补办一些手续。

由于在单保理机制中进口保理商处于相对不利的地位，因而进口保理商对债务人信用额度或应收账款的核准方面要求更为严格、苛刻。那些针对同一地区的大批量或大范围的出口业务在单保理机制下很难开展。

(三) 直接进口保理

直接进口保理机制(Direct Import Factoring System)只涉及三方当事人,即出口商、进口商和进口保理商。由出口商和进口保理商签订保理协议,当出口商发货后,将发票直接寄给进口保理商,由进口保理商负责收取债款和提供坏账担保。

与双保理和单保理相比,直接进口保理免去了出口保理商这一环节,具有操作简捷、效率高、收费较低等优点,但也有一些条件上的约束:

第一,进、出口商所在国语言、法律制度等相近。进、出口商所在国的法律、政策及有关商业习惯等方面不应有重大的差异,且出口商与进口保理商之间没有语言障碍,能保证正常的业务联系和通信往来。

第二,进口保理商对出口商比较了解。由于没有出口保理商对出口商的经营和资信情况进行监督,进口保理商对接受应收账款债权和提供贸易融资往往会持非常谨慎的态度,以避免无效债权转让或出口商被迫清盘破产所造成的风险。

直接进口保理方式适用于进口商相对集中于同一国家,且进、出口商之间有经常性业务往来的贸易结算。

(四) 直接出口保理

直接出口保理机制涉及三方当事人,即出口商、进口商和出口保理商。出口商在发货后,将发票寄给出口保理商,由出口保理商负责向债务人收取债款并提供坏账担保。

直接出口保理机制(Direct Export Factoring System)起源较早,最初源于国内保理业务,后逐渐发展到用于国际结算,并得到了广泛的运用。双保理机制出现以后,该机制受到了很大的冲击,至今只有少部分保理商保留了这种方式。

与双保理机制相比,它可有效地消除付款速度慢、重复劳动、重复收费等弊端;与直接进口保理机制相比,它又克服了出口商与保理商之间存在的语言、法律、贸易习惯等方面的障碍,其优点是显而易见的。

但直接出口保理也存在一些缺陷,其中最主要的是出口保理的风险大大增加了。

1. 债权转让的难度加大

出口保理商必须持非常谨慎的态度对待债权的转让,以保证转让符合本国及债务人所在国的法律,使债权不至与法律相冲突或受第三者权益阻碍。在进口商分属于不同的国家和地区的情况下,出口保理商更必须对各国的政策、法律和商业惯例进行逐一研究并作出判断,这是一项艰巨的工作。即使完成了上述工作,也无法做到完全规避此类风险。

2. 信用风险增加

出口保理商无法有效地了解和监控国外债务人的资信情况和经营状况,一旦债务人发生信用危机,出口保理商就必须跨国催债,其收款能力比进口保理商要小得多。为降低信用风险,出口保理商往往采用以自己的名义购买信用保险单的方法,对因债务人偿债能力不足而造成的呆账、坏账进行保险。这样做在一定程度上减少了信用风险,但却增加了保理商的工作量和保理成本。

3. 存在收汇的风险

(1) 对于实行外汇管制的国家,外汇管制条例往往会成为出口保理商及时收回债款的障碍。

(2) 由于出口保理商购买债权是即期付款,债务人偿清债务还需要一定时间,因此,出口保理商就得承担在此期间内因汇率波动可能产生的风险。

4. 对处理贸易纠纷不利

由于没有进口商所在国保理机构的协助,出口保理商在处理贸易纠纷以及由此而产生的法律诉讼等问题上处于更加不利的地位。

正是由于上述缺陷,在双保理机制产生以后,直接出口保理机制逐渐为其所代替。

(五) 背对背保理

在背对背保理机制(Back-to-Back Factoring System)中涉及五方当事人,即出口商、出口保理商、进口保理商、经销商和债务人(产品购买者)。其中,出口商、出口保理商、进口保理商与双保理机制相同。

经销商是指作为出口商设在进口国的附属或代理机构,负责进口货物并在进口国进行销售;债务人是在进口国国内向经销商购买使用货物者,各当事人依次发生联系。

经销商一方面要筹集资金组织进口;一方面又要进行国内销售,资金压力较大。在银行信用贷款满足不了资金需求的情况下,经销商往往会与进口保理商签订保理协议,将其销售债权作为抵押,获取一定比例的融资以维持正常运转。

在这种机制下,出口商与出口保理商之间的债务转让与双保理机制相同,只是在整个业务中,出口商并不直接与债务人发生业务往来,而由经销商充当中介,故称背对背保理机制。

在背对背保理中,要注意以下问题。

1. 进口保理商与经销商签订的国内保理协议不同于一般保理协议

(1) 融资比例较低。进口保理商不是给予经销商全部或大部分应收账款的融资,而是只给一个很小比例的款项,只用于维持经销商的正常费用开支。

(2) 进口保理商可随时行使抵消权。即由出口保理商转让而来的对经销商的应收账款与国内保理协议下进口保理商对经销商的应收账款相抵销,以降低进口保理商的风险和缓解其资金压力。

2. 进口保理商在核定经销商信用限额方面的方法

(1) 根据为经销商开立的往来账户余额核定信用限额。

(2) 根据为国内各个债务人核定的信用额度以及经销商在此额度内收到的订单总额来确定经销商的信用限额。比较而言,该种方法更为稳妥可靠。

(3) 进口保理商认为风险较大时,也可不核定经销商的信用额度。若进口保理商认为核定经销商的信用额度没有把握,也可不核定额度,而采取有追索权地接受出口保理商转让的所有债权的方法,以确保债款安全。但在此方法下,进口保理商必须承诺在可以行使抵消权的情况下不得行使追索权。在针对某一经销商的头几笔业务发生时,进口保理商由于很难正确核定经销商信用额度,往往也采用该办法来加以解决。

(六) 其他保理方式

1. 无追索权保理和有追索权保理

在无追索权保理(Nonrecourse Factoring)中,保理商负责审核买方资信,确定信用额度,提供坏账担保。卖方在有关信用额度内的销售,因为已得到保理商的核准,所以保理商对这部分应收账款的承购没有追索权。一旦债务人无力偿还而造成的呆账、坏账、损失均由保理商承担。保理商核准信用额度的目的,就是为了明确哪些应收账款在债务人破产时保理商没有追索权。为此,在承做无追索权保理之前,保理商就应尽快了解与卖方有业务往来的买方情况,以便评估其资信,决定信用额度。保理商通常要求卖方提供一份其所有债务人的名单,并详细列明他们的名称和地址,以便于调查了解。

如果信用风险集中在几个大的债务人身上,那么出口商可以将无追索保理与出口信用风险保险结合起来用。这样,当出现坏账时,由于出口商投了出口信用保险,就可以在保理商不行使追索权的情况下等待保险理赔。这种保理与出口信用结合的另一好处是,出口信用对发生合同争议的交易承担风险,但保理商在争议发生后便视已核准应收款项为未核准未收款项。一般保理商会事先与卖方约定(比如保理协议中有这类条款),即一旦某项应收账款引起了争议,保理商就不再对其信用风险负责,即使该信用额度已经得到了保理商的批准;如果已经支付了预付款,保理商有权在下笔转让的债权中扣除由于争议造成的坏账损失。

有追索权的保理,一般特指那种保理商仅向卖方提供贸易融资,负责销售账管理及收款,但不向卖方提供坏账担保的服务。保理商就未收到的账款对卖方有绝对的追索权,而不管是债务人清偿能力不足或其他原因。在有追索权的保理中,保理商核准信用额度的作用仅在于就买方资信状况向卖方提供参考意见,或用来表示该应收账款是否符合付款条件,而并无确定保理商对哪些应收账款有追索权的作用,因为此时保理商对承购的每笔应收账款都可以向卖方追索。保理商会在承购发票时指定一个期限,超过这个期限没能结清货款,就被认为是呆账或坏账,保理商就有权向卖方追索,有权要求卖方买回该笔应收账款,即反付款(Charge Back)。一项债权(及相关的权利、相关的被转移的货物)也即追索的标的,在付清回价款之前,仍归保理商所有。

如果卖方没有认识到可能发生的追索而采用有追索权的保理,并且将预付款从流动资金中抽出来挪作他用,比如已将这笔预付款用于固定资产投资甚至用于偿还货款,其结果就是,当保理商行使追索权时,卖方却没有资金偿还这笔款项,保理商将减少未来的付款额度来弥补卖方所欠债务。除非债务分散在一些信誉良好的债务人手里,一般出口商不宜采取有追索权的保理。如果一家出口商希望得到出口信用保险提供的坏账担保(或如果它已经投了信用风险而又不愿放弃),同时又想获得资金融通,那么可以将有追索保理和出口信用保险结合起来用。在这种情况下,出口商寻求的是解除管理负担,保理商有义务替出口商管理保险事宜(代为支付保险费及其他费用),所以出口商的确免除了这方面的负担。在国外,保理商可以和卖方作为联合投保人而办理信用保险。保理商对债权的拥有以及管理销售分户账的权力得到确认,保理商作为投保人可直接索赔。但保理商同时也履行作为投保人应尽的义务,如支付保险费等。保险业务上的一些管理工作由保理商负责，该由卖方支付的保险费由保理商支付后借记卖方账户。

2. **融资保理和到期保理**

大多数出口商都希望保理商提供融资保理(Financed Factoring)。在融资保理中，保理商向出口商预支应收账款，或者根据应收账款向出口商按固定利率提供借款，或者承购应收账款并在发票出票日付款。前者相当于抵押借款，可以克服货物买卖双方因债权转让带来的一些麻烦，例如对印花税的顾虑和其他容易引起的争议；后者是应收账款的买卖，出口商以商业信用形式出卖商品，在货物装船后即将应收账款单据转卖给保理商，从而使出口商的部分或全部应收款立即转换成现金，实际上是将出口应收款贴现。

在国际市场竞争越来越激烈的情况下，出口商为了争得买主，必须在产品、价格和付款条件诸多方面具有竞争力。就付款条件而言，在信用证(L/C)、付款交单(D/P)、承兑交单(D/A)和赊销(O/A)中，最受进口商欢迎的莫如 D/A 和 O/A 支付方式。但在这两种支付方式下，出口商承担的风险太大，出口商往往因此而不愿接受，从而失去贸易成交的机会，这就需要保理商提供信用风险担保和融资，使进出口双方顺利达成交易。所以，国际保理业务一般是在托收方式下为出口商提供信用担保和预付款融资而进行的。

到期保理(Maturity Factoring)则是一种到期承购应收账款业务。当出口商将代表应收账款的发票转让给保理商，保理商确认并承诺在票据到期时向出口商支付，并不在当时立即向出口商支付。这种到期承购应收账款的支付方式有两种：一种是自发票日或账款转让给保理商之日起一定期限后付款，期限的长短以买方预期付款期限为准。譬如可根据卖方通常给予客户的信用期限的历史记录计算一个平均日期，根据这个平均日期确定到期期限，保理商于到期日将应收款的收购价款付给卖方。另一种是在债务人付款后再向卖方付款，或在债务人破产后将核准的债款付给卖方。

到期保理并不提供预付款融资。但是，一些小公司越来越需要保理商提供国际结算信用管理、货款回收和坏账担保，作为替代信用保险的一种途径。由于公司规模不够大，在国外没有设立信贷托收部，或公司的出口地分散，或公司从事不定期的出口等，使公司内部组织应收账款的托收有困难，因此寻找保理商便于避免风险、及时收回货款。

3. **公开保理和隐蔽保理**

在公开保理中(Disclosed Factoring)，出口商必须以书面形式将保理商的参与情况通知所有客户，并指示他们将货款直接付给保理商。当出口商交货或提供服务后，按以往的方式开出发票寄给买方，并随同发票附带转让通知，说明发票所代表的债权已经转给保理商，只能向保理商付款。通知中应强调保理商已"购买"了全部债权，以便使对方明确地意识到债权已"转让"。出口商将发票的副本交给保理商，也有些保理商要求出口商提交发票正本，由他自己把正本发票寄给买方，以确认债权转让通知的送达。保理商将发票金额借记买方账户，同时贷记卖方账户。接下来出口商便可以提取事先商定比例的预付款，其中要减去保理商所收的费用等。等到买方全部付清货款后，保理商便向出口商支付余额。

隐蔽保理(Undisclosed Factoring)是将保理商的参与对买方保密。如果出口商不愿他人得知保理商的参与，以避免对自己转让应收账款原因的猜忌，则会将转让账款的事实保密，在货款到期时仍由出口商出面催收，货款仍将直接付给出口商。至于融资与费用的清算，则在保理商与出口商之间进行。实际上，出口商只是在保理商那里进行了发票贴现

(Invoice Discounting)从而得到融资。从另一个角度来看，出口商作为保理商的代理人进行账户管理和催收账款，因此这种保理也被看作一种“代理保理”(Agency Factoring)。

在公开保理中也有“代理保理”的情况。尽管买方知道保理商的参与和债权的转让，但仍由卖方进行销货记账并收取债款，买方仍被告知要将款项付给卖方，因为卖方是保理商的代理人，这种支付称为间接支付(Indirect Payment)。

这种业务方式的目的完全在于为向卖方提供贸易融资，保理商提供的服务限于发票贴现。当然，保理商在提供贸易融资前首先要对买方资信进行核准。

以上只是根据保理业务的服务形式的不同来划分保理类型。还可以做其他类型的划分。不同的着眼点，就有不同的区别。比如，从保理商承购应收账款的付款时间划分，保理可分为在一个固定的到期日付款的保理和随收随付的保理；从保理商承购应收账款的类别划分，保理可分为承购所有应收账款的保理和只承购特定应收账款的保理；等等。实务中的保理业务包含上述若干或全部区别，分清这些区别很不容易，再加上保理商之间虽然提供同样的服务，但却没有一个统一的提法，而且，在同样的提法下，不同的保理商又提供着不同的服务。所以保理类型特别多。

二、国际保理的运作机制

(一) 双保理的运作机制

下面以双保理为例说明国际保理的业务程序(如图 8-1 所示)。有两个保理商的保理机制称为双保理体系(Two Factor System)。卖方的保理商(出口保理商)同买方的保理商(进口保理商)之间达成协议，由进口保理商负责承担买方信用风险并负责收款，出口保理商将承购的应收账款转让给进口保理商。出口保理商仍负责向卖方提供各种服务包括预付款融资。

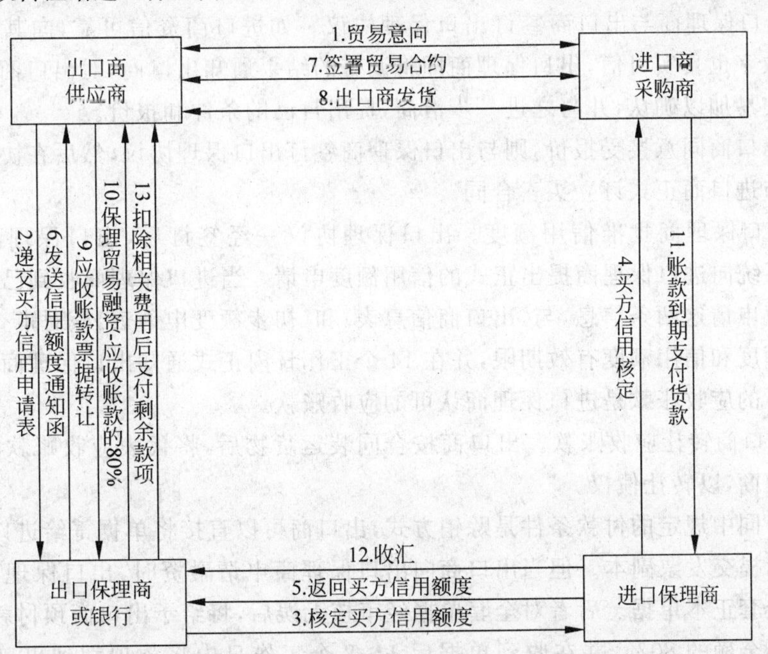

图 8-1　国际保理(双保理)业务程序

1. 双保理作业的主要环节

(1) 出口商与出口保理商洽商。出口商必须就准备达成的买卖合同先与出口地保理公司联系,经保理商同意准备叙作保理业务后,则填写由出口保理商提供的《信用额度申请表》。申请表的内容主要包括进出口商名称、详细地址、出口商品服务的名称和类别、对进口国的估计销售量和估计价格、付款条件、销售发票和货项清单的数目、申请金额及币种等。信用额度分单笔信用额度和循环信用额度两种,前者只能使用一次;而后者可以多次重复使用,即当进口商支付了一笔应收账款后,则该笔应收账款据代表的额度可以再次使用若干期。如果出口商品系分批装运,则适合申请循环额度;如果只是一次性出运,则适合申请单笔信用额度。

(2) 出口保理商联系进口保理商。出口保理商对出口商的经营状况和已填好的《信用额度申请表》进行正常审查后,根据进口地情况选择进口保理商,并通过电子数据交换系统(EDI)向进口保理商发送《出口商信息表》和《初步额度申请表》,说明如下内容并请其据以报价:

① 买卖的商品或劳务的特点;

② 预计交易额;

③ 付款条件;

④ 买方的数量和概况;

⑤ 预计交易额下发票数。

(3) 进口保理商核定初步信用额度。进口保理商收到有关交易资料后,立即着手对进口商的资信进行调查,并将调查结果、可以向进口商提供的信用额度的具体建议以及自己的条件和报价(费率),发送"信用额度回复"信息以通知出口保理商。根据国际保理商联合会的有关规定,进口保理商应在 14 个工作日内答复出口保理商。

(4) 出口保理商与出口商签订出口保理协议。如进口商资信可靠,向其提供信用额度建议的数字也真实可信,出口保理商即将调查的结果通知出口商,对出口商与进口商即将进行的交易加以确认,并与之进一步洽商,提出自己的条件和报价。

如果出口商同意接受报价,则与出口保理商签订出口保理协议,然后在协议规定的信用额度内与进口商正式订立买卖合同。

(5) 进口保理商批准信用额度。出口保理协议一经签订后,出口保理商随即通过 EDI 保理系统向进口保理商提出正式的信用额度申请。当进口保理商收到已签署的协议和信用额度申请这两条信息,与《出口商信息表》和《初步额度申请表》核对审查后,则正式批准信用额度和信用额度有效期限,并在 14 个工作日内正式通知出口保理商。正式批准信用额度下的应收账款是进口保理商认可的应收账款。

(6) 出口商转让应收账款。出口商按合同装运货物后,将代表应收账款的单据提交给出口保理商,以转让债权。

如果合同中规定的付款条件是赊销方式,出口商可以直接将单据寄给进口商,只需向出口保理商提交发票副本。但当出口商向出口保理商申请融资时,出口保理商会要求出口商提交全套正本单据。后者对全套单据经审核无误后,将给予出口商预付款,一般预付金额为发票金额的 80%,并在收到单据后 1~2 个工作日内将款项划到出口商账户上。

在D/P和D/A条件下，出口商应将全套正本单据提交给出口保理商，再由出口保理商将单据转给进口保理商办理托收。与一般贸易结算方式不同的是，出口商在制作单据时，需在发票各联印刷或粘贴“转让条款”，注明发票项下的全部债权均已在法律上转让给进口保理商，进口保理商成为债权人。这一转让过户文句不可遗漏。这种债权转让也可以以“介绍信”的方式通知进口商。如果是与进口商首次通过保理方式作业的出口商，一般需在单据中随附这样一份介绍信，以解释保理安排，并指示进口商在得到进一步通知之前，对所有的由出口商提供的货物或服务，都向保理商进行支付。介绍信的格式和内容一般由进口保理商提供。

(7) 保理商承购应收账款。出口保理商按发票金额扣除利息和承购费用后，立即或在双方商定的日期将货款支付给出口商，并将单据寄送给进口保理商。出口保理商通常为出口商开立往来账户和贴现账户两个账户。往来账户用来记录保理商和出口商双方之间的一切经济往来。出口商售给保理商的所有应收账款均记入贷方，保理商对出口商支付的所有收购价款包括保理费和贴现费均记入借方。该账户的贷方余额代表着已转让给保理商的债款中尚欠出口商的剩余部分。往来账户每月向出口商提供一次，或出口商可通过计算机终端随时查看。

贴现账户用来记录提供融资的情况。保理商对出口商的所有预付款融资及管理费、贴现费均借记该账户，所有收回的货款贷记该账户。该账户的借方余额代表着保理商收付款的差额，即提供预付款融资的余额，贴现费就是根据该账户的每日余额按照保理协议规定的贴现率计算出来的。但卖方不必负担因买方倒闭等形成的坏账的贴息。在获悉买方破产倒闭的同时，该买方名下的所有已核准应收账款会被立即贷记贴现账户，作为已收回款项对待，损失由保理商承担。

(8) 应收账款的催收和付款。进口保理商收到出口保理商寄来的发票后，计入应收账款，尔后开始负责向进口商催收货款并向出口保理商提交会计记录。当进口商付款后，进口保理商应立即将扣除保理佣金后的余额向出口保理商划付。如果在收妥进口商的付款后，进口保理商没有及时将款项付给出口保理商，则进口保理商应赔偿出口保理商从应付日到实付日以两倍伦敦同业拆放利率计算出的利息，并支付任何由于延迟支付而使出口保理商所遭受的汇率损失。如果对该相关货币没有伦敦同业拆放利率的报价，则应使用出口保理商对该货币可获得的最低拆借利率的两倍以计算利息。如果是由于不能控制的原因造成进口保理商不能立即将收妥的款项付给出口保理商，则进口保理商应立即向出口保理商说明原因，并向出口保理商支付从应付日到实付日按最低拆借利率计算出的利息。

若出口保理商在发票到期日后未能收到进口保理商的付款，出口保理商有义务向进口保理商催收。进口保理商收到催收通知后，应当立即向进口商追讨债务。保理公司追讨债务的技术是专业化的，且方式多样。万一追讨失败，保理商还可在征得出口商同意后，通过法律手段收取欠款。

根据国际保理商协会的《国际保理业务惯例规则》(1994年修订本)，进口保理商应承担任何已核准应收账款项下进口商未能按照合同条款于到期日支付所产生的损失风险。若进口商在付款到期后90天内仍未付款，进口保理商应于第90天对出口保理商付款。

如果保理商没有按上述要求对出口保理商付款，则进口保理商必须负责向出口保理商支付从应该付款日到实际付款日整个期间的利息损失。

(9) 争议及其解决。进口商拒绝付款的原因也可能来自贸易合同纠纷，而保理商并不承担因这类争议而产生的拒付风险。

如果进口商收到货物后，发现出口商没有严格按照合同执行，可以提出异议，向进口保理商发出"争议通知"。进口保理商当立即通过 EDI 保理系统将"争议通知"转给出口保理商，同时宣布终止已经核准的信用额度。争议通知书中应包括所有保理商所了解的关于应收账款和该争议情况的细节和信息。出口保理商接此通知后，应立即无延误地以最快捷方式通知出口商。此时，出口商应立即与进口商联系，采取积极的态度去解决争议。同时，出口商应随时向出口保理商通报进展情况。出口保理商则应将进展情况转告进口保理商。根据《国际保理业务惯例规则》，如果出口保理商收到争议通知后 60 天内未与进口保理商联系，进口保理商不再对此笔应收账款负责。如果争议在出口保理商收到争议通知后 365 天之内得到有利于出口商的解决结果，而且，在争议期间，出口商和出口保理商均积极努力地解决争议，出口保理商将争议处理过程的情况定期地向进口保理商报告，进口保理商应重新将争议项下的应收账款视为认可的应收账款。然而，如果在 365 天的期限内，进口商正式破产或做出了一般的破产声明或破产通知，那么，进口保理商在争议解决之前仍然承担风险。

进口保理商应与出口保理商合作，帮助其解决争议。

2. 双保理机制的运作特点

两个保理商的分工和责任。双保理机制下，保理商有两个：出口保理商与进口保理商。应收账款的转让有两次：出口商将应收账款转让给出口保理商，出口保理商再将其转让给进口保理商。两个保理商之间必须有代理关系，必须就保付代理的内容和范围达成书面协议，称为保理商同业协议(Interfactor Agreement)。该协议是以保理商联合会的有关规则为基础的，这些规则通常包括以下几个方面：①进口保理商对新客户的接受并同意提供保理服务；②进口保理商同意承担风险并保留在必要时调整或取消信用额度的权利；③争议的解决和追索权的行使；④出口商保证所转让债权及金额的真实有效性，以及债权转让本身的有效性；⑤进口保理商对所转让应收账款的付款时间和方式。

根据《国际保理业务惯例规则》，进口保理商在提供保理服务时，应认为是代表出口保理商行事，而对委托出口保理商叙作保理业务的出口商不承担任何责任。关于追索权的行使也是如此，对发生贸易纠纷的应收账款，进口保理商不能直接向出口商追索，而只能向出口保理商追索，出口保理商继而向出口商追索。

保理商必须调查进口商的资信，这一工作是由进口保理商代替出口保理商来做的。首先，进口保理商会要求进口商提供近期的财务报表，以此来分析进口商近期的财务情况；其次，进口保理商对进口商品的市场行情进行调查，判断该商品是否适销对路；再次，进口保理商要通过进口商开户银行等渠道，查看进口商以往的付款记录，了解进口商是否经常有拖欠付款行为；最后，进口保理商还要到有关的司法部门了解进口商是否有过被诉讼的记录。这一切工作都必须在接到出口保理商发来的初步信用证额度申请等信息后的几个工作日内完成。当一切调查工作进行完毕，证明进口商资信良好时，进口保理商才批准出口保理商的申请。反之，进口保理商将通知出口保理商，拒绝其申请，或减少其申请额度，并将拒绝或减少额度的原因详细说明。

保理商应核准应收账款，这一决定权在于进口保理商。进口保理商对转让给他的应收账款是否承担信用风险，就取决于他对应收账款的核准。但进口保理商有权随时撤销对该业务的核准和信用额度，使出口商收到通知后的所有发货无效。即使已核准，若进口保理商在货物装运前获得不利的资信报告，或在业务运作过程中发现进口商的资信发生变化，可以当即通知出口商停止发货，取消已核准的信用额度。不过对于那些额度取消前的应收账款，进口保理商还应视为已核准的应收账款来对待。

实际承受坏账担保和信用风险的，也是进口保理商。进口保理商须向出口保理商100%地偿付无争议的已核准应收账款。

在双保理机制中，保理商的代理往往是相互的，并因此而具有双重身份。在具体的一笔保理业务中，保理商的身份是确定的，或为出口保理商，或为进口保理商。但保理公司不仅是为本国的出口商做出口保付代理，同时也为国外的保理公司做代理，这时，对本国的债务人来说，其身份又是进口保理商。因此，保理商的身份只能在特定业务中加以确定。

(二) 其他保理形式的运作机制

1. 直接进口保理

由进口商所在国家的保理商对出口商直接提供保理服务，而不需出口商所在国的保理商参与，这样的保理称为直接进口保理(Direct Import Factoring)。

一个出口商，如果他对某一个国家的出口贸易额相当大，他就可以采取直接进口保理的方式，直接与进口国的保理商打交道。美国保理业在发展早期就是这么做的。直接进口保理的优点是简便，进口保理商了解当地的情况，对买方信用进行调查及催收账款都很方便，出口商可以直接利用他的服务。如果沟通上不成问题，而且出口商也善于利用国外保理商的服务，对于那些寻求催收账款及坏账担保而不需要预付款融资的出口商来说，直接进口保理可以说是最好的方式。它缩短了信息流和资金流的路径，避免了信息传递上的可能损失和资金转移上的延迟。事实上，在一些国际保理商联合会成员之间，已经出现了一个国家的保理商将本国的出口商介绍给另一个国家的保理商，让他们做直接进口保理，自己只收取一次介绍费。

但是，进口保理商一般不会给出口商提供贸易融资，他会感到没有出口商所在国的保理商合作，不了解该国的法律和贸易惯例，他很难把握出口商的情况，特别是当出口商发生资不抵债的情况时更是如此，因为负责清产核资的人员可能对进口保理商手中的债权制造种种麻烦，也有可能进口商所在国的法律限制他向别国出口商提供预付款融资。

如果出口商的业务集中在某个国家，他觉得利用直接进口保理更有利，但又需要融资，这时，他可以将保理与银行融资结合起来。对于国外信誉卓越的保理商，银行提供融资的风险因保理商的加入而得到降低，保理商对债款的管理和监督对于银行很有帮助。对那些业务分散在许多国家的出口商，不宜采取直接进口保理。

2. 直接出口保理

由出口国保理商对卖方出口提供保理服务，而不需进口商所在国的保理商参与，这样的保理称为直接出口保理(Direct Export Factoring)。

在国际保理联合会成立以前，就有一些商人要求他们的保理商把他们的出口业务也包括在保理服务中去，那时保理商们大都只好自己去完成那些在双保理方式下属于进口保理商应该做的工作。有些保理商至今还在这样做。这种保理形式即为直接出口保理。直接出口保理给出口商带来的好处是简便易行，他只需同一家本国的保理商打交道，作业方式和会计系统都不陌生，沟通上不存在任何问题，关于买方付款情况的信息不必经过曲折的传递过程，买方的付款也不必经过进口保理商倒手。保理商一般都协助出口商进行出口单据的托收和信用项下的议付。

但对保理商来说，直接出口保理存在一系列的问题。首先，如果对进口商所在国的情况特别是贸易惯例及会计法规没有相当程度的了解的话，要想评价信用风险是很困难的。其次，向国外的进口商催收账款时，双方的沟通可能会发生困难。最后，发生争议时，处理起来也很棘手。鉴于此，出口保理商在进口商所在国找一个协调人是很有必要的，这个协调人要负责收取严重过期的货款，他要能够应付因债权转让带来的额外困难。协调人应该对有关的保护债权受让人权益不受第三者干涉的法律有一定了解，特别是要了解在卖方破产的情况下各方面的法律关系。一旦发生合同争议，这样的协调人立即就能找得到。

3. "一个半保理"

出口保理商在保理联合会组织中寻找协调人，实际上就是在进口商所在国寻找一个往来保理商，但这个往来保理商与双保理体系下的进口保理商有所不同，他不负责通常的从买方收款的工作。他负责向出口保理商承担进口商资不抵债的风险，负责催收来往过期的债款并负责协调解决争议。这样的保理方式被形象地称为"一个半保理"，也就是进口保理商承担双保理方式下的部分义务和责任。"一个半保理"的初期作业内容同双保理方式完全一样，后期操作过程上略有区别，主要表现在：

(1) 在发货日债权不再转让给进口保理商，此时债权仍归出口保理商所有。因此，出口单据上的收款人为出口保理商，由出口保理商负责催收账款。

(2) 进口保理商负责核准买方资信，批准信用额度。

(3) 如果在双方同意的一定期限后仍无法收回债款(或在此之前买方已经倒闭)，则出口保理商将此债权转让给进口保理商。于是，进口保理商将对收取货款负全部责任(如果是核准的应收账款)，或尽其最大努力催收货款(如果是未核准的应收账款)。这个期限一般规定为60天，这样进口保理商将有30天的时间在向出口保理商负有付款责任之前催收货款。

"一个半保理"不仅避免了双保理体系下出口商收回货款的延缓，还避免了双保理中的重复记账的缺陷，因为买方支付款项不必经过进口保理商。但是，这种方式也存在一些弊端。由于进口保理商的责任局限在承担信用风险和催收发生困难的账款，他在核准应收账款时所承担的责任要小；正常的收款工作仍由出口保理商负责，出口保理商的催账效果往往不如熟悉本国情况的进口保理商；进口商可能会收到两份债权转让通知，第一份是转让给国外一家保理商，在货款支付期过后收到第二份通知转让给本国一家保理商，若发生事后追索的情况，进口商的律师会要求提供债权两次转让的证据和有效性。

4. 背对背保理

很多情况下，出口商把对某一国家的贸易都通过一家中间商来做。这些中间商可能是出口商在进口国的分支机构或代理商。往往出口商的商品是中间商经营的唯一内容。中间商所需要的信用额度常常比进口保理商按照正常条件所能核准的额度要高。如果代理商与进口保理商达成一项协议(称之为背对背协议)，规定以承购的应收账款的余额作为进口保理商核准信用额度，使进口保理商承担信用风险的问题就可解决。这种保理称为背对背保理(Back to Back Factoring)，其作业程序如下：

(1) 出口保理商同出口商签订出口保理协议，同时找一家进口保理商做国外协调人。

(2) 进口保理商同中间商就其国内销售达成叙作保理的协议，保理方式可以包括预付款融资的任一方式。但是预付款的数目较小，以中间商的日常管理费为准；而且进口保理商可以随时从中间商到期的款项中冲减进口保理商应收的款项(债权由出口保理商转让给进口保理商)。

(3) 进口保理商向出口保理商提供核准信用额度。进口保理商核准信用额度的依据是中间商在进口保理商那里的账面情况和中间商收到的有效订单的情况，在中间商资不抵债时进口保理商享有冲账权。如果中间商销售这种方式是第一次运行，在货物进口并且销售出去之前，进口保理商对核准的应收账款没有任何把握，因为他手中没有中间商的担保，他应该要求保留第一笔应收账款的追索权。

(4) 按普通的保理方式对出口商卖给中间商的应收账款提供保理服务。但是，中间商向进口保理商的付款时间决定于中间商的销售收款时间及其他在进口保理商那里的账面情况。

(三) 出口保理协议

保理协议(Factoring Agreement)规定了出口商与出口保理商各自的权利和义务。主要包括如下内容。

1. 有效期限

保理协议自签字之日起，有效期通常为 1 年或 2 年，期满后可以续签。否则，协议逾期后将自动失效，但在有效期内发生的未了业务继续按原协议规定办理，直到全部清理完毕为止。

2. 应收账款

出口商同意并保证按照保理协议的有关规定，将协议生效时已存在的和协议有效期内发生的，通过向国外进口商出售商品或提供服务而产生的合格应收账款出售给保理商，并不受留置权和抵押权的影响。在出口商所出售的代表应收账款的销售发票上，应该载有“转让条款”。

保理商作为债权的被转让人，他与买方的关系当然不如出口商与买方密切。所以，他会要求出口商在转让债权时，应将不合格应收账款同其他账款区分开来。以下三种类型的债权在保理商看来属于不合格应收账款或不洁债权，保理商不予收购。

(1) 出口商向其自身供应商销售货物而产生的债权。它使买方与保理商之间的债务有可能被抵销。

(2) 销售不成即可退货这类合同所产生的名义上的债权。它使买方和保理商之间的债务存在不确定性。

(3) 出口商对其附属机构、控股公司、母公司和集团成员的销售而产生的债权。它不能保证保理商能有一个独立的收回债款的来源。

3. 核准应收账款与信用销售额度

在保理协议有效期内,出口商可以随时向保理商申请核准出售商品或提供服务而产生的应收账款,保理商则以书面通知该应收账款核准与否。出口商也可以随时要求保理商为自己的客户核定一个信用销售额度,但必须如实提供所掌握的有关该客户的资信情况。已核准应收账款包括保理商以书面通知核准的应收账款和信用额度内的应收账款。对于已核准应收账款(又称为买方的已核准债务),保理商可以提供无追索权融资和坏账担保。而对于未核准的或超出信用销售额度的应收账款(又称为买方的未核准债务),保理商仅提供有追索权的融资,并不承担坏账担保。

4. 贸易纠纷

出口商出售的应收账款均被认为是产生于已经或将会被买方所接受的销售商品或服务。如果买方对出口商所提供的商品或服务提出异议、抱怨或索赔,均被推定为发生了贸易纠纷,保理商将立即转告出口商去解决。如果纠纷未能在合理时间内得到解决,保理商有权主动冲账,该类冲账将显示在每月的对账单上。如有异议,出口商应于收到对账单后30天内通知保理商。对发生贸易纠纷的应收账款,不论其是否在信用额度之内,均为不合格应收账款,保理商有权主动冲账,并不承担坏账损失。

5. 收购价款

保理商应按协议规定的时间和方式支付收购价格。

保理商收购应收账款的价格就是发票金额作了下列折扣后的净值:

(1) 出口商所给予客户的回扣、佣金和折让。

(2) 融资利息。贴现率通常为现行的透支利率。

(3) 保理佣金或称为保理费。保理商根据进口国别、信用期限、货物种类和交易金额的不同收取保理佣金,包括保理公司对信贷风险的评估、周密调研的劳务费,会计处理的费用,承担信贷、汇价风险的费用等。

6. 债权转让及履约保证

出口商必须应保理商的要求按协议规定将应收账款的债权转让给保理商。在公开保理方式下,出口商还必须将这种非抵押性质的转让以书面方式通知债务人。当通过销售货物产生的债权发生转移时,出口商拥有的其他相关权益也认为随之转移,如所有权、留置权、停运权、再出售权等。出口商承认、接受并保证始终严格遵守保理协议的所有条件和规定。除此之外,出口商还要就债权的可让予性、有效性和价值进行担保和承诺:

(1) 所有出售的应收账款均产生于正当交易。

(2) 出口商对应收账款的转让有绝对权利。

(3) 出口商已全部履行了有关合同项下的责任和义务。

(4) 提供的商品及服务已被或将被客户接受,并不会发生任何争议、扣减、抗辩、反诉要求或抵销。

(5) 进口商不是出口商的附属机构、控股公司或集团成员。

7. 限制条款

(1) 未经保理商以书面认可同意,出口商不得以任何方式将应收账款抵押给第三者。如在协议签订时已存在对应收账款的某种抵押,则应保理商的要求,出口商必须负责解除这种抵押。

(2) 在依销售合同出售货物并交付货物,并将应收账款转让给保理商之后,未经保理商的同意,出口商不得随意更改销售合同。

(3) 签订保理协议后,出口商不得再与任何第三者签订类似的协议。

(4) 未经保理商以书面认可同意,保理协议也不得转让。

8. 协议的立即终止

如果出口商违反了保理协议的规定,或申请自动清盘,或被迫清盘,或被债权人指定的接管人接管了资产,或其全部或部分资产因法律诉讼而遭扣押,均被认为是发生了违约行为。这时,保理商有权立即终止协议,但仍保留其所有的正当权益,并可以以主动借记的方式将未付应收账款再转让给出口商。

第三节 国际保理的比较优势与应用

一、国际保理与传统结算方式比较

与汇付和托收方式相比,国际保理的最大优点是有债权风险保障。

与信用证相比,进口商利用国际保理的优点是:以承兑交单和赊销等延期付款方式,利用了卖方融资;免除了开证押金和其他开证费用,节约了费用;可凭自身良好的信誉和财务表现,获得保理商的信用担保额度,不必提供抵押;收到单据就可以提货,及时将适销商品投放市场。而信用证可以说是进口商最不愿意接受的支付条件。在当前竞争激烈的买方市场条件下,如果出口商一味坚持信用证方式,往往就会失去贸易成交的机会。因此,对出口商来说,利用国际保理方式,通过对客户提供更有利的D/A和O/A付款条件,可以大大提高竞争力,从而增加贸易机会扩大出口。这是出口商运用国际保理方式的最大好处。出口商运用国际保理的其他好处还有:

(1) 风险保障。只要出口商的商品品质和交货条件符合合同规定,在保理公司承购了出口商的票据之后,便对出口商无追索权,因而,出口商便把信用风险和汇价风险转嫁给了保理商,出口商的债权可以获得100%的保障,排除了坏账损失。

(2) 节省成本。保理商利用其广泛的信用情报代替出口商查询其未来顾客的信用地位,为出口商节省了买方资信调查成本。财务管理和追收都由保理公司负责处理,也减轻了出口商的业务负担和管理成本。

(3) 手续简单。与信用证相比,出口商可以避免最烦琐的单证手续和信用证条款的约束,免除因即便是无关紧要的个别打字错误都会引起单证不符而遭拒付的风险;可以随时应进口商的需求和运输情况发运货物,免除因等待国外来证或修改信用证而错过装运、销售时机的机会损失。

(4) 迅速获取融资。出口商只要按合同要求把货物装运完毕,保理商就立即以预付款方式提供不超过发票金额 80%的融资,当进口商按期将货款全部付给保理商后,保理公司再将剩余的 20%货款付给出口商,并扣除手续费。所以,融资保理能减少资金占用以满足营运需求,加速资金周转,促进利润增加。

(5) 有利于企业的有价证券上市与进一步融资。出口商如果从银行贷款取得资金融通,则会增加负债,提高企业的资产负债,恶化资产负债表的状况,对企业的资信不利,影响其有价证券的上市。而出口商利用保理业务,货物装船,出卖票据后,立即收到现金,资产负债表中的负债不仅不会增加,反而使表中资产增长,改善资产负债比率,有利于企业的有价证券上市与进一步融资。

(6) 保理业务的内容是广泛的、综合的。它提供的服务项目有多种,出口商可根据本公司的实际情况,要求保理商提供该项业务的全部服务项目,或其部分服务项目。对于中小型企业,可以委托保理公司承担资信、托收、催收账款甚至代办会计手续,从而节省人力和成本。因此,保理业务具有较强的灵活性和适应性。

保理与包买票据业务的比较如表 8-2 所示。保理业务与包买票据业务都属于融资结算业务,即出口商都可以在贸易合同规定的收款期之前获得部分或全部货款。出口商获得这些融资都可以是无追索权的,只要出口商提供的债权(无论是应收账款还是应收票据)是由正当交易引起的、不受争议的,而且符合保理商和包买商的其他规定,那么即使进口商违约或破产倒闭而产生信用风险,或因进口国的政局、政策发生变化而产生国家风险,也都可由保理商和包买商承担。在融资担保和支付条件融为一体的今天,这两种新型的结算方式正越来越被广泛应用。

表 8-2 包买票据(福费廷)与国际保理的比较

比较项目		包买票据(福费廷)	国际保理
相同点	性质	综合性结算方式	
	基本内容	风险担保、贸易融资	
	服务手段	应收账款购买	
不同点	购买对象	资本品出口应收账款	消费品出口应收账款
	融资比例	票面金额的 100%	发票金额的 80%
	银行担保	进口地银行担保	无
	融资性质	无追索权	无追索权或有追索权
	融资期限	6 个月以上 10 年以下	6 个月内
	其他服务	无	有
	基本方式	跟单托收或信用证	O/A 或 D/A 托收
	风险转移或控制方式	二级市场转让、辛迪加购买	核准信用额度

由于它们各自的特点不同,这两种融资方式有着贸易领域和融资期限的互补性,风险承担方式也各不一样。

(1) 保理业务主要适用于生活消费品、零部件或劳务的交易,每笔交易金额相对较小。一般是经常性持续进行的,出口商可能就自己的出口商品或服务与保理商签订一个保理协议，涉及的进口商却分布在多个国家或地区。包买票据业务主要针对资本性货物的进出口贸易，金额较大并且都是一次性交易。

(2) 保理业务的融资期限取决于赊销期限，一般为发货后1～6个月，个别可长达9个月，属于短期贸易融资；而包买票据业务的融资期限至少在6个月以上，一般长达数年，属于中长期贸易融资。

(3) 保理业务因金额小、融资期限短、保理商承担风险较小，因此以设定信用额度的办法来控制风险，不需另外提供担保；而包买票据业务因金额大、融资期限长、包买商承担风险大，必须有第三者提供担保。就我国目前的保理和包买票据业务情况看，保理业务一般用于在托收项下做短期贸易融资，而包买票据业务一般用于在信用证项下或银行担保项下做中长期贸易融资。

(4) 保理业务中，一般出口商最多只能得到发票金额80%的融资，这部分金额可以免除利率和汇率风险，但尚有部分余额需在赊账到期日支付，所以出口商还要承担有关汇价和迟付方面的残留风险。如果是到期保理方式，则出口商要承担全部利率和汇率变动的风险。而在包买票据业务中，出口商可按票面金额获得融资，而且不承担任何风险。因为出口商是以无追索权的形式将远期票据出售给包买商的。

二、保理商与出口商的双向选择

出口商在决定是否叙作保理业务之前或保理商在接受新客户之前，都应就有关事项做一番权衡。一个卖方通常只应有一家保理商，而且双方的关系应持续很长一段时间。因此，在达成保理协议之前双方应格外慎重地做出双向选择。

1. 出口商对保理的选择

出口商的选择包括两步：第一步是选择保理服务项目；第二步是选择保理商。

前面已经介绍了保理业务的特点及与其他方式的比较，出口商应根据自身条件选择是否做保理，做哪些保理项目。保理方式的发展是为了满足销售商的要求，以向买方提供真正可以自行清偿的短期商业信贷。那些从买方收到货物到买方完全接受货物有一段时间间隔的贸易不适合做保理；那些需要大量售后服务的贸易不适合做保理。利用保理融资做流动资金来周转货物是很恰当的，但用于固定资产投资以扩大资本则不适合。但一个颇具规模、资金储备充足而且有高效的会计系统的公司，其进一步发展的资金来源可以通过发票贴现业务来提供。一个资金不足而又发展迅速的公司也需要全保理，除了融资和管理服务外，这样的公司还需要保理商担保他的资金周转不会因买方违约而中断。

出口商在决定了自己需要的保理服务项目之后，就要决定由哪家保理公司来提供这些服务。由于保理公司一般是银行的附属机构，出口商的开户银行往往向他们推荐自己办的保理公司。也许出口商出于与银行的良好关系而接受银行的建议。但在做这种决定之前，至少应选择另外两家至三家保理公司做一番比较，才能保证他们得到的服务是合适的。不同的保理商的服务内容是不同的，在服务条款上是有很大差别的，即使文字上的内容相似，实际的成本费用计算方法也相差很大。出口商对几家不同的保理商的规模、服务内容和作业方式应该了解，要找来每个保理商的标准合同文本进行分析，比较条款中的每一个细节，并落实有关作业方式的程序问题。各保理公司计算融资利息的方法不同，无论保理商的最终付款是在收到买方付款之后还是在一个固定的到期日,出口商都必须弄清楚计算利息的起算日,以防在还没有得到融资之前就已经支付利息。在保理费上,如果仅看一个简单的百分比也将导致对成本费用计算的错误。往往一些出口商只注意了保理公司的收费标准,却忽略那些收费标准的基础以及其他更细致的东西。就如目前的我国汽车市场,销售商单卖一辆汽车的利润相当低微,甚至无钱可赚,但那些车内附件的额外收费使他们总是有利可图的。出口商必须了解哪一部分职责是保理商将要收费并履行的,哪些服务是要额外收费的。例如一些做有追索权保理商,对那些到期后一段时间里仍收不到款的部分收取额外费用(称为二次保理费),出口商在计算成本时常常忽略了这个费用。另外,保理商往往规定每年的最低保理费,这对那些小公司来说很不经济,但这些公司在事先比较考虑时并不觉得这个最低保理费较高,其实他们可能高估了未来一年的营业额。

2. 保理商对卖方的评估

保理业务能否顺利进行,不仅取决于保理商一方,还取决于卖方一方。所以,保理商在决定向某家公司提供保理服务之前,必须认真仔细地对该公司进行调查,其目的在于评估保理服务的风险及确定如何收费。调查评估的内容主要有:

(1) 公司的基本情况。公司的基本情况包括该公司注册资本和组织结构、股东情况和高级管理人员情况、资产的隶属关系等。如果是一家新成立不久的公司,还应调查了解一下公司经理和主要董事以前的商业行为。

(2) 公司经营的商品的概况。公司经营的商品必须能被市场接受且有相当的需求,还应当具备这样的特点,即卖方在交货后只有很少(最好没有)仍须履行的合同责任。商品的种类对保理商很重要,商品越简单,越具有重复性,越没有交货后的责任义务,保理商就越能避免争议带来麻烦;该贸易领域竞争越激烈,价格越有竞争力,保理商面临的坏账风险就越小。那些市场供不应求的商品,容易找到信誉卓著的买主;而那些市场销路不佳的商品,可能会给保理商带来卖方向买方返回的折扣或买方退货的问题;那些容易引起争议或交货后仍有许多合同义务须履行的商品,容易出现买方延迟付款的情况,要么等到验货之后,要么等到卖方全部完成合同义务之后,都会给保理商带来麻烦。

(3) 公司的销售和付款条件。除非买卖双方以某种协议形式规定买卖合同中的应收账款不得转让,否则保理商对转让来的应收账款有绝对的收款权力,不必经过买方同意。但是合同赋予买方的权力更大一些,保理商只能按合同中所规定的条件收取货款。因此,保理商应当仔细审查卖方的标准合同条款,特别要注意有关的付款到期日和允许的最高折扣等内容的条款。卖方在收到货物之前保留对货物的控制权,这样的规定对保理商估价信用风险大小会有帮助,但他要确保这样的规定不影响他到期收款的权利。如果销售是以寄售方式进行的,货物可能会被卖掉,也可能退货,也可能要换货,那么保理商就不知道何时才能收回货款。如果买方直接付给卖方会得到一笔相当数目的折扣,买方就更愿意直接向卖方付款而不是向保理商付款。保理商对那些卖方为了加强竞争力而接受买方付款条件的情况必须格外注意。一般保理商都在保理协议中规定出允许卖方提供的最便利的付款条件,还规定保理商有权批准其他的付款条件。

(4) 公司的经营管理状况。保理商对销售分账户管理的好坏及催收账款的效力,很大程度上取决于卖方按合同发货并正确制单的工作效率。因此，保理商有必要考察公司的管理现状，特别是以下环节是否有严格的管理控制：接受订单和执行订单；安排货源和组织生产；制单水平；解决买方提出的争议和索赔；保存原始记录等能表明交货和提供服务的证据等。

(5) 公司的财务状况。为了对公司财务状况和发展前景有所了解，保理商应该审查过去几年及最新的财务会计报表和最新的管理会计报表、各种税的完税情况、卖方的客户变化情况等。保理商了解卖方的财务状况和发展前景是防止卖方倒闭。尽管一些观点认为，如果保理商承购的应收账款的债务信誉良好，保理商就会有充分的收款保障，卖方的倒闭不会给保理商造成损失，对卖方过于细致的审查会使保理商失去新的业务。但更多的观点认为，接受一个本该拒绝的新客户会增加保理商的成本，从而引起连锁反应：保理商不得不提高向所有客户的收费标准，进而导致人们对保理误解为收费最高的金融业务，失去更多的、潜在的新客户。

3. 确定保理服务条件

经过出口商和保理商的双向选择，决定叙作某种形式的保理之后，双方就要进一步商洽保理服务条件。保理商将提出预付款贴现费和保理费的收费标准。

确定贴现费要依据保理商提供资金的成本、卖方业务对他的吸引力以及他将承担的卖方破产的风险而定。确定这种风险大小的依据是卖方的财务实力、卖方公司的管理水平以及买方提起争议和反诉的可能性。

保理费是保理商的服务报酬(如销售账管理和承担坏账风险)，同时也是保理商提供融资的承诺费。通常是按照应收账款的某个比例(费率)来收取，根据保理服务性质的不同，这个费率也有很大差异。

如果出口商仅需要发票贴现获得融资，或采取有追索权的代理保理，那么保理商承担的风险小，且无须进行账务管理。因此在发票贴现或代理保理中，这个比例通常仅为1%。如果出口商需要无追索权的保理服务，那么保理费就必然包括坏账风险因素。为了减少坏账风险因素构成的费用，可规定一个固定的小数目，保理商只负责超过此数目的坏账损失，这样，就可以避免保理商只承担小额损失却收取了高额保理费的问题。在全保理、有追索权保理或到期保理服务中，保理商为卖方进行销售分账户管理，保理费中应包括此项费用和催收账款的费用。销售分账户管理费还根据一定的销售量所产生的发票数目、支付情况和买方账户的情况不同而不同。在国内的全保理服务中，根据上述各个变量和卖方销售总额，费率可能在0.5%～2.5%之间，如果卖方自己完成某些职责的保理服务，费用则相应少一些。出口贸易不可避免地会有外汇风险，坏账风险也比国内贸易大得多，费率幅度从0.75%～3%不等。

如果卖方销售额增加，那么保理商进行销售分账户管理、催收货款并提供预付款融资服务的成本就相应降低，其保理收费也就相应减少。例如，保理商向5个平均销售额为1000万英镑的卖方提供保理服务的收费，将大大低于向50个平均销售额为100万英镑的卖方提供服务的收费。

在许多有追索权的保理业务中，如果一项债款在到期日后未收回，保理商就有追索的权利，这样，保理商只负责在一定时期内进行销售账的管理并催收货款。而在许多情况下，为了减轻卖方负担，保理商在行使追索权后继续管理这项债务并催收债款，但保理商将为他继续提供的保理服务收取额外的费用。

我国现阶段保理业务还处于初步发展之中，广大出口企业对保理业务还不了解，保理公司数目很少，保理公司开展的业务也很有限，大多数的出口企业还没有与保理公司打交道的经历和实践。学习和借鉴国外发达的保理业务的成功经验和做法，无疑对发展和规范我国保理业务是十分必要的。

第四节 包买票据业务的性质

一、包买票据业务的含义

包买票据(Forfaiting)业务又被称为“福费廷”，指商业银行对出口商持有并经银行担保的债权凭证无追索权购买(贴现)的业务活动。

它源于法语 aforfeit，意即放弃权利，在此是买断或无追索权购买之意。

包买票据业务中最常见的债权凭证是汇票和本票，它们代表着出口收款权。汇票由出口商出具，由作为汇票付款人的进口商以承兑方式确认其债务责任；本票由进口商出具，出口商为本票收款人。在通常情况下，汇票或本票应由进口商邀请当地知名银行担保。

无追索权购买债权凭证的是出口地的商业银行或作为银行附属机构的专门包买公司，它们又称包买行(Forfaiting Bank)或包买商(Forfaiter)。

无追索权的购买，意味着包买行买入票据时，放弃了对出口商追索的权利，并因此承担了到期索偿的全部责任和风险，而免去了出口商远期收款的风险。这是包买商提供服务的手段，目的是向出口商提供贸易融资和风险担保。

包买票据业务是一种独具特色的金融服务业务和重要的中长期贸易融资方式，它主要适用于资本货物的出口。

二、包买票据业务的特点

包买票据业务适用于以分期付款方式收付货款的资本品进出口，或者说适用于对资本品出口债权的购买。与之相适应，包买票据业务具有以下特点。

(一) 主要提供中期贸易融资

包买票据的融资期限一般是在 3～7 年之间，以 5 年居多，但最短可以是 6 个月，最长可达 10 年。包买票据业务的融资期限与资本性物资交易的付款期限是基本一致的。

(二) 融资金额一般较大

包买商购买的票据金额一般应在 100 万美元以上，金额越大越好。如果金额过小，不仅会增加客户的融资成本，而且会抵消包买业务的长处，使之失去竞争力和吸引力。反之，金额较大，就会降低客户的融资负担(成本)，充分发挥包买票据业务的优势。大银行通常只愿意做 500 万美元以上的交易，但当金额超过 5 000 万美元时，则肯定要由包买辛迪加(Sydicate)来联合融资。

(三) 按规定的时间间隔出具债权凭证

贸易合同规定,进口商应以分期付款方式支付货款,通常是每半年还款一次。在出票时也应以此为基础,按融资期限分成金额相等的若干张票据,每半年有一张到期。

(四) 使用最通用的货币

原则上讲,凡是在货币市场上可自由交易或兑换的货币计价的商品交易均可叙作包买票据业务,如美元、日元、欧元、英镑等。但在实际中,大部分叙作包买票据业务的交易都是以美元、欧元以及英镑作为计价货币,这主要是因为这几种货币是欧洲金融市场上最通用的货币,其交易量大,有利于包买商匹配资金,消除利率风险和汇率风险。

(五) 债权凭证应由进口方银行担保

除非进口商是信誉卓著的政府机构或跨国公司,债权凭证必须由能使包买商接受的银行或其他机构无条件地、不可撤销地进行保付或提供独立的担保。

(六) 债权凭证的购买无追索权

即使包买商到期不能从进口商或担保银行收回票款,也不能要求出口商退还所付款项,收不到票款的损失由包买商自己承担。

(七) 以正常贸易为背景

一般不涉及军事产品等。

三、包买票据业务的起源及发展

包买票据业务起源于第二次世界大战后的东西方贸易。当时饱受战火摧残的东欧各国需要向美国购买大量谷物,但又因外汇短缺而需向对方融通资金。在这种情况下,富有长期贸易融资经验的瑞士苏黎世银行协会便以美国向东欧国家出口谷物为背景率先开办了以融资为目的的包买票据业务。

随后,人们发现包买票据业务付款期限较长、金额较大等特点使它更适合于资本性物资商品贸易。

从 20 世纪五六十年代开始,包买票据的业务重点开始转向资本品的进出口贸易。当时,西方工业国家对苏联、东欧以及发展中国家和地区出口资本货物如成套设备等不少是通过包买票据方式进行的。

进入 70 年代以后,由于国际债务危机的加深,使许多买主由于资金问题违约,从而导致保险单和保函项下的索赔案增加,于是,许多出口信贷保险公司不得不缩小承保险别和赔付范围,同时增加保险费,使得保险和担保业务减少,为包买票据业务的发展提供了发展空间。

80 年代发展中国家大多受到债务危机的困扰,这进一步促进了包买票据业务的发展。

包买票据业务发展最快的是西欧。西欧国家普遍开办了该项业务，并形成了伦敦、苏黎世、法兰克福三个包买票据市场，其中，伦敦是全球规模最大的包买票据市场。除西欧外，亚太地区的部分经济发达国家也开展了包买票据业务，一些发展中国家或地区也在进行该项业务的尝试。

目前，世界上绝大多数的国际知名商业银行都在积极介入包买票据业务。特别是自60年代中期瑞士信贷银行成立附属公司——苏黎世融资公司正式经营包买票据业务以来，许多著名大银行先后成立了专门的包买公司或包买业务部。在伦敦有巴克莱银行、劳合银行、米特兰银行、国民西敏寺银行等；在纽约有大通曼哈顿银行、太平洋安全银行、花旗银行、欧文信托银行、芝加哥银行等。目前，中国银行等国内银行也在着手开办该项业务。

在包买票据业务迅速推广的同时，包买票据业务技术和市场机制不断改进：

第一，形成了包买票据的二级市场。包买商在向出口商购买作为债权凭证的远期票据后，如果由于某些原因，不愿将自己的资金束缚在这种投资上，可将所持有的全套或一期或几期远期票据出售给二级包买商，二级包买商还可再转让远期票据的一期或几期或全套。每期票据都是一份独立、完整的债权凭证，持有它即享有全部票据权利。目前伦敦的包买票据二级市场最为活跃。不过，出口商出于保守商业秘密的考虑，有时会要求初级包买商保证其得到的票据不在二级市场上转让，或在包买协议中加列限制条款而使包买票据难以转让。

第二，出现了包买辛迪加。由于包买协议涉及的交易金额较大，包买商出于资金和信用额度的限制或出于分散风险的考虑，往往联合其他包买商组成辛迪加(银团)，共同对某笔大额(5 000 万美元以上)交易提供包买票据服务。

第三，提供可变利率融资。采用可变利率的包买业务仅限于二级市场。即初级包买商在二级市场上以当时的贴现率出售票据，并规定在将来约定的时间不断加以调整。但由于这种做法背离了包买票据业务提供固定利率的宗旨，所以包买商一般不愿以可变利率方式进行大量交易。

第四，银行提供风险担保。为彻底清除业务风险，初级包买商有时会邀请当地的一家或几家银行对自己打算或已经叙作的包买业务提供风险担保。这种担保是独立于进口方银行担保之外的完整法律文件，担保银行(又称风险参与银行)对由任何来自进口商、担保银行的信用风险和债务人所在国的国家风险造成的票款迟付或拒付，负有不可撤销的和无条件赔付责任。风险担保或风险参与的作用相当于提供出口信用保险。

第五节 包买票据业务程序

一、包买票据业务的操作程序

(一) 出口商询价

出口商在与进口商进行贸易洽谈的早期阶段，就应主动向包买商联系询价，了解包买商是否愿意就该笔交易进行洽谈以及他对银行担保等方面的要求。在得到包买商的肯定

答复后,出口商即可正式提出申请,主要内容有:

(1) 需要融资的金额、货币和期限。

(2) 出口商的详细情况。包括名称、注册地点、经营状况、资信状况等。

(3) 进口商的详细情况。包括名称、注册地点、营业地点、资信状况等。

(4) 将要提交的票据种类,即是汇票还是本票。

(5) 担保行的名称及其所在国家。

(6) 担保方式,即是保付签字还是担保函。

(7) 分期付款的面额、间隔和到期日。

(8) 出口商品的名称及类别。

(9) 预计交货期。

(10) 预计提交票据的时间。

(11) 有关的进出口许可证或特许、授权书是否已办妥。

(12) 票据的付款地。

(二) 包买商报价

包买商应从以下几个方面来考虑是否承做这笔业务:

(1) 对进口商所在国家或地区核定的信用限额是否有足够的余额来承做该笔业务。如余额不足,能否通过二级市场来分散国家风险。

(2) 对担保人资信进行评估。

(3) 商品交易本身是否属正常的国际贸易。

(4) 有无对买卖双方资信状况产生不利影响的记载及报告。

(5) 必要时,能否以有利可图的价格在二级市场上转卖票据。

弄清以上问题后,包买商即可表明自己的态度,并提出希望采用的贴现率。

(三) 签订包买合同

当包买商的报价被出口商接受后,双方即可正式签订包买合同。其主要内容包括项目概况、债权凭证、贴现金额、货币和期限、贴现率与费用、当事人责任与义务等。

订立包买合同意味着包买商承担了将来按某种价格向出口商购买某种票据的责任和义务。

(四) 签订贸易合同

出口商将已确定的融资费用计入成本,向进口商报价,只要报价被对方接受,即可正式签订贸易合同。

(五) 出口商发货、寄单和出具汇票

贸易合同签订后,出口商即可发运货物,备齐单据,并将单据通过当地银行寄交进口方银行。如果合同规定债权凭证为汇票,那么,出口商还应签发汇票并寄给进口商。

(六) 进口商申请银行担保

进口商收到出口商寄来的汇票后应予以承兑并申请银行担保。如果合同规定债权凭证为本票,则出口商不必签发汇票而由进口商签发本票并申请银行担保。

(七) 进口商借单提货

接到出口银行寄来的单据后,进口方银行可在一定条件下,将单据借给进口商。进口商即可凭单提货。

(八) 包买商购进债权凭证

出口商收到经银行担保的债权凭证后,即可按包买协议规定出售给包买商,一次性提前收回货款。包买商购进债权凭证后应持有票据,按不同到期日依次向进口商或担保银行索偿,或在二级市场上售出。

二、包买票据业务的成本和费用

包买票据业务的成本和费用主要有贴现率与贴息、选期费、承担费、担保费和宽限期贴息等。

(一) 贴现率与贴息

贴息是根据融资金额和贴现率(Discount Rate)计算出来的融资成本。

贴现率一般是固定的,其高低由进口国的综合风险系数、融资期限长短、融资货币的筹资成本等决定。具体而言,贴现率通常是按包买合同签订日或交割日的 LIBOR(伦敦银行同业拆借利率)计算,并加计利差(Margin)。利差是包买商根据融资成本、所承担的风险和所希望得到的利润来确定的。

(二) 选期费

选期费即包买商收取的选择期(Option Period)补偿费用。选择期是指包买商给予出口商根据商业谈判的结果来决定是否要求包买商提供贸易融资的一段时间(从签订包买合同至签订贸易合同)。

选择期根据交易商品的类别、金额大小长短不一,在正常情况下通常为几天。如果选择期不超过 48 小时,包买商一般不收费;如果超过 48 小时,则需要收取一定的风险承担费用,即选期费。

(三) 承担费

承担费即包买商收取的承担期(Commitment Period)补偿费用。承担期是指从包买双方达成交易到实际交付债权凭证进行贴现这段时期(从签订包买合同至交付债权凭证)。在这段时期内,包买商因对该项交易承担了融资责任而相应限制了其承担其他交易的能力以及承担了利率和汇价风险,所以要收取一定的费用,即承担费。

承担期不是事先固定的，但一般不超过6个月。银行一旦承诺为出口商贴现票据，从签订包买合同起的任何一天，都有可能实际贴现付款，如中途出口商因某种原因未能履约，包买商要蒙受一定的资金损失。因此，收取相应的费用是合理的，承担费率一般为年率0.5%～2.0%。计算公式为

承担费＝票据面值×年承担费率×承诺天数/360

(四) 担保费

担保费即出口方银行因出具保函或对票据加保而向进口商收取的风险费和手续费。

(五) 宽限期贴息

宽限期又称多收期，指从票据到期日至实际收款日的估计延期天数。由于各国法律规定的不同和各个银行工作效率的差异以及其他因素，可能造成票款的迟付，增加收款人成本，包买行为弥补可能发生的损失，通常要在报价时加算几日(一般为3～7天)的贴息，即宽限期贴息。

除担保费外，以上费用表面上都是由出口商承担的，但出口商早已将这些费用通过加价转嫁给了进口商，因此，实际上是进口商承担了主要成本和费用。

第六节 包买票据业务应用分析

一、包买票据业务的影响

包买票据业务是一种快捷方便、简便灵活的出口贸易融资方式，但它对各当事人的影响有所不同。

(一) 对出口商的影响

包买票据业务对出口商比较有利。①能立即得到现金付款，避免资金被长期占用，有利于改善资金流动状况。②不再承担应收账款回收工作与费用。③不承担融资期间利率、汇价、信用和国家风险。④融资简单、方便、效率高。⑤出口商的资产负债表不会受到影响。无追索权融资能使其资金营运能力和信用水平得到提高。⑥出口商能够向进口商提供100%的融资，有利于增强出口竞争能力。

包买票据业务对出口商的不利之处是增加出口成本、提高出口价格，在一定程度上长期占用授信额度或提供抵押品。另外，还不能因为任何贸易纠纷拒绝或延迟付款。

(二) 对进口商的影响

包买票据对进口商的好处是能得到出口商提供的100%合同价款贸易融资，并且融资简单、灵活。

但进口商必须支付较高的融资费用，而且还要在一定程度上长期占用授信额度或提供抵押品，另外，还不能因为任何贸易纠纷拒绝或延迟付款。

(三) 对包买商的影响

办理包买票据业务，包买商首先能获取较高的收益率；其次是融资文件简单，制作方便，省时省力。此外，还可将债权凭证在二级市场上出售，收回融出资金。

不利之处是包买商在融资中承担了所有的汇价、利率、信用和国家信用的风险，并且没有追索权。

(四) 对担保行的影响

担保行通过对票据加保或出具保函能使其获得相当可观的保费收入，并且融资文件简单、省时省力。不利之处是承担着一定的业务风险，如果进口商破产或无力支付，其对外的付款可能无法收回。

二、包买票据业务的风险与防范

在包买票据业务中，有关当事人都存在着不同程度的风险，其中有些风险是可以采取措施进行防范的，而另一些风险则缺乏有效的防范措施。

(一) 出口商面临的风险

出口商面临的风险主要是在向包买商出售债权凭证之前这段时间的利率风险、履约风险、币别风险、汇价风险。

1. 利率风险

利率风险是指出口商在签订包买合同至签订贸易合同这一期间内所面临的交易计价货币利率下调风险。利率下调将加大出口商的融资成本，而对进口商的报价又早已确定而无法更改。

利率风险较易防范，只要出口商在签订贸易合同前及时与包买商联系洽谈，并取得其报价和包买承诺，即可将融资成本打入商品价格，利率风险便可有效消除。

2. 履约风险

履约风险是指在承担期内，由于种种主、客观因素贸易合同无法继续履行，出口商无法向包买商提供有效票据的风险。即由于贸易合同不能履行而导致包买合同不能履行，而给包买商造成损失。如果出现履约风险，出口商有责任对包买商因此而产生的费用和遭受的损失予以补偿。

在实务中，出于维护与客户的长远关系考虑，包买商一般都以宽容的态度对待此事，通常仅是象征性收费或不收费。

3. 币别风险、汇价风险

币别风险是指出口商在承担期内收到进口商交来票据的币别不是原来合同中规定的货币，出口商将面临因此产生的汇价风险；汇价风险指计价货币贬值的风险。

币别风险或汇价风险可以通过在贸易合同中增加特殊条款来消除，如商品价格随有关货币的汇率变化而变化，必要时还可购买有关货币的远期外汇买卖合同。

(二) 进口商面临的风险

进口商面临的主要是汇价风险，即如果交易计价货币是外币，进口商就面临着本币贬值或外币升值而多支付本币的风险。

这种风险通常可以通过远期外汇买卖合同加以消除，不过，如果进口商所在国的法定货币是不可自由兑换货币，这种汇价风险就无法消除。

(三) 担保行面临的风险与防范措施

担保行的主要风险是进口商的违约风险，即由于进口商违约、破产等原因使担保行的对外垫款得不到偿还。

对这种风险的有效控制办法是核定信用额度，要求进口商提供抵押品或反担保函。

如果进口商与担保行不在同一国家，担保行还要承担国家信用风险。对该风险的防范办法是核定该国信用额度。

(四) 包买商的业务风险与防范措施

在提供选择期至票款到期收回的整个期间，包买商一直承担着各种风险，主要有以下几种。

1. 利率风险

利率风险主要是指在选择期和承担期中，由于利率上升导致包买商融资成本上升的风险。控制和消除利率风险的主要手段是应尽量做到资金完全匹配。

2. 担保行的信用风险

担保行的信用风险是指担保行在票据到期日履行付款责任时由于某些原因造成迟付，一般不存在无力支付的情况。对该风险的防范办法是对担保行核定相应的信用额度。

值得注意的是，包买商通常仅是银行的一个部门，不能独立考虑其信用额度问题，而应将整个银行对该担保行所发生的业务作通盘考虑。

3. 国家风险

国家风险通常指担保行所在国的国家风险。控制和防范国家风险的办法主要是核定信用额度及投保国家信用险，此外，还可邀请有关银行进行风险担保。

4. 单据和票据缺陷风险

票据和担保在有效性方面存在的任何缺陷都可能给包买商带来风险。因此，包买商应严格审查有关单据、票据，并做好记载。

此外，单据因保管不善，如发生丢失、火烧、水渍等也会影响包买商的权益。包买商应加强对单据的保管。

5. 托收与清偿风险

托收与清偿风险指由于人为的疏忽和失误，致使票据未能于到期日前及时寄出收款而造成的迟收货款风险。该风险的防范措施是严格加强内部管理，由专人负责保管单据及寄单。

三、保理业务和包买票据业务的对比

首先,采用保理业务时,出口商可以提供D/A、O/A等优惠的付款条件,从而在激烈国际竞争中取得优势,进而易于与进口商达成交易。其次,国际保理商所提供的核准信用额度内的100%的信用担保,使得出口商避免了坏账风险。再次,相比较而言,保理融资相对于信用证抵押、信贷等融资方式,其手续相对简便。这对于进口商而言实际上就相当于出口商为进口商提供了一定幅度的贸易融资。最后,在保理业务中,进口商获得的利益一定程度上讲应当大于出口商,而保理商所承担的风险最大,同时,保理商的收益明显大于传统结算方式下的收益。虽然出口商面临严格的按单交货的风险,但灵活的融资方式、有保障的账款回收,无疑扩大了出口商的利益。

采用包买票据业务,首先,可以提高企业的市场竞争力,使企业敢于介入高风险市场,不必介意进口商的延期付款。其次,包买票据业务也可以使得出口商享受无追索权的票据贴现,进而转嫁企业可能遭遇到的各种风险。再次,包买票据业务也可以改善企业的资金流动状况——将信贷交易转为现金交易,而企业的资产负债表中不会增加应收账款、银行贷款及或有负债。最后,包买票据业务可以提前办理核销及退税手续。相对于出口保险、出口信贷等业务而言,包买票据业务的适应性更强,它能够把出口货物的境内境外成本及费用混合计入出口合同当中。

本章小结

(1) 国际保理又称国际付款保理或保付代理、承购出口应收账款业务等。它是商业银行或其附属机构通过收购消费品出口债权而向出口商提供坏账担保、应收账款管理、贸易融资等服务的综合性金融业务。其核心内容是以收购出口债权的方式而提供出口融资和风险担保。

(2) 国际保理的内容主要包括坏账风险担保、贸易融资、进口商信用额度的核定、债款催收、销售账户管理。

保理服务作为一种综合性的贸易服务方式,具有债权的承购与转让、保理商在核准的信用额度内承担坏账风险损失、为赊销或承兑交单托收方式提供风险担保等特点。保理服务之所以在国际结算和贸易融资中能得到迅速发展,是因为它能对进、出口双方带来积极的影响。国际保理以保理商的不同,分为单保理和双保理等几种主要的形式。

与汇付和托收方式相比,国际保理的最大优点是有债权风险保障。

(3) 包买票据业务又被称为“福费廷”,指商业银行对出口商持有并经银行担保的债权凭证无追索权购买(贴现)的业务活动。无追索权购买债权凭证的是出口地的商业银行或作为银行附属机构的专门包买公司,它们又称包买行或包买商。

包买票据业务适用于以分期付款方式收付货款的资本品进出口,或者说适用于对资本品出口债权的购买。

(4) 包买票据业务的成本和费用主要有贴现率与贴息、选期费、承担费、担保费和宽限期贴息等。包买票据业务是一种快捷方便、简便灵活的出口贸易融资方式,但它对各当事人的影响有所不同。

复习思考题

一、名词解释

国际保理　直接进口保理　直接出口保理　无追索权保理　有追索权保理　包买票据

二、简答题

1. 简述保理服务的基本特征。
2. 国际保理业务的服务内容有哪些？
3. 现代国际保理的发展动因有哪些？
4. 简述包买票据业务的特点。
5. 简述包买票据业务与保理业务的异同。

第九章

国际贸易结算方式选择与综合运用

【本章导读】 本章是对国际贸易结算方式的小结，通过比较分析旨在说明各种结算方式的优劣，更进一步地把握它们之间的差异，以便在业务实践中根据不同的情况和需要进行选择。通过本章的学习，可以进一步了解和掌握不同结算方式的优缺点；影响国际结算方式选择的因素；国际结算方式的综合使用等内容。

第一节　国际结算方式比较分析

前面几章分别系统地介绍了汇款、跟单托收、跟单信用证、银行保函和备用信用证、国际保理服务以及包买票据业务等重要国际结算方式，这些方式各有特点、各有利弊。本章将从横向角度对它们加以比较分析，以便更好地了解和认识这些虽不相同但都很重要的结算方式。

一、国际结算方式的性质分析

依据国际结算方式的地位和功能不同，可将国际结算方式分为基本结算方式和附属结算方式两大类。

(一) 基本结算方式

基本结算方式即狭义国际结算方式，主要包括信用证、托收和汇款等方式，其核心是说明国际间资金划拨、转移或资金从债务人流向债权人的途径和渠道，程序性很强。但是，没有哪一种方式是完美无缺的，每种方式各有利弊。

信用证结算虽然有利于出口商降低收款风险、贸易融资方便且被广泛采用，但进口商却处于不利地位，信用证结算增加了其进口成本和风险，且结算周期较长。

托收和汇款结算虽然较为简单、快捷、便利，但出口商收款风险较大，且贸易融资不便利。为弥补单一基本结算方式的缺陷，附属结算方式便应运而生。

基本结算方式是国际结算方式的基础，是国际结算必须首先采取且可单独使用的方式。

(二) 附属结算方式

附属结算方式是指除基本结算方式以外的其他结算方式，主要包括银行保函、国际保理服务和包买票据业务等，其主要功能是在风险转移与贸易融资等方面弥补基本结算方式的不足。

银行保函本身不具备转移资金的功能，但当经济活动中的一方由于对另一方不信任或不了解而担心对方不能履行合约时，可要求对方提供银行保函而将信用风险转嫁给银行。银行担保的目的也不是为了发生支付，而是通过信用担保消除双方的顾虑以促使经济活动的顺利进行。

国际保理服务和包买票据业务则是以购买出口债权为手段，向出口商提供贸易融资和风险担保，以弥补 O/A、D/A 及光票托收的不足，只不过前者适用于消费品出口和短期融资；后者适用于资本品出口和中期融资。

附属结算方式是基本结算方式的补充，可根据需要选择是否采用及怎样采用。附属结算方式的使用以首先使用基本结算方式为前提。如国际保理服务是在 O/A、D/A 的基础上增加了保理商的综合服务，包买票据业务是在光票托收的基础上增加了包买商的无追索权贴现的融资服务，银行保函则是在汇款或托收基础上增加了银行的担保服务。如果脱离了汇款和托收，以上三种附属结算方式就失去了存在的基础。

二、国际结算工具的流动方向分析

根据国际结算中结算工具的传送方向与资金的流动方向是否一致，可将国际结算方式分为顺汇和逆汇两大类。二者的定义和特点在第五章第一节中已作了解释。

在众多结算方式中，只有汇款（包括电汇、信汇和票汇）是顺汇结算。汇款人或进口商即债务人，收款人或出口商即债权人，汇出行即接受委托出具或出售结算工具的银行，加押电报或电传、信汇委托书和银行即期汇票分别为电汇、信汇和票汇方式下的结算工具。结算工具和资金都是从进口商流向出口商。

顺汇中债权人的收款风险较大，因为他能否顺利收到有关款项，完全取决于债务人，如果债务人拒付或延迟付款，债权人将因此蒙受损失。因而，在国际贸易结算中，较少单纯采用顺汇方式结算。

跟单托收和跟单信用证业务是典型的逆汇。跟单托收由作为债权人的出口商或委托人出具汇票并连同货运单据委托托收行通过代收行向作为债务人的进口商收取货款。跟单信用证是由作为受益人的出口商出具汇票通过出口方银行向开证行及进口商收款。这两种结算方式中，作为结算工具的汇票都是从出口商传送到进口商，资金则是从进口商流向出口商。

银行保函和备用信用证、保理服务、包买票据业务则比较复杂。它们可能是顺汇，也可能是逆汇。如果保理服务中贸易合同规定以 O/A 方式支付，则为顺汇；如果是以 D/A 方式支付，则为逆汇。包买票据业务中，如果债权凭证为远期汇票，则为逆汇；如果债权凭证是本票，可视为顺汇。银行保函和备用信用证下的贸易合同既可能是汇款（顺汇），也可能是托收（逆汇）。

不过，引入银行或金融机构以后，备用信用证和包买票据便明显成为逆汇。备用信用证项下受益人在向开证行索偿时，要出具汇票并提交有关证明文件；包买票据业务中，出口商是通过向包买商出售加保汇票或本票而取得现款的。开证行或包买商在付款后仍要凭这些结算工具或文件向申请人或进口商索款。

逆汇中,债权人的收款风险相对较小。因为债权人在出具结算工具收款时,往往附上货权单据,如果进口商不付款,就通常得不到单据,因而无法提货。

三、国际结算方式的信用基础分析

根据债务人是否为银行,可以分为以商业信用为基础的结算方式和以银行信用为基础的结算方式。

(一) 以商业信用为基础的结算方式

以商业信用为基础是指债权人的收款不是取决于银行而是取决于非银行的企业或个人的资信。汇款和托收即属于这类结算方式,其债权人(出口商)的收款取决于进口商的资信。一般而言,以商业信用为基础的交易中,债权人的收款风险较大,往往会发生无力支付、无理拒付或迟付现象,这是由债务人的实力和信誉决定的。因此,对债权人来讲,决定采取该类方式收取货款时,一定要谨慎从事,通常只是在对债务人比较了解并且其资信较好时才采用这类方式结算。

在以商业信用为基础的结算方式中,银行主要是根据委托人的指示按常规处理业务,对结算过程中的一切风险和费用不承担任何责任。

(二) 以银行信用为基础的结算方式

以银行信用为基础是指债权人的收款主要取决于银行的资信,亦即银行本身作为债务人而承担有付款的责任,在以银行信用为基础的交易活动或结算方式中,债权人的收款风险较小,因为银行一般实力雄厚、资信良好,通常不会发生或很少发生破产或无力支付、无理拒付的情况。对债权人来讲,应力争以这类方式进行结算。

跟单信用证、银行保函和备用信用证是标准的以银行信用为基础的结算方式,开证行或担保行(独立保函)承担的是第一性付款责任。保理服务和包买票据业务也可视为以银行信用为基础的结算方式,因为提供保理服务和包买票据服务的主要是国际商业银行的保理服务部和包买业务部。虽然在一些情况下提供专业服务的是专门的保理公司或包买公司,但它们都是附属于银行的金融公司或财务公司,其信用是接近于银行信用的商业信用。因此,从总体上讲,保理服务和包买票据业务的信用基础就是银行信用。

在以银行信用为基础的结算方式中,银行不再是处于简单代理人的地位,而是以独立的身份和独特的方式参与进来的,且本身就是有关合同(包括信用证、担保函、保理合同、包买合同)的当事人,并以自己的信用承担风险和责任,包括提供风险担保、融通资金和接受委托办理货款收付等。这些结算方式的产生,主要是为了弥补以贸易合同为基础的商业信用的不足。

四、国际结算方式的贸易融资分析

在融资的渠道和便利程度方面,不同的结算方式表现出很大的不同。

信用证是一种功能全面的结算方式,既能基本消除债权人的收款风险,又能为贸易双方融通资金,且融资方式多、融资简单便利。信用证项下,开证行对进口商的融资形式有开证授信额度、进口押汇、信托收据及提货担保；出口银行对进口商的融资形式是通过假远期信用证。出口银行对出口商的融资形式有打包放款、出口押汇；进口方银行对出口商的融资形式有红条款信用证。

跟单托收中银行的融资作用要小得多。银行对出口商的融资形式只有托收出口押汇一种，并且由于收款风险较大，一些银行不大愿意开展此项业务；银行对进口商的融资主要是信托收据和提货担保两种形式。

银行尚无在汇款项下向贸易双方提供融资的渠道。反过来，办理汇款业务的银行（汇出行）还要在业务过程中，一定程度上占用汇款人的资金。

包买票据业务是为适应融资需要而产生的，是一种特定的融资方式。它主要提供以资本品出口为背景的金额较大、期限较长的中期贸易融资，并在此基础上承担风险及完成货款的收付。

提供风险担保和融通资金是保理服务的两项最基本内容。保理服务融资主要是指保理商在确定的信用额度内提供不超过 180 天的短期融资，这种融资多以消费品的进出口贸易为背景。

银行保函的主要目的是提供风险担保，不过利用银行保函也可以直接或间接融通资金，如借款保函、透支保函就是为申请人直接融资服务的；海关保函、保释金保函等避免了申请人垫付资金；中长期保函的持有者（受益人）还可以利用保函（抵押或转让）向银行取得贷款。

五、国际结算方式的手续和费用分析

由于结算的方式和渠道不同，各种结算方式的手续繁简也不一样，结算费用高低不等。

汇款和托收结算方式较简单，结算手续较少、银行不承担收款风险和责任，因此，结算费用较低。

银行保函虽然在汇款和托收的基础上引进了银行担保，但担保银行通常并不发生实际支付，所以结算手续和费用并未增加多少，因此银行保函也是一种比较简单、灵活的结算方式。

保理服务和包买票据业务的结算方式就比较复杂了。保理服务是一种综合服务，且保理商又承担了信用额度内的收款风险或付款责任，因此结算费用有所增加。包买票据业务对银行或包买商而言，手续比较复杂，它包括专业性很强的文件的起草、对各方当事人（进出口商、担保行及其所在国家）信用状况的了解和评估及授信额度的确定、债权凭证的购买与出售等，工作量较大，且承担了到期收款前的一切风险，因此，收取的费用较高。

信用证是结算手续最复杂、结算费用最高的方式。银行承担了开证、验证、通知、修改、议付、审单、偿付等大量工作，并且开证行承担了第一性付款责任，因此，结算费用最高。

第二节 国际结算方式的选择与综合运用

一、国际结算方式选择的原则

支付方式也即结算方式，是国际贸易结算的核心所在，也事关国际贸易业务的成败。支付方式在具体选择过程中应遵循如下原则。

1. 根据交易对手信用状况选择支付方式

交易对手的资信情况对交易的顺利进行起着关键性的作用。出口商要想安全地收款，进口商要想安全地收货，都必须调查对方的信用。当对其信用不了解或认为其信用不佳时，尽量选择风险较小的支付方式，如信用证结算方式，或多种方式并用，如汇款方式加上保函方式等。而当对方信用好，交易风险很小时，即可选择对交易双方都有利的手续少、费用少的方式。

2. 根据货物的销路情况选择支付方式

对出口方来说，所销货物若是畅销货，不仅可以取得个好价格，而且可以选择对他有利的支付方式，尤其是资金占用方面对他有利的方式。而在商品滞销时，支付方式的选择权就只好让给进口商了。对进口方来说，畅销商品或盈利大的商品的交易在支付方式选择上可做适当让步。

3. 根据贸易条件的种类选择支付方式

不同的贸易条件，对支付方式的选择也是有影响的。在实际交货(Physical Delivery)条件下，如 EXW、DDP 等，是不宜采用托收方式的，因为在这类交易中，卖方向买方直接交货，若是做托收，卖方没有约束买方付款的货权，这样的托收实质上是一笔货到付款的方式。而对于推定交货(Constructive Delivery)条件，如 CIF、CFR，由于卖方可通过单据控制货权，就可以采用托收方式支付。但在 FOB、FCA 条件下，虽然买方也是凭单付款，但由于买方安排运输，货物装在买方指定的船上，也是不宜使用托收方式的。

信用证用在凭单付款的交易中，从理论上说，只能在推定交货条件下的交易中使用。因为只有这样，银行才有物权作抵押，才能控制进口商付款。

4. 根据运输单据的性质选择支付方式

货物海运时，出口商发出货物后，可以取得物权凭证——海运提单，做托收时，可以控制货物。但货物在空运、铁路运输或邮寄时，出口商得到的运输单据非物权凭证，出口商不能控制货物，是不宜使用托收的。

此外，在选择支付方式时，还应考虑销售国家或地区的商业习惯、商品竞争情况、交易数额大小、卖方在销售点是否设有代表机构等因素，以减少风险。

二、影响国际结算方式选择的因素

(一) 交易对手的信用因素

交易对手的信用状况是影响结算方式选择使用的决定性因素。在当代国际贸易中，“一手交钱，一手交货”的银货两讫的结算方式很少使用。由于货币的运动和货物的运动方向往往不一致，因此，买、卖双方之间总存在着授信问题，即一方为另一方提供信用。

根据信用提供者和信用接受者的身份不同，授信有以下三种类型。

1. 出口商授信

出口商授信指卖方对买方的授信，即卖方出于对买方的信任而先发货、后收款。采用卖方授信，意味着卖方承担了收款风险，买方则比较主动。不过，卖方通常只是在买方资信良好时，才对其授信。

O/A、D/A 是典型的卖方授信结算。

2. 进口商授信

进口商授信指买方对卖方的授信，即买方先支付货款，卖方在收到货款后发货。采用买方授信，意味着买方承担了收货风险，卖方则比较主动。不过，买方也只是在卖方资信良好时，才对其授信。

预付货款是典型的买方授信结算。

3. 银行授信

银行授信指银行对买、卖双方或一方的授信，通常指银行承诺在一定条件下支付货款。银行开展授信业务意味着银行承担了付款责任。银行一般是根据当事人(申请人)的资信状况来确定授信额度，必要时可要求申请人缴纳部分或全部押金、提供反担保或物品抵押等。

银行授信业务通常是在贸易双方互不了解或互不信任，或买方所在国有严格外汇管制或政局严重不稳时开展，其目的是以银行信用弥补商业信用的不足，促进贸易活动的顺利进行。银行授信结算方式是目前国际贸易结算的主要方式。

信用证、银行保函、保理服务及包买票据业务都属于银行授信。

在选择结算方式时，无论是买方还是卖方，首先考虑的因素就是交易对手的资信，进、出口商都不会为销货或购货而冒太大的风险。

目前，国际上绝大多数商品处于买方市场，出口商为增强出口竞争力常常向进口商提供信用，因而也就承担了收款风险；在对进口商不了解或不信任时，则希望银行能承担付款或担保责任，但这样增加成本而对进口商不利。

(二) 交易货物因素

货物的市场销售情况是影响结算方式选择的另一关键因素。如果合同货物是畅销商品，则该商品一般是求大于供，处于卖方市场状态，卖方处于有利地位，卖方不仅可以提高市场销售价格，还可以选择对其有利的结算方式，如预付货款、信用证、银行保函等方式。对买方来说，畅销商品或是赢利很大的交易，在支付方式上可以作适当让步。

如果合同货物是滞销商品或市场竞争十分激烈的商品，则该商品通常是供大于求，处于买方市场状态，买方处于有利地位，他不仅可以要求卖方给予价格方面的优惠，还可以选择对自己有利的结算方式，如赊销(O/A)、托收特别是承兑交单(D/A)等方式。对卖方来说，通常只有接受这些条件，才能增强市场竞争能力，达到出口销货的目的。不过，在选择以上方式结算时，卖方为降低出口收汇风险，他可要求买方提供银行保函或申请保理服务或包买票据服务，这些方式不仅可以提供风险担保，还可以提供融资服务。

此外,价格条件和运输单据的性质不同,也是影响结算方式的重要因素。如前所述,一般只有 CIF、CFR 等价格条件适合于跟单托收;同时,也只有运输单据具有物权凭证性质并可转让的才适合于跟单托收和跟单信用证结算。

三、国际结算方式的综合使用

在国际贸易中,买、卖双方除根据交易对方的资信条件、货物状况等因素直接从汇款、托收和信用证中选择对自己有利的结算方式外,还可以根据交易的实际情况,同时采用两种或两种以上的结算方式。

(一) 采用综合性的附属结算方式

第二次世界大战后,特别是 20 世纪 60 年代以来,国际贸易结算一方面继续采用汇款、托收和信用证等传统的方式;另一方面又出现了一些新的综合性结算方式,如国际保理服务和包买票据业务等,它们的产生在一定程度上弥补了传统结算方式的不足,使国际结算方式不断朝快捷、方便、安全的方向发展。

(二) 银行保函与基本结算方式结合使用

银行保函的最大特点是其灵活性,它不仅适用范围广,而且还可与各种基本结算方式结合使用。

1. 银行保函与汇款结合使用

无论是预付货款还是货到付款,都可使用银行保函来防止不交货或不付款的情况出现。如果进口商预付了货款,就可要求出口商提供银行保函,保证按期交货,否则应退还预付款并支付利息或罚款,如果出口商拒绝,则由担保行付款;如果是货到付款,出口商有权要求进口商提交银行保函,保证进口商在提货后的规定时间内按合同付款,如果进口商拒付,担保行应承担付款责任。

2. 银行保函与托收结合使用

为了使出口商收取货款有保障,出口商在采用托收时,可要求进口商提供银行保函。如果进口商拒不付款赎单或收到单据后未在规定时间内付款,出口商有权凭银行保函向担保行索取出口货款。

3. 银行保函与信用证结合使用

成套设备或工程承包的货款一般可以分成两部分,即一般货款和预付款或保留款。一般货款数额大,可用信用证方式支取;预付款的归还或保留款的收取可使用银行保函。

(三) 基本方式的结合使用

1. 信用证与汇款相结合

信用证与汇款相结合指主要货款用信用证支付,余额用汇款方式结算。例如,对于初级产品的交易,可规定大部分货款由银行根据信用证的规定在收到单据后先支付,剩下部分待货到目的地后,根据检验的结果,按实际品质或重量计算确切金额,用汇款方式支付。

2. 跟单托收与汇款相结合

为减少托收中出口商的收款风险，出口商可要求进口商先支付一定金额的预付款或押金。货物出运后，出口商可从货款中扣除已收妥的款项(预付款)，其余部分通知银行托收。

3. 跟单托收与跟单信用证的结合使用

在实际业务中，跟单托收与跟单信用证的结合使用较为常见。

(1) 部分托收与部分信用证结合。为使开证申请人减少开证费和押金，可以将合同金额的一部分(通常为合同金额的40%～70%)用信用证支付，其余部分采用托收。为保证货款的全部收回，可在信用证上加注特殊指示，规定开证行只有在收到有关托收款项后才向进口商交单。

(2) 全额托收与全额信用证结合。这是一种用于进料加工业务的结算方式。向国外进料可采用承兑交单(D/A)托收方式付款，成品出口可采用即期信用证收款，然后以出口货款来偿付进口货款。

本章小结

(1) 本章从横向角度对汇款、跟单托收、跟单信用证、银行保函和备用信用证、国际保理服务以及包买票据业务等重要国际结算方式进行了比较分析。

(2) 从国际结算的性质来看，基本结算方式是国际结算方式的基础，是国际结算必须首先采取且可单独使用的方式。附属结算方式是基本结算方式的补充，可根据需要选择是否采用及怎样采用。附属结算方式的使用以首先使用基本结算方式为前提。

(3) 从结算工具的流动方向来看，顺汇又称汇付，它是由债务人或付款人主动将款项交给银行，委托银行使用某种结算工具将该款项支付给债权人或收款人的结算方法。在顺汇中，结算工具的传送方向与资金的流动方向是一致的。顺汇中债权人的收款风险较大，因为他能否顺利收到有关款项，完全取决于债务人，如果债务人拒付或延迟付款，债权人将因此蒙受损失。因而，在国际贸易结算中，较少单纯采用顺汇方式结算。

逆汇是由债权人或收款人出具票据，委托银行向国外债务人或付款人收取一定金额的结算方法。在逆汇中，结算工具的传送方向与资金的流动方向相反。逆汇时通常由债权人签发结算工具向债务人收款，所以又称出票法。

逆汇中，债权人的收款风险相对较小。因为债权人在出具结算工具收款时，往往附上货权单据，如果进口商不付款，就通常得不到单据，因而无法提货。

(4) 从国际结算方式的信用基础来看，在以商业信用为基础的交易中，债权人的收款风险较大，往往会发生无力支付、无理拒付或迟付现象，这是由债务人的实力和信誉决定的。在以银行信用为基础的交易活动或结算方式中，债权人的收款风险较小，因为银行一般实力雄厚、资信良好，通常不会发生或很少发生破产或无力支付、无理拒付的情况。对债权人来讲，应力争以这类方式进行结算。

(5) 影响国际结算方式选择的基本因素主要是交易对手的信用和交易货物的性质。

(6) 除根据情况有针对性地选择某种单一方式外，还可以同时使用两种或多种结算方式，以便相互补充。

复习思考题

一、名词解释

银行授信　进口商授信　出口商授信

二、简答题

1. 简述国际结算方式选择的原则。

2. 影响国际结算方式选择的因素有哪些？

3. 基本结算方式和附属结算方式各有何特点？

4. 对你已学过的结算方式进行比较，谈谈在国际贸易结算中如何进行支付方式的选择和综合运用。

第十章

国际贸易结算融资

【本章导读】 当前国际结算发展的趋势之一就是结算与融资的结合,贸易融资业务已成为许多国外银行的业务之一。通过本章的学习,可以了解国际贸易融资的特点和重要意义,熟悉各种贸易融资方式并能加以比较。

融通资金即通常所说的融资,它是为买方或卖方在资金安排上提供的某种便利。能提供这种便利的除银行之外,也可以是一些专门的机构,甚至可以是交易的一方,如买方或卖方。从广义上讲,融资方式包括各类银行为企业提供的各种形式、各种期限的信贷以及银行或其他机构对企业授予的其他形式的信用。本章所介绍的融资方式不包括贷款,只是涉及和前几章介绍的结算方式有关的融资方式,与金融市场的直接融资也无关。

在实际业务中,结算和融资是相互关联、不可分割的,一些结算方式本身就是融通资金的一种方法,有的则是根据结算方式来选择的。在国际贸易中,进口商不可能在任何时候都能凭自己的能力履行付款义务,出口商也很难自付一切生产、装运等费用,于是作为银行在为买卖双方办理结算的同时也授信,提供融资便利,促进贸易的顺利进行。随着科学技术的不断进步及贸易的发展,融资方式越来越灵活,新的融资方式不断出现。下面分别从出口和进口两方面来介绍融资方式。

第一节 国际贸易融资的特点和意义

一、国际贸易融资的界定

国际贸易融资有广义和狭义之分。就狭义而言,国际贸易融资是指外汇银行在为进出口商办理汇款、托收和信用证项等结算业务时,对进口商和出口商提供的与结算相关的短期和长期的融资便利。它以该项贸易活动的现金流量作为进口商或出口商履约的资金来源,以结算中的商业单据或金融单据等权利凭证作为进口商或出口商履约的保证;其基本方式包括出口项下的打包放款、议付、票据贴现,进口项下的押汇、信托收据、提货担保等。这是一个特定范围内的资金融通。首先,它紧紧围绕着进出口各环节而开展,是为对外贸易服务的,即融资的对象仅限于进口商和出口商。不论进出口商所属的行业是农业还是工业,所经营的是普通商品还是资本性商品,只要其贸易伙伴是外方,就是国际贸易融资所服务的潜在对象。其次,此项融资仅指外汇银行的融资活动或通过银行作为中介的融资活动,由买卖双方直接进行的诸如赊销、预付等则不包括在本文所涉及的融资范围内。最后,国际贸易融资活动是在外汇银行的国际结算业务过程中进行的,国际结算中使用的单据可作为质押标的。所以,非国际结算环节所发生的融资,如企业申请外汇贷款等,虽然也可能是将贷款资金用于从国外进口或加工出口后销往国外,但由于没有单据做担保,也不是狭义国际贸易融资的范畴。

广义的国际贸易融资是指外汇银行对进口商和出口商提供的与进出口贸易结算有关的一切融资活动。除包括上述狭义的常规贸易融资外,还包括在其基础上产生的各种创新,如结构贸易融资。这是一种综合性的、运用风险分散和资本市场的技术,根据国际贸易的特殊要求,创造性的设计、组合国际贸易融资的方法和条件的统称,在这样的融资安排中,除银行外,还涉及其他中介机构,代表货权的单据也不一定完全由银行控制。

二、国际贸易融资业务的特点

传统的国际贸易融资是银行对进出口商提供的与国际结算相关的资金融通,并围绕着结算的有关环节进行的,不但是中间业务,还是资产业务,所以与其他形式的融资方式相比,其特点也是非常明显的。下面将从与银行贷款的比较中进行具体分析。

贷款是银行的主要资产业务,是银行通过向借款人提供一定数量的资金,由借款人在规定的时间内使用、到期归还本金并支付利息的一种借贷行为。而国际贸易融资是银行两种业务的融合,其中有的属金融创新产品。虽然都是一种间接的信用活动,并有相应的合同或要约加以约束,但它服务于企业生产经营的不同阶段,安全性、流动性和收益性有所不同。

1. 资金所服务的阶段不同

贷款在企业中的流程是这样的：企业从银行借入资金,用于购买原材料等,然后进行加工生产成成品,商品销售后,企业重新获得货币资金,这时,企业将贷款本金加上利息归还给银行,银行的贷款即完成了一次周转。可见,贷款要始终参与企业的生产和销售,伴随着生产的全过程。而国际贸易融资则不同,大多数情况下,出口商在申请融资时,不仅采购和生产已经结束,而且销售也已基本实现或正在实现。所以,资金并未进入企业的生产过程,只介入流通环节。对出口商来说,此项融资的意义在于能提前获得出口外汇；对进口商而言,则解决了其临时性的支付困难。

2. 风险大小有别

首先,由于银行贷款参与了企业生产和销售的全过程,其风险自然来自生产经营中的所有环节。不论是采购、生产,还是产成品的保管、销售和款项的收回,其中任何一个环节出现问题,都有可能使银行的贷款难以收回。贸易项下的融资则避开了漫长、复杂的生产过程,其风险仅限于销售环节,而销售由于已基本实现,因此其风险主要集中在货款的收回上。

其次,作为一笔贷款,到期时借款企业能否归还,排除信用因素,主要取决于企业的生产和经营活动的状况,如果企业经营失败,有可能使其现金净流入量不足,有时即使经营成功,但投入增加,也可能造成企业当前的赢利能力下降,银行便难以收回贷款。而贸易融资是一种自偿性贷款,与特定的商品销售相联系,只要特定的贸易量顺利开展,贷款到期之日,就是销售回收货款之时,跟企业的整体经营所产生的效益无直接的联系,由于出口贸易中,商品销售收入所产生的现金流量在时间和金额上与贸易项下的融资相吻合,保证了放款的收回；在进口贸易项下，虽然没有与融资本息直接匹配的应收账款，但进口商国内销售产生的现金流也会改善其整体偿债能力。

再次，银行贷款一旦进入企业的账户，贷款银行便很难控制资金的用途，尤其当客户在甲银行贷款，而去乙银行结算时，资金的控制几乎不可能，很难避免客户将资金挪作他用，此时银行能否收回贷款，只能取决于借款人的信誉。贸易融资则不然，在出口项下，由于贸易融资与贸易结算环环相扣，银行直接控制着结算项下的资金收回，并依据与客户的协定，可自动扣收融资的本息，在进口项下，采用信托方式时银行甚至可以向进口内销商品的购买者追索货款以收回放款本息。

最后，银行掌握的担保不同。国际贸易融资中，贸易项下的单据为银行所控制。由于单据在国际贸易和国际结算中，不仅是出口商履约的证明，也是物权凭证，因此，控制了单据，就掌握了货权。在这里，单据被视为银行的质押标的，构成融资银行的一项担保。一旦客户违约，银行就可处理这些单据；或凭单据提货销售、拍卖；或直接出售单据。在与信用证有关的融资中，除物权担保外，还有来自国外银行的付款承诺。所以国际贸易融资中，银行融出资金的安全性相对较高。而在银行的贷款业务中，由于贷款对象不一定在此银行结算，不存在国际贸易融资中结算和融资的紧密关系，贷款银行无法控制权益凭证，即使银行经手，由于银行与客户之间没有类似的质押协议，不能对权利凭证主张质押权和所有权，同时，也很难找到另一家银行的担保，所以，在安全性方面远远逊色于国际贸易融资。

3. 收益上存在差别

商业银行作为经营性的企业，获取利润是其最终的目标，也是其生存的必要条件。为获取足够的利润、扩大规模、巩固信誉、提高竞争能力及避免被对手吞并，在存贷利差越来越小的情况下，谋取中介服务收入是银行增加收入来源的一个重要方面，而国际贸易融资就有这方面的功能。

我们知道，银行贷款只能使银行获得利差收入，此外再无收益而言。而国际贸易融资除收取正常的存贷利差外，还可以通过提供结算、处理结算中的单据赚取各种手续费，如审单费、议付费、承兑费等。不仅如此，由于对外贸易中的支付是以外币进行的，进出口商必须在付汇和收汇时到银行去申请买汇或卖汇，即我国银行的售汇和结汇业务，买卖之间的差价构成银行的汇兑收益。有时，进出口商为了避免汇率和利率波动的风险，可能要通过银行做一些保值性的外汇交易，如套汇、调期、远期和期权、期货等，这时，银行又可获得佣金收入。由于贸易融资与国际结算是不可分离的，以上各项收入完全被控制在提供融资的银行中，保证了业务和收益均不会流失。

4. 流动性不同

一般的银行贷款期限在 1 年或 1 年以上，有的长达 7 年或 10 年，等到银行发现企业不能还款时，借款企业早已重经营失败而人去楼空。而国际贸易融资是针对流通环节的贷款，由于国际贸易每次周转的时间不长，与其相配套的融资的期限也大多较短。目前国内银行办理的押汇期限一般在 180 天以内，实际业务中，大量的融资是针对特定贸易的临时资金融通，期限在 1 个月左右，有的甚至几天或十几天，由于期限短，还款期很快就到，如果客户不能偿还，银行可以很快察觉并采取补救措施。同时由于外贸公司的国际结算按要求是在融资银行办理，银行可确定还款最近来源，一旦货款回笼到账，银行可立刻扣账还款，防止企业挪用资金，保证融资款项能按期收回。

三、国际贸易融资的意义

作为一种商品，其市场存在的一个前提就是有交易的主体，即供给者和需求者，而且只有供给者和需求者有交易的动机，或者说只有当交易能为其带来收益时，交易才会发生。那么对国际贸易融资来说，供需双方从中获得的收益是什么呢？

(一) 国际贸易融资是银行有发展潜力的业务之一

1. 国际贸易融资是银行有效运用资金的一种较为理想的方式

商业银行是以吸收存款、发放贷款为主要业务的特殊企业。由于所用的资金主要靠负债形成，资本金甚少，所以，在其经营中，必须权衡盈利性、安全性和流动性。国际贸易融资是与国际贸易结算环节密切相关的一种融资活动，具有风险小、收效快的特点，符合银行资产营利性、安全性和流动性的原则，成为国际商业银行投入比重比较大的一项资产业务。如香港的银行在进出口贸易结算和融资方面给进出口商以有力支持，为进出口贸易成为其支柱行业立下了汗马功劳，同时，也赢得了大量的收益，国际贸易融资与结算业务收入往往占银行收入的四成至八成。许多国际性大银行在香港设立的分行，主要的业务就是贸易结算与融资。

2. 国际贸易融资业务的收益率高，利润丰厚

建立在国际结算基础上、作为国际结算业务延伸的国际贸易融资，由于其业务的前期属中间业务，业务过程中或后期属资产业务，所以银行可以获得两方面的收入，即手续费和利差。其中手续费除纯粹的结算费用外，有时还可获得1‰～5‰的汇兑收益及外汇交易费用等。因此，对一家拥有较好市场、内部营运机制健全的银行，从事这项业务的人员在100人左右，年营业额可达上百亿美元，人均利润在数百万美元以上。

3. 国际贸易融资业务有利于银行营运能力的提高

国际贸易融资业务对银行内部的运行机制是有很高要求的，需要有一套现代的、科学的内部组织体系运行系统加以支持，唯有如此，才能在市场上占有更多的份额，赢得更多的机会。这就促使银行对内部营运机制进行不断的改善和调整，而这种改善和调整的过程也就是提高银行营运实力的过程。例如，为从制度上化解融资风险，需要对银行的内部组织加以重新设计，以使整个业务在相互衔接、相互制衡的情况下高效运转。为方便控制，有利于监督，要设计能覆盖结算、融资及相关会计业务的电脑软件，以便银行对客户的资金运作、结算情况、融资余额、过往记录等有较完整的记录与分析。

另外，国际贸易融资业务由于需要有关业务人员具备较高的专业知识水平和娴熟的业务操作技能，这就促使银行在这方面采取必要的措施，使员工的素质不断提高，在日常经营中形成良好的服务风范。而这一切反过来又推动了业务的发展和银行营运能力的提高。

4. 通过国际贸易融资业务的开展可以密切银企关系

站在国家的角度，银行和进出口商是利益一致的共同体，赢得尽可能多的外汇收入、维护国家的经济安全是大家共同遵守的原则，而要做好这一点，银行和进出口商必须密切配合。但微观地看，银行和进出口商由于性质上都是以追求利润为目标的企业，又都有各自的利益。银行需要稳定的、信誉良好的客户群；进出口商也绝不能缺少优质的银行为其提供金融服务。因此，密切银企关系是双方的一项重要工作。提供国际贸易融资，是有一定技术、资金实力的银行才能从事的后续或额外服务，通过这种服务，银行一方面可以证明自己的实力和资力，提高银行的可信度；另一方面也可以获得更多的业务。在得到满意的服务的前提下，进出口商也会更愿意与这样的银行打交道，使双方的联系紧密起来，为双方今后开展其他方面的业务、合作奠定了基础。

总之，银行提供国际贸易融资并不是简单的放款行为，而是具有综合效益的：首先，一定时期风险低、收益高的国际结算量增加；其次，安全好、周转快的贷款量增加；再次，保证金等自然存款增加；最后，国内人民币结算量增加。这些会涉及银行的不同部门，从而能产生全行性的综合效益。

(二) 国际贸易融资是进出口商扩张贸易的重要工具

1. 解决进出口商资金周转的困难

一个企业要正常运行，其前提是资金能顺利地周转。不论在生产环节还是在销售环节，一旦资金不到位或被积压，就会出现难以为继的状况。由于受支付方式、交运条件、信息等因素的影响，现代市场条件下，几乎没有一个企业能确保资金在任何时候可以“自给自足”而不接受“外援”，尤其是现化的企业更会经常遇到资金方面的问题，所以负债经营已成为普遍现象。负债的形式有许多，如解决长期的资金问题，可通过资本场，即发行债券、股票来筹集；如果是解决短期资金周转的困难，向银行申请各种形式的贷款(贴现、抵押、质押、担保)，甚至在企业之间也可以以延期付款等方式加以解决。但这些融资方式并不能解决所有的问题，因为每种融资方式都有一定的条件要求，有的要通过资格审核，要物色中介机构，要进行市场推介、广告宣传等，资本市场的融资工具大多需如此；有的需提供第三者的担保或以动产不动产为押；需要公证机构、律师事务所的参与。这些过程最快一般也要耗时半个月左右，难解企业的燃眉之急。所以，对企业来说，融资渠道和融资方式越多，才越有可能在需要时获得融资，单一的、较少的融资方式很难与企业的各种需求相适应。

国际贸易中的出口商同样很难自付一切生产或采购、装运等的费用；进口商也不可能总能凭自己的能力来履行对外的偿付义务。例如，某进口商从国外进口货物，当货物到达目的港时，通常汇票和货运单据已寄到进口地银行。如属即期信用证交易，开证行应立即付款，进口商也应备款向开证行赎回货运单据。这时，进口商可能因资金周转关系而无法付款，不付款就不能提货，在这种情况下，就可要求开证行先行垫款，并将货运单据交给进口商以便提货，在出售或经加工出售后，再归还银行的垫款。如开证行当初开出的信用证是远期信用证，进口商虽不需立即付款赎单，但也拿不到货运单据，这时也可要求银行先交付货运单据提货，待货物出售，汇票到期时再清偿货款。可见，这种针对进出口的某个环节提供的融资，可以有效解决企业的资金周转困难。

另外，出口商有时仅仅向对方提供商品是远远不够的，特别是那些资金较为缺乏国家的进口商，还要在货款支付方面给予优惠，然而支付的灵活性意味着风险的增加，同时也会占压资金，两难境地下，出口商很可能会退出竞争，从而失去市场，如果银行提供国际贸易融资，就可消除出口商的后顾之忧，帮助企业进入国际市场。

2. 争取有利的支付方式，增强谈判中的优势

在国际贸易的种种程序中，最重要的一个环节就是磋商或谈判，进出口商必须就支付方式作出安排。国际贸易中的具体支付方式有汇款、托收、信用证、保函和保理等。支付方式不同，款项的授受时间、风险及进出口商的权益相应地也不同。一般在考虑支付方式时通常要考虑以下问题：首先，交易对手的资信状况。在首次与对方打交道，不了解其情况时，贸然使用属于商业信用的支付方式，如汇款和托收，而未加任何其他的措施以保护，就是不明智的，很有可能钱货两空。其次，货物畅滞销情况。如果货物属于畅销或抢手之类，则如坚持使用对自己有利的支付方式会较容易为对方所接受，在货源有限的情况下，买方甚至会主动提出某种有利于出口商的支付方式作为吸引成交的砝码；反之，如属大路货、滞销货，出口商仍坚持使用信用证为支付方式，很可能丧失贸易机会，难以达成交易。再次，销售国家或地区的商业习惯。商业习惯既非法律，也非约定，而是一种传统的做法，尊重对方的商业习惯是对外谈判中应注意的，如有的国家规定，所有进口的商品必须选择托收作为支付方式，这时如果使用了信用证，则将使货款延迟收到，更大的可能是双方的合同告吹。最后，交易金额的大小。和国内贸易一样，对那些交易数量巨、金额大的合同，往往会在支付方式、价格、费用等方面有优惠，当进口商就这样的合同与出口商谈判时，无疑在讨价还价中就会处于有利地位。总之双方的贸易条件和贸易地位是决定具体支付方式选择的主要因素。

除款项和货物的安全外，资金负担是否平衡不仅是支付方式本身所具有的特点，也是进出口商权衡利弊所考虑的重要因素。如果资金负担平衡了，或者进出口商能获得外来的融资，则进出口商都可选择相对有利的结算方式。在买方市场的大环境下，总体上看，进口商拥有更大的主动权，在谈判中更能体现自己的意志，能较好地维护自身的权益。如果此时某一出口商能允许进口商延期付款，即赊购，无疑对进口商的吸引力大增。那么，如何解决赊销的资金来源呢？这时就需要银行的国际贸易融资。银行通过议付、贴现、保理、出口信贷等方式为出口商垫款或贷款，不仅可以使销售顺利实现，而且可以继续下一个循环的生产。进口商亦如此，对于那些紧俏的商品，为抓住货源，最有利的支付方式莫过于由进口商向出口商预付部分或全部货款，而预付的资金同样可从银行申请融资来解决。银行的融资使进口商和出口商的竞争力大为提高，对扩大对外贸易发挥着不可估量的作用。

可以说，进出口商只要能从银行获得融资，在整个国际贸易中，甚至不需要动用企业自己的资金就可以完成贸易过程（当然，企业要支付利息和有关的费用），这一点对外贸企业的意义很重要。而且，有时进出口商不是生产企业，没有大量的厂房设备和固定资产，也没有原料半成品库存，更没有太多的流动资金，只要上有货源下有买家就可以开展业务，其业务量可做到多大，往往就取决于从银行获得多大的融资支持。在目前外贸企业普遍感到资金比较紧张的情况下，银行资金支持的意义更为重要。而银行如果能选择到经营良好企业并予以融资，本身亦可得到可观的综合收益。

(三) 促进对外贸易的增长

1. 国际贸易融资可以调节进出口结构,促进国际收支平衡

国际收支是衡量一国经济发展状况的重要指标,国际收支任何性质的失衡都将对经济产生不利的影响,尤其是结构性的失衡需要花很长的时间和很大的力气去调节。国际贸易对于平衡国际收支具有重要的作用,而国际贸易融资将通过对进出口结构的调节而使国际收支平衡。

按国际货币基金组织的定义,经常账户由四部分组成:货物、服务、收入和经常转移(单方面转移),其中的货物即通常所说的贸易收支,也称有形贸易收支,即有形商品的进出口,它是经常账户,也是国际收支平衡表中最重要的项目,其顺差、逆差与否直接决定一国的国际收支、汇率状况。不仅如此,在开放的经济条件下,一国的对外贸易状况还是决定国民收入的高低的因素之一,并与产出和就业有密切的联系。而产出和就业又是一国宏观经济所要达到的目标,所以,对外贸易已成为国民经济的重要组成部分,在一些国家,国民生产总值的 2/3 都是由进出口贸易实现的,从这一点上讲,对外贸易具有经济增长引擎的作用,所以,促进对外贸易的增长,实现经常项目的平衡、盈余,成为所有开放经济国家共同追求的目标。国际贸易融资是通过融资对象上的有所侧重或限制,改变进出口的结构,以改善资源的合理配置,调节进出口数量,有效地扩大出口。

2. 国际贸易融资是一个国家贸易政策的组成部分,是国家鼓励出口的手段

一国鼓励进出口,促进对外贸易的方法有许多,从大政方针到具体的方式手段。例如,根据政策所起的作用的不同,可分为价格政策工具和数量政策工具。前者是指通过进出口关税和补贴等来改变进出口商品的价格;后者是通过进出口配额等来直接影响进出口商品的数量,从而使国际贸易增加。从实施政策所采用的工具不同,又可分为关税和非关税障碍两大类。所谓非关税障碍或壁垒是指除关税以外所有影响进口和出口的一切措施,如配额、进口许可证、外汇管制、政府采购政策、国内税、最低限价、进口押金制、海关估价、技术标准、出口补贴等。虽然自早期的关税和贸易总协定开始,一直要求只以关税作为唯一的国际贸易保护手段,但经过成员国的多次谈判,各国关税被大大削减,关税的保护作用日益减小,而非关税壁垒因具有很强的隐蔽性被越来越多地采用,在其效果十分明显的影响下,其措施已由 20 世纪 70 年代的 800 多种增加到目前的 2 500 多种。显然,贸易保护主义在贸易自由化的大背景下仍然在兴风作浪,各国以更隐蔽的方式来实现奖出限入。

传统的国际贸易融资既不属于价格也不属于数量工具,只有结构融资的出口信贷被视为非关税措施。显然,就传统的国际贸易融资来讲,它既达到了促进国际贸易发展的目的,又避免了受他国指责和诸如遭反倾销等的报复。即使是出口信贷,由于贷款条件中均附带限制性条款,即只限于购买债权国的商品,对进出口的两个国家来讲是互利的,贸易摩擦的可能性小。所以,国际贸易融资基本上是没有副作用和消极影响的低成本、高效率的促进一国对外贸易发展的良方。

3. 促进一国有效地参与国际经济

这种参与既包括商品市场的参与,也包括金融市场的参与。从前者来看,国际贸易融

资通过多种方式向进出口商提供金融服务，使企业在获得资金融通的同时，能凭借优惠的信贷条件和有竞争力的支付条件接受更多的订货，从而提高国际竞争能力，打开和占领新的市场，在世界经济中扮演更重要的角色；从后者看，国际贸易融资是国际银行的业务，需要国际银行之间的配合。实践表明，随双方配合的深入，业务往来不再仅限于结算、融资，而是扩大到几乎所有的金融领域，包括货币市场和资本市场，使银行有更多的机会步入国际舞台，发挥更重要的作用。

第二节　出口融资方式

对出口商来说，并不是在任何时候都能有足够的资金来经营其出口业务，特别是在货物数量多、金额大的情况下，这时就需要某种形式的资金融通，而这种融通无论在出口货物装运前或装运后都有可能发生。装运前，出口商可能需要资金采购备货或完成货物的生产；装运后，若不是采用即期付款的结算方式，出口商将要等到规定的期限到时才能收到货款，如 30 天、60 天等，在这段时间，出口商的资金被积压，一旦急需用款，就须另行融资。总之，出口商的融资是分装运前和装运后两个阶段进行的。

一、装运前融资

(一) 红条款信用证

这种信用证本身就是对出口商的资金融通，它有一个特别的条款，允许出口商在全部货运单据备齐之前可预先向出口地的银行预支部分货款。在手续上也颇为简单，出口地银行在收到这样的信用证后，就可根据信用证上的条款，自动地将货款的全部或一部分交给出口商，同时将预支的金额、日期、利率等通知给开证行，等以后在出口商交单议付时，再从议付金额中将预支的本息扣除即可。整个过程在银行的结算部门中进行，一般不会涉及贷前审查等事宜，而且由于“红条款”是开证行应买方即开证申请人的要求加列的，即进口商是授信人，有关费用、损失等均由进口商来负担，成本小，对出口地预支款项的银行来说，仅仅是提供服务，并不负责监督受益人是否将预支的款项用于规定的用途，如用于采购信用证所规定的货物，对于受益人的偿还能力也可不予考虑。如受益人一旦未能装运货物或没向预支行交单，预支银行可要求开证行偿还预支的金额及利息，开证行再按约定向进口商索偿。但如果预支银行知道受益人已破产或要将款项移作他用，则应拒绝受益人的预支要求。

值得注意的是，红条款信用证一般只在特定的交易中使用，主要在与远东国家和新西兰、南非、澳大利亚等交易羊毛、棉花、稻米时使用。并且，除非进口商及开证行对受益人的信用十分了解，确信受益人能按信用证要求装运货物，提供单据，一般不会贸然开出这种信用证，以免招致损失。实务中，进口商之所以愿意开出这种信用证，很大程度上是受市场供求关系的影响。如果货源紧俏，而进口商又急于进货，预支货款往往就成为出口商与之成交的条件。有时为降低风险，国外开证行要求在预支给出口商货款的同时，出口商要提供一份保证书，保证将来一定按信用证要求出口货物，如违约，则交回预支货款并加付利息。

(二) 打包放款

1. 打包放款的定义

打包放款(Packing Credit/Packing Loan)是出口地银行向本国出口商提供的一种短期(最长为6个月,一般为3个月)资金融通。出口商凭国外开来的正本信用证向银行借入资金,用于购买、包装、出运信用证内所规定的货物。因这种放款最初仅向受益人提供包装费用方面的融资而得名。

2. 打包放款的性质

打包放款无疑是银行对出口商的贷款,但对其属性的认识人们还是有争议的。长期以来,理论界和实务部门都将其视为质押贷款,即以信用证为质押或抵押的贷款,实际上,它是一种信用贷款。

首先,不可转让的信用证不能作为质押权物。根据 UCP 600,信用证是进口方银行应进口商的申请向出口商开立的凭规定的单据在一定期限内支付一定金额的约定或承诺,是一种由银行保证付款的结算方式。出口商作为信用证的受益人,的确有凭符合信用证条款的单据从开证行处获得货款的权利。但这种权益是不能转让的,对于受益人以外的第三者,开证行的付款保证没有任何意义。而根据我国的担保法,可以质押的权利恰恰必须是可让与的,其第七十五条所列举的票据、提单、股票、债券以及专利权、著作权等无不具有流通转让性。所以,以信用证为质押物的依据不足。

其次,信用证不是有价证券,本身不能出售。信用证只是一个有条件的银行信用保证,只有满足了信用证的要求,才能收回货款。如果由于某种原因,出口商未能满足信用证的全部条件和要求,开证行就可以不实现其付款承诺,这时信用证形同白纸一张。

即使信用证本身是可转让的,也不能作为质押权物。因为 UCP 600 对可转让的信用证有一系列的规定,这其中最有影响的规定是:信用证只能转让一次,由于只能转让一次,对于第二受益人来讲,该信用证实际上是不可转让的,可见,名义上可转让的信用证同样不能作为质押权物。

所以,打包放款实际上是无质押的信用放款,是放款银行在收到开证行合格信用证的前提下向信用证受益人提供的专项用于出口备货的资金融通。还款的保证是开证行有条件的付款承诺,即在受益人提交与信用证相符的单证后,以开证行付款归还打包放款本息。

3. 打包放款的操作程序

(1) 申请。欲利用打包放款的出口商,事先一般与银行签订《打包放款总协议》,该协议确定双方的责任和义务以及总的放款额度。协议签订之后,出口商提出贷款要求时,可凭正本信用证和"打包放款申请书"到银行提出申请。

(2) 审查。银行的审查包括资信的审查和信用证的审查两个方面。如申请人的经营范围、经营能力、财务状况等,这在签订《打包放款总协议》之前为确定总额度已做过了审查,如未签订过总协议,此时银行要进行认真的审核,然后是审查信用证的条款,如开证行的资信、出口货物的市场情况、信用证的有效性等。

(3) 签约,即双方签订打包放款合同。经审查,若银行同意出口商的申请,则双方磋商后即可签约。合同的内容除贷款货币、金额、期限、利率、还款方式、违约处理等项目外,还包括出口商的承诺,如出口商在本合同下的全部出口商品必须向银行所认可的保险机构投保,银行有权检查监督出口商对贷款的使用情况,有关打包放款合同项下贷款债务的转移须银行同意等。

(4) 发放。签约后,银行便可向出口商发放贷款,贷款金额一般为信用证金额的60%～80%左右,期限从贷款之日起至信用证项下货物出运办理议付或货款收妥结汇日止,一般为3个月。核发贷款时,银行应在信用证上批注。

(5) 偿还。提供打包放款的银行承担议付行的义务,当出口商交单议付时,银行从议付款中扣除打包放款的本金、利息和其他费用,也可按协议在收妥结汇时偿还。如出口商未在信用证的有效期内交单,或开证行因单证不符拒付,或开证行无理拒付,银行有权在贷款到期时,从出口商的存款账户上或信用证收妥的货款中扣除本息及费用。

打包放款的资金必须专款专用,仅限于信用证项下出口商品的备货备运、生产和出运,不得用于其他用途。

作为出口贸易融资的一种方式,打包放款早已被港澳及国外商业银行视为一项重要的业务大加利用,它不仅增加了银行业务的品种,扩展了其经营范围,而且这种业务是和结算业务相结合的,方便了出口商,增加了竞争能力。过去,我国内地银行一直没有开展这项业务,只对外贸企业发放流动资金贷款,满足企业出口收购、储存、调运、销售商品的临时性、季节性的资金需要。和流动资金贷款相比,打包放款具有较大的针对性和安全性,贷款的回收率较高。近些年,此业务在我国已得以普及。

4. 打包放款与红条款信用证的比较

红条款信用证与打包放款这两种对出口商装运前的融资方式,均是以出口地银行为经办行,且只能向经办行交单,在偿还方式上也是一样的,均可以从议付额中扣除。但二者是两种不同的融资方式,现将其不同点列入表10-1。

表10-1 红条款信用证与打包放款的比较

红条款信用证	打包放款
1. 性质上是信用证的一种	1. 性质上是流动资金贷款
2. 进口方是授信人	2. 出口方的银行是授信人
3. 对议付行来说,有开证行和进口商的双重保证,风险较小	3. 与开证行和进口商无关,贷款行自担风险
4. 有关费用由进口商承担	4. 有关费用由出口商承担
5. 用于特定交易,使用较少	5. 不限定交易,使用较多

在国外,打包放款有时也不一定必须依据信用证,国外银行认为,此种贷款的要点是出口商的资信,而商品的销售情况及货物能否按信用证装运、单据是否合格等,是银行事先不能把握的。所以没有信用证也照样做打包放款。

二、装运后融资

(一) 贴现

贴现是银行有追索权地买入客户手中的远期票据，从而为客户提供短期融资服务，它对加速企业资金周转具有积极的作用。例如，某一企业持有一张 20 万元的 3 个月的远期汇票，如果不贴现，则只能在 3 个月后汇票到期时才能收到货款，然后用这笔款去重新组织货源或加工生产。即使能很快组织到货源或加工生产出来，则资金在 1 年内最快也只能周转 4 次，况且组织货源、加工生产也是需要一定时间的。如果将汇票拿到银行去贴现，那么这 20 万资金就不仅周转 4 次了。

适合于贴现的出口贸易结算票据可以是：①信用证项下的票据；②托收项下的票据；③保理项下的票据。实务中主要是银行承兑汇票，且多以出口商为出票人和申请人。

出口商办理贴现时，要提交贴现申请书，承认银行对贴现款保留追索权。贴现行要认真审查，审查的内容包括申请人名称、账号、承兑人名称、地址及他们的资信、汇票日期及金额等要式和要件。在远期信用证下，银行还须逐项审查单据，要求企业提交的全套出口单据必须是符合信用证条款的合格单据，对风险大的可酌情考虑不予贴现。如果所提示的汇票及各种单据经审查和信用证所规定的条件一致或无证项下的汇票经对方有影响的及信用可靠的银行承兑，银行即从汇票的金额中扣除贴息及各项费用，如手续费、邮电费等，所得净额按汇率折成本币，即为付给出口商的融资额。

由于出口商申请贴现一般是在出口地的某家银行，不可能到国外，所以最方便的贴现是对以出口地银行为付款人的远期汇票所发生的行为，即汇票上的付款人是出口地的某家银行。这样，出口商在开出汇票后，可直接交给当地的这家银行承兑，然后便可由任何愿意贴现的银行贴现。由于在实务中，以出口地银行为汇票付款人的情况不多，所以这种"方便"的贴现的机会不是很多。如果汇票的付款人是国外进口地的开证行或付款行，则要将汇票与单据寄到国外，要求开证行或付款行承兑，然后将承兑的汇票寄回，再由银行办理贴现。目前国内银行是仅凭国外的承兑通知进行贴现的。

当贴现票据到期，付款人拒付票款时，银行可以行使追索权。国内银行的贴现率是由各银行自行制定的，一般 90 天和 180 天的远期汇票分别参照伦敦同业 3 个月和 6 个月的利率来制定。银行在收妥货款后要存入专户，以用于汇票到期日支付贴现银行的贴现票款。

国外票据业务历史较长，业务发达，贴现不仅用于出口融资，而且用于进口方面，即 B/A (Bank's Acceptance)业务，如进口商须立即付款而头寸又不足时，进口商可开立一张融通汇票，当汇票上的受票人承兑后，进口商即可申请贴现，以获得融资，用于向出口商支付。

(二) 出口押汇

1. 对押汇的理解

以前我国银行为外贸企业办理结算业务时，一直采用"收妥结汇"的办法，即银行在接到出口商交来的单据并审核无误后，将单据寄到国外的开证行或指定的付款行索汇，待收到国外银行同意付款的报单后，再向出口商结汇，银行本身不给出口商垫款。由于从寄单索汇到货款收妥入账需要一段时间，特别是在远期付款的情况下，资金被积压的时间很长，影响了出口企业的资金周转。同时这种"收妥结汇"的办法也不利于我国银行同外资银行的竞争。出口押汇是国际上商业银行的传统业务，是向客户融通资金的主要方式之一。目前，外资银行引进的数量越来越多，我国银行能否提供更多的融资方式和优惠条件，是与外资银行竞争的手段之一。

所谓出口押汇(Outward Bills)是指出口商将代表货权的提单及其他单据质押给银行，并从银行得到扣除押汇利息及费用后的有追索权的垫款的方式。或者是指银行有追索权地向出口商购买跟单汇票或全套货权单据的行为。因此，出口押汇主要指买单(Bills Purchased)、议付(Negotiation)。这是跟单托收和信用证方式下，出口商向银行融资的主要方式。

信用证项下和托收项下的单据都可申请做出口押汇，两者的不同之处在于：前者收款的对象是银行，只要单证相符，收款的风险不大；而后者的收款对象是进口商，风险相对大一些。近年来银行竞争激烈，为招揽生意、增加利润，托收项下的押汇也是其经常性的业务之一。我国刚开始开办这项业务时，主要叙作信用证项下的出口押汇，而较少开展托收项下的出口押汇。其原因很简单，信用证业务属银行信用，收汇安全，与属商业信用的托收比较风险要小得多。但目前，许多银行对托收项下的押汇申请也是接受的。

出口押汇的基本做法是：出口商将汇票及全套货权单据交托收行或开证行请求其购买，银行审查同意，并扣除利息及手续费后，将净款付给出口商。

出口押汇具有如下特点：

(1) 出口押汇的目的是融资。融资是出口押汇的直接目的，出口商可以通过向银行融入资金的方式尽快收回货款；银行可以通过融出资金而增加收入。叙作出口押汇，银行不仅可以得到手续费收入，还可以得到押汇利息——押汇日至预计收回款项之日期间的利息。

(2) 出口押汇以购买或质押全套货权单据为基础。出口押汇不同于其他融资方式，它以购买或抵押全套货权单据为基础。银行叙作出口押汇时，不仅要看有关当事人的资信，还应严格审查货权单据及其他单据。

(3) 出口押汇是有追索权的。押汇银行的垫款一般是要向付款人(进口商或开证行)收回的，但如果付款人拒付，那么押汇银行有权向出口商追索已垫款项。

押汇和贴现易混淆，现将两者的比较资料列入表10-2。

表10-2 押汇和贴现的比较

贴　现	押　汇
① 必须有汇票	① 不一定有汇票，对货运单亦可议付
② 必须是远期汇票	② 远期和即期均可
③ 汇票须经承兑	③ 议付时不可能被承兑
④ 汇票可再贴现	④ 无次级市场
⑤ 扣息天数短	⑤ 扣息天数长
⑥ 汇票在贴现行所在地支付	⑥ 汇票在外国支付
⑦ 付款人或承兑人有良好的声誉	⑦ 付款人或承兑人是国外的当事人
⑧ 银行风险小	⑧ 银行风险大

2. 押汇和议付的区别

"议付"是信用证业务中常见的一个专业术语，由于我国还没有关于信用证议付的专门法律规定，根据我国《民法规则》第一百四十二条规定："中华人民共和国法律和中华人民共和国缔结或参加的国际条约没有规定的，可以直接运用国际惯例。"因此，我国法院在处理信用证议付纠纷时，运用的是 UCP 600 中关于议付的规定。UCP 600 第 2 条中将"议付意指被指定银行在其应获得偿付的银行日或在此之前，通过向受益人预付或者同意向受益人预付款项的方式购买相符提示项下的汇票(汇票付款人为被指定银行以外的银行)及/或单据"。从形式上看，议付和押汇都是对出口商装运后的融资，具体的业务操作也有相同之处，将两者等同起来理解的人因此大有人在，实际上，两者的区别还是非常明显的。

(1) 两者所构建的基本法律关系不同。出口押汇所构建的法律关系是附有担保的债权债务关系，即借贷和质押担保关系，银行给予出口商的融资是以出口商提供的单据作质押担保为基础的；而议付关系则是一种信用证法律关系，银行和出口商之间是一种议付关系。

(2) 银行的地位不同。因为出口商是将单据质押给了银行，所以银行在此享有债权和质押权；而议付银行是支付了对价、买入单据，直接对单据享有所有权。

(3) 遭拒付时，银行的救济手段有别。出口押汇项下信用征被拒付后，银行可以根据押汇协议主张合同上的债权及附属的担保物权向押汇申请人索回垫款，并对单据项下的货物享有优先受偿权。议付项下议付行在信用证被拒付后，既有权向开证行、保兑行追索，也有权向受益人行使票据上的追索权(但银行如作为保兑行、付款行或承兑行时不能行使追索权)，同时还有权自行处置信用证项下的货物。

(4) 银行审单的责任不同。出口押汇所构建的关系不直接与银行的审单责任联系在一起，因此即使银行作为议付行存在审单上的过错，它仍然可以基于押汇协议要求押汇申请人偿还押汇款项或者行使担保物权保障自己的债权。议付项下银行的权利则直接与审单联系起来，银行未按照 UCP 600 的要求履行议付的审单义务，则直接影响到议付行的权利的实现。

(5) 适用的法律有所不同。出口押汇法律关系是一般的债权债务关系，适用当事人选择的特定国家的法律。议付显然主要受 UCP 600 的支配；惯例没有规定的，则由当事人选择的特定国家法律来补充调整。

3. 信用证项下出口押汇的程序

(1) 出口商申请。出口商要和银行签订出口押汇总质权书，在出运货物交单时还要逐笔申请，填具出口押汇申请书。总质权书是出口商出具的承担有关票款责任的书面文件，具有长久的效力。出口商承担责任的内容也因银行而异。但要点不外乎以下几条：①出口商愿意提供其所装运的货物或代表该货物的单据作为银行的质押品；②付款人拒绝承兑、付款或承兑人拒绝付款时，银行可以处理货物以抵偿损失，如不足以清偿，银行有权继续向出口商追偿其差额；③当银行认为有必要时，可随时要求增加抵押品或担保品；④出口商将以银行名义投保，银行有权代为投保，保险赔款归银行，保险费或损失由出口商承担；⑤付款人如提前付款，可按适当利率扣减利息。

出口押汇申请书的内容通常包括三部分：①出口商请求押汇的文句及提交的单据；

②保证银行所承购的汇票一定能获得承兑和付款,否则由其负责赔偿;③指示处理押汇款的方式,如拨入某账户或签发支票等。

(2) 银行审核。银行收到申请书后,要认真审核以决定是否接受出口商的申请。审核的内容包括:

① 审核开证行及出口商的资信状况。特别要审查进口方国家的外汇管制情况及开证行的经营作风等。同时也要对出口商进行了解。从信用证结算特点看,只要出口商制作的单据符合信用证的条款,开证行就必须付款,似乎不必再考虑出口商的信用状况。但实际上,即使单证完全相符,当遇到开证银行倒闭或进口地国家突然改变外汇政策而禁止对外付款时,押汇行就无法收回所垫付的票款。基于这种情况,押汇银行通常对出口商的信用也要有相当的认识和把握,以便在向其行使追索权时能如愿以偿。

② 审核单据。在押汇业务中,如果出口商提供的单据有问题,虽不至于使押汇银行丧失权利,但却不能从开证行处得到偿付,所以押汇行要尽量保证出口商提供单据和信用证所规定的条件严格一致。

③ 审核信用证。如信用证中限制其他银行议付、索汇路线迂回、开证行所在地局势紧张等,银行可考虑拒绝接受申请。还要看信用证是否已过期、金额是否已用完、是否是可撤销的信用证。

④ 核审货物情况及进口商的信誉。银行的押汇是以代表物权的单据作担保的,因此银行要对货物的市场情况有所了解,对于那些受季节变化影响大、市场供过于求、易变质的商品不宜押汇。同时,还要对进口商进行审查,以减少押汇款项拒付的风险。因为信誉不好的进口商在市场不利时,往往会指使开证行在单据上挑剔以"合理"拒付,押汇行虽然可以处理货物,但有可能因销售货款不足以抵偿押汇本息而蒙受损失。

(3) 支付押汇款项。押汇行在对有关当事人的信用调查及单据审查完毕之后,如无缺陷或虽有缺陷但有开证行的授权,银行即可向出口商支付货款。这里的货款是扣除了押汇利息的货款。押汇天数可按实际押汇天数计算,也可按经考核的平均收汇天数加上银行合理工作日制定。押汇利率参照国际上同种货币的银行同业拆放利率来计算。

银行办妥上述手续后,要将押汇金额及日期在信用证上做背批,并将汇票及各种单据附上面函寄给指定的银行,要求偿还所垫付的票款。

(4) 押汇款项的追索。信用证的最终付款取决于开证行,如遇开证行拒付,银行有权向出口商追回垫付的货款以及由此而产生的利息、费用等,并可从其账户中扣还。

在托收项下,出口商可以用汇票(如果有的话)和货运单据向银行作质押以提前取得货款。托收银行经审查认为可以叙作出口押汇的,即可买入出口商的汇票和全套货运单据,从票面金额扣减托收日与估计货款收妥日之间的利息和银行手续费,将净额付给出口商。托收行再以持票人的身份向国外办理托收,票款收妥后归还垫款。如国外进口商拒付,可以向本国的出口商追索;如果出口商不退还垫款,则可处理该押汇项下的货物。在光票托收时,银行本票、支票也可用这种方式。托收行经核对票据上的印鉴后,买入票据,扣除利息和手续费付给票据的转让人,这时银行成为票据的持有人,一旦遭拒付,则可行使追索权。由于托收项下的押汇比信用证项下的押汇风险大,因此在押汇申请书或总质权书中应对银行及出口商的责任作出明确的规定,属出口商方面的原因,如货物质量、数量、制单错误等引起的损失应由出口商承担，特别是对承兑交单条件的托收，一般要在对进口商非常了解的情况下才办理。因在承兑交单时，进口商只要一承兑，就能取得单据提货，而托收行掌握的只是一张承兑的汇票。

第三节　进口融资方式

进口融资是指外汇银行对本国进口商从国外进口商品授予的信用。按贸易程序，进口商只有在付款后才能拿到提货单据，否则不能提货，在这个过程中，银行就可为其融资。

一、开证授信

银行开立信用证的主要功能之一，就是以中间人的身份解决买卖双方互不信任的问题。对开证行来说，只要出口商提交的单证相符，便承担了第一性的付款责任。因此开立信用证也是一种授信业务，除进口商本身必须具备一定的资力及信誉之外，还须向银行提供抵押品或担保或交保证金，以降低银行自身的风险。但对那些在开证行开立账户、有多年往来关系且具有良好资信的进口商，开证行根据其资信情况可以为其在开立信用证方面提供一种信用支持，即为进口商核定一定的金额，作为开立信用证的额度，即开证授信额度。它是银行给客户核定的减免保证金开证的最高限额，只要客户开立的信用证的金额不超过这个额度，银行可以免收保证金。这样就使进口商的资金压力减轻。

(一) 开证额度的种类

(1) 一次性额度，即银行与某进口商就某一笔进口开证业务而签订一次性的进口授信额度协议，这笔进口业务结束后，此一次性额度随即失效。对业务往来不久但对其资信有一定了解的进口商，银行可提供这种不能循环使用的额度，有时客户的成交金额大，循环性的授信额度不够时也可申请。

(2) 循环性额度，或称总额度，是由银行与客户签订一个总的进口授信额度协议，由进口商在此额度内循环使用。此额度并不是一定不变，银行根据客户的资信变化和业务需求变化可以对额度作必要的调整。这种循环性的额度多用于在银行开有账户并与银行长期保持良好业务关系的进口商。

(二) 开证授信额度的操作程序

(1) 需申请开证授信额度的进口商按银行规定格式填写授权额度申请书，提出申请的授信金额，表明其应承担的义务。

(2) 银行根据进口商的申请，审查其资信状况、经营状况、内部管理以及以往的有关业务记录，确定对该进口商的授信额度总数。

(3) 银行与申请人签订进口开证授信额度协议书，列明双方的责任和义务。协议书的主要内容包括银行开证义务、进口商付款义务、进口商的保证条款、抵押及担保条款、费用条款、生效条款等。

(4) 当进口商使用授信额度开立信用证时，银行的授信额度相应减少，信用证执行完毕时，即单到付款后，授信额度相应恢复。银行根据协议规定的授信额度，实行余额控制。对于一次性的授信额度，则不得恢复金额重复使用。

要说明的是，并不是有了授信额度，银行就必须为进口商开证。进口商每次开证时，都要向银行提交开证申请书，银行除审查开证额度是否足够外，还要对申请书本身及货物等进行全面的了解，若认为存在较大的风险，银行有权不予开证。

二、假远期信用证

假远期信用证是指买卖双方达成了即期交易，但规定受益人出具远期汇票，提供有关单据后即可即期收汇。对出口商来说，由于能立即收汇所以是即期的；而对进口商来说，要等到汇票到期时才付款给开证行，所以和远期信用证具有同样的功效，也因此称这种信用证为假远期信用证(Usance Credit Payable at Sight)。

假远期信用证实际上是开证行对进口商提供的资金融通。当进口商资金周转不开时，可要求银行开立这样的信用证。信用证中要注明：①本信用证项下汇票付款日为见票后××天；②远期汇票按即期议付办理；③本信用证限制在××银行议付。当出口商凭此信用证装运后，出具远期汇票，备妥所有信用证要求的单据，通过出口地银行交开证行，开证行经审单无误，即承兑汇票，并授权出口地银行将款项支付给出口商，相当于开证行贴现，贴现及承兑费均由进口商负担。出口方银行从支款日计算利息，待汇票的付款到期日，进口商将售出进口货物的款项连同所有利息及费用偿付给出口方银行。

三、信托收据

信托收据(Trust Receipt，T/R)是指在远期付款交单的托收业务中，付款期限迟于货物到达目的地的日期时，进口商为向代收行借出单据而出具的借据或凭证。

信托收据中一般记载有以下内容：

(1) 进口商在赎回信托收据之前，货物所有权仍属于代收行。

(2) 进口商只能以货主(出口商或代收行)的名义将货物存仓；如果货物售出，货款应如数存入银行(代收行)，以便汇票到期时支付货款。

(3) 如果代收行因借出单据而受到损失，进口商应负责赔偿。

(4) 代收行可随时取消信托收据，收回单据及货物。

可见，信托收据在一定程度上又具有保证书的性质。

信托收据不仅适用于跟单托收，也可适用于信用证结算方式。

信托收据的主要功能就是协助进口商从银行获得资金融通，以利于资金周转。现举例说明如下：假如某进口商从国外进口货物，当货物到达目的港时，通常汇票和货运单据已寄到进口地银行。如属即期信用证交易，开证行应立即付款，进口商也应备款向开证行赎回货运单据。这时，进口商可能因资金周转关系而无法付款，不付款就不能提货，在这种情况下，就可要求开证行先行垫款，并将货运单据交给进口商以便提货，在出售或经加工出售后，再归还银行的垫款。如开证行当初开出的信用证是远期信用证，进口商虽无须立即付款赎单，但也拿不到货运单据，这时也可要求银行先交付货运单据提货，待货物出售，汇票到期时再清偿货款。在托收项下，如属付款交单，进口商同样可以要求先将货运单据交给他。但是，当进口商要求银行先交付货运单据提货然后再付款时，除非银行对进口商的信誉十分了解，对收回货款有充分的把握或预先已有抵押物，即在绝对没有风险的情况下才会这样做。如进口商先付款再提货，资金的周转又会感到困难，为解决这一难题，信托收据这种融资方式便应运而生。信托收据最早产生于美国，现已在各国盛行。

这种融资方式的核心是：依据信托收据，进口商与银行便形成一种信托关系，进口商以受托人的身份，根据信托收据上的条款，用信托收据换取货运单据提取货物，并出售这些货物，将出售货物的货款一次或分数次还给银行，以清偿其票款，而银行则以信托人的身份，保留对货物的所有权，也就是以进口商的货物作为抵押品，直到票款完全得到清偿。进口商如违反信托收据上的条款，银行有权以货物所有人的身份，随时向进口商收回货款，以确保其债权。

在信托收据中，进口商被称为受托人，他的义务主要是：①将信托收据下的货物和其他货物分开保管；②出售货物的货款应交付银行或暂代银行保管，但在账目上须与自有资金分别开列；③不得将该项货物抵押给他人。开证行被称为信托人，他的权利是：①可以随时取消信托关系，收回借出的单据或货物；②若货物已被出售，可以随时收回货款；③如进口商借单后倒闭清理，银行对货物或货款有优先权。

信托收据需逐笔申请，进口商在付款或承兑日前向银行提出书面申请，申请书须明确信托收据金额、期限、申请人的责任、还款方式、还款责任及违约处理等，并注明此业务的船名、货名、唛头、金额、信用证号码。

在使用信托收据的情况下，进口商虽然处于受托人的地位，货物的所有权仍归银行，但银行往往很难实际控制货物。如进口商资信欠佳，银行所承担的风险是很大的，比如客户将单据抵押给第三者，货物经加工后已改变形态，将货物运往第三国加工或转卖等，在这些情况下，银行收回货款的机会很小。因此，银行对此业务一般都从严掌握。

四、进口押汇

进口押汇(Inward Bill Receivable)是银行应客户的要求在进口结算业务中给予进口商资金融通的业务活动。具体地说，当进口商应付款赎单或到期支付时，若暂时无力付款，即可申请进口押汇，由银行垫款。进口押汇业务中有两种方式：一是凭信托收据放单，因此信托收据也是进口押汇的一种形式；二是凭进口押汇协议放单，这种协议通常包括类似于信托收据的内容。实务中，有的银行将两种方式合起来使用，客户申请进口押汇时，要同时签署信托收据和押汇协议两个文件。

客户申请进口押汇时，须出具押汇申请书(有时须同时出具信托收据)，申请书应列明申请人名称、信用证编号(也可以是托收项下)、押汇金额、押汇期限等。

银行收到申请后，应对进口商的资信、进口商品的国际国内行情、信用证有关条款等进行认真审核。

若银行同意办理进口押汇，应与客户签订进口押汇协议，协议除列明申请人名称、信用证编号外，主要内容有：①押汇金额及进口商的付款义务。该条款规定，进口商从银行得到的进口押汇资金用于银行为其开立的信用证项下的对外付款。押汇期满，进口商应将押汇款项连同利息归还给银行。②押汇期限及利率。押汇期限一般在 3 个月以内。

③进口商保证条款。该条款通常规定进口商保证在押汇期到期日前归还银行本金及利息；否则，银行有权对其收取罚息，或处理押汇项下的货物。④延期还款条款。⑤货权及货权的转移条款。指规定在进口商未能还清银行押汇本息之前，押汇项下的货物的所有权属于银行，在押汇期间，银行有权检查监督货物销售和收款情况。⑥违约条款。⑦生效条款等。

当信用证项下单到并经审核无误后，银行凭进口押汇协议（及信托收据）对外付款，即为进口商垫款，并从垫款之日起开始收取利息，利率随押汇天数的长短而不同，一般是时间越长利率越高。进口商则从银行借出单据提货。

押汇期满，进口商应归还押汇的本息，如进口商违约，银行有权处理货物或提出法律诉讼，或冻结其在银行的其他账户，或停止其在银行办理一切融资业务等。

五、提货担保

国际贸易中，若进出口国的地理位置较近，货物很有可能比单据先到达目的地。若进口商急于提货，便可使用提货担保，使之在不凭正本提单的情况下也能得到货物。

提货担保是进口商和银行共同或银行单独向轮船公司出具的书面担保，要求凭提货担保先行放货，保证日后补交提单，并负责交纳轮船公司应收费用及赔偿有可能遭受的损失的一种融资方式，实际上也是一种银行保函。当银行收到出口商通过银行寄来的单据后，可要求进口商赎单，凭提单向轮船公司换回原提货担保，退还银行注销。

进口商向银行申请此项业务时，须提交提货担保申请书、发票和提单的副本，银行应对这些文件中有关商品名称、数量、船名、金额、合同号码等项进行一致性核对，以确定该货物确属银行所开信用证项下的货物。同时要求进口商在办理了必要的手续后方能出具提货担保。因为在担保中银行通常声明，凡是轮船公司由于凭担保放货而遭受的一切经济损失都由银行负责赔偿。不仅如此，银行面临的另一风险是，信用证项下的单据到达后，即使发现不符点，也不能对外拒付。为避免这类风险，银行在出具提货担保之前必须做到：

(1) 要求进口商提交一定的抵押品或保证金，或有信托收据额度（在额度内凭信托收据签发提货担保），或提供第三者的担保。

(2) 要求进口商在申请书中明确保证，在单据到达后，无论有无不符点，均不提出拒付。

各项内容经审核无误后，方可出具担保。提货担保书可以是申请人提供由银行加签，也可以是银行自己出具。银行加签或出具提货担保后，对随后收到的信证下的单据，须立即偿付议付行或交单行，并通知进口商凭正本提单换回提货担保。

一般银行往往仅向那些由本行已提供了授信额度的进口商提供提货担保服务。在出具担保时，进口商可不再办理有关抵押或担保手续，只是凭信托收据申请出具提货担保，银行在出具提货担保之后，再从进口商总的授信额度中做相应扣减。提货担保多用于信用证项下的货物，但对本银行授信客户，在收取足额保证金且客户保证无条件承担由于出具提货担保可能给银行造成的一切损失的情况下，也可办理进口代收业务项下的提货担保业务。

本章小结

(1) 国际贸易融资有广义和狭义之分。就狭义而言,国际贸易融资是指外汇银行在为进出口商办理汇款、托收和信用证项等结算业务时,对进口商和出口商提供的与结算相关的短期和长期的融资便利。其基本方式包括出口项下的打包放款、议付、票据贴现,进口项下的押汇、信托收据、提货担保等。这是一个特定范围内的资金融通。广义的国际贸易融资是指外汇银行对进口商和出口商提供的与进出口贸易结算有关的一切融资活动。

(2) 传统的国际贸易融资是银行对进出口商提供的与国际结算相关的资金融通,并围绕着结算的有关环节进行的,不但是中间业务,还是资产业务,与银行的贷款相比其特点主要是资金所服务的阶段不同、风险大小有别、收益上存在差别、流动性不同。国际贸易融资的意义就在于:国际贸易融资是银行有发展潜力的业务之一,国际贸易融资是进出口商扩张贸易的重要工具,促进对外贸易的增长。

(3) 出口融资方式装运前融资主要有红条款信用证、打包放款;装运后融资包括贴现、出口押汇。

(4) 红条款信用证是指开证行应买方即开证申请人的要求加列的,允许出口商在全部货运单据备齐之前可预先向出口地的银行预支部分货款。红条款信用证一般只在特定的交易中使用。

打包放款是出口地银行向本国出口商提供的一种短期(最长为6个月,一般为3个月)资金融通。出口商凭国外开来的正本信用证向银行借入资金,用于购买、包装、出运信用证内所规定的货物。因这种放款最初仅向受益人提供包装费用方面的融资而得名。

贴现是银行有追索权地买入客户手中的远期票据,从而为客户提供短期融资服务,它对加速企业资金周转具有积极的作用。

出口押汇是指银行以出口商提供的信用证项下完备的货运单据作质押,在收到开证行支付的货款之前,向出口商融通资金的业务。其实质是以单据为质押先垫付一笔资金给出口企业,这样就能使出口商在整个业务中资金不被占用,在进口商未付款以前就能得到货款。

(5) 进口融资,是指外汇银行对本国进口商从国外进口商品授予的信用。主要包括开证授信、假远期信用证、信托收据、进口押汇、提货担保。

复习思考题

一、名词解释

贸易融资　打包放款　出口押汇　开证授信　假远期信用证　信托收据　提货担保

二、简答题

1. 出口融资方式有哪些?如何分类?

2. 什么是打包放款?如何操作?

3. 什么是押汇？押汇是否就是议付？

4. 进口融资方式有哪些？各有什么特点？

5. 什么是开证授信额度？

6. 如何操作进口押汇？

7. 信托收据和提货担保有何异同？

第十一章

国际非贸易结算的种类与方式

【本章导读】 国际上能引发债权债务关系的经济活动中，除了商品进出口的有形贸易外，还包括运输、保险、金融、文化交流等其他劳务或服务项目的收付结算即国际非贸易结算。随着我国经济的发展和市场的开放，尤其是金融、保险、运输的发展及对外文化交流的不断扩大，非贸易结算在我国国际结算业务中的地位越来越重要。国际非贸易结算的内容及项目繁多、方式灵活，本章重点介绍外币信用卡、旅行支票、旅行信用证、外币兑换业务等几种较为重要的国际非贸易结算方式。

第一节　国际非贸易结算方式概述

一、非贸易结算的产生

非贸易结算(Non-trade Settlement)是指无形贸易(Invisible Trade)引起的国际间货币收付的活动。它包括除贸易及其从属费用以外的一切国际结算业务。非贸易结算是国际结算的重要组成部分。

最初的非贸易结算是采取现金结算方式。后来发展成市场票据，开始以光票的收据进行非贸易结算。现在国际非贸易收支是采取非现金结算方式，主要通过银行对票据进行清算。小量非贸易外汇，也可采取携带自由兑换的货币，到国外兑成当地货币的办法。国际非贸易结算在两国或多国以双边或多边方式进行。不论使用何国的货币，支付时一般均折付为当地货币，或将资金存入有关货币的中心地点的账户。例如汇至伦敦的美元存入收款人在美国开立的银行账户。非贸易外汇收入，主要来自提供劳务、各种服务，不需要出口商品，所以多数国家都努力提高服务质量，争取多收汇。中国在争取华侨汇款、旅游外汇和调回私人存在国外资金等方面，订有各种优待办法。非贸易结算可用即期或远期方式。即期票据在提示时即付款。远期票据在提示时先办理承兑，待票据到期时付款。

二、非贸易结算的特点

(1) 相对于贸易外汇收支而言，非贸易外汇收支的范围广泛、内容庞杂、项目繁多、金额较低。

(2) 结算方式多样、灵活。非贸易外汇的收支主要是通过非贸易汇款、外币兑换、旅行支票、旅游信用证、信用卡等方式进行结算。

三、非贸易结算的范围

非贸易结算内容包括贸易交往中的各项从属费用，如运输、保险、银行手续费等，以及其他与贸易无关的属于劳务性质的非实物收支，如出国旅游费用、侨民汇款、外币收兑、国外投资和贷款的利润、利息收益、驻外使领馆和其他机构企业的经费、专利权收入、馈赠等。

根据我国传统的分类方法，非贸易结算的范围包括以下 18 个方面：

(1) 海外私人汇款；

(2) 铁路运输收支；

(3) 海运收支；

(4) 航空运输收支；

(5) 邮电服务收支；

(6) 保险服务收支；

(7) 银行业务收支；

(8) 图片、影片、邮票收支；

(9) 外轮代理与服务收支；

(10) 外币兑换收支；

(11) 兑换国内居民外汇；

(12)旅游业收支；

(13) 私人用汇支出；

(14) 机关、企业、事业团体经费外汇支出；

(15) 驻外企业汇入经费收入；

(16) 外资企业汇入经费收入；

(17) 外国使馆团体费用收入；

(18) 其他外汇收支。

本章主要介绍国际信用卡、旅行支票和旅行信用证、侨汇和外币兑换几种主要的国际非贸易结算方式。

第二节 外币信用卡

一、信用卡的含义

信用卡(Credit Card)是由银行或专业机构向客户提供短期消费信贷的一种信用凭证。持卡人可在指定的特约商店、宾馆、旅游场所等购买商品或享受服务，或向约定银行支取现金。

二、信用卡的种类

信用卡的种类很多，可以按照不同的标准将其分类。

(1) 按发卡机构不同，信用卡可分为银行卡和非银行卡。

(2) 按透支要求不同,信用卡分为贷记卡和准贷记卡。

(3) 按发卡对象不同,信用卡可分为公司卡和个人卡。

(4) 按持卡人的信誉、地位等资信情况的不同,分为普通卡、金卡和白金卡。

(5) 按使用范围不同,信用卡分为国际卡和国内卡。

三、信用卡的运作

(一) 基本当事人

(1) 发卡行。发卡行即发行信用卡的银行或机构。

(2) 持卡人。持卡人即持有信用卡的客户。

(3) 特约商户。即特约单位,是与发卡行(或代办行)签订协议,受理持卡人使用指定的信用卡进行购物或支付费用的服务性单位。

(4) 代办行。代办行是受发卡行的委托,负责某一地区特约商户的结算工作的银行。

(二) 申请与使用

1. 申请

信用卡的发卡机构只对有固定工资收入的人发卡,其标准按各种信用卡所提供的便利条件不同而异。单位或个人向银行申请办理信用卡时,应填写"信用卡申请表"交发卡行审核,发卡行要审查申请人的收入、信誉、担保等情况,符合条件者即可得到发卡行发给的信用卡。持卡人要缴纳手续费和年费,收费率各银行不尽相同,也有免收费用的。

2. 取款

当持卡人到代办行凭信用卡提取现金时,代办行应在以下方面认真审查信用卡:

(1) 信用卡的真伪,包括检查防伪标记、名称和图案等是否与规定相符;

(2) 该卡是否属于已委托代办的信用卡;

(3) 该信用卡的卡号是否被列入委托行通知的"注销名单";

(4) 该信用卡是否在有效期内;

(5) 持卡人要求提取的现金是否在用款限额之内;

(6) 持卡人的护照或身份证姓名是否与信用卡姓名一致。

审查无误后,经办人员用压印机将信用卡正面凸出的内容压在一式三联的专用取现单上,并且按照持卡人所需金额加上相应的手续费(3%~4%)填写在取现单有关栏内,交持卡人当面签字。如果持卡人签字和信用卡预留签字相符,经办人员即可把金额支付给持卡人,并且把信用卡连同取现单"持卡人存根"交还给持卡人。如果持卡人要求支取的现金超过了最高用款限额,代办行必须先用电传与委托行联系,取得授权后方可办理兑付。兑付时将委托行批复的号码填入取现单,对于联系中发生的费用,可向委托行计算收取。代办行将每天所有的取款单金额汇总起来,与国外发卡行进行清算。

3. 消费

持卡人去特约商户消费时,其经办人员同样需要对信用卡进行仔细审核。审核无误后经办人员填写一式四联的签购单,并将信用卡相应信息压印在签购单上。核对持卡人签字和信用卡预留签字相符后，经办人员把信用卡连同签购单的第一联交还持卡人。特约商户汇总当日（或一周）多笔签购单作一笔总计单一式三联，然后编制进账单并将签购单和总计单的相应联次送交当地代办行向其索款。

代办行收到特约商户送来的信用卡单据后，应认真审查以下内容：进账单和总计单填写的内容是否正确、齐全；进账单和总计单净金额是否相符，手续费是否计算正确；签购单的内容、联次是否齐全、有效等。审查无误后，代办行从发卡行在代办行开设的备用金账户取款，扣除相应的手续费后将净款支付给特约商户。然后代办行根据总计单编制信用卡备用金账户借记报单一式两联，将其中的一联连同总计单的“发卡行存根联”和签购单的“发卡行存根联”寄送国外发卡行。发卡行按总计单金额汇款存入备用金账户并向持卡人收取相应的款项。

(三) 挂失

遗失信用卡后，持卡人应及时向代办行办理挂失手续，并支付相应的挂失手续费。持卡人首先应填写“信用卡挂失申请书”，写明持卡人姓名、信用卡种类、信用卡号码、信用卡有效期以及持卡人的护照或身份证号码等并签字。代办行立即将持卡人的姓名、信用卡号码以电报或电传形式通知委托行办理挂失支付，并及时通知各代办行和特约商户停止受理挂失的信用卡相关业务。其后，代办行将“信用卡挂失申请书”寄送委托行。

四、国际信用卡组织

目前国际上的信用卡组织主要有五个，分别是维萨（Visa）国际组织、万事达（Master）国际组织、美国运通、大来卡（Diners Club）、日本 JCB。

(一) 维萨国际组织

维萨国际组织（Visa International）是目前世界上最大的信用卡和旅行支票组织。维萨国际组织的前身是 1900 年成立的美洲银行信用卡公司。1959 年，美洲银行发行了第一张银行信用卡，1966 年，Bank of America Service Corp（BSC）公司成立。1970 年 BSC 公司改名为 National Bank Americard INC（NBI），为美国各地银行提供信用卡服务。1974 年，美洲银行信用卡公司与西方国家的一些商业银行合作，成立了国际信用卡服务公司，并于 1977 年正式改为维萨（Visa）国际组织，成为全球性的信用卡联合组织。

Visa 卡国际组织是由国际上各银行会员组成的信用卡组织，属于非营利机构，总部设在美国加州旧金山。Visa 帮助会员开发各种 Visa 支付工具（又称信用卡）及旅行支票业务，为会员提供各种 Visa 产品及服务，帮助会员利用 Visa 产品及服务获取利润，降低会员在网络上的重复投资，提供给会员、消费者及特约商户自动“无现金”的付款工具及系统。

维萨拥有全球最具规模的电子支付网络，将持卡人、商户以及 21 000 家互相竞争的 Visa 会员金融机构紧密联系起来，为财务产品和专业服务开拓全新领域，提供多元化选择、方便快捷的服务，以及妥善理财的能力。Visa 的财务工具协助个人理财、企业发展、经济增长，每年产生的交易额达 3 万亿美元。Visa 国际组织是开发创新支付产品与科技的中流砥柱，不断推陈出新，力求让会员机构及持卡人受惠。维萨国际组织将全球划分为六大业务区，即加拿大区、美国区、亚太区、中欧和东欧、中东和非洲地区及拉丁美洲和加勒比地区。维萨国际组织拥有 Visa、Electron、Interlink、Plus 及 Visa Cash 等品牌商标。

VisaNet 是世界上覆盖面最广、功能最强和最先进的消费支付处理系统，不断履行使您的 Visa 卡通行全球的承诺。目前，全世界有超过 2 000 万个特约商户接受 Visa 卡，还有超过 84 万个 ATM 遍布世界各地。因此，Visa 的全球网络让您不论身在何处，都能方便地使用 Visa 卡。

Visa 国际组织本身并不直接发卡。在亚太区，Visa 国际组织有超过 700 个会员金融机构发行各种 Visa 支付工具，包括信用卡、借记卡、公司卡、商务卡及采购卡。这些产品都能让您在消费时倍感安全、便利和可靠。

Visa 分别于 1993 年和 1996 年在北京和上海成立代表处。Visa 在国内拥有包括银联在内的 17 家中资会员金融机构和 5 家外资会员银行。截至 2010 年 6 月底，中国发行信用卡总量累计约 2 亿张，其中 Visa 标识的双币信用卡发行量最多，为 5 000 万张。

(二) 万事达国际组织

万事达卡国际组织(MasterCard International)是全球第二大信用卡国际组织。1966 年美国加州的一些银行成立了银行卡协会，并于 1970 年启用 Master Charge 的名称及标志，统一了各会员银行发行的信用卡名称和设计，1978 年再次更名为现在的 MasterCard。万事达卡国际组织拥有 MasterCard、Maestro、Mondex、Cirrus 等品牌商标。万事达卡国际组织本身并不直接发卡，MasterCard 品牌的信用卡是由参加万事达卡国际组织的金融机构会员发行的。目前其会员约 2 万个，拥有超过 2100 多万家商户及 ATM 机。

万事达国际组织于 20 世纪 50 年代末至 60 年代初期创立了一种国际通行的信用卡体系，旋即风行世界。1966 年，组成了一个银行卡协会(Interbank Card Association)的组织，1967 年四家加州银行组成西部各州银行卡协会(Western States Bankcard Asociation，WSBA)，并推出 Master Charge 的信用卡计划。不久，该协会加入银行间卡片协会，并将 Master Charge 授予该协会使用，1969 年银行卡协会购下了 Master Charge 的专利权，统一了各发卡行的信用卡名称和式样设计。1970 年银行间卡片协会取得 Master Charge 的专利权。与美国商业银行一样，银行间卡片协会也积极拓展国际市场，如与欧洲信用卡国际组织建立联网，扩大在全球的接受程度。1978 年，Master Charge 改名为 MasterCard。万事达卡国际组织是一个包罗世界各地财经机构的非营利协会组织，其会员包括商业银行、储蓄与贷款协会以及信贷合作社。其基本目标始终不渝：沟通国内及国外会员之间的银行卡资料交流，并方便发行机构不论规模大小，也可进军银行卡及旅行支票市场，谋求发展。

万事达卡国际组织拥有全球最全面的支付品牌，目前已在全球发行标有 MasterCard、Cirrus 和 Maestro 标志的各种信用卡、支付卡和借记卡达 10 亿多张。万事达卡国际组织在全球拥有 24 000 个会员金融机构，并在 210 个国家和地区为各种不同规模的个人和公司提供支付服务。作为高品质和革新精神的业内领先者，万事达卡在虚拟和现实两个世界里实现着全面的支付解决方案。万事达卡国际组织在全球拥有多达

1 900 万个的接收点和商户，其全球总交易额已超过 7 000 亿美元，万事达国际组织已经在 210 个国家和地区为各种不同规模的个人和公司提供支付服务。

万事达卡国际组织于 1988 年进入中国，目前国内主要商业银行都是其会员。万事达卡国际组织在帮助中国的银行卡业从起步到发展上都起到了不可磨灭的作用。目前大多数中国会员银行的信用卡都使用万事达卡的品牌。万事达卡也是最先在中国实现全球连网业务的国际组织，为此给国家创造了大量的外汇收入，为会员银行和广大商户创造了各种商业机会和丰厚的利润。万事达卡将以帮助中国的支付业发展为己任，为中国的金融事业做出努力和贡献。

(三) 美国运通公司

美国运通公司创立于 1850 年，总部设在美国纽约。它是国际上最大的旅游服务及综合性财务、金融投资及信息处理的环球公司，在信用卡、旅行支票、旅游、财务计划及国际银行业占领先地位，是在反映美国经济的道琼斯工业指数三十家公司中唯一的服务性公司。

美国运通公司是全球最大的独立信用卡公司。在美国运通公司提供的众多金融及旅游产品及服务中，美国运通卡为知名度最高的产品。自 1958 年美国运通卡首次发行以来，以不预设消费限额及提供高水准服务而享有世界第一流消费卡声誉，为千百万美国运通卡会员及全球绝大多数跨国公司采用，在《财富》杂志所列 100 家全球最大跨国公司中有 90 家采用美运通公司卡及商务旅行服务。美国联邦政府系统也全面采用美国运通公司卡及商务旅行服务。

自 1958 年发行第一张运通卡以来，迄今为止运通已在 68 个国家和地区，以 49 种货币发行了运通卡，构建了全球最大的自成体系的特约商户网络，并拥有超过 6 000 万名的优质持卡人群体。成立于 1850 年的运通公司，最初的业务是提供快递服务，随着业务的不断发展，运通于 1891 年率先推出旅行支票，主要面向经常旅行的高端客户。可以说，运通服务于高端客户的历史长达百年，积累了丰富的服务经验和庞大的优质客户群体。

美国运通公司也是全球最大的旅游服务公司，通过在全世界 120 多个国家的近 2 300 个美国运通旅游办事处这一庞大网络，向美国运通卡会员及顾客提供统一标准及第一流的旅游服务。美国运通公司于 1891 年首先发明发行了美国运通旅行支票，目前以 10 种货币发行，在全球旅行支票市场中占领先地位。另外，美国运通公司所属美国运通银行、美国运通财务咨询公司在各自领域里也占有领先的或独到的地位。

美国运通公司凭借百余年的服务品质和不断创新的经营理念，保持着“自己”富人卡的形象。过去运通一直走独立发卡之路，从 1996 年才开始向其他金融和发卡机构开放网络，1997 年成立环球网络服务部(GNS)，允许合作伙伴发行美国运通卡，至今 GNS 已与全球 90 多个国家的 80 个合作伙伴建立了战略合作伙伴关系。它在亚太区的 17 个国家拥有 28 个合作伙伴，包括中国工商银行、中国台湾的台新银行、中国香港的大新银行、新加坡发展银行、新西兰银行、国立澳大利亚银行等。

美国运通公司是最早在中国为其全球客户提供服务的公司之一。1979 年美国运通公司在北京成立了第一个代表处，此后分别在上海、广州和厦门开设了代表处，并有中国国际旅行社(国旅)办事处作为其旅游代理,遍布全国各地。在中国,包括酒店、餐厅、商店、航空公司等众多窗口行业都接受美国运通卡签账。资料显示,美国运通卡占外来信用卡在中国消费的45%,此外,外国游客使用美国运通产品服务在中国旅游消费约占中国旅游外汇收入的15%。随着中国出境旅游的增加,美国运通还为中国公民提供了美元公司卡。美国运通旅行支票也是一种受欢迎的现金代用品,在中国有40%市场占有率。1980年,中国银行率先办理美国运通旅行支票的销售和补偿业务。如今,中国银行、交通银行、中信实业银行、中国农业银行、中国工商银行和中国建设银行遍布全国70个城市的90个营业点均办理美国运通旅行支票业务。

(四) 大莱信用卡公司

大莱卡于1950年由创业者Frank MC Maraca创办,是第一张塑料付款卡,最终发展成为一个国际通用的信用卡。1981年美国最大的零售银行——花旗银行的控股公司——花旗公司接受了Diners Club International卡。大莱卡公司的主要优势在于它在尚未被开发的地区增加其销售额,并且巩固该公司在信用卡市场中所保持的强有力的位置。该公司通过大莱现金兑换网络与ATM网络之间所形成互惠协议,从而集中加强了其在国际间市场上的地位。

(五) 日本JCB

1961年,JCB(Japan Credit Bureau)作为日本第一个专门的信用卡公司宣告成立。此后,它一直以最大公司的姿态发展至今,它是代表日本的名副其实的信用卡公司。在亚洲地区,其商标是独一无二的。其业务范围遍及世界各地100多个国家和地区。JCB信用卡的种类成为世界之最,达5 000多种。JCB的国际战略主要瞄准了工作、生活在国外的日本实业家和女性。为确立国际地位,JCB也对日本、美国和欧洲等商户实现优先服务计划,使其包括在JCB持卡人的特殊旅游指南中。空前的优质服务是JCB成功的奥秘。

第三节　其他非贸易结算

一、旅行支票概述

(一) 旅行支票的概念和特点

旅行支票(Traveler's Cheque)是银行或旅行社为便于旅游者安全携带和使用而发行的一种定额支票。

旅行支票具有以下特点:

(1) 面额固定、多样。

(2) 兑取方便。

(3) 携带安全。

(4) 挂失补偿。

(二) 旅行支票的关系人

(1) 出票人：指发行旅行支票的银行或专业机构。由于旅行支票是以出票人为付款人的支付凭证，因此出票人即为付款人，它的签章预先印在票面上。

(2) 发售人：指出售或代售旅行支票的银行或旅行社等代理机构。

(3) 持票人：购买或持有旅行支票的人，并已在旅行支票上进行了初签。

(4) 兑付人：指事先已与出票人签订代付协议的机构。

(5) 受让人：接受旅行支票的服务部门即为支票的受让人。

(三) 旅行支票的出售和代售

游客购买旅行支票时，填写的购买申请书上要写明：购买哪家银行发行的旅行支票、购买者姓名、地址、购买张数、货币种类、面额及总金额、购买日期等。出售机构经审核无误、收妥款项后，按规定请其在每张旅行支票的"初签栏"签名，以便兑付时与"复签栏"的签名核对。若购买者用本国货币购买外币旅行支票，按当天外汇牌价的卖出价折算。

(四) 旅行支票的兑付

兑付旅行支票时，应注意以下几点：

(1) 识别旅行支票的真伪。

(2) 审核支付范围、有效期限。

(3) 核对初签和复签。

(4) 审查转让。

旅行支票分可转让(Negotiable)和不可转让(Non-negotiable)两种。对不可转让支票，只能由原购票人在兑付时当面复签，确认复签真实后，可予兑付。对可转让支票，原购票人在转让时是对受让人当面复签，并填上受让人姓名，然后受让人到银行在支票背面背书领取票款。

(5) 收取贴息和收回垫款。

二、旅行信用证

(一) 旅行信用证的含义与特点

旅行信用证(Traveler's Letter of Credit)是银行为了便利旅客到境外支付旅行用款而开出的一种信用证。开立旅行信用证时一般要求开证申请人预留印鉴，以便取款时核对。

旅行信用证具有如下特点：

(1) 旅行信用证的正本由开证申请人自己携带。

(2) 旅行信用证是一种光票信用证，不附带任何单据。

(3) 与贸易结算中的信用证的不同之处是，旅行信用证的开证申请人和受益人是同一人，也就是汇款人和收款人是同一人，即均为旅行者本人。

(4) 受益人按不超过旅行信用证总金额的限额，可以一次或多次向指定的议付行支款，每次取款后都须在信用证上做记录。

（5）旅行信用证应在其有效期内使用。

（二）兑付旅行信用证的手续

（1）当旅行信用证的持证人到指定的银行要求兑付时，须将旅行信用证的正本交议付行审查，经议付行验证在确认可兑付时，把本次支款日期、金额和结存余额等记载于信用证上，加盖付款行印章，收取7.5‰的贴息后结付，将收据的第二联（即副收条）作为议付行的借方传票附件，然后将收据的第一联（即正收条）随报单寄开证行索偿，收回垫款。

（2）若解付后信用证还有余额，应将"印鉴核对书"和信用证还给受益人；若没有余额，则应收回，在信用证上加盖"注销"或"用完"戳记，连同"印鉴核对书"及报单一起寄开证行索偿。

三、外币兑换业务

（一）外币兑换的含义

银行办理外币现钞的兑入和兑出的业务，称为外币兑换业务（Exchange of Foreign Bank Notes）。

国家确定某种外币能否收兑，主要考虑两个因素：一是货币发行国对本国货币出入境是否有限制；二是这种货币在国际金融市场上能否自由兑换。

（二）外币兑换的程序

1. 兑入外币

凡属国家外汇管理局"外钞收兑牌价表"上所列的各种外币，银行经查验顾客的护照或身份证后办理收兑。银行将按当天外钞买入价折算成人民币，填写一式四联的"外币兑换水单"，收点外钞和支付人民币。

2. 兑出外币

银行对境外单位或个人要求兑出外币，应查验护照或身份证及原外币兑换水单，在有效期内（从兑入外币之日起6个月内），按不超过原兑换水单上的金额兑换。收回的原兑换水单，加盖"已退回"戳记，作为外汇买卖传票的附件。最后还应在顾客的海关申报单的外币登记栏中写明，以便海关检查放行。

对于批准出国人员申请兑换外币，银行应根据外汇管理部门在"非贸易外汇申请书"上批准的金额办理。办理兑出手续时，应缮制"外币兑换水单"一式四联，根据当天外钞买出价兑付。

四、侨汇

（一）侨汇的含义

侨汇（Overseas Chinese Remittance）是华侨汇款的简称。侨汇是我国非贸易外汇的主要来源之一。

(二) 侨汇的解付程序

1. 侨汇的解付

侨汇的主要方式有信汇、电汇、票汇和约期汇款等。

(1) 信汇。信汇指港澳或国外联行通过信函航寄信汇通知书方式汇入的侨汇。大部分港澳和国外联行在办理侨汇业务时采用每日按国内通汇行、分币别在营业终了时缮制“经收侨汇总清单”并附信汇委托书等，直接寄通汇行。通汇行收到汇出行寄来的侨汇总清单后，经仔细审核汇出行签章无误，总清单所列笔数、金额与附件相符后，按所附的信汇委托书逐笔缮制汇款通知书，通知收款人取款。

通汇行解付信汇后，应在收款人签章的正副收条上加盖有行名和日期的“付讫”戳记，副收条可代“汇入汇款”科目借方传票或作传票附件，正收条及时寄回汇出行。

(2) 电汇。电汇指港澳或国外联行以电报方式汇入的侨汇。通汇行接到电汇后，经译电核押无误，即缮制汇款通知书通知收款人前来取款。如汇款报单电抄未到，先以“港澳及国外联行往来未达户”科目列账，转入“汇入汇款”科目并抽出电抄，加盖“付讫”戳记，以防重复解付。

(3) 票汇。票汇指海外华侨、港澳台同胞向港澳或国外联行购买汇票，自带或邮寄给他们国内的亲属，凭以向国内指定的解付行兑付的汇款。解付行经核对汇票上的出票人签字、汇票通知书上的签字与签字样本相符后，办理解付。汇票上若有收款人姓名，应由收款人背书，并认真核对收款人提供的身份证件后，方可解付。解付汇票的侨汇证明书由解付行填写，解付汇票时如汇出行的总清单尚未收到，可通过“港澳及国外联行往来未达户”科目处理。

(4) 约期汇款。约期汇款指华侨和港澳台同胞与汇出行约定，在一定时期(如每月一次或每两月一次)汇给国内侨眷一定金额的汇款。由汇出行通知解付行按约定日期通知收款人取款。

2. 侨汇收条的处理

信汇、电汇全套汇款收条一般都有正、副收条，汇款证明书和汇款通知书一式四联。

正收条(Original Receipt)应在解讫侨汇后及时寄还汇出行，等候汇款人领取，以清手续。副收条(Duplicate Receipt)是解付侨汇后银行留存的主要凭证。

正、副收条上都应有收款人签章、现金付讫章和解付日期章。

汇款证明书是解付侨汇时交给收款人持有的一联，凭以查对收款金额。

汇款通知书有收款人的详细地址，以便通知收款人取款，它是解付侨汇的依据。

(三) 侨汇的转汇及解付的处理手续

1. 侨汇的转汇

侨汇的转汇是指当汇入行收到侨汇后，收款人在外地需要办理转汇，可委托收款人所在地银行办理解付。侨汇的转汇均应以外币进行，解付后也应以外币划账。

2. 解付时的处理手续

解付行收到转汇行寄来的侨汇转汇委托书及附件，应先核对印鉴、密押，再根据转汇委托书逐笔与附件核对，按照规定手续办理解付。

解讫的正收条和通知书上应加盖解付行付讫日期，随附报单寄转汇行。副收条由解付行留作传票附件或另外保管。

3．转汇行收到解付行报单处理手续

转汇行收到解付行的联行报单及所附的解讫侨汇正本收条及通知书，经核对无误后，逐笔抽销信汇委托书办理转账。

本章小结

(1) 非贸易结算是指无形贸易引起的国际间货币收付的活动。它包括除贸易及其从属费用以外的一切国际结算业务。非贸易结算是国际结算的重要组成部分。最初的非贸易结算是采取现金结算方式。后来发展成市场票据，开始以光票的收据进行非贸易结算。现在国际非贸易收支是采取非现金结算方式，主要通过银行对票据进行清算。

(2) 非贸易的主要特点是相互提供劳务服务，不必组织商品进出口。非贸易结算内容包括贸易交往中的各项从属费用，如运输、保险、银行手续费等，以及其他与贸易无关的属于劳务性质的非实物收支，如出国旅游费用、侨民汇款、外币收兑、国外投资和贷款的利润、利息收益、驻外使领馆和其他机构企业的经费、专利权收入、馈赠等。

(3) 信用卡是由银行或专业机构向客户提供短期消费信贷的一种信用凭证。持卡人可在指定的特约商店、宾馆、旅游场所等购买商品或享受服务，或向约定银行支取现金。信用卡的种类很多，可以按照不同的标准将其分类。目前国际上的信用卡组织主要有五个，分别是维萨国际组织、万事达国际组织、美国运通、大莱卡、日本JCB。

(4) 其他非贸易结算有旅行支票、旅行信用证、外币兑换业务及侨汇等。

复习思考题

一、名词解释

非贸易结算　信用卡　旅行支票　旅行信用证　外币兑换业务　侨汇

二、简答题

1. 简述非贸易结算的特点与范围。
2. 使用旅行支票的注意事项有哪些？
3. 旅行信用证有什么特点？
4. 如何进行外币兑换？
5. 如何办理侨汇业务？

第四篇

国际结算中的风险及其防范

第十二章

国际结算中的风险及风险控制

【本章导读】 国际结算中的风险具有复杂、多变的特点。对潜在的风险进行识别、衡量和处理即所谓的风险控制或管理。通过本章的学习，可以了解国际结算中的风险类型及防范；掌握防范诈骗和拖欠的基本原则；理解诈骗和拖欠的概念以及国际结算中风险存在的客观性。

第一节 国际结算中的风险类型及其识别

国际结算是以国际贸易为基础的非现金结算，在国际贸易中，交易双方相距遥远，又各处于不同的国家或地区，各国(或地区)的政治、经济、文化、法律、法规等各有差异，给国际贸易结算带来更多的复杂成分，因此，对国际贸易结算中存在的各种风险、欺诈行为进行分析和研究，有利于识别和防范风险。

国际贸易和结算中的风险是客观存在的，每一笔进出口贸易合同都包含着各种风险因素，尤其是货款结算中的某些环节处理不当或发生意外时，这种风险就更加突出。简单地说，国际结算风险集中表现为：出口商按合同发货后，不一定能够及时、足额收回以外币计价的货款；进口商按合同付款后，不一定能够按时收到合同规定的货物。进一步具体分析，在国际结算中的主要风险可以归结为下述四个方面。

一、信用风险

信用风险是指进口商或出口商是否恪守信用的风险。一般而言，信用风险的主要对象是出口商。因此，对于出口商，信用风险是指进口商是否恪守信用的风险，它包括受货风险、财务风险、贸易结算方式选择风险三类。

(一) 受货风险

受货风险是指进口商不接受货物的风险。拒受货物产生的原因有两个方面：一是出口商提交的单据与销售合同的要求不符(如在托收项下)，如果进口商不愿继续进行交易，就可能拒绝接受货物；二是贸易合同签订后，合同项下货物的市场价格有所下跌，进口商为了获得预期收益，迫使出口商降价，而设法拒受货物。货物被拒受后，滞留在进口地港口，因此而产生的费用不断增加，出口商只能采用直接谈判或法律仲裁方式来解决进口商的拒受问题。实际上，法律仲裁由于地域差异及适用法律选择的问题而复杂化，以及时间对出口商极为不利，因此，出口商往往被迫接受进口商的降价要求。

防范受货风险的措施在于交易前切实掌握进口商的资信情况，对老客户掌握其资信的变化情况，同时，尽量选择对已有利的结算方式。

(二) 财务风险

财务风险是指进口商逾期付款或不付款的风险。表现为在货到付款或托收承兑交单条件下，借口货物质量不符而拖延付款；或者从贸易合同签订到货款结算期间，进口商出现财务状况恶化，而无力支付货款。财务风险的防范措施依然是掌握对方资信及选择对已有利的结算方式。

(三) 国际结算方式选择风险

出口商所承担的信用风险程度，因所采用的国际贸易结算方式不同而有所区别。一般而言，若采用以银行信用为基础的结算方式办理进出口业务，出口商所承担的信用风险较小；若采用以商业信用为基础的结算方式办理进出口业务，进口商是否接受货物，是否按时支付货款，全凭其自身的商业信誉，则出口商所承担的信用风险较大。

采用汇款结算方式，往往是货到付款，出口商承担着很大的信用风险，有可能遭受钱货两空的重大损失。如果采用预付货款，则进口商将承担着很大的信用风险，有可能不能按时收到合同规定的货物。

采用托收结算方式，如果付款交单可能产生进口商拒收货物的风险；如果是承兑交单更有可能遭受钱货两空的风险。

采用信用证结算方式，由于信用证以银行信用为基础，出口商的风险大为降低，但出口商依然要面对开证行无理拒付或无力支付的风险，以及履行合同后，由于技术上的原因使单证不符导致开证行拒付的风险，即所谓单证风险。

进口商同样要承担信用风险，表现为出口商不履约按时发货，或者出口商提供的货物质量和数量与合同不符。

二、外汇风险

外汇风险也称汇率风险，是指在一定的国际经济交往中，因汇率变动给外汇持有者带来的经济收益或经济损失。但在一般情况下，人们提到外汇风险时，更重视风险损失这一方面。具体到国际结算，可以说外汇风险是指以外币计价进行进出口贸易结算时，由于外汇升值或贬值而导致进出口一方的经济损失。它是国际贸易结算中最常见的风险之一。因为在国际贸易中，进出口商从订立买卖合同到结算支付货款通常要经过一段时间(一般为 3 个月左右)。在世界性浮动汇率制的背景下，如果计价结算货币汇率上涨，进口商将承担外汇风险；如果汇率下跌，出口商将承担外汇风险。

因此，进出口商在签订贸易合同的同时，根据对汇率的预测，采取适当的防范措施。对此，“国际金融”课程有专门的分析研究。防范外汇风险的方法很多，例如，货币选择法、提前错后法、平衡法与组对法、价格调整法、货币保值法以及外汇交易法中的远期外汇交易、期权交易法等。

三、国家风险

国家风险是指那些因进口国家的主权措施而造成拒受货物或阻止向国外付款所产生的风险。国家风险大体可分为以下几类。

(一) 战争、国内动乱的风险

如果遇到进口国出现战争、国内动乱,就有可能阻止接受货物或付款。

(二) 兑换风险

当贸易合同规定的计价货币是可自由兑换货币,而进口国执行较严格的外汇管制时,进口商在付款时必须将本国货币兑换成所要求的外币来支付。若进口商没有事先得到政府的批准,则进口商不能进行货币兑换或者只能逾期兑换,从而无法向出口商支付货款。面对外汇严格管制国家的进口商,一般不能使用汇款和托收结算方式,最好采用信用证方式结算。因为在实行外汇管制的国家,进口商只有在符合贸易和外汇管理机构规定的前提下,才能开出信用证,出口商取得信用证后,可以避免进口国家禁止进口或限制外汇支付所产生的国家风险。

(三) 其他主权风险

进口国家可能采取预想不到的措施,取消原先发放的进口许可证等,禁止付款或阻止交易的执行等。

我国出口商为了防范上述三种国家风险,均可以向中国出口信用保险公司投保短期出口信用保险。

四、欺诈风险

欺诈风险也称诈骗风险,是指诈骗分子以非法占有为目的,在国与国之间的货币收付和债权债务结算中,采取虚构事实或隐瞒真相的欺骗手段,骗取钱财的违法犯罪行为。

近年来,国际贸易结算中的欺诈案件数量急剧增加,诈骗手段翻新,诈骗频率增加,诈骗金额巨大。这些欺诈案的发生多数涉及国际贸易结算与国际贸易融资,被骗资金常常被调往国外,追讨十分困难,给进出口企业造成严重的损失,使正常的国际贸易受到干扰和破坏。

国际结算中的风险是客观存在的,但在实务中,很多国际结算风险的案例往往是由于相关业务人员的专业知识不足、不按规范操作、考虑问题不够周全而造成的。例如,有些企业对海外客户资信情况不重视调查研究,不掌握动态,往往凭印象办事,存在着一定的主观盲目性。当市场变化不利于国外买方时,那些资信低劣、资金短缺或经营失利的买方,就会千方百计地寻找或利用出口商的漏洞作为可乘之机,提出各种借口,要求降价、扣减货款甚至拒付,使出口商遭受不同程度的经济损失。因此,除采取上述措施外,提高业务人员的综合素质,对交易中的每一个环节严格按规范操作,并保持高度的警觉性,是防范国际结算中风险的最根本措施。

第二节　汇款及托收结算方式的风险与防范

一、汇款结算方式下的风险及防范

(一) 汇款结算方式下的风险类型

1. 信用风险

汇款方式之下，一方交货，另一方通过银行汇款货款；或者一方预付货款，另一方再交货。能否如期付款或交货，全凭买卖双方的商业信用。在预付货款情况下，进口商面临出口商收到货款后迟交或不交货的风险；在货到付款的情况下，出口商面临着发货以后不能及时并足额从进口商处收到货款，甚至完全收不到货款的风险。

2. 欺诈

在电汇时，欺诈者往往向银行发来电传，要求将汇款贷记某账户或付现金给某人，他们常在假付款委托书上加列"使用某某银行密押"条款，然后再以某某银行名义向解付行发来密押证实电，诱使解付行付款。这种诈骗方式隐蔽性极强。

1）信汇方式中的欺诈

信汇方式下，解付行是凭汇款行寄来的信汇委托书并根据信汇委托书上的指示办理汇款的解付。办理付款的银行和委托付款的银行应具有代理行关系或是同一银行的不同分行，并已交换了密押、有权签字人印鉴样本。通常情况下，信汇委托书不需加密押，只需汇出行有权签字人的签字，根据汇款金额的大小，有的需要双签（两位有权签字人的签字），有的只需单签，加之不同的银行，其信汇委托书的格式各有不同，这就给解付行核对信汇委托书的真伪性带来一定的不便，也给不法分子的造假带来了可能。如：伪造信汇委托书、模仿银行有权签字人的签字或与汇款银行内部的不法人员勾结作案。

2）票汇方式中的欺诈

票汇在国际贸易中的应用可以是银行汇票，也可以是本票（一般本票或银行本票）或支票，可预付，也可后付。一般来说，银行汇票、银行本票的安全性较高，但不排除不法分子盗用银行汇票、本票进行诈骗。如果是一般本票或支票，出口商更应防止进口方以假票据、空头支票进行诈骗。

在票汇时，近年来伪造票据的发案率很高。据美国银行统计，平均每年全世界伪造票据达 5 亿张之多，1989 年美国银行因假票据而遭受的损失约 13 亿美元。一些不法商人精心伪造汇票或支票以及其他重要证明文件，大肆进行诈骗。例如，非洲某国境内的一些诈骗分子以公司名义向我国开来假支票、假汇票、空头支票或授权付款书，假意急购我某公司货物（常为一些滞销商品），并往往要求空运境外。我某公司急于售货，匆匆航空出运去目的地，结果发现票据不能兑现，货款两空。

伪造旅行支票诈骗案*

案情:

2000 年 12 月 25 日,A 市甲公司财务人员到乙银行 A 分行营业部要求兑付 9 张每张价值 1 000 美元的由美国丙公司发行的旅行支票。该银行业务人员审核后发现,这些旅行支票与运通公司的票样相比,支票的印刷粗糙,估计是彩色复印机所制;票面金额、徽标等没有凹凸感;复签底线也非由小字母组成,而是一条直线,估计是复印机无法分辨原票样的细微字母;票面在紫光灯光下泛白色,没有水印。经仔细查询审核,该行确认这些旅行支票为伪造票据,予以没收。

经查,这些伪造的旅行支票是丁公司出具给甲公司抵债用的,甲公司准备兑付后还贷款。

分析:

本案例是利用伪造旅行支票进行诈骗的。从该案的发生可以看出,境外不法分子常常利用内地银行外汇票据业务经验少的弱点进行诈骗。

启示:

(1) 银行业务人员要加强对外汇票据业务的学习,掌握外汇票据的识别技术,辨真伪、明是非。

(2) 要有高度的责任感和认真的态度,谨慎细致地处理每一笔业务,不能有半点马虎。

(3) 要向企业宣传外汇票据知识,使企业能够掌握一般的外汇票据鉴别技术。企业遇有难以识别的外汇票据要通过银行进行查询,以免误收假票据而遭受损失。

3) 电汇方式中的欺诈

电汇方式是通过加押电报、电传或 SWIFT 向解付行发出解付通知,欺诈者就利用电传机向银行发出假的付款指示电义,要求银行将汇款解付给某某人或公司。由于解付行在解付款项之前必须核对电文上的密押,如果解付行与付款行之间没有代理行关系或未互换密押,有的银行的做法就是使用第三家银行的密押,欺诈者就利用这种不严密的做法,在付款指示电文中炮制假密押,如故意捏造"使用 A 银行密押",随即再以 A 银行的名义向解付行发出一份证实密押核对相符的电传,促使解付行在不辨真相的情况下付款。

(二) 汇款结算方式下的风险防范措施

对于汇款结算方式下的风险,大体的防范措施有四方面:第一,在客户资信不佳或不明时,尽量不要采用汇款结算方式。如采用了汇款结算,应委托银行或专业咨询机构进行客户资信调查,决不与资信不佳或资信不明的客户来往。第二,汇款结算一般不用于金额较大的交易。第三,出口公司一旦收到国外客户寄来的票据,应委托银行或专业机构检验其真实性,必要时等收妥款项后才能发货。第四,凭单付款时,出口发货宜采用海运,通过

* 更多案例请参阅中国金融出版社出版的赵明霄主编的《国际结算习题及案例》中的案例精选,下同。

海运提单掌握货权，不宜采用空运方式。具体到三种汇款结算方式中，其风险防范如下：

1. 信汇方式中风险的防范

解付银行除应仔细核对信汇委托书上有权签字人员的印鉴外，还应熟悉不同银行的信汇委托书格式样本，熟悉不同银行对汇款金额权限的控制，发现问题或产生疑问时，应在解付款项前及时与汇出行联系，要求汇出行以加押电传或 SWIFT 证实，并在得到汇出行的有效证实后方可办理解付。

2. 票汇方式中风险的防范

在出口业务中，对于资信不好的客户或新客户，应尽量避免使用票汇方式结算，如果使用票汇方式结算，为保障货款的安全，出口方应先将收到的票据委托当地银行办理核验或查询，最好委托银行向进口方收妥货款后才可发货。

3. 电汇方式中风险的防范

为防止欺诈行为，银行应避免使用电报、电传，更应避免使用第三家银行的密押，对有疑问的汇款，应向汇款行发出查询，或在收到对账单，证实头寸收妥后才办理解付。自从 SWIFT 被银行广泛使用后，电汇方式一般都通过 SWIFT 处理，SWIFT 电汇报文有统一的格式，并由系统自动加押和解押，安全性大大提高。

二、托收结算方式下的风险及防范

(一) 托收结算方式下的风险类型

托收是以商业信用为基础的、没有银行信用的参与，因此对进出口商来说风险较大。

1. 出口商面临的风险

总体而言，托收是对进口商更为有利的一种结算方式。从风险方面分析，则出口商承担的风险比进口商的风险更多和更大。

(1) 市场风险。虽然买卖双方签订了贸易合同，但从订立合同起，备货、加工、打包、发运到制单、托收货款，时间很长，期间利率、汇率、物价等因素的变化都有可能使出口商的盈利减少。例如利率一旦上调或汇率上调，出口商预计的利润甚至可能会全部消失乃至亏本；货物价格下降时，由于能使进口商无利可图造成亏损，从而挑剔单据或借故拒付，同样会给出口商带来损失。

(2) 信用风险。如果进口商信誉很差，就有可能存心挑剔、无理拒付，迫使出口商降价，尤其是在货物行情下跌时，为转嫁市场风险，进口商更会使出浑身的解数。当资信不好的进口商又面临着财务状况恶化时，若使用的是 D/A，进口商承兑汇票后提走货物，到期时进口商已倒闭，出口商就会钱货两空。

(3) 业务风险。如果进口商业务水平不高或情况不熟悉，可能没有按本国外贸、外汇管制方面的规定取得进口许可证或外汇，从而无法进行支付。

(4) 货物损失风险。当进口商拒绝付款赎单时，不但收不到货款，出口商还要冒货物遭受损失及费用增加的风险。首先，因为在托收业务中，代收行没有代出口商提货、存仓和保管的义务；其次，由于没有及时提货，货物可能变质、短量；再次，若转售货物，可能发生价格上的损失，若转售不出去，将货物运回时又增加了费用；最后，存放时间过长的货物，可能被当地廉价拍卖掉。

(5) 保险方面的风险。当双方以进口方投保的 FOB 或 CFR 价格成交时，则出口商面临着保险方面的风险。当进口商准备拒付时，一般不再愿意支付保费或不去投保，这样万一货物遭受损失，出口商将能从保险公司得到赔偿。即使进口商已办好了保险手续，但由于保险单掌握在进口商手中，货物受损办理索赔时就非常被动，除非进口商将保单转让给出口商或者出口商将货运单据交给进口商，否则也得不到赔偿。

(6) 地区习惯风险。如远期 D/P 被按承兑交单处理；远期 D/P 要求在货到后付款或即期 D/P 要求在货到后见票等。前者使不法商人可先凭承兑汇票提取货物，而后又找借口推卸付款责任；而后者改变了付款交单的基本原则，使得推定交货变成实际交货，由于货物堆放在码头或仓库，费用、风险和损失都有可能增加。

托收款无法收回案

案情：

2000 年 12 月 10 日，某市 A 公司与德国 B 公司签订了一份出口地毯的合同，合同总价值为 50 000 美元，收货人为 B 公司，付款条件为 D/A30 天。2000 年 12 月 20 日，A 公司按照合同的要求备齐货物发运。在取得空运提单和原产地证之后，A 公司会同已缮制好的汇票、发票、单据一起交到该市 C 银行。因 A 公司近期资金紧张，随即以此单向 C 银行申请办理押汇。C 银行考虑虽然托收风险大，但 A 公司资信状况良好，与本行有良好的合作关系，无不良记录，就为 A 公司办理了出口押汇，押汇金额为 50 000 美元，押汇期限为 50 天，到期日为 2001 年 2 月 9 日。同日 C 银行将此款项转到 A 公司账户，随后 A 公司便支用了该笔款项。2001 年 1 月 12 日，C 银行收到国外提示行电传，声称客户已经承兑，并取走了该套单据。到期日为 2001 年 2 月 8 日。但是到期日之后，却迟迟未见该笔款项划转过来。经 A 公司与 C 银行协商，由 A 公司与买方联系，买方声称已将该笔款项转到银行。2001 年 3 月 25 日，C 银行发电至代收行查询，代收行未有任何答复。此时，A 公司再与 B 公司联系，B 公司一直没有回电。到 2001 年 9 月，B 公司突然来电声称自己破产，已无偿还能力。至此，该笔托收款已无收回的可能。C 银行随即向 A 公司追讨，但 A 公司一直寻找借口，拖欠不还。C 银行见 A 公司无归还的诚意，就将 A 公司告上法庭，要求 A 公司清偿所欠的银行债务。

问题：

在本案例中，托收款无法收回的损失最终应由谁承担？C 银行承担了哪一方的信用风险？C 银行和出口商共同承担着怎样的欺诈风险？这些风险应如何妥善管理？

分析：

这是一个信用风险与欺诈风险同时存在的例子。在案例事实中，不难看出存在着欺诈的情况。在 2001 年 1 月，C 银行收到国外提示行电传，声称 B 公司已经承兑，并取走了该套单据。到期日为 2001 年 2 月 8 日。但是到期日之后，却迟迟未见该笔款项划转过来。A 公司与 B 公司联系，B 公司声称已将该笔款项转到银行。2001 年 3 月 25 日，C 银行发电至代收行查询，代收行未有任何答复。直到半年以后的 2001 年 9 月，B 公司才突然来电声称自己破产，已无偿还能力。B 公司与代收行的言行前后严重矛盾。最后的结果是B公司没有支付货款，但取走了单据，作为取走单据的自然结果，B公司也取走了货物。A公司与C银行落得款货两空的境地。

作为以商业信用为基础的结算方式，在托收中，进口商的信用风险由出口商承担，也就是说，托收款无法收回的损失最终应由出口商A公司承担。同样是托收，D/A的风险高于D/P，因为D/A进口商只需承兑即可拿到单据，出口商在进口商最终付款前仍然承担着信用风险。本案正是一个典型的例子，出口商应尽量避免运用D/A方式结算。即使要用，也需十分谨慎，要对进口方有充分的了解，防止信用风险和欺诈风险。

C银行以出口押汇方式向A公司提供了贸易融资。在出口押汇业务中，银行在押汇时保留着对出口商的追索权。在此意义上，银行承担出口商的信用风险。信用风险是指债务人偿还债务的能力和意愿。在本案中，虽然C银行试图行使对A公司的追索权，但显然A公司没有偿还其债务的意愿。这就是C银行将其告上法庭的原因。从风险管理的角度，C银行可以更谨慎并作出更敏捷的反应。2001年3月C银行发电至代收行查询，代收行未有任何答复。此时银行就应该向A公司追索货款，而不是等到9月，B公司来电声称破产时才行使追索权。在这里C银行浪费了半年的时间，使该笔信贷的变数大大增加。虽然C银行可以将A公司告上法庭，但诉讼耗费人力物力，且最后也不一定能收回货款。如果C银行能早作反应，这些情况则大有可能避免。

启示：

为了避免出现类似的风险，出口商应尽量避免运用D/A方式结算。即使要用，也需要十分谨慎，要对进口方有充分的了解，防止信用风险和欺诈风险。从银行的角度，应始终清醒地分析情况，并在适当的时候作出谨慎而又敏捷的处理。

2. 进口商面临的风险

作为进口商，除了利率、汇率、物价等风险同样存在外，由于货物单据化，进口商付款时所依据的只是单据，对货物无从了解，这就有可能在付款后发现货物与合同规定的不相符合。另外，进口商若承兑了汇票，还承担了票据风险，因为汇票在性质上与基础合同是相独立的，一旦对汇票进行了承兑，进口商就同时承担了对合同和对票据的两项债务，如果事后进口商发现出口商有重大违约，并且汇票已被转让到正式持票人手中，进口商就必须付款，也要冒钱货两空的风险。

(二) 托收结算方式下的风险防范

尽管托收方式存在风险，但因托收方式在卖方竞销情况下有一定的促销能力，可以吸引不少客户，增强出口商的竞争力，所以托收仍是一种重要的结算方式。为此可采取以下防范措施：

(1) 认真选择客户，掌握客户资信情况。

(2) 合理控制交易额。托收下成交金额一般不应超过进口商的经营能力和信用程度。

(3) 慎做D/A(承兑交单)。资信不好的进口商常会拒绝承兑，或承兑后提货，到时不付款，致使出口方钱货两空。

(4) 对远期付款交单(即D/P远期)也要慎于采用。D/P远期单据在付款前由代理行掌握，进口商只有经过一定手续方可借出单据，并在提货后付款，故其收汇风险小于承兑交单，但遇行情下跌，进口商根本不愿借单。各国银行对远期付款交单的理解与运作尚存在较大的分歧，由此产生了很多业务纠纷。国际商会在《托收统一规则》中明确建议不宜采用D/P远期，现在西欧银行、美国银行均已把远期付款交单自动视为承兑交单或不做远期付款交单了。

（5）谨慎选择代收行。国外代收行在托收中起着关键作用，实务中已多次发生国外代收行与进口商相互勾结，在进口商未履行交单条件时先行放单，恶意拖欠货款或诈骗的案例。所以应选择知名度和资信条件好的银行为代收行。

（6）应根据商品情况考虑结算方式。托收较适用于市价平稳、品质较稳定、交易额不太大的商品。

（7）及时了解进口国贸易及外汇管理规定。防止货到后不能进口或收汇无着。

（8）密切关注交易商品的国际市场行情。在行情变动较大时，慎做托收。

第三节　信用证结算方式下的风险与防范

一、信用证结算方式下的风险类型

信用证交易的风险主要集中在进出口商和开证行方面，现分述如下。

（一）出口商面临的风险

1. 单证不符引起的拒付风险

信用证交易发生拒付时，受益人轻则迟延收款，损失利息；重则损失部分或全部货款。而在所有的信用证交易纠纷中，由于单证不符引起的拒付占50%以上。众所周知，开证行严格履行付款的先决条件是：受益人提交了完全符合信用证条款的单据。对于单证不符的，开证行则不负保证付款的义务，而不符合信用证要求的单据能否被最终付款，只能取决于进口商的资信。实际上，单证不符已使银行信用变成了商业信用，出口商失去了银行的保证付款，如果进口商资信欠佳，则风险不可避免。

出口商审证风险

案情：

我国某出口企业对外出口产品一批，销售合同中规定商品装于木箱之中（to be Packed in Wooden Cases），而对方所开来的信用证则显示商品装于标准出口纸箱中（to be Packed in Standard Export Cartons）。由于卖方同时拥有两种包装的产品，而且船期临近，且双方有长期的业务合作，卖方便在信用证中所规定的装运期前将装于标准出口纸箱的产品装运并取得相应的单据。此后卖方收到信用证的修改通知书，对方表示由于工作疏忽将包装条款打错，希望信用证中的相关条款与合同条款保持一致，即以木箱进行包装。卖方由于已经装运，所以拒绝接受修改。待卖方向有关银行结算以后，却收到买方提出的抗辩：“关于第××××号合同，合同中规定采用木箱包装，而贵方所提交的单据显示该批货物系装于出口标准纸箱中，我方已于最终用户联系，其表示不能接受。因此，我方也不能接受贵方所提供的货物和单据。希望贵方退还已从银行结算的货款，并承担我方的损失费用……”

问题：

该案中出口商承担了怎样的风险？出口商怎样做才能降低或消除风险？

分析：

信用证是一独立的、自足性的文件，在跟单信用证业务中，各方均应以信用证作为唯一依据，而非合同和实际货物。从这个意义上来说，卖方的做法无可厚非，买方的要求实属无理。但问题是有些矛盾本可以通过沟通提早解决。出口商在收到信用证，发现其中的包装要求与合同规定不符的时候，应该在出运前及时联系进口方，澄清包装的要求，并对信用证作出必要的修改。由此引起的时间延误，可要求进口方通过信用证展期予以弥补。这样一来，就可以避免本案中后来所发生的纠纷，确保安全及时收汇。

启示：

作为信用证的受益人，出口商在收到信用证时应该仔细审阅。受益人审证的依据有三条：一是买卖合同；二是收证时的政策法令；三是备货和船期等实际情况。应审查来证内容有无出口方办不到的地方，有无影响出口方安全及时收汇或会增加出口方费用开支的地方。如果发现来证与合同内容不符，必须立即联系开证申请人要求修改信用证。只有在出运前做好审证和改证的工作，才能最大限度地防止“拒付”或“迟付”，为早收汇、安全收汇创造条件。

2. 适用法律存在的争议风险

国际商会只是一个国际性的民间经济组织，不具备国际法上的主体资格，因而不具有在国际上的强制执行权。如果信用证中有明文规定，则按规定条款办理，其效力优先于UCP 600。我国《民法规则》第145条亦规定，涉外合同的当事人可以选择处理所适用的法律，法律另有规定的除外。UCP 600属于国际惯例，在信用证声明适用时才发生效力，有时即使有关信用证依据UCP 600的规定是有效的，但如违反对其有约束力的法律的强制性规定，仍是无效或无法执行的。例如，尽管信用证依据其所选择的UCP 600有效，但违反了有关国家的外汇管制法、进出口法等，则当事人也不能执行，特别是对那些外汇管制较严的发展中国家。实际上，信用证的受益人没有必要也不可能对所有国家的相关法律、不同时期的政策法规全部知悉。

3. 国家风险

国家风险即进口商的国家风险，主要包括：

(1) 外汇管制的风险。进口国的外汇管制可能是交易发生之前就存在的，也可能是突然发生的。有些贸易虽然事先已经知道有外汇管制，但如进口商没有预先申请办妥进口外汇，议付行的收款可能受到阻延甚至收不到。对有可能突然发生外汇管制的国家更要注意，因为一旦该国宣布全面冻结外汇，则由该国开出的信用证也将会被止付。

(2) 贸易管制的风险。当前几乎各国对贸易都有管制，且根据需要不断调整和改变管制的具体规定及措施，使出口商很难适应，也给银行增加了收汇的风险。如我国向欧洲某国出口的纺织服装，如超过配额被该国海关扣留时，要等到下一年度开始才能进关。如果被扣留服装是冬季的，等到次年春天才清关就错过季节，成为过时商品；如可到次年的冬季，款式已旧，更加没人要了。在这种情况下，进口方必然拒付，开证行故意寻找不符点，议付行收汇就困难了。

(3) 战争或内乱。国际风云变幻无常，一旦进口方国家政局不稳，发生动乱、政企或战争，以致禁止国际汇兑，则议付行将面临更大的风险。

4. 来自开证行的风险

其一是指信用证的开证行因破产或丧失偿付能力而对受益人构成的风险。出口商提供相符单据后，能否从开证行处得到付款，要视开证行是否实力雄厚、经营稳健、具有良好的信用基础。但在一些国家银行破产的事时有发生，即使一些历史悠久的大银行也不例外，因此开证行倒闭的风险是存在的。开证行一旦倒闭，出口商可凭合同要求买方付款，尚有挽救之余地。其二是指开证行的资信、经营作风等方面存在问题而可能给受益人造成的损失。有时开证行并未倒闭，但由于经营管理不善，亏损严重，于是便不顾信誉，千方百计地赖账。有时开证行会根据进口商的要求，无理拒付或严加挑剔，找出不符点，迫使出口商降价，或协同进口商要求法院冻结信用证项下货款的支付。这时，出口方可根据国际惯例据理力争，处理得好，有可能收回本想拒付的货款。

5. 进口商信用不佳的风险

市场行情发生变化时，信用不佳的进口商无理对单据的非实质性不符进行挑剔，拖延甚至拒付货款，使出口商面临着收汇的风险。信用不好的进口商以下的所为也给出口商带来了风险：

(1) 不及时开证。进口商没有在规定的期限内开出信用证，使出口商收到信用证时已临近装运日，无法安排装运。有时，进口商借故拖延甚至不开证，要求改用其他方式支付。

(2) 开立带有软条款的信用证。

信用证软条款的风险

案情：

我国某银行收到国外开来信用证，其中有下述条款：①检验证书于货物装运前开立并由开证申请人授权的签字人签字，该签字必须由开证行检验；②货物只能待开证申请人指定的船只并由开证行给通知行加押修改后装运，该加押修改必须随同正本单据提交议付。

问题：

该信用证对出口商有怎样的风险？出口商应否接受该信用证？

分析：

本案中的两个条款都属于凭证文件规定由申请人或其代理人出具的条款，是软条款。如果出口商不加分析地接受该信用证，则会无法控制所提交单据的质量，而失去了要求开证行付款的主动权。

启示：

对信用证软条款的防范首先要注意出口合同条款的拟定。信用证条款应该是根据合同开出的，合同条款越严密，对各类可能发生事件考虑得越周到，则出现软条款的机会就越少。反之，如果合同本身不明确，出现了软条款就无法依照合同要求修改。其次，对来证要仔细审核，从信用证的生效环节、货物检验环节、货物装船环节到货物验收环节，需一一审查其中是否含有软条款，一旦发现，立即电请开证申请人修改，并说明由此引起的时间延误应通过信用证展期予以弥补。

(3) 开立带有风险条款的信用证。例如：

① 正本提单径寄申请人的条款。这种条款的最大风险在于，申请人可不必到银行付款，仅凭手中的提单就可提货，然后逃之夭夭，使受益人蒙受损失。

② 限制运输船只、船龄或航线条款。一旦信用证中对有关运输的船只、船龄和航线等作出限定，就给受益人配船设置了障碍，甚至会错失良机，影响货物的及时出运。如 certificate shipping company certifying that the said vessel is less then 10 years of age，若在临近装船期时无法找到船龄少于10年的远洋货船，而进口方又不同意展期，则只能看着信用证过期失效。

③ 含空运单及邮包收据条款。空运单和邮包收据只是货物的收据，形式上都是记名的，不是物权凭证，其提货并不以交出运输单据为条件，有时仅凭收据上记载的收货人的签字就可提货。因此，出口商发货后，虽然掌握着单据，但对货物已失去了控制。

(二) 进口商面临的风险

在信用证业务中，进口商面临的最大风险是出口商的信用风险。在出口商无履约能力的情况下，即使进口商如期开出信用证，也无法收到出口商的货物，这对进口商而言就是一种风险，进口商将因此蒙受开证费用的损失和进口商品市场机会的损失等。

出口商的信用风险还来自出口商交货严重违反贸易合同的要求，甚至根本就不交货而用假单据骗取开证行的付款。因为根据 UCP 600，银行是凭相符单据付款而不过问货物或事实，对于一个有经验的出口商而言，制作表面上相符的单据并非难事，并最终使进口商遭受损失。

重视信用证单据条款，防范货物质量风险

案情：

进口商A公司以信用证方式达成一笔交易，单据交到开证行柜台，经开证行确认单证相符，A公司到银行付款赎单并凭以提货，提货后才发现货物规格与合同严重不符，并将直接影响到相应出口合同的履行，遂以货物质量不符为由，要求开证行对外拒付，开证行断然拒绝，A公司遭受重大损失。

分析：

本案例道出了进口商在信用证项下最大的风险——进口货物质量风险。

启示：

信用证业务的特色决定了开证行必须仅凭相符单据对外付款，而不管货物质量怎样。虽然进口商可以在信用证之外凭合同通过双方协商、仲裁或法律等程序解决，但在这一过程中，必将耗费大量人力、物力和财力，且最终也未必都能使问题圆满解决。由此，进口商

事先采取一定措施，开证时利用信用证单据条款对货物品质风险进行防范，则显得尤为重要。

(三) 开证行面临的风险

开证行面临的风险主要来自申请人的信用和信誉风险。如无理拒付合格单据或开出信用证后进口商拒付。由于对相符单据开证行必须付款，并不受申请人清偿能力或倒闭的影响，所以只要进口商不付款赎单，开证行就要承担无法向申请人追回货款的风险。虽然开证行拥有货权，但处理货物过程中依然存在风险，如货物无销路或要削价处理等。开证行面临的另一风险可能是进出口商合谋欺诈，致使开证行最终遭受损失。如申请人违规、违反国家进口计划或超过进口许可证金额，也会给开证行带来风险。另外，信用证及有关单据的内容及信息传递方面都会使银行处于风险中。

开证申请人倒闭可以构成开证行拒绝付款的理由吗

案情：

某出口公司收到一份国外开来的 L/C，出口公司按 L/C 规定将货物装出，但在尚未将单据送交当地银行议付之前，突然接到开证行通知，称开证申请人已经倒闭，因此开证行不再承担付款责任。

问题：

开证申请人倒闭可以构成开证行拒绝付款的理由吗？如果不可以的话，那么开证行在付款后，很难从已倒闭的开证申请人那里得到全额付款，结果是银行产生信贷损失。对银行而言，开证业务产生的信贷损失与普通贷款的信贷损失完全一样吗？银行可以采取哪些做法来减少开证业务产生的信贷损失？

分析：

在单证严格相符的情况下，信用证的开证行必须承担第一性的付款责任。银行的第一性的付款责任并不因为进口商即开证申请人发生无力或无意愿偿付货款的情况而解除，开证业务的信贷风险与普通贷款的信贷风险的主要区别之处是，开证行在付款后即取得了对货物的所有权，如果进口商不偿还货款，银行可以从变卖货物所得款项中(部分)获偿。在开证业务中，银行管理信用风险的根本在于了解开证申请人(即进口商)的业务及财务情况，在此基础上制定相应的信贷策略。

启示：

在开证业务中，银行管理信用风险的根本在于了解开证申请人(即进口商)的业务及财务情况。例如，公司所在的行业情况、公司的财务流动性等。如果申请人所在的行业竞争激烈，并且商品更新换代很快，一旦开证申请人经营不良或产品滞销，再加之流动性偏紧的话，其偿付货款能力就会受到影响。此外，银行还应对与信用证相关的贸易有所了解。对银行而言，开证业务的信贷风险与普通贷款的信贷风险的主要区别之处是，开证行在付款后即取得了对货物的所有权，如果进口商不偿还货款，银行可以从变卖货物所得款项中(部分)获偿。银行应了解货物的性质，并据此判断从变卖货物所得款项中获偿的可能性、获偿的大致比例及相应成本。

在了解了开证申请人(即进口商)的业务及财务情况,以及货物的性质以后,银行就应制定相应的信贷策略。首先,在开立信用证时,可以根据对进口商的了解,确定是否给予免担保的信贷额度,或是要求一定形式的担保,如要求存入保证金、抵押出口信用证,或要求其他银行的保函担保等。其次,银行需要慎重考虑信贷额度的结构,使得信贷额度的金额、期限、币种等都与相应的进口贸易相联系,以确保信贷额度的正当使用。

二、信用证结算方式下的风险防范

(一) 信用证项下出口结算的风险防范措施

出口结算涉及出口商、通知行及议付行等。从保障货物和收汇安全的角度,具体从以下几方面加以防范。

(1) 掌握开证行的资信。开证行的资信直接关系到出口商及出口银行的利益,因此开证行最好是资信好、偿付能力强、与自己有代理关系的银行。但开证行并不是由出口方选择的,这样,在收到国外开来的信用证时,首先要关心的就是开证行的资信。除了靠平时收集有关信息外,还可以利用以下三个资信评定机构所发表的资料对开证行的资信情况进行了解。这些机构是:①美国的标准普尔公司;②穆迪公司;③英国的国际银行及信用分析机构(IBCA)。

(2) 出口商谨慎签约。信用证虽然与合同是独立的,但信用证开出的依据却是合同。因此,出口商在签订合同时,合同中的付款条件一定要具体、明确、完善。如为防止进口商拖延开证,合同中应规定信用证的开出时间;明确信用证的种类,如为“不可撤销”、“不可转让”等;列明费用由谁承担等。

(3) 认真审证。

(4) 严格按信用证规定制单和交单。出口商应按信用证的要求,正确、及时地缮制所规定的各种单据并在规定的期限内交单。有时,即使是一字之差,也会引起争议和纠纷。

(5) 出口地银行严格审单。

(二) 信用证项下进口结算的风险防范措施

对于申请人和开证行来说,为保障进口货物和付汇的安全,可采取以下几方面的措施:

(1) 谨慎合理地制定信用证的条款。进口商是通过信用证中的各项条款来制约受益人执行合同的,因此,信用证的条款应能最大限度地限制国外不法商人的不轨行为,以保障自身的利益。

(2) 正确处理单据。正确处理单据一是指要认真审核单据,保证审单质量;二是指开证行要保管好单据。

(3) 要求出口商提供银行保函或备用证。当进口商对出口商的资信情况不太了解而交易金额又较大时,可在合同中定明出口商须提交银行保函或备用证。

(三) 融资风险的防范措施

由于打包放款和出口押汇属于出口业务项下的融资,故上述信用证出口业务的各项防范措施也是融资时要采取的。除此之外,从这两种融资方式的特点来看,严格对“证权”和“物权”的审查也是要强调的。

从取得打包放款的“证权”来说,一是要把好申请阶段的审查关。对资信较差、收汇风险较大的国家或地区开来的信用证,应要求第三家世界著名大银行对信用证予以保兑,否则不予发放。二是认真审核信用证的内容。凡信用证条款含糊不清的应要求开证行修改;对信用证中未明确议付行的,也应要求修改,以保证放款能及时收回。三是对于“软条款”信用证,最好不要接受。

从押汇银行取得的“物权”看,银行要认真审核企业提供的抵押单据和货物的真伪,对于金额较大的商品还要熟悉进口方国家的经济、政治状况和商品在国际市场上的价格走向。同时要求提供必要的实物抵押,对抵押物的价值应请专家进行科学测算和评估,以确保其价值高于贷款额度,并易于变现;对于一些特殊的大宗商品抵押物,要经公证处公证,向保险公司投保。资金贷放后,要跟踪管理,以保证资金按时收回。

第四节　银行保函业务中的风险及防范

一、银行保函业务中的风险类型

(一) 来自受益人的风险

当担保行开出的为见索即付的独立性保函时,可能遭受来自受益人不合理索赔的风险。因为只要索赔文件或单据表面合格,担保行就必须承担支付责任,而此时事实上可能申请人已履行了合同或受益人已违约。由于担保行在支付后仍可要求申请人或反担保人赔偿,若二者的资信良好,担保行即可将风险转嫁出去,因此来自受益人的风险还不是担保行的主要风险。

(二) 来自申请人的风险

在信用类保函中,如果申请人没有履行某一合约项下的义务,则担保行就要向受益人承担赔偿的责任;在付款类保函中,只要受益人按合同规定履行了一定的义务,担保行也要支付。担保行付款后,申请人破产无力或不愿偿付,则担保行就会因得不到补偿而遭受损失。这就是担保行可能承受的来自申请人方面的风险。如果有反担保人或申请人曾提供了抵押品或质押品,则担保行向反担保人索偿,或依法行使其抵押权或质押权。

(三) 来自反担保人的风险

担保行在出具保函之前,有时会要求申请人提供一份由第三方出具的以担保行为受益人的反担保。反担保人的责任是保证担保行对外支付后,特别是在申请人无力偿还的情况下,补偿担保行因履行担保责任而作出的任何支付。有时,反担保有不少是不具资格的非经济实体(如政府部门)出具的,这样,担保行将面临着反担保不具法律效力的风险。即使是经济实体出具的反担保,也可能出现反担保人不愿履约或无力履约的情况,使反担保书成为一纸空文。

(四) 来自保函条款本身的风险

保函和所依据的基础合同是各自独立的法律文件(从属性保函除外),保函虽然依据合同开立,但又独立于合同。即受益人要求付款能否成立,关键在于其索赔是否满足了保函条款的规定,所以保函条款是否严谨直接关系到保函项下的风险。

二、银行保函业务中的风险防范

(1) 对保函中的担保金额条款,应注意在金额上要有明确限制,担保金额与交易额的比例不能过高或明显不合理。

(2) 认真制定减额条款,当被担保人的责任随合同进展而逐步减少时,保函也应有金额相应递减条款。

(3) 应列明确定的有效期,不能开立有效期敞开的保函。

(4) 不开立可转让保函。

(5) 在索赔条款上,担保银行应特别注意条款意义的表达,不应出现对银行赔付责任模棱两可的表达,以导致受益人和担保人或申请人之间产生分歧。

银行保函失效受损案

案情:

2003 年 1 月,我国 F 公司(以下简称买方)受用户委托向 J 国 W 公司订购精密仪器一套,价值 150 万美元,交货期为次年 3 月份。由于卖方出售的仪器技术较先进,需经相应机构批准方能出口。合同规定,支付方式为:签约一个月后凭卖方银行出具的保函支付 20%,系合同定金;凭买方开出的信用证支付 70%;凭买方在安装调试后出具的验收报告支付最后的 10%。关于卖方银行出具的保函效期,买卖双方经过多次商谈,最后同意如下:This Letter of Guarantee is in any event to become null and void on the end of April 2004, unless we shall have in the meantime agreed to extend such expiry date. 据此,该保函到 2004 年 4 月底失效,即交货期后一个月。合同执行情况如下:

2003 年 2 月,卖方银行出具保函。

2003 年 3 月初,买方审核无误支付 20%定金计 30 万美元。

2003 年 7 月,卖方按合同规定向相应机构提出申请出口许可证。

2003 年 11 月,买方开出了银行信用证。

2004 年 1 月,卖方通知货已备妥,请买方告订舱情况;买方通知卖方,因厂房尚未竣工,要求推迟到 4 月底发运;卖方确认同意,买方作 L/C 变更,交货期延至 4 月份。

2004 年 2 月,卖方电告,因手续等原因,出口许可尚未得到批准,要求买方速寄最终用户用途担保。

2004 年 3 月初,卖方电告,货物被对方海关扣留,买方速寄最终用户用途担保。

2004 年 4 月，卖方电告，因手续等原因无法及时装运，要求推迟至 5 月底发运，买方同意，并相应修改 L/C 装运期，L/C 效期至 6 月 21 日。

2004 年 6 月初，W 公司宣布破产，当地法院指定财产清算委员会进行清算，全部资产被冻结，对此，我方一无所知。

2004 年 7月，B 公司来华通知，W 公司被拍卖并已被 B 公司买进，B 公司负责 W 公司合同履约等事项。为此，我方立即通知银行拒付任何议付单据，经查此时 L/C 及卖方银行出具的保函(L/G)已失效。买方与卖方就 20%的定金进行了协商，买方要求卖方协助追还 20%的定金。但 B 公司坚持由于拍卖过程中未得到该笔款项，不承担义务。买方则坚持己见，双方僵持不下。后因用户要货急，双方商定协议如下：The Buyer shall increase the returned down payment into the newly opened L/C upon getting the refunded down payment from the ××× bank. 即一俟买方从×××银行得到上述款项，该款项将追加到新开设的信用证金额中去。在此情况下，双方签订了合同变更协议，即供货方由 W 公司变为 B 公司，合同其他条款照旧。与此同时买方急告使馆商务处，并与 W 公司所在国驻华领馆联系，追索 20%定金。

2004 年 9 月，由于对 W 公司所在国破产法等不甚了解，几经周折，买方将追索对象转向财产清算委员会，要求将买方列入债权人，但该委员会迟迟未复。

2004 年 11 月，该委员会在买方几番催促下，同意将买方列入普通债权人，而非第一债权人，为此，买方一方面聘请律师，寻求法律根据，草拟索款方案；另一方面与其驻华使馆联系，以求协助，在得到有关部门同意后，迅速派出以买方、银行、律师和用户四方组成的索款小组赴 J 国索款，拟定索款对象如下：①财产清算委员会；②卖方银行；③B 公司。索款途径为：派员交涉；请求银行协助；通过使馆做工作；诉诸法律。

分析：

本案中 F 公司拟定的索款对象分别有其合理性，但获得赔款的可能性颇微。

向财产清算委员会索款的理由是：该委员会未发任何通知给买方，而买方应为 W 公司的债权人之一，在买方提出要求后，将买方列入普通债权人，没有其许可，J 国国家银行不会将款项退还卖方；其次，该合同货物已在码头，该委员会将该笔货物拍卖给 B 公司，实际上该笔货物 20%的所有权应属买方。在与该委员会交涉中，该委员会不得不承认没有通知买方是其工作不够完善，声称买方可上诉。但经买方多方了解得知，虽然可上诉，但按 J 国诉讼法规定，向法院上诉要聘当地律师；再次，W 公司财产已按债权人顺序拍卖完毕，财产清算委员会并无偿付能力，即使胜诉，意义不大；最后，它是法院指定的代理人，法院一定会尽力保护它，因此向其索款无望。

向卖方银行索偿的理由是，L/C 与 L/G 均通过该银行。尽管在我方得知 W 公司破产时 L/G 已失效，但其破产时 L/C 仍有效(失效期为 2004 年 6 月 21 日)，在此期间，该行未向买方提供 W 公司的任何消息，对此该行承担未及时将 W 公司财务资信情况通知买方，固然有一定责任，但又称并非法定责任，强调 L/C 的延展并不意味着 L/G 效期的相应延展，L/G 的担保期是该行对该货物预付款承担责任的界限，该行认定有效期已过，不再负有任何退款责任，买方向该行索款无法律依据。

向 B 公司索赔理由为，B 公司在拍卖中买进了 W 公司，并承担继续履约的责任，而该货的物权中事实上已包括买方20%预付款,但B公司认为是按100%的货价在财产清算委员会买进的,在变更合同的供货方时,又未订明双方索款责任,我方未将索款作为变更合同的条件,因此,向B公司索款理由亦难成立。

启示:

(1) 本案中财产清算委员会及J国银行,均分别承认其工作有不够完善之处,有一定责任等,但事实上它们均拒不承担付款责任。因为,前者是法院指定的从事该破产公司清算事宜的机构,既不负经济责任,又再无款项可资分配;后者则以其所开保函的有效期为其承担法律责任的界限,有效期已过,再无付款责任可言。反之,在买方,则对有关法律方面的重要事项未能切实掌握,对卖方的宣告破产一无所知,以致失去了依法向清算委员会申请的有利时机。对所收到的保函的有效期缺乏监控,在买方一再延长自己所开信用证的到期日时,未相应地要求买方延长其通过银行所开保函的有效期,而在当时只是举手之劳。由此可见,在进出口企业中,加强有关人员的法律意识,向他们宣传法律知识十分必要。此外,设置内部的法律部门或专职法律人员,规定其职责和办事制度,也应提上议事日程。

(2) 对卖方资信变化和其所在国的法律缺乏了解。本案合同交货期较长,因此对外商资信应经常了解,不仅应在合同签约前,在合同执行中也应密切关注。在获悉W公司倒闭后,F公司除了通知买方银行拒付外,不知如何着手索款。通过各种渠道打听款项在何处、确定索款对象花了大量时间,丧失了宝贵的时间。

(3) 在合同变更时,本来可能将索款与合同变更捆在一起,即如B公司不答应向J国银行或财产清算委员会索款的条件,买方可不同意变更合同。尽管并没有把握使B公司就范,但毕竟是买方可能由被动转为主动的一次机会,然而由于用户急于要货,买方未能坚持下去。

第五节 国际保理业务中的风险及防范

一、国际保理业务中的风险类型

国际保理业务主要涉及出口商、进口商和保理商三方当事人,因为进口商完全是凭着自身的信用表现来获得保理商对其债务的担保,所以风险集中在保理商和出口商身上。

(一) 出口商的风险

出口商主要承担货物的质量风险。保理业务不同于信用证以单证相符为付款依据,而是在商品和合同相符的前提下保理商才承担付款责任。如果由于货物品质、数量、交货期等方面的纠纷而导致进口商不付款,保理商不承担付款的风险,故出口商应严格遵守合同。另外,进口商可能会联合保理商对出口商进行欺诈。尽管保理商对其授信额度要付100%的责任,但一旦进口商和保理商相勾结,特别是出口商对刚接触的客户了解甚少时,如果保理商夸大进口商的信用度,又在没有融资的条件下,出口商容易造成财货两空的局面。当然，对我国来说，目前开展保理业务的多是一些金融机构，其营业场所和不动产是固定的，参与欺诈后难以逃脱，这种风险也就相对较少。

（二）保理商的风险

对保理商而言，国际保理业务主要面临两方面的风险：进口商信用风险和出口商信用风险。保理商买断出口商应收账款，便成为货款债权人，同时也承担原先由出口商承担的应收账款难以收回的风险。如果保理商从融资一开始对进口商的审查就缺乏客观性和全面性，高估了进口商的资信程度，对进口商履约情况作出错误判断；或者进口商提供了虚假的财务信息，伪造反映其还款能力的真实数据；或者保理商的事中监督不够得力，进口商的资信水平原来不错，但在履约过程中，由于进口的商品不适销对路、进口国的政治经济状况发生突然变化等客观原因使得资信水平下降，无法继续履约等，上述种种因素都可 能导致保理商遭受巨额损失且难以得到补偿。同样的情况会出现在出口商一方。在保理商为出口商提供了融资服务的情况下，出现了货物质量与合同不符，进口商拒付货款的问题，保理商同样可能会因为出口商破产而导致融资款的无法追偿。

二、国际保理业务中的风险防范

（一）保理商的风险控制

对保理商而言，控制风险需要从以下三方面的工作入手。

1. 做好对进出口商的资信调查

据世界贸易组织的有关资料显示，现在世界上有70％左右的公司都存在着或多或少的财务问题，而从前文对保理商的风险分析中更可以看到对进出口商进行资信调查的重要性。因此在国际保理业务的整个过程中，保理商要全方位、深层次、多渠道对进出口商的综合经济情况和综合商业形象进行调查。其内容包括进出口商的工商注册情况、财务状况、公司结构、管理人员情况、历史重大交易额、法庭诉讼纪录以及专业信用评估机构对该公司的信用等级评估等。在对进出口商进行资信评价时，要注意将静态分析和动态分析结合，不仅要对其过去的资信状况作全面的了解和分析，也要根据其生产经营发展的变化趋势，对其未来的资信作出预测；不仅要对新发展的客户进行调查，对那些有过保理业务合作的进出口商也必须坚持信用调查。通过资信调查，保理商可以掌握进出口商的公司资料，从而可以确定与之交易的方式，达到减小交易风险的目的。

2. 选择合适的保理类型

根据不同的标准，国际保理业务可以划分成不同的类型。对应于每一种保理类型，保理商面临的风险是有差异的。因此保理商要根据对进出口商的了解程度、客观经济形势等多方面因素选择恰当的保理方式。从国际保理业务运行实践看，双保理商保理模式明显优于单保理模式。双保理商保理模式是由进出口双方保理商共同参与完成的一项保理业务，在此模式下，出口保理商将该出口债权转让给进口保理商，进口保理商在其核准的信用销售额度内无追索权地接受该债权转让，并负责对进口商催收货款、承担进口商到期不付款的风险。这样出口保理商可以依赖进口保理商对债务人核准的信用额度来弥补业务风险，从而达到了转移、分散风险的目的。同时，保理商在不敢保证进口商的资信水平时，可优先采用有追索权的保理方式。有追索权的保理是指尽管债权转让给了保理商，但信用风险仍由卖方承担。不管买方因何种原因不能支付，包括买方破产的情况，保理商对卖方都有追索权。可见，在有追索权的保理业务方式下保理商的风险大大降低。因此，可以说保理商选择了恰当的保理方式，也就选择了相对小的风险。

3. 签订好保理协议

国际保理通过保理协议来表现其法律关系的实质——债权让与。保理协议明确了保理商与出口商之间的权利义务关系，同时间接影响着销售合同，关系到保理商能否取得无瑕疵的应收账款所有权。保理协议通常以如下几类条款才能保障应收账款的安全性。

(1) 出口商担保条款。由于保理商在法律方面最重要的要求就是取得完全合法、有效的受让债权，所以，出口商担保是保理协议的重要内容。保理商应要求出口商保证：所有应收账款在让与给保理商时是有效的，债务额同发票额一致，进口商将接受货物和发票，对此不存在任何争议、扣减、抗辩、抵销；出口商对此应收账款具有绝对权利，不存在任何第三者担保权益及阻碍；未经保理商同意，出口商不得变更销售合同的任何条款；出口商必须披露其所知晓的有关债权的全部事实；销售合同中的支付条件、折扣幅度、法律适用和法院选择等条款，须符合保理合同的有关规定。

(2) 通知条款。多数国家的民法规定，通知债务人是债权让与生效的要件之一。在国际保理实践中，让与通知具有重要意义。它可以防止进口商向出口商支付，同时具有划分进口商的抗辩对象的效力。对进口商的让与通知关系到保理商能否及时有效地获得支付，所以在保理协议中通常都会对通知的方式作出详细的规定。如规定在发票上注明该债权已经让与给保理商，进口商直接向保理商支付的字样。

(3) 附属权利转让条款。债权让与的法律性质决定了在债权让与给受让人后，与债权有关的附属权利也随其转让。因此，在保理协议中通常也都规定，一些附属权利随着保理商对债权的购买自动地转移给保理商。这些权利主要有：从属于应收账款所有权的起诉权、对货物的留置权等救济权利、汇付背书代理权、能够证明受让债权的文件的所有权以及其他从属权利。保留对最后一项资料的权利，是为了避免出口商破产时，其财产管理人不提供给保理商能够证明其购买出口商应收账款的证据。

(4) 追索条款和保障追索条款。出口商在保理协议中做出上述保证，并不意味着违反保证的情形不会发生。一旦关于已保理的应收账款发生争议，保理协议中必须规定就这些债款保理商对出口商享有追索权。但是，追索可能因出口商丧失清偿能力而落空。为此，保理合同中还应规定，出口商就其所享有的债权的保障，保理商有权向出口商行使抵销，有权合并出口商名下的任何账户。

(二) 出口商的风险控制

对出口商而言，保障货物质量不发生争议的措施就是降低风险的措施。除了要选择信誉良好的进口商和保理商之外，出口商还应做到以下两点。

1. 严密合同质量条款，防止买方欺诈

由于在保理业务中进出口双方对产品存在争议时，保理商概不承担付款责任，因此，出口商要特别注意销售合同中与质量有关的条款，确保和买方在产品质量问题上不出现争议。出口商尤其注意销售合同中的以下两个条款。

(1) 品质条款。出口商对品质条款的规定一定要给予足够的重视，因为其内容一旦出现疏漏，挑剔的进口方就很有可能指控出口商违约。但是，由于合同中商品品质表示方法的局限性，国际贸易实务中卖方交付的货物很难做到和合同中规定的货物质量绝对一致。因此，出口商在订立品质条款时应注意以下问题：对那些很难做到与合同规定的品质完全相符的产品，在合同中应规定商品品质的公差和机动幅度，以避免交货品质与合同稍有出入而造成违约的风险；对条款内容的规定，语言不能笼统含糊，一般不要用"大约"、"左右"、"公平合理"等字眼，做到条款订得明确、具体、严密、准确，以避免不应有的纠纷；为避免所交货物与样品不完全一致而产生的违约，出口商可要求在合同中加列"交货品质与样品大致相符"等字句；在不是凭样品买卖的交易中，买卖方在提交样品时，应注明"参考样品"或"仅供参考"，以免发生误会；在以说明表示商品品质时，合同中应注明规格、等级、标准颁布、制定的年代、版本等；明确规定说明书的法律效力，图案说明应与商品内容、品质完全一致。

(2) 检验条款。按照各国法律和国际贸易惯例的规定，按照合同检验条款得出的结果，是确定卖方所交货物的品质等是否符合合同的依据，同时是买方对货物品质、包装等提出异议、拒收货物、提出索赔的依据。同一种商品，在不同的时间地点检验、由不同的检验机构检验、用不同的检验标准和检验方法检验，其结果都可能会大相径庭。所以在买卖合同中应明确规定商品检验的时间与地点、以何种检验机构签发的何种检验证书为准以及采用的检验标准和具体的检验方法。鉴于检验条款法律地位的重要性，许多不法进口商经常利用商检条款大做文章，或者在签订合同时便埋下陷阱，或者在签订合同后要求改用出口商不熟悉的检验机构或检验标准，以期对出口商进行诈骗。对此要特别加以防范。

2. 全面切实地履行合同

保理合同和销售合同主体不同、标的各异，是两个独立的合同，但是出口商是保理合同的一方当事人，同时也是销售合同的一方当事人，这样两个原本独立的合同就通过共同的一方当事人——出口商联系起来：保理合同的标的是产生于销售合同的应收账款权利，销售合同中的条款影响产生于该合同的应收账款能否成为保理合同的标的，并制约保理商的收款权。因此保理商为维护自身的权益，就会通过保理合同要求出口商在销售合同中列入某些条款。而身受两个合同约束的出口商，应切实全面地履行自己在两个合同项下的义务，做到在两个合同中权利义务的协调，从而使保理业务带来的效益达到最优。要降低国际保理业务的风险，除了以上保理商和出口商应采取的防范措施之外，我国有关部门也应该加快相关制度的建设。例如，鼓励保险公司开展"无追索权应收账款转让"的保险业务，建立健全有关保理的法律、法规等。在对国际保理业务的风险和防范措施有了一个清醒的认识后，通过多管齐下，相信在不久的将来，国际保理会成为我国银行业务利润的一块重要来源和进出口商首选的国际贸易支付方式。

保理的风险

案情:

我国某出口商就出口电视机到香港向某保理商申请100万美元信用额度。保理商在调查评估进口商资信的基础上批准20万美元的信用额度。出口商遂与香港进口商鉴定23万美元的出口合同。发货后出口商向保理商申请融资。保理商预付16万美元。到期日进口商以货物质量有问题为由拒付(理由是该批货物与以前所购货物为同一型号,而前批货物有问题)。进口保理商以贸易纠纷为由免除坏账担保责任。出口商认为对方拒付理由不成立,并进一步了解到对方拒付的实际理由是香港进口商的下家土耳其进口商破产,货物被银行控制,香港进口商无法收回货款。因此,出口方要求香港进口商提供质检证,未果。90天赔付期过后,进口保理商仍未能付款。出口方委托进口保理商在香港起诉进口商。但进口保理商态度十分消极,仅凭香港进口商的一家之辞就认同存在贸易纠纷,结果败诉。

分析:

这是一起典型的贸易纠纷导致保理商免除坏账担保责任的保理案例。但对于引发贸易纠纷的货物质量问题是否存在,进出口双方各执一词。进口商认为货物质量有问题的理由过于牵强,根本原因是自己从下家处已无法收回货款,从而面临损失的风险。为了避免自己受损,进口商自然不会配合出口商解决贸易纠纷,对出口商提出的提供质检证的要求自然也就置之不理。进口保理商由于贸易纠纷的原因免除坏账担保责任,在90天赔付期内拒付是正当的行为,符合国际保理惯例的相关规定。但同样根据国际保理惯例的规定,进口保理商有义务尽力协助解决纠纷,包括提出法律诉讼。但本案中,进口保理商作为出口商的代理,在诉讼过程中态度却十分消极,并不想打赢官司,原因很简单,因为赢了官司的后果是自己承担付款的责任,并因为进口商偿付困难的现实,从而有可能最终是由自己承担16万元的损失。本案中,出口保理商为出口商提供了买方资信调查与坏账担保服务,因而提供的融资应该属于无追索权融资。如果事先与出口商未就贸易纠纷下的追索权问题达成协议,则国外拒付的风险将由出口保理商承担。

启示:

保理业务的主要风险就是出现贸易纠纷。因此,对于贸易纠纷的风险,有关当事人应事先加以防范。对于出口商而言,为了防止进口商假借贸易纠纷理由拒付从而免除保理商的付款责任,在贸易合同中应就贸易纠纷的解决方法与进口商事先达成一致意见,比如确定一家双方都愿意接受的商检机构日后对出现质量纠纷的货物进行检验,检验结果作为判定纠纷是否存在的依据。对于提供无追索权融资的出口保理商而言,有必要通过合同、发票、提单等文件单据去了解掌握交易背景的情况,也有必要在与出口商签订的保理协议中就发生贸易纠纷后的追索权重新获得问题加以明确规定,以防承担贸易纠纷产生的海外正当拒付的风险。另外,进口保理商的选择也非常重要。进口保理商是坏账担保人,能否勇于承担坏账担保的责任,关键在于其资信状况如何。本案中的进口保理商显然关注自己的利益胜过关注自己的信誉,资信状况欠佳。因而,实务中,出口保理商无论是为出口商着想,还是为自己的利益考虑,对进口保理商都应做出慎重的选择。

本章小结

(1) 国际结算是以国际贸易为基础的非现金结算，在国际贸易中，交易双方相距遥远，又各处于不同的国家或地区，各国(或地区)的政治、经济、文化、法律、法规等各有差异，给国际贸易结算带来更多的复杂成分，因此，对国际贸易结算中存在的各种风险、欺诈行为进行分析和研究，有利于识别和防范风险。对潜在的风险进行识别、衡量和处理即所谓的风险控制或管理。

(2) 国际结算中的主要风险可以归结为信用风险(包括受货风险、财务风险、国际结算方式选择风险)、外汇风险、国家风险(包括战争、国内动乱的风险，兑换风险及其他主权风险)和欺诈风险。

(3) 汇款结算方式下的风险类型主要包括：信用风险和欺诈。其防范措施有四方面：第一，在客户资信不佳或不明时，尽量不要采用汇款结算方式。如采用了汇款结算，应委托银行或专业咨询机构进行客户资信调查，决不与资信不佳或资信不明的客户来往。第二，汇款结算一般不用于金额较大的交易。第三，出口公司一旦收到国外客户寄来的票据，应委托银行或专业机构检验其真实性，必要时等收妥款项后才能发货。第四，凭单付款时，出口发货宜采用海运，通过海运提单掌握货权，不宜采用空运方式。

(4) 托收是以商业信用为基础的、没有银行信用的参与，因此对进出口商来说风险较大。总体而言，托收是对进口商更为有利的一种结算方式。从风险方面分析，则出口商承担的风险比进口商的风险更多和更大。托收结算方式下的风险防范措施包括认真选择客户，掌握客户资信情况；合理控制交易额；慎做D/A(承兑交单)；对远期付款交单即D/P远期也要慎于采用；谨慎选择代收行；应根据商品情况考虑结算方式；及时了解进口国贸易及外汇管理规定；密切关注交易商品的国际市场行情，在行情变动较大时，慎做托收等。

(5) 信用证交易的风险主要集中在进出口商和开证行方面。出口商面临的风险主要有单证不符引起的拒付风险、适用法律存在的争议风险、国家风险、来自开证行的风险、进口商信用不佳的风险等；进口商面临的最大风险是出口商的信用风险；开证行面临的风险主要来自申请人的信用和信誉风险。信用证项下出口结算的风险防范措施主要包括：掌握开证行的资信、出口商谨慎签约、认真审证、严格按信用证规定制单和交单、出口地银行严格审单。信用证项下进口结算的风险防范措施主要包括：谨慎合理地制定信用证的条款、正确处理单据、要求出口商提供银行保函或备用证。

(6) 银行保函业务中的风险主要来自受益人的风险、来自申请人的风险、来自反担保人的风险、来自保函条款本身的风险。国际保理业务主要涉及出口商、进口商和保理商三方当事人，因为进口商完全是凭着自身的信用表现来获得保理商对其债务的担保，所以风险集中在保理商和出口商身上。

复习思考题

一、名词解释

信用风险　外汇风险　国家风险　欺诈风险

二、简答题

1. 如何识别国际结算中的风险类型？
2. 简述汇款及托收结算方式下的风险及其防范。
3. 简述信用证结算方式下的风险及其防范。
4. 试述银行保函业务中的风险及其防范。
5. 试述国际保理业务中的风险及其防范。

第十三章

国际结算中的欺诈及其防范*

【本章导读】 欺诈也是一种风险，由于和违约等一般性风险相比，性质不同且危害更大。因此，本章专门予以介绍。通过本章的学习，可以了解国际结算中常见的欺诈活动、银行防范欺诈的措施等内容。

第一节 国际结算中常见的欺诈活动

一、票据诈骗

国际结算及融资活动中的欺诈涉及范围比较广泛，从假钞票、假信用卡、假票据到假单证；从假预付款、假托收到信用证任意加列软条款，几乎各业务和每个环节都会受到诈骗的干扰。

票据诈骗的具体表现有伪造票据、变造票据、使用作废票据、冒用票据、骗取票据、使用远期或空白支票诈骗等。

(一) 利用假票据欺诈

在国际结算中，常采用预付款支付订金或全部货款。在这类业务中，有的诈骗分了就用假的票据行骗。出口商由于缺乏金融常识，认为收到银行票据即为收到货款，随即发出货物，待通过银行光票托收落空时，才发觉上当受骗。若只看到使用票据手续简便、结算费用低的一面，而不了解其风险，就会让诈骗分子有空可钻。例如，1988 年，国内某外贸公司与一外商签订出口 50 万美元的首饰合同，运输方式是空运。外商先寄来一张银行支票，外贸公司收到支票后，即认为货款已收妥，发货后到银行办理托收时，对方代收行拒付，理由是此票据项下账户已注销。待通过使馆调查外商的行踪时，得知其已凭航空运单提货后不知去向。

这类诈骗的贸易背景通常货物量少但价值高，而规定的运输方式大多为空运，诈骗分子利用了出口商急于成交以及人们对银行的信任心理。客户在丧失警惕的情况下，接到支票即按指定地址发货，然后将发票等单据寄往“进口商”所在地。由于托收支票的时间比空运时间长，诈骗者有充足的时间作案，并且空运单并非物权凭证，按国际空运惯例，提货的单据随货物空运，货到后进口方凭通知单及证明身份的证件就可提货。至此，出口方钱货两空，损失惨重。

(二) 变造票据并使用

变造票据是非法变更票据上签名以外记载事项的行为，也是票据诈骗的一种形式，最常见的就是非法涂改票据上的金额。例如，香港某人来到上海某工商银行支行，要求贴现一大面额汇票，金额为 700 万美元，银行经办人员仔细审查，怀疑票据金额有误。后经审证，持票人是把预先准备好的小金额 100 万美元涂改成 700 万大面额票据，以达到行骗目的，结果被银行人员识破。

(三) 使用作废票据

使用作废票据，是指以过期、失效、作废票据提示取现，充作抵押或其他交易等筹码的票据诈骗行为。例如，1992 年国内数家银行先后遇到持票人持有蒋孝全签发的巨额支票要求兑现的案件，其中，既有不明真相的善意持票人，也有恶意持票人。经查，行骗人是一个广东无业游民及两名港商，声称自己是“蒋孝全”，为“发展祖国经济从台湾偷渡来大陆”。而其所持支票是早已作废 3 年的港基国际银行有限公司支票，企图骗取票款和大陆其他受害者的钱财。

(四) 冒用票据

所谓冒用票据，是指假冒原持票人，使用他人票据进行取现或消费的诈骗行为。冒用他人挂失旅行支票是常见的冒用票据诈骗活动。例如，被告人穆罕默德·伊玛米(某国人)于 1987 年 12 月 12 至 14 日在中国银行北京市分行建国门外币兑换处，先后五次用马丁先生已于 1987 年 12 月 7 日在某国挂失的 28 张美国运通国际股份有限公司发行的英镑旅行支票(面额为 2 300 英镑)骗兑人民币外汇兑换券 15 552 元。1988 年 1 月 7 至 9 日期间，被告人又在北京市昆仑、西苑、华都等 12 家饭店的外汇兑换处，先后 30 次以阿尔拉希德先生已挂失的美元旅行支票(面额为 3 000 美元)模仿支票所有人的签字笔迹在旅行支票上复签后，骗兑人民币外汇兑换券 110 545 元。1988 年 3 月 17 日，被告人穆罕默德·伊玛米又持已挂失的美国运通卡 103 张(面额为 9 450 美元)和美国美洲银行发行的旅行支票 27 张(面额为 1 359 美元)入境，并于次日到国际饭店骗兑人民币外汇兑换券，被当场抓获归案。

二、信用证结算中的诈骗

信用证欺诈是信用证结算的某一当事人制造假象使其他当事人失去有价财产或法律权利，从而达到不正当获利目的的行为。信用证项下的欺诈不仅缘于外部因素，而且信用证运作的内在机理也存在产生欺诈风险的缺陷。一方面，受益人只须提交与信用证相符的单据，就可得到银行的付款。受益人如果以伪造的假单据骗取货款，申请人将会遭受损失。另一方面，受益人向银行提交的单据必须严格相符的原则也为申请人在信用证中加列冗繁的条款，以便行情不好时挑剔单据以求拒付提供了方便。信用证欺诈的主要表现如下。

(一) 伪造单据

伪造单据指受益人或他人以受益人的名义,用伪造或包含欺诈性陈述的单据骗取信用证下款项的行为,甚至在货物根本不存在的情况下,以伪造的单据迫使开证行因形式上单证相符而无条件付款。这是信用证中最为多见的一种欺诈。

(二) 伪造信用证

利用假信用证进行欺诈是通过开立假信用证,诱使出口商贸然发货,并按信用证上提供的假地址寄单,从而使诈骗分子轻而易举取得货物,使出口商或出口方银行受到损失的一种诈骗方式。

伪造信用证诈骗案

案情:

由陕西省西安市检察院提起公诉的宁波东方经济发展(集团)总公司董事长陈行玮信用证诈骗一案,经西安市中级法院开庭审理,作出一审判决,以信用证诈骗罪判处陈行玮无期徒刑。

被告人陈行玮,系香港公民,除担任宁波东方经济发展(集团)总公司董事长外,还担任香港国际经济发展有限公司、香港雄昌有限公司等多家公司董事长。从1998年2月至2001年3月,陈行玮以自己在内地和香港的公司有所谓贸易往来的名义,先后从中国银行陕西省分行骗开信用证139份,将信用金从议付行意大利商业银行香港分行足额套取。2001年3月,中国银行陕西省分行发现异常停开信用证,致使从2000年12月至2001年3月最后开出的20份信用证实际形成承兑行中国银行陕西省分行自己承担,而由中国银行陕西省分行承兑的信用金3 700万美元,折合人民币3.06亿余元,最终被陈行玮成功骗取。

1. 经营受困想出歪招

1997年下半年,宁波东方经济发展(集团)总公司(以下简称宁波东方)面临银行贷款到期、企业发展资金短缺的局面,被告人陈行玮便决定通过虚构贸易背景,使用虚假单证,在银行骗开信用证的方式给公司融取资金。为此,从1997年9月至1998年2月,被告人陈行玮以宁波东方法定代表人的身份经与中国银行陕西省分行某负责人商议,以宁波东方给中国银行陕西省分行的下属公司陕西金达实业公司中参股60%的方式合资成立了陕西金达贸易发展有限公司。1999年6月,宁波东方又受让了中国银行陕西省分行实际持有的陕西金达贸易发展有限公司其余40%的股份,使该公司成为其全资子公司,并将公司名称变更为陕西颐康贸易有限公司(以下简称陕西颐康)。

从1998年2月开始,被告人陈行玮以其在香港注册并实际控制的香港国际经济发展有限公司的名义(以下简称香港国际)伪造了多份提单,开始依信用证形式进行所谓代理进出口贸易。从1998年2月起陈行玮以陕西颐康(1999年6月前为陕西金达贸易发展有限公司)的名义,根据代理合同,委托陕西电子进出口公司(先期曾委托陕西省机械设备进出口公司)代理从香港国际购进货物再销售给香港讯业公司和香港雄昌企业有限公司。由于香港讯业公司和香港雄昌企业有限公司均为宁波东方或被告人陈行玮设立并实际控制,上述所谓转口贸易并无实际的货物交付与货款支付。同时,陕西颐康根据陈行玮指示,向中国银行陕西省分行提交了上述虚假的货物购销合同,并以陕西颐康为实际申请人,以香港国际为受益人,申请开立信用证。然后被告人陈行玮以香港国际的名义通过信用证议付行意大利商业银行香港分行向中国银行陕西省分行提交了根据需货方即陕西颐康虚假需货信息伪造的信用证项下所列要求的提单,中国银行陕西省分行据此向有关信用证议付行进行了承兑确认,所开立信用证成为不可撤销跟单信用证。

通过以上手段,从1998年2月至2001年3月,宁波东方从中国银行陕西省分行共计骗开信用证139份,开证总额为281 744 171.76美元。由于上述信用证从开证到付款分别有88天、90天和330天不等的期限,在被告人陈行玮的安排操作下,139份信用证下的款项均被以香港国际的名义在意大利商业银行香港分行等议付行贴现并将所套取资金用于循环开证、流动操作。同时还有大量资金被套取用于偿还宁波东方先前债务、项目投资和公司运转开支;部分资金还被用于开证和贴现等费用支出。陈行玮就这样用自己"连体"、"双胞"、"多胞"公司玩起了特别的"信用证游戏",用中国银行陕西省分行承兑的钱,为自己"缺血"的公司"补血"。

2. 真相败露,烧出3个多亿资金"黑洞"

2001年3月,中国银行陕西省分行及上级管理部门终于发现数笔与陈行玮有关的交割异常,停止为其开立信用证,陈行玮循环资金断裂,致使从2000年12月至2001年3月已经由中国银行陕西省分行开立的最后20份信用证形成由承兑行中国银行陕西省分行向议付行不可撤销性支付,而陈行玮已经将这些用信用证套出动用,最终骗取中国银行陕西省分行3 700万美元,当时折合人民币达3.06亿余元。

在庭审中,陈行玮承认自己的行为违反有关规定,但套取的资金已在经营中耗损掉,无力归还,为中国银行陕西省分行砸出了一个3亿多元的超级"黑洞"。

案后思考:

此案是一起较为典型的信用证诈骗案。骗子的手段虽有一定迷惑性但并非多么高明。主要症结教训在于:外贸公司在代理交易时,不看货验货,仅凭交易公司提供的书面资料代营,致使形成"空货代理";银行方面不认真审查交易实项、交易公司信誉、信用金实际使用情况,轻率开证,开"人情证"、"关系证",致使银行资金"高危运行"。

(三) 软条款信用证

软条款信用证,也有人称之为可撤销的陷阱信用证,是指开证行可随时、单方面解除其保证付款责任的信用证。软条款信用证的"软"主要表现在以下几方面。

(1) 信用证附加生效条款。例如,要取得进口许可或信用证方能生效;电告出口方,样品合格并接到××检验机构的报告后才能生效;接到进口方允许使用的轮船公司名单后才能生效等。这样的条款使出口方处于被动地位,因为如果没有收到进口许可证或检验机构未予验货,没有出具检验报告,进口方允许使用的轮船公司未能配载;都会影响到出口方执行信用证条款。而且由于信用证迟迟不能生效,占压了出口商的资金。有时接到生效通知时装期已临近,极易造成单证不符,遭开证行拒付。

(2) 软条款信用证的另一个特征是条款苛刻。例如,某受益人接到香港来证,证中规定“发货前需由收货人××公司指定人签字盖章，出具货物检验证书，并由开证行签字盖章证实”。有的来证要求商品由进口代理人检验，并出具没有“抱怨”的检验证书，交单据到议付行议付。而检验报告含有大量的技术术语，议付行很难准确判断是否有“抱怨”，容易造成不符。

(四) 申请人与受益人合谋

申请人与受益人以并非真实存在的买卖关系而共谋，由所谓的买方开立信用证，所谓的卖方向银行提交伪造的单据，使开证行与议付行都面临着风险。例如，某公司在2009年6月27日持国内某银行通知的三个信用证，到该行申请办理打包放款，金额近700万美元。经查实，证内货物、数量、规格、装运及有效期均属难以执行条款。实际上这是一起国内外客户与国内公司相勾结，企图诈骗通知行巨额打包放款的一起诈骗案。

三、备用信用证诈骗

我国对外开具备用证的情况不多，但1993年曾发生了轰动全国的中国农业银行衡水中心支行开出的100亿美元备用证诈骗未遂案。另外，国外商人利用假备用证骗取我出口公司的货物、预付金、保证金等案也有发生。

伪造备用信用证案

案情：

××××年9月19日，甲银行的A支行提供了国外乙银行出具的备用信用证意向及格式样本，要求甲银行国际业务处予以确认。

9月22日，国际业务处经审核发现上述意向及格式的诸多可疑点，立即通知A支行对该业务提高警惕，暂缓操作，并提醒客户防止欺诈。

10月30日，国际业务处收到A支行转来的备用信用证电传稿，该证开证行为乙银行，受益人是甲银行，金额280万美元，有效期1年，为A支行某客户申请的人民币贷款进行担保。经审核，该电传没有密押，国际业务处立即向乙银行发出查询，要求开证行加押证实。

11月2日，国际业务处收到乙银行SWIFT MT799回复，称该银行从未开出过此份备用信用证，并提醒此证有欺诈性企图。当日，国际业务处立即将以上情况通知A支行，要求A支行严格禁止发放相应贷款，并提醒其客户丙公司以减少损失。但丙公司已对外支付开证费用。

11月2—20日，甲银行不断收到以乙银行名义的来电和传真，称该备用信用证属实。

分析：

该笔欺诈性备用信用证业务为银行加强代理行风险防范意识敲响了警钟。

(1) 不法分子利用境内客户筹措资金的迫切心理，骗取客户费用。该笔备用信用证系境内A支行的客户丙公司委托丁公司进行开立，丁公司向该客户收取了较高金额的保证金和开证费用。

(2) 该笔备用信用证的开立是有蓄谋、有组织的，不法分子经过周密策划，欺诈人员经验丰富。首先,丁公司积极准备各种书面格式材料,并陪同某丙公司多次与“乙银行”及甲银行电话联系和直接接触,向丙公司制造业务“真实”的假象;其次,丁公司伪造备用信用证技巧很高,盗用国际著名大银行名义,利用其分支机构众多的特点选择境外生僻地区作为开证行,采用SWIFT格式开立,试图麻痹甲银行注意力,利用其核押、审查方面的漏洞蒙混过关;最后,丁公司对银行内部操作流程十分熟悉,从文本的预先确认到正式开证,看似十分符合甲银行的操作流程,并且丁公司还充分计算银行的合理工作时间。可见不法分子企图多方面扰乱银行视线,利用“手续齐全”、“时间空档”进行欺诈。

启示:

随着外资金融机构担保项下融资业务的不断发展,不法分子利用备用信用证进行诈骗的案件屡有发生。为防范风险,避免资金损失,银行必须提高警惕,在外汇担保项下办理融资业务,注意做到以下几点:

(1) 贷款办理行应严格按照有关规定进行操作,增强风险防范意识。贷款办理行只有在收到分行的书面放单通知后,才能正式办理贷款,严禁凭口头或未收到书面通知就予以放贷或部分放贷。

(2) 贷款办理行应及时联系代理行部门落实担保银行的资信状况,特别是对采用外资银行境外分行出具的备用信用证,须在与代理行部门确认可以接受该银行担保后,方可通知借款人。

(3) 如有来人持上级行相关部门出具的关于外汇担保项下融资的各种书面文件,贷款办理行应及时与上级有关部门进行核实。

四、信用卡诈骗

利用信用卡诈骗已成为当前金融诈骗犯罪的又一个手段,特别是利用信用卡可透支的特点进行诈骗的案件有增多趋势。信用卡诈骗手法主要有以下几种:①向发卡银行出具假证明,填报假地址,骗得信用卡后潜往异地,在信用卡规定的限额内反复支取现金或购物消费,作案后逃之夭夭;②利用伪造手法,仿制信用卡和其他证件,以假乱真,利用经办人员的疏忽,浑水摸鱼,非法牟利;③以非法手段,获得他人信用卡和其他证件后,再冒名顶替进行诈骗,套取银行现金或在特约单位骗购商品或其他消费服务;④利用我国信用卡的法律、法规存在漏洞或不完善之处,作案后百般狡辩或抵赖后逍遥法外。

信用卡透支纠纷案

案情:

原告:中国农业银行某县支行

被告:某县百货公司

××××年5月13日,某县百货公司委派其出纳员持公司企业法人营业执照、法定代表人身份证明及本单位财务室出具的担保书,在中国农业银行当地县支行办理了持卡人为该公司经理的中国农业银行金穗信用卡(单位卡)一份。××××年5月14日,被告将其所有的大厦在县房地产交易部门办理抵押监证仲裁登记手续,评估价值为204.48万元,仲裁意见为最高限额担保贷款143万元。××××年9月9日,被告以该房产设定抵押，向原告担保贷款 75 万元。次年 1 月 17 日，被告以外出购货为由，向原告申请金穗卡超限额透支 20 万元，透支期限三个月，并以其上述房产作抵押担保。原告经审查后，遂与被告签订金穗信用卡超限额透支合同，并于同年 1 月 23 日将该合同约定款额 20 万元划入被告持卡人的存款账户，供被告支取。此后因被告未履行还款义务，酿成诉讼。原告向县人民法院起诉，要求被告偿还该 20 万元透支款本息。

被告某县百货公司答辩称：原告所诉属实。但因经济困难，请求延期还款。

县人民法院经审理认为；原、被告之间的法律关系基于金穗卡超限额透支合同而产生。原、被告签订此合同时，意思表示真实，合同内容不违背国家相关法律、法规及《中国农业银行金穗卡使用章程》之规定，其从合同中的抵押物已办理了抵押物登记手续，故原、被告所签订的金穗卡超限额透支合同及其从合同均为有效合同，应依法予以保护。被告没有按照合同约定的期限清偿透支款，且经原告多次追要仍不履行还款义务，是引起本案纠纷的主要原因，对此，被告应承担相应的违约责任。原告要求被告偿还透支款本息的诉讼请求，理由正当，应予支持，判决如下：

被告于判决生效后 10 日内偿还原告信用卡透支款 20 万元及相应利息。逾期不能清偿，变卖被告抵押物，原告对变价款享有优先受偿权。

分析：

信用卡是我国银行系统经批准发行的、为资信可靠的单位和个人消费、购物及存取款提供服务的信用凭证。其功能在于持卡人外出旅行、购物时便于携带，在急需时允许善意透支，但透支的款额不能超过一定的数量，且要求持卡人必须在透支后及时将透支款存入其存款账户，并按规定支付利息。每种信用卡对允许透支的数额都作了必要的限制性规定，且要求持卡人支付的利息都相当高，有时甚至高于银行利息的几倍、十几倍。其目的一是防止恶意透支，损害发卡银行利益；二是持卡人在急需时持卡透支后，督促其及时归还透支款本息。本案中，法院判决：被告于判决生效后10 日内偿还原告信用卡透支款 20 万元及相应利息；逾期不能清偿，变卖被告抵押物，原告对变价款享有优先受偿权。该判决公正合理，有力保护了当事人的合法利益。

启示：

信用卡是目前发展非常迅速的一种信用凭证，它一方面为银行提供了新的赢利增长点；另一方面也给持卡人带来了便利。但是，信用卡业务也面临着一定的风险。本案中涉及的信用卡是单位信用卡，透支额度更高。因此，银行在发行单位信用卡和规定透支额度时，必须充分了解该单位的经营状况、信誉状况和抵押情况等，有效控制风险。对于用卡单位而言，必须合理利用信用卡的透支额度，及时还款，以免造成额外的利息负担，甚至被起诉。

第二节　银行防范欺诈的措施

一、银行防范欺诈的措施

鉴于国际金融诈骗时有发生，各国银行对其都十分重视，纷纷采取措施，防范可能发生的金融诈骗。对于国际贸易结算和贸易融资业务中的诈骗，银行应采取以下防范措施。

1. 加强对各类信息的捕捉

信息是当今社会活动的主要参考依据。在国际银行业务中信息的重要性更加充分地显示出来。为了防范有可能发生在国际贸易结算中的诈骗，国际商业银行利用各种手段捕捉一些有价值的信息，如各国的经济贸易情况、商品的市场情况、船运公司的船只运输情况、同时不断地完善和充实自己的信息库。在这方面，西方银行大都采用了先进的计算机网络系统，通过计算机对当今国际有关商务情况进行多方面的了解，从而达到防范诈骗的目的。

2. 建立更加科学的计算机网络运作体系

在当今国际商业银行业务中，计算机不仅被使用处理某一笔单项业务，而且在各银行内部已形成了一整套以计算机体系为主体的业务运作体系；同时，在国际银行业务交往中也不断地形成一系列的票据清算、货币清算网络。这些以计算机为主要内容的现代化银行营运方式对防止一般的诈骗是十分有效的。因为在这种以计算机为主体的业务运作系统形成时，对如何防止国际金融诈骗已做了较为周密的安排。这当然不能排除国际金融诈骗分子窃取银行计算机方面技术并进行新的犯罪的可能性。但从目前来看，这些计算机系统的出现和使用对防止国际金融诈骗是有效的。

3. 建立和遵守规章制度，加强银行内部稽核工作

建立和遵守规章制度是保证银行正常经营的重要条件。只要规章制度能够完善并得到遵守，就能从日常经营业务当中发现有关诈骗的蛛丝马迹。此外，银行内部稽核也是防止诈骗或发现诈骗后能及时采取补救措施堵塞漏洞的有效方式。近年来，我国国内金融业发展较快，许多银行扩建和新建了不少分支机构，这些机构内部运作机制有待于完善，人员素质有待于提高，即使是有多年经营历史的银行部门也不排除内部管理疏忽，以及内外串通作案的可能性。内部稽核制度的建立，能够有效地制止各种欺诈性犯罪活动，尤其能遏制内外勾结作案，以及个别经办人员违章操作而使诈骗分子有可乘之机的情况。另外，如果银行内部稽核制度完善，即使发生欺诈案，也可及时发现并迅速采取措施，避免事态扩大，从而挽回损失或将损失降至最低限度。

4. 加强对客户端的宣传和咨询工作，严格审查贸易合同以及合同中有关银行信用证、保函的支付条款

对客户的宣传和信息服务工作是银行各项业务的重要内容之一，在国际贸易结算和贸易融资业务中也是如此。客户到银行办理相关的国际业务，对银行的业务以及国际金融知识不可能做到十分了解，这就需要银行提供一些必要的信息服务，向客户介绍一些具体国际贸易结算或融资中可能遇到的风险及防范措施。此外，在具体业务中，要对客户的贸易背景进行了解，必要时须审查相关贸易合同。在贸易合同中支付条款是保障银行客户权益的关键，倘若合同支付条款不合理，就有可能为将来上当受骗埋下伏笔。例如，有的进口合同规定，以信用证方式付款，但信用证对商检单据没有明确列明出证机构，致使诈骗分子能够以伪造单据获取货款。银行在开证前发现这类问题时，应向其客户及时指出，或在办理具体手续时，增加保证银行权益的进一步的措施。

5. 慎重对待诈骗案

国际贸易结算及贸易融资业务中发生诈骗案，在法律诉讼方面涉及不同国家的法律制度,处理不当会使当事人处于十分尴尬的境地,不仅经济利益受损,有关的权益也将进一步被损害。例如,涉及国际银行间业务的诈骗案的解决,通常的国际惯例是这样的:确保无辜第三者的利益。例如,从国外进口商品若以信用证方式支付,一旦议付行付了对价,即议付行买单后,诈骗分子逃遁,议付银行只能向原开证行索偿,原开证行不应以受到诈骗为由拒付。这一点国际海事法庭已有过相应的判例。有时进口商为了自身利益,请求当地法院下达禁止令,禁止开证行对外偿付信用证项下款项,其后果可能是议付行到伦敦国际海事法庭或其他有开证行分支机构的当地法庭起诉开证行,并通过法庭冻结该行在当地分支机构的资金,从而使开证行权益进一步受损。因此,在处理这类案件时必须十分慎重。银行应在欺诈案发后立即与国外银行以及有关的司法机构联系,并在必要时寻求国际刑警组织的帮助,在不进一步损害自身权益的基础上,寻求解决办法。

二、法院禁止令

法院禁止令是英美法系中一种特殊的救济方法。在民事诉讼中,法庭往往发出要求一方当事人作或不作某一行为的命令,凡禁止作某一行为的,即为"禁止令"。在国际结算中,禁止令则是由法庭出具的用来禁止银行履行付款义务的命令,也有人称之为"禁付令"。

根据国际上一般惯例,法庭在国际贸易结算中,根据申请人的要求决定是否发禁止令是很慎重的,要作仔细的调查,考虑是否有利于贸易的畅通,是否有悖于信用证业务的统一惯例及有关票据法规则,尽量不使银行卷入商业争端中,同时还要考虑到是否有无辜的第三者的利益因此而受到损害。通常只有在债权人和债务人之间出现明显的欺诈情况下,法庭才发出禁止令。例如,保函的受益人在对保函委托人的交易中有欺诈行为,委托人向法庭申请向担保银行发出禁止令,银行收到禁止令则可拒绝保函受益人的提赔。

禁止令可以分为永久性的和临时性的。临时性的禁止令通常是在诉讼开庭审理前或者更早一些时间内下达,其目的在于保持现状,或者防止在案件审理结束前发生不可弥补的损害。根据英美法系惯例,法庭发出临时性禁止令一个星期后,可应申请人要求对原案进行重现。因此,在国际贸易纠纷中,法庭发出临时性禁止令也可以作为公正解决纠纷的手段。因为在国际贸易中使用诸如信用证及保函之类结算工具往往给受益人以较大的权益,倘若受益人凭信用证或保函向开证银行或担保银行索偿,开证行及担保行应按原信用证及保函规定付款,即使背景交易出现了较严重的纠纷,甚至给申请人带来损失,其付款义务也不受影响。但此时倘若开证行或担保行将款付出,申请人在与受益人解决纠纷时将陷于十分不利的境地。反之,在开证行或担保行接到法庭禁止令的情况下,则有理由拒付,以迫使受益人与申请人解决纠纷。

近年来,国内法院在单证相符,有的甚至在开证行对外已承兑了国外议付行提示汇票的情况下,出具禁止令要求银行拒付货款的情况屡有发生。产生这种情况的原因主要是国内买方忽视对国外客户的资信调查,草率与外方签订合同并通过当地银行对外开立了信用证,待货到后发现货物有质量或其他方面问题,在找不到单据有不符点的情况下,就通过法院发出禁止令来阻止银行按信用证规定对外付款。这种做法既违背了银行信用的独立性原则,又损害了国内开证行的对外信誉,也无法从根本上解决买卖双方的贸易纠纷。

本章小结

(1) 国际结算及融资活动中的欺诈涉及范围比较广泛，从假钞票、假信用卡、假票据到假单证；从假预付款、假托收到信用证任意加列软条款，几乎各业务和每个环节都会受到诈骗的干扰。

(2) 票据诈骗的具体表现有伪造票据、变造票据、使用作废票据、冒用票据、骗取票据、使用远期或空白支票诈骗等。

(3) 信用证欺诈是信用证结算的某一当事人制造假象使其他当事人失去有价财产或法律权利，从而达到不正当获利目的的行为。信用证项下的欺诈不仅缘于外部因素，而且信用证运作的内在机理也存在产生欺诈风险的缺陷。

(4) 利用信用卡诈骗已成为当前金融诈骗犯罪的又一个手段，特别是利用信用卡可透支的特点进行诈骗的案件有增多趋势。

(5) 鉴于国际金融诈骗时有发生，各国银行对其都十分重视，纷纷采取措施，防范可能发生的金融诈骗。对于国际贸易结算和贸易融资业务中的诈骗，银行采取的防范措施包括：加强对各类信息的捕捉；建立更加科学的计算机网络运作体系；建立和遵守规章制度，加强银行内部稽核工作；加强对客户端的宣传和咨询工作，严格审查贸易合同以及合同中有关银行信用证、保函的支付条款；慎重对待诈骗案。

复习思考题

一、名词解释

票据诈骗　信用证欺诈　信用卡诈骗　软条款信用证

二、简答题

1. 如何识别票据诈骗？
2. 简述信用证欺诈的方式。
3. 简述如何防范软条款信用证项下的欺诈。
4. 试述银行防范欺诈的措施。

参考文献

1. 苏宗祥. 国际结算[M]. 北京：中国金融出版社，2004.
2. 姜学军. 国际结算[M]. 大连：东北财经大学出版社，2006.
3. 张东祥. 国际结算[M]. 武汉：武汉大学出版社，2009.
4. 庞红，尹继红，沈瑞年. 国际结算[M]. 北京：中国人民大学出版社，2005.
5. 梁琦. 国际结算[M]. 南京：南京大学出版社，2005.
6. 贺瑛. 国际结算[M]. 上海：复旦大学出版社，2008.
7. 沈明其. 国际结算[M]. 北京：机械工业出版社，2005.
8. 林孝成. 国际结算实务[M]. 北京：高等教育出版社，2008.
9. 项义军. 国际结算[M]. 北京：清华大学出版社，2007.
10. 张燕玲等. 国际结算业务指南[M]. 北京：中华工商联合出版社，1995.
11. 沈端年. 国际结算[M]. 北京：中国人民大学出版社，1999.
12. 方士华等. 实用国际贸易结算[M]. 上海：立信会计出版社，2000.
13. 高洁. 国际结算案例[M]. 北京：对外经济贸易大学出版社，2006.
14. 徐进亮. 国际结算惯例与案例[M]. 北京：对外经济贸易大学出版社，2007.
15. 林泽拯等. 国际贸易结算单证案例与分析[M]. 北京：中国对外经济贸易出版社，1998.
16. 于立新. 现代国际保理通论[M]. 北京：中国物价出版社，2002.
17. 时俊志. 国际保理[M]. 长沙：湖南科学出版社，1994.
18. 潘淑娟. 国际信贷——理论、实务、国际惯例与法律[M]. 北京：中国金融出版社，2003.
19. 佟志广. 结构贸易融资[M]. 北京：中信出版社，1997.
20. 马根发. 国际信贷[M]. 北京：中国金融出版社，1998.
21. 沈锦旭. 国际信贷概论[M]. 北京：中国财政经济出版社，1996.
22. 从凤英. 国际贸易实务思考练习 660 例[M]. 北京：现代出版社，1994.
23. 李晓洁. 国际贸易结算[M]. 上海：上海财经大学出版社，2003.
24. 刘舒年，严思忆. 国际贸易结算与融资[M]. 北京：对外经济贸易大学出版社，1996.
25. 苏宗祥. 国际结算辅导与练习[M]. 北京：中国金融出版社，2006.
26. 赵明霄. 国际结算[M]. 北京：中国金融出版社，2010.
27. 赵明霄. 国际结算习题与案例[M]. 北京：中国金融出版社，2010.